汽车装饰与车身修复技术（第2版）

宋年秀　王　露　李鹏祥 ◎ 主编
刘晓龙　李　凯　王灿清　杨勇强 ◎ 副主编
陈　强　朱新政　杨　帆 ◎ 参编

AUTOMOTIVE DECORATION AND BODY REPAIR TECHNOLOGY (2ND EDITION)

北京理工大学出版社
BEIJING INSTITUTE OF TECHNOLOGY PRESS

内 容 提 要

本书主要介绍了汽车装饰与车身修复技术的基础知识和基本工艺。内容包括概论、汽车外部装饰、汽车内部装饰、汽车安全与控制装饰、汽车车身基本结构、汽车车身及修复工具、汽车钣金基本工艺、车身典型构件的修复、汽车车身涂装的常用材料、汽车车身涂装的工具与设备、车身涂装材料的调配与使用、车身涂装修复工艺等。

本书图文结合，具有较强的实用性和可操作性。本书可作为汽车服务工程专业的专业教材，也可作为从事汽车装饰与车身修复工作的技术人员的参考用书。

版权专有　侵权必究

图书在版编目（CIP）数据

汽车装饰与车身修复技术 / 宋年秀，王露，李鹏祥主编 . ‑‑2 版 . ‑‑北京：北京理工大学出版社，2025.4.

ISBN 978‑7‑5763‑5272‑6

Ⅰ.U472

中国国家版本馆 CIP 数据核字第 2025DG3342 号

责任编辑：王玲玲	**文案编辑**：王玲玲
责任校对：刘亚男	**责任印制**：李志强

出版发行 / 北京理工大学出版社有限责任公司

社　　址 / 北京市丰台区四合庄路 6 号

邮　　编 / 100070

电　　话 /（010）68914026（教材售后服务热线）
　　　　　　（010）63726648（课件资源服务热线）

网　　址 / http://www.bitpress.com.cn

版 印 次 / 2025 年 4 月第 2 版第 1 次印刷

印　　刷 / 廊坊市印艺阁数字科技有限公司

开　　本 / 787 mm×1092 mm　1/16

印　　张 / 19.5

彩　　插 / 1

字　　数 / 461 千字

定　　价 / 108.00 元

图书出现印装质量问题，请拨打售后服务热线，负责调换

编写委员会

编委会主任： 王耀斌（吉林大学）

编委会副主任： 上官文斌（华南理工大学）　　刘玉梅（吉林大学）
　　　　　　　　　马　钧（同济大学）　　　　　齐晓杰（黑龙江工程学院）

编委（排名不分先后）：

边明远（清华大学）	韩加蓬（山东理工大学）
徐雯霞（同济大学）	齐晓杰（黑龙江工程学院）
何　瑛（同济大学）	于春鹏（黑龙江工程学院）
胡　宁（上海工程技术大学）	倪明辉（黑龙江工程学院）
金海松（上海工程技术大学）	张　蕾（天津工程师范学院）
宋年秀（青岛理工大学）	董恩国（天津工程师范学院）
刘瑞昌（青岛理工大学）	迟瑞娟（中国农业大学）
陈　勇（辽宁工业大学）	庞昌乐（中国农业大学）
杨守丽（辽宁工业大学）	李真芳（中国农业大学）
王海林（华南农业大学）	李淑艳（中国农业大学）
朱　刚（华南理工大学）	陈　理（中国农业大学）
丁问司（华南理工大学）	韩同群（湖北汽车工业学院）
王　春（广州大学）	陈立辉（河北师范大学）
赵福堂（北京理工大学）	征小梅（重庆工学院）
谭德荣（山东理工大学）	范钦满（淮阴工学院）
曲金玉（山东理工大学）	高爱云（河南科技大学）

出版说明

近几年，我国的汽车生产量和销售量迅速增大，全国汽车保有量大幅度上升，世界各知名汽车企业纷纷进入国内汽车市场，促进了国内汽车技术的发展。汽车保有量的急剧增加和汽车技术的不断更新，使汽车运用与维修行业的车源、车种、服务对象以及维修作业形式都已发生了新的变化，以致技能型、运用型人才非常紧缺。

本套教材针对汽车专业学生教学特点的变化和新形势下教材的编写要求，面向高等院校（应用型），以服务市场为基础，以提高能力为本位，注重培养学生的综合能力，同时合理控制理论知识，丰富实例，力求突出应用型学科教材的实用性、操作性特色。

本套教材可供开设有汽车运用工程、汽车服务工程、汽车交通与运输、汽车维修等汽车相关专业的高等院校使用，也可作为成人高等教育、汽车技术培训等相关课程的培训教材。

本套教材经编委会相关老师评审，做了适当的修改，内容更具体、更实用，特推荐出版。但限于水平和经验，本套图书难免存在不足之处，敬请广大同行和读者批评指正。

丛书编委会

第 2 版前言

本书是在普通高等教育"十一五"规划教材·汽车类教材《汽车装饰与车身修复技术》的基础上修订的。

本次修订在保留第 1 版教材的特色和优点的基础上，本着实际教学需要，以加强技术实践内容为原则，对部分内容进行了适当更新、增减及重新编排。此次修订的主要工作体现在以下几个方面：

（1）更新了原书中文字、插图中的疏漏；

（2）加强了实践教学内容；

（3）调整了部分图表内容，对部分内容进行了删减。

参加本书修订工作的有宋年秀（第 1 章）、王露（第 2 章）、李鹏祥（第 3 章）、刘晓龙（第 4 章）、李凯（第 5 章、第 6 章）、王灿清（第 7 章）、陈强（第 8 章）、朱新政（第 9 章）、杨帆（第 10 章）、杨勇强（第 11 章）。

全书宋年秀、王露、李鹏祥担任主编，由宋年秀负责统稿。

由于编者水平有限，书中难免有不当之处，敬请读者批评指正。

编 者

前 言

随着我国汽车工业的迅猛发展和人民生活水平的不断提高，汽车保有量不断增多，从而给汽车装饰与车身修复行业带来了新的机遇和挑战，一方面汽车装饰与车身修复的项目越来越多，另一方面人们对汽车装饰与车身修复质量的要求也越来越高。为了适应新的情况，汽车装饰与车身修复技术人员应尽快提高理论水平和实际操作技能，特别是提高采用新工艺和使用新设备的能力。

本书包含汽车装饰、汽车钣金修复和涂装修复三个方面的内容。全书共分为11章。其中，第1章为汽车装饰与车身修复概括性的知识；第2~4章为汽车外部装饰、汽车内部装饰和汽车安全与控制装饰的基本知识和技能；第5~7章为车身钣金和车身焊接的基本知识与技能，以及车身变形矫正与车身典型构件的修复；第8章、第9章为涂装作业常识和涂装作业常用的工具与设备；第10章、第11章为涂装作业的操作工艺和技术要求。

本书由宋年秀、曲金玉任主编，参加编写的还有田育耕、王东杰。

本书可作为汽车服务工程专业的专业教材，也可作为从事汽车装饰与车身修复工作的技术人员的参考用书。由于作者水平有限，书中不足之处难免，恳请读者批评指出。

编者

目 录

第1章 概论 ··· 1
  1.1 汽车装饰与车身修复概述 ·· 1
    1.1.1 汽车装饰与车身修复的现状及意义 ·························· 1
    1.1.2 汽车装饰与车身修复的作用 ······································ 2
  1.2 汽车装饰与车身修复的作业内容与特点 ··························· 3
    1.2.1 汽车装饰的主要内容 ·· 3
    1.2.2 汽车钣金作业的主要内容 ··· 3
    1.2.3 汽车车身涂装的主要内容 ··· 4
    1.2.4 汽车装饰与车身修复的特点 ······································ 4
  思考题 ·· 5

第2章 汽车外部装饰 ·· 6
  2.1 汽车外部安全装饰 ··· 6
    2.1.1 汽车保险杠装饰 ··· 6
    2.1.2 导流板与扰流板装饰 ·· 10
    2.1.3 电动后视镜装饰 ··· 13
    2.1.4 车身外部其他装饰 ·· 16
  2.2 车窗装饰 ·· 21
    2.2.1 车窗贴膜 ·· 21
    2.2.2 加装天窗 ·· 23
    2.2.3 电动车窗 ·· 28
    2.2.4 车窗玻璃装饰 ··· 31
  思考题 ·· 34

第3章 汽车内部装饰 ·· 35
  3.1 汽车座椅装饰 ·· 35
    3.1.1 汽车坐垫与枕垫装饰 ·· 35
    3.1.2 电动座椅 ·· 36
    3.1.3 儿童座椅 ·· 40
  3.2 车载电器与信息设备装饰 ··· 41
    3.2.1 汽车音响系统装饰 ·· 41

		3.2.2　汽车空调系统装饰 ……………………………………………………………… 51
		3.2.3　车载通信与导航信息系统 …………………………………………………… 60
		3.2.4　汽车信息显示系统 …………………………………………………………… 64
	3.3　汽车内部其他装饰 ………………………………………………………………………… 70
		3.3.1　地板装饰 ……………………………………………………………………… 70
		3.3.2　仪表板装饰 …………………………………………………………………… 70
	思考题 …………………………………………………………………………………………… 71

第4章　汽车安全与控制装饰 …………………………………………………………………… 72
	4.1　汽车安全装饰 ……………………………………………………………………………… 72
		4.1.1　汽车安全带 …………………………………………………………………… 72
		4.1.2　汽车安全气囊系统 …………………………………………………………… 77
		4.1.3　汽车防盗装置 ………………………………………………………………… 86
		4.1.4　倒车雷达 ……………………………………………………………………… 91
	4.2　汽车控制装饰 ……………………………………………………………………………… 94
		4.2.1　汽车巡航控制系统 …………………………………………………………… 94
		4.2.2　汽车防抱死制动系统 ………………………………………………………… 101
	思考题 ………………………………………………………………………………………… 109

第5章　汽车车身及修复工具 …………………………………………………………………… 110
	5.1　汽车车身构造 ……………………………………………………………………………… 110
		5.1.1　汽车车身基本结构 …………………………………………………………… 110
		5.1.2　轿车车身 ……………………………………………………………………… 112
		5.1.3　大客车车身 …………………………………………………………………… 113
		5.1.4　货车车身 ……………………………………………………………………… 115
	5.2　汽车车身材料 ……………………………………………………………………………… 115
		5.2.1　车身常用的金属材料 ………………………………………………………… 115
		5.2.2　车身常用的非金属材料 ……………………………………………………… 118
	5.3　汽车钣金修复的常用工具及设备 ……………………………………………………… 120
		5.3.1　钣金修复的常用工具 ………………………………………………………… 120
		5.3.2　钣金修复剪切工具 …………………………………………………………… 126
	思考题 ………………………………………………………………………………………… 129

第6章　汽车钣金基本工艺 ……………………………………………………………………… 130
	6.1　钣金划线的基本方法 …………………………………………………………………… 130
		6.1.1　钣金划线所用工具 …………………………………………………………… 130
		6.1.2　基本线型的作法 ……………………………………………………………… 131
		6.1.3　几何图形的作法 ……………………………………………………………… 132
		6.1.4　展开图的画法 ………………………………………………………………… 133

6.2 钣金件制作的基本工艺 ... 134
6.2.1 弯曲 ... 134
6.2.2 放边 ... 136
6.2.3 收边 ... 137
6.2.4 拱曲 ... 138
6.2.5 卷边与咬缝 ... 141
6.2.6 拔缘 ... 142
6.2.7 制筋 ... 144
6.3 车身修复的切割与焊接 ... 145
6.3.1 氧乙炔焊 ... 146
6.3.2 金属惰性气体焊 ... 152
6.3.3 手工电弧焊 ... 157
6.3.4 电阻点焊 ... 164
6.3.5 钎焊 ... 167
6.3.6 等离子弧切割 ... 168
6.4 车身变形的测量和诊断 ... 170
6.4.1 车身变形的测量 ... 171
6.4.2 车身变形的诊断 ... 173
6.5 车身变形的固定及矫正 ... 177
6.5.1 车身的固定 ... 178
6.5.2 车身变形的矫正 ... 179
思考题 ... 184

第7章 车身典型构件的修复 ... 185
7.1 车身检验及拆卸 ... 185
7.1.1 客车车身骨架的检验 ... 185
7.1.2 轿车车身的检验 ... 187
7.1.3 车身拆卸 ... 187
7.2 车身非金属构件的修复 ... 188
7.2.1 车身玻璃钢板件的修复 ... 188
7.2.2 车用塑料板件的修复 ... 190
7.3 轿车车身的修复 ... 195
7.3.1 收缩整形 ... 195
7.3.2 皱褶展开 ... 195
7.3.3 垫撬 ... 196
7.4 大客车车身的修复 ... 196
7.4.1 大客车车身修复要求 ... 196
7.4.2 大客车车身修复方法 ... 197
思考题 ... 199

第8章 汽车车身涂装的常用材料 ································· 200
8.1 涂料的基本知识 ······································· 200
8.1.1 涂料的组成与作用 ······························· 200
8.1.2 涂料的分类、命名和型号 ························· 202
8.1.3 涂料的性能 ··································· 204
8.1.4 涂层质量的技术指标 ····························· 206
8.2 涂漆前处理的常用材料 ································· 208
8.2.1 脱脂材料 ····································· 208
8.2.2 除锈材料 ····································· 208
8.2.3 磷化剂 ······································· 209
8.2.4 钝化材料 ····································· 209
8.3 汽车涂装的常用材料 ··································· 209
8.3.1 底漆 ··· 210
8.3.2 腻子 ··· 212
8.3.3 中间涂料 ····································· 213
8.3.4 面漆 ··· 213
8.4 涂漆后处理的常用材料 ································· 215
8.4.1 抛光材料 ····································· 215
8.4.2 保护材料 ····································· 215
8.5 汽车涂装的辅助材料 ··································· 215
8.5.1 稀释剂 ······································· 215
8.5.2 防潮剂 ······································· 216
8.5.3 催干剂 ······································· 217
8.5.4 固化剂 ······································· 217
8.5.5 脱漆剂 ······································· 218
思考题 ··· 218

第9章 汽车车身涂装的工具与设备 ····························· 219
9.1 车身表面预处理的工具与设备 ····························· 219
9.1.1 手工工具 ····································· 219
9.1.2 手工机械工具 ································· 221
9.1.3 设备 ··· 224
9.2 喷涂的工具与设备 ····································· 226
9.2.1 喷枪 ··· 227
9.2.2 喷涂供气系统 ································· 232
9.2.3 喷漆室 ······································· 238
9.3 干燥设备 ··· 240
9.3.1 电热烘箱 ····································· 240

9.3.2　烘漆室 240
　　　9.3.3　喷漆烘漆两用房 242
　9.4　汽车养护工具与设备 242
　　　9.4.1　汽车喷涂装饰工具 242
　　　9.4.2　汽车清洁设备 243
　思考题 246

第10章　车身涂装材料的调配与使用 247
　10.1　汽车涂料的选用 247
　　　10.1.1　车身涂料的等级及特性 247
　　　10.1.2　车身涂料的选用原则 251
　　　10.1.3　各种车身涂料的选用及配套 254
　　　10.1.4　选择车身涂料时应注意的问题 257
　10.2　涂料颜色的调配 258
　　　10.2.1　色彩的基本常识 258
　　　10.2.2　原车漆膜颜色分析 260
　　　10.2.3　颜色调配 262
　10.3　涂料质量及涂装病态与防治 264
　　　10.3.1　涂料自身质量和储运中发生的病态与防治 264
　　　10.3.2　涂料在施工和操作中发生的病态与防治 266
　　　10.3.3　涂装后发生的病态与防治 270
　思考题 273

第11章　车身涂装修复工艺 274
　11.1　表面预处理 274
　　　11.1.1　洗车 274
　　　11.1.2　金属表面除油 275
　　　11.1.3　金属表面除锈 277
　　　11.1.4　金属表面磷化处理 279
　　　11.1.5　金属表面的旧漆处理 279
　　　11.1.6　非金属表面的处理 281
　11.2　涂装方法及工艺 282
　　　11.2.1　汽车车身修复涂装常用的方法 282
　　　11.2.2　汽车车身修复涂装典型工艺 283
　　　11.2.3　涂装施工安全防护 291
　11.3　汽车零部件的涂装工艺 292
　　　11.3.1　汽车保险杠涂漆工艺 292
　　　11.3.2　汽车车轮涂漆工艺 293
　　　11.3.3　仪表盘涂漆工艺 293

11.3.4 挡泥板涂漆工艺 ··· 294
11.4 货车翻新涂装工艺 ·· 294
　11.4.1 喷涂底漆 ··· 294
　11.4.2 刮涂腻子 ··· 294
　11.4.3 整车喷漆 ··· 295
11.5 客车车身涂装工艺 ·· 295
　11.5.1 普通客车喷涂氨基烘漆工艺 ·· 295
　11.5.2 旅行车喷涂丙稀酸涂料工艺 ·· 296
11.6 轿车车身涂装工艺 ·· 297
思考题 ··· 298

参考文献 ·· 299

第1章

概　　论

● **本章重点**

了解汽车装饰与车身修复的现状和汽车装饰与车身修复的作用，掌握汽车装饰与车身修复的作业内容与特点。

作为现代交通工具，汽车不仅给人们带来了交通的便捷，还使人们精神上得到满足。随着社会的进步与发展，人们的需求也逐步趋于个性化，保证汽车良好的技术状况和美观的外形，既关系到市场经济社会中汽车运输的竞争力，又关系到人们日益重视的环境保护。特别是在精神需求不断高涨的今天，具有漂亮外形的汽车不仅对环境起到很大的美化作用，同时也会在很大程度上满足人们的心理需要。要保证汽车有漂亮的外观，除了汽车制造工业的先天因素外，装饰与车身修复时保证车身修复质量也是极为重要的一环。

1.1　汽车装饰与车身修复概述

1.1.1　汽车装饰与车身修复的现状及意义

汽车装饰与车身修复的发展，与汽车制造技术有着不可分割的关系。汽车修复与汽车制造技术由于在生产组织方式方面有着根本区别，因而形成了其自身的发展状况。

（1）汽车车身的结构和材料不断更新。由于近一二十年来，汽车车身的结构和材料均发生了较大的变化（在结构方面，如承载方式的变化、车身轻量化、追求车身优良的空气动力学特性、车身防振及隔声、车身防锈、车身防撞安全性及车身造型等；在材料方面，轻合金、高强度钢、高强度低合金钢、塑料和合成材料的大量采用等），这就要求汽车装饰与车身修复者能较全面地掌握现代汽车车身的结构特点和所用材料的特性。只有这样，才能在汽车装饰与车身修复工作中保证修理质量，恢复车身原有的强度和可靠性。

（2）汽车装饰与车身修复行业管理滞后，缺乏统一服务标准，缺乏个性化。目前，我国的汽车装饰与车身修复业虽然有了一定的发展，但还不完善，从整体来看，从业人员素质偏低，服务技术不达标，损害了消费者的利益，也制约了行业的健康发展。市场上的各种汽车装饰用品的质量和服务水平良莠不齐，商家在个性化服务和产品创意方面更是欠缺火候。最致命的是没有"灵魂"，没有自己的设计、自己的创意。

（3）汽车装饰与车身修复市场竞争激烈。由于汽车装饰和车身修复行业前景看好，投资回报可观，社会各领域对这个领域的投资热情持续升温，国外汽车服务行业的一些巨头们也加快了进军我国汽车装饰市场及加快与我国本土企业结盟合作的步伐，他们一进入市场，就采取了规模性的经营、快速的建设网络。对于还没有树立起品牌的国内汽车装饰行业，这种运作模式很容易在行业内产生影响，甚至左右市场的一些变化，从而加剧了整个行业的竞争。

（4）汽车装饰与车身修复产业正逐渐形成，逐渐成为阳光产业。汽车装饰与车身修复已成为汽车维修行业的热点之一，这是由于汽车装饰与车身修复质量不仅会影响车身整体强度和安全性，而且直接影响汽车维修后的外观质量，因此备受关注。资料显示，在一个完全成熟的国际化的汽车市场中，汽车的销售利润在整个汽车业的利润构成中仅占20%，零部件供应的利润占20%，而50%～60%利润是从服务中产生的。如今，汽车装饰与车身修复企业作为汽车服务企业已经异军突起，形成了一支庞大的维修服务队伍。到处可见汽车美容装饰、汽车喷漆和汽车钣金修理。伴随着汽车工业现代化的进程，高质量的汽车装饰与车身修复，理所当然地成了人们追求的目标。

1.1.2 汽车装饰与车身修复的作用

汽车装饰与车身修复在汽车维修质量中有其特殊的意义。正确可行的装饰方案、科学的车身整形手段和优质的喷涂质量不仅对汽车起到极大的保护作用，而且对汽车外观的恢复和安全性也起着至关重要的作用。

1. 校正车身变形

运行中的汽车，碰刮之类的车身损伤是不可避免的，因此就需要对汽车钣金的凹陷、突起、皱褶变形等进行整形校正，以恢复原来的几何形状，为后续喷刮涂料提供良好的基面；同时，对车身整体或局部构件的损坏进行修理，使相互位置准确、可靠，以保证车轮定位准确。

2. 改善车身局部的强度和刚度

由于生产工艺、设计方案、材料缺陷等因素造成的薄弱环节；冲击、振动、过载等原因引起的局部变形；金属焊接后表层氧化、脱落加之防腐处理不当而引起的锈蚀；焊接技术不佳或对不同金属材料的焊接特性了解不周，使焊接工艺错误而造成焊口断裂等诸多因素，都会使车身结构件等技术状况变坏，导致车身强度劣化，严重时还会诱发不测事故的发生。车身维修时，根据对车身零件和关键结构件强度、刚度、损伤、锈蚀等技术状况的检验，更换新材料，或直接有针对性地采取矫正、补强、防腐处理等修理措施，及时消除车身整体强度劣化现象。

3. 保护车身抵抗外界侵蚀

目前的车身结构主要由钢板制作而成，由于其特殊的工作环境，要长期受到空气、水分和日光的侵蚀，有时还会受汽油、柴油、防冻液、酸、碱等许多化学物品的腐蚀，为使金属免遭腐蚀，涂膜起到了很好的隔腐作用，所以钣金修复后的车身以及涂膜损伤严重的车身，需及时补涂涂膜，以起到保护车身表面、延长车身使用寿命的目的。

4. 使车身内外装饰精致、美观

随着人类文明的发展，人们在审美要求上越来越讲究物品与环境的协调统一。汽车作为生产和生活所必需的交通工具，人们对车身装饰的要求越来越高，通过对汽车进行内外装饰，可以营造温馨、舒适、安全的环境。

5. 增强汽车的安全性和操作方便性

通过对汽车进行安全和控制装饰，加装安全带、汽车安全气囊系统、倒车雷达装饰、防盗装置、汽车的巡航控制系统和制动防抱死系统等，以及在汽车行驶、倒车和停驶等情况下，为保护司乘人员与车辆而采取的保护措施。通过对汽车进行内外装饰，对车身加装或改装座椅装饰、仪表板装饰、地板装饰、车载电器与信息设备的装饰，以及保险杠、导流板、扰流板、后视镜、车窗等饰件，改变汽车的外观，达到使汽车更加安全、亮丽的目的，以满足人们对安全性和审美观的需求。

6. 作为特殊的标识

涂装的标识作用是由涂料的颜色体现的，用颜色做标识广泛应用在各个方面，目前已逐渐标准化了。在汽车上涂装不同的颜色或图案，以区别不同用途的汽车。例如，消防车涂成大红色；邮政车涂成橄榄绿色，文字及车号为白色；救护车为白色并做红色十字标记；工程车涂成黄色，文字及车号为黑色等，这些都是用涂装作为特殊的标识。

1.2 汽车装饰与车身修复的作业内容与特点

汽车装饰与车身修复的作业主要包括汽车装饰、汽车钣金作业和汽车车身涂装作业三方面的内容，它与汽车制造和修理有着不同的特点。

1.2.1 汽车装饰的主要内容

汽车装饰是由汽车衍生而来的一个行业，主要是指在原厂车的基础上通过加装、改装或更新车上装备和物品，以提高汽车的美观性、舒适性和安全性的行为，所增加的附属物品即为汽车装饰品。

汽车装饰主要包括汽车外部装饰、汽车内部装饰和汽车安全与控制装饰。

（1）汽车外部装饰。通过对车身加装或改装保险杠、导流板、扰流板、后视镜以及车窗等饰件，改变汽车的外观，达到使汽车更加安全、亮丽的目的。

（2）汽车内部装饰。主要包括座椅装饰、仪表板装饰、地板装饰、车载电器和信息设备的装饰等。

（3）汽车的安全与控制装饰。包括安全带装饰、汽车安全气囊系统、倒车雷达装饰、防盗装置，以及汽车的巡航控制系统和制动防抱死系统等。

1.2.2 汽车钣金作业的主要内容

汽车钣金是一个汽车修理的技术手段，指汽车发生碰撞后对车身进行修复，对车身进行车身损伤的分析、车身的测量、车身钣金的整形、拉伸矫正，以及汽车车身附件装配调整等工作。

车身钣金修复主要包括拆卸、鉴定、修整与装配等几项内容。

（1）拆卸。拆卸的主要目的是便于车身维修前的检验和车身维修操作，同时也可避免维修时对拆卸件产生不必要的损伤，有时也对拆卸下的废旧件进行更换。拆卸操作应严格遵守尽量避免零件损伤和毁坏的原则，除螺母和螺栓用扳手拆卸外，常用的拆卸方法还有气割、锯割、錾开、钻孔等。

（2）鉴定。对车身损伤部位用尺子、样板或模具进行检查，以确定损伤的性质以及具体的修复方法。

（3）修整与装配。对车身的壳体及损伤严重部位进行修整，并按原车的要求进行总装。

1.2.3　汽车车身涂装的主要内容

汽车涂装是指将涂料涂覆于汽车基层表面，形成具有防护、装饰或特定功能涂层的过程，又叫涂料施工。汽车涂装的基本要素包括涂装材料、涂装设备、涂装环境、涂装工艺、涂装管理。

车身修复补漆主要包括脱漆、表面预处理、涂料选择和色泽调配，以及施涂工艺方法等几个方面内容。

（1）脱漆。根据车身维修和车身旧漆的情况，需部分或全部地除去车身上的旧漆，以保证重新涂装的质量要求，常用的清除方法有火焰法、手工和机械法，以及化学方法等。

（2）表面预处理。预处理的主要工序是除污垢、去锈斑、氧化处理、磷化处理、钝化处理等。对被涂物面进行预处理的目的是清除物面上存在的尘埃、油污、水、锈蚀、鳞片状氧化物，以及旧涂层等影响涂膜与被涂表面间的附着力的杂质，使涂层与基体金属很好地结合。

（3）涂料选择和颜色调配。车身修复补漆涂料的选择，需要根据补涂的范围和作业内容、客户的要求，以及原漆的特点性质而定。颜色调配的关键是，根据配色的基本原理，保证新涂漆料干后色彩与车辆原漆色彩一致。

（4）涂装。涂装的基本方法有刷涂法、浸涂法、空气喷涂法、静电喷涂法和电泳涂装等。另外，还有滚涂法、淋涂法、粉末涂装和高压无气喷涂等。涂装质量与涂料性能和涂装方法有关，应综合考虑被涂物的材质、形状和大小、使用涂料的性质、对涂装质量的要求、施工设备和环境条件以及经济性等各方面，确定相应的涂装方法。

1.2.4　汽车装饰与车身修复的特点

汽车装饰与车身修复及汽车制造相比，有如下特点：

1. 车身结构修复应保持与原车的一致性

由于车身结构具有动感的造型特点，加上装饰和色彩，能给人以美的享受和强烈的精神感染力，特别是轿车，其车身造型的流行样式不断更新，成为市场竞争的一个重要手段，所以，人们对车身造型艺术的要求也越来越高。因此，在车身维修时，必须保持原车的车型风格，在车身构件的外形、线条、材料、装饰及色调等方面都不能破坏原车的特点，并保证整车的一致性。

2. 车身材料具有多样性

车身所采用的材料品种很多，除金属和轻合金以外，还大量使用各种非金属材料（如工程塑料、橡胶、复合材料、玻璃、油漆、纺织品和木材等）。客车与轿车车身覆盖件所用的钢板约占汽车材料构成的50%，这些覆盖件的加工方法，大多采用冷冲压制造。为了改善车身覆盖件的防锈蚀性能，从20世纪80年代以来，国外轿车车身上已开始大量采用镀锌钢板，有些轿车则采用含磷高强度冷轧钢板、减振复合钢板等。此外，为了减轻自重和提高汽车的安全性、舒适性，积极采用铝合金材料制造客车与轿车车身，而且非金属材料和复合材料的用量也逐年有所增加（国外一辆轿车上所用非金属材料和复合材料约占汽车自重的20%）。因此，在车身修理时，必须弄清各构件的材料特性及其结构特点。

3. 汽车装饰与车身修复工艺具有复杂性

车身是组成汽车的三大总成之一，它在设计、制造和修理上均与其他总成不同，车身修理时，必须顾及车身的造型艺术、内部装饰、采暖通风、防振隔声、密封、照明以及与人机工程有关的一些问题。由于需要修复的车身常常会出现磨损、腐蚀、机械损伤等各种损伤，这些损伤需要通过整体或局部的整形，局部更换或挖补，局部打磨，焊修，整体或局部涂装等方法予以修复，因此，汽车装饰与车身修复时，其技术的复杂程度和难度比车身制造时更高。这不仅要求操作者掌握科学的工艺和方法，而且需要一定的操作技术和经验，这与车身制造时主要依赖于工艺设备和工艺规范是很不相同的。因此，汽车装饰与车身修复时，必须根据车身的损伤部位和类型，采用科学合理的修理工艺和方法。

思 考 题

1. 汽车装饰与车身修复的作用有哪些？
2. 汽车装饰的主要内容有哪些？
3. 汽车钣金作业的主要内容有哪些？
4. 汽车车身涂装的主要内容有哪些？
5. 汽车装饰与车身修复的特点有哪些？

第 2 章

汽车外部装饰

● **本章重点**

通过对本章的学习，重点掌握电动后视镜、天窗和电动车窗的基本结构和工作原理，理解导流板和扰流板的功能实现过程，以及各种装置的安装要点。

随着我国汽车工业的快速发展，汽车正在走向大众化和家庭化。现代汽车除了要有优良的性能，能够体现个人风格的汽车装饰也是必不可少的。汽车装饰已被越来越多的人所接受，作为一种新兴产业正在崛起，必将成为 21 世纪的黄金产业。

汽车外部装饰是在不改变车身结构和功能的前提下，通过对车身加装或改装保险杠、导流板、扰流板、后视镜以及车窗等饰件，改变汽车的外观，达到使汽车更加安全、亮丽的目的，以满足人们对安全性和审美观的需求。

2.1 汽车外部安全装饰

汽车外部安全装饰是指在汽车上加装或改装保险杠、导流板和扰流板、电动后视镜以及车灯等装置，以提高汽车行驶安全性。

2.1.1 汽车保险杠装饰

保险杠系统是汽车车身的一个重要组成部分，其作用主要有四方面：① 当汽车与其他车辆或障碍物发生低速碰撞（通常小于 10 km/h）时，保护翼子板、散热器、发动机罩和灯具等部件；② 当汽车与行人发生碰撞时，最大限度地保护行人；③ 满足车身空气动力性的要求；④ 装饰和美化车身。

汽车的保险杠应当安全可靠、结构简单、轻便、耐用、造价低廉、不破坏汽车外形的整体美观。

1. 汽车保险杠的种类

1）按保险杠所用材料分

按保险杠所用材料不同，可分为钢板保险杠、塑料保险杠、铝合金保险杠和镜钢保险杠等。

（1）钢板保险杠。20 年前，轿车前后保险杠以金属材料为主，用厚度 3 mm 以上的钢板冲压成 U 形槽钢，表面处理镀铬，与车架纵梁铆接或焊接在一起，与车身有一段较大的间隙，好像是一件附加上去的部件，此即钢板保险杠。现在钢板保险杠主要用于货车上。

（2）塑料保险杠。塑料保险杠不但具有固有的保护功能，而且能与车体保持和谐、统一，使车身轻量化。这种保险杠具有很好的强度、刚性和装饰性。从安全上看，在汽车发生碰撞事故时能起到缓冲作用，保护前后车体；从外观上看，可以很自然地与车体结合在一块，浑然一体，具有很好的装饰性，成为装饰轿车外形的重要部件，多用于轿车。

（3）铝合金保险杠。铝合金保险杠是由铝合金构成的管状保险杠，这种保险杠具有造型多、美观、气派等特点，多用于越野汽车和小型客车。

（4）镜钢保险杠。镜钢保险杠由钢管制成，并经电镀处理，具有美观、庄重等特点。多用于小型客车。

2）按安装位置不同分

按安装位置不同，可分为前保险杠、后保险杠和车门保险杠等。

前、后保险杠是防护车身前后部的安全装置，在现代汽车上是不可缺少的。安装车门保险杠是汽车防侧撞所采取的安全措施。

汽车设计者从交通事故中发现，汽车发生侧面碰撞的案例比较多，尤其是路面湿滑或车速较快的情况下，因各种原因造成汽车拦腰碰撞的可能性大大增加。轿车上实行防侧撞的安全措施有两种常见方法：一种是从设计上改进轿车车厢的结构，使其能起到分散侧撞冲击力的作用；另一种是安装车门保险杠，增强车门的防撞冲击力。后一种方法实用、简单，对车身结构的改动不大，已经普遍推广使用。

安装车门保险杠，就是在每扇车门的门板内横置或斜置数条高强度的钢梁，与车前车后保险杠具有相同的作用，做到整部轿车前后左右都有保险杠保护，使到轿车乘员有一个最大限度的安全区域。

2. 汽车保险杠的结构及功能

常见的汽车保险杠系统通常由外盖板、内衬、横梁、支架等部分组成，其中，内衬和支架都可作为缓冲吸能元件。

1）普通式保险杠

普通式保险杠也称为自身吸能式保险杠。这种保险杠结构比较简单，它主要通过内衬和支架的变形来吸收能量。大部分轿车都是使用这种形式的保险杠。由于支架需要有一定的强度，因此通常使用金属材料，而内衬的材料则多种多样，包括各种塑料、泡沫状金属材料、树脂等复合材料和蜂窝状材料。这种保险杠的缓冲性能通常由缓冲材料的特性决定。

（1）塑料保险杠。塑料保险杠是一种普通式保险杠，由外板、缓冲材料和横梁三部分组成。其中，外板和缓冲材料用塑料制成，横梁使用厚度为 1.5 mm 左右的冷轧薄板冲压成 U 形槽；外板和缓冲材料附着在横梁上，横梁与车架纵梁使用螺钉连接，可以随时拆卸下来。这种塑料保险杠使用的塑料大体上使用聚酯系和聚丙烯系两种材料，采用注射成型法制成。国外还有一种称为聚碳酯系的塑料，渗进合金成分，采用合金注射成型的方法，加工出来的保险杠不但具有高强度的刚性，还具有可以焊接的优点，而且涂装性能好，在轿车上的用量越来越多。塑料保险杠具有强度、刚性和装饰性，从安全上看，汽车发生碰撞事故时能起到缓冲作用，保护前后车体；从外观上看，可以很自然地与车体结合在一块，具有很好的装饰性，成为轿车装饰的主要部件。

（2）泡沫垫吸能保险杠。泡沫垫吸能保险杠同样是一种普通式保险杠，它是在冲击杆和塑料杆或盖之间采用厚氨基甲酸乙酯泡沫垫。

2）特殊式吸能保险杠

特殊式吸能保险杠的主要组成部分为吸能器。吸能器在碰撞过程中起着主要的吸能缓冲作用。吸能器有三种，分别为液压式吸能器、弹簧式吸能器和隔离式吸能器。

（1）液压式吸能器。液压式吸能器有一个充满液压流体的气缸，受冲击时，充满惰性气体的活塞管被压入气缸，液压流体在压力下经小孔流入活塞管，受压的液压流体吸收冲击所产生的能量并推动活塞管中的浮动活塞，从而压缩惰性气体。当释放冲击力时，压缩气体的压力促使液压流体从活塞管返回气缸，这种作用使保险杠回到原来的位置，如图2-1所示。

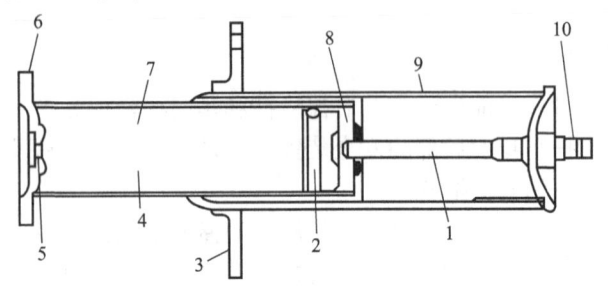

图2-1　液压式吸能器剖面图

1—量针；2—浮动活塞；3—车架托架；4—气体；5—密封球；6—保险杠托架；7—活塞管；
8—液压流体；9—气缸；10—安装性螺栓

（2）弹簧式吸能器。当汽车受到冲击时，流体从储存器经过量阀进入外气缸。当冲击力释放时，吸能器的回动弹簧使保险杠回到原来的位置，如图2-2所示。

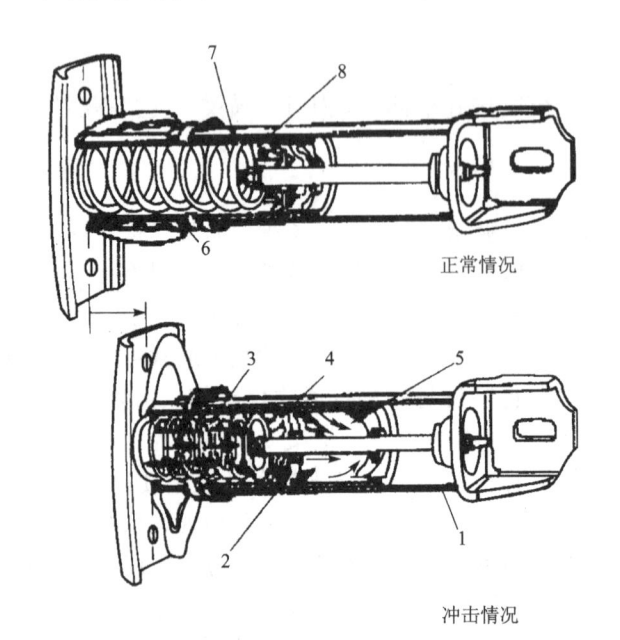

正常情况

冲击情况

图2-2　弹簧式吸能器

1—外气缸；2—量阀；3—流体储存器；4—流体孔板；5—冲击的流体固定部位；
6—内气缸；7—回动弹簧；8—冲击后流体返回储存器

(3) 隔离式吸能器。隔离式吸能保险杠在隔离式吸能器和车架之间装有橡胶垫，当受冲击时，隔离式吸能器因冲击力而动，使橡胶垫伸展，橡胶的变形吸收冲击能量。当冲击力释放时，橡胶恢复原形，从而使保险杠回到原来的位置，如图2-3所示。

3) 安全气袋式保险杠

这是一种专门为了保护行人而设计的保险杠。简单地说，就是把安全气囊装入保险杠内。在行人触及保险杠的瞬间，保险杠内藏推板迅速落下，阻止行人被撞倒在车底下，与此同时，保险杠前方和两侧的气囊迅速充气，将被撞行人托起。这种保险杠可以有效地保证被撞行人的安全。

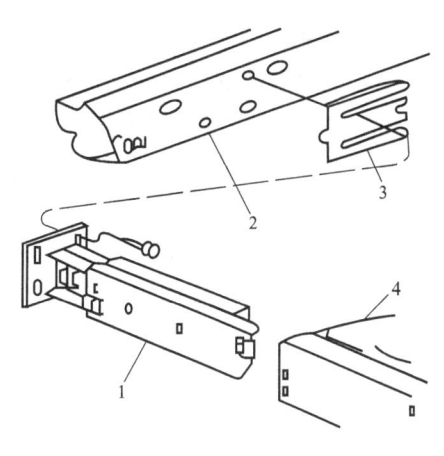

图2-3 隔离式吸能器
1—隔离器；2—加强杆；3—填隙片；4—车架

3. 汽车保险杠的更换

本书以吸能保险杠为例，介绍保险杠的更换方法。

1) 拆卸

有些汽车在把保险杠从车上拆下之前，必须拆除防烁石挡板、停车灯、风窗清洗器软管及其他必须拆除的零部件。图2-4为典型的带氨基甲酸乙酯盖的前保险杠总成。装有吸能器的保险杠与吸能器托架的连接螺栓必须拧下，拆卸固定式保险杠时，应拧下托架与车架的连接螺栓。

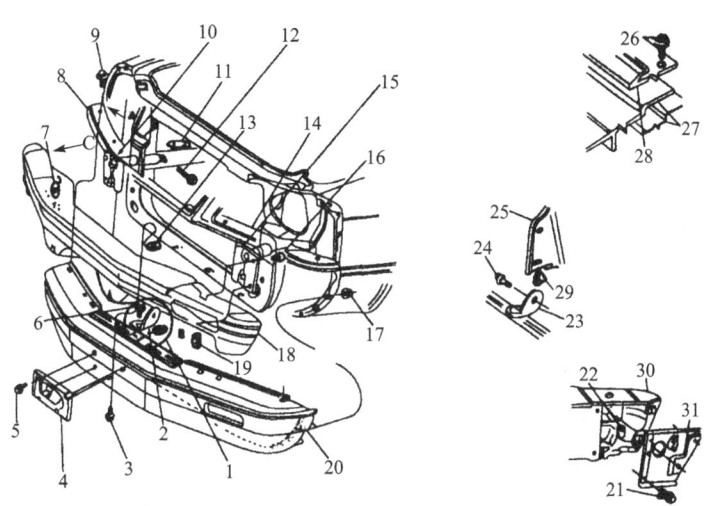

图2-4 带有活塞式吸能器的前保险杠连接方法
1，7，13，17，19，22，29—螺母；2—保险杠盖支架；3—螺钉；4—牌厢；5—波普铆钉；
6，12，16，21，24—螺栓；8，14，28—格栅板口；9，26—螺钉与垫圈组件；
10，15—隔离器和托架组件；11—J形螺母；18，30—保险杠组件；
20—保险杠盖组件；23—保险杠盖支承；25—发动机罩锁支承；
27—前盖组件；31—保险杠端拉条

拆卸装有吸能器的保险杠时，注意下列事项：

(1) 防振式吸能器实际上是一个小压力容器，不要使其受热或弄弯。如果要在吸能附近切割或焊接，应该把它拆下来。

（2）如果吸能器由于冲击而跳动，应在从车上拆下保险杠前释放气压。用链条固定保险杠以防突然松脱，并且在活塞管的前端钻孔来卸压，然后拆下保险杠和吸能器。

（3）在操纵、钻孔或拆卸跳动的吸能器时，必须注意安全，戴上可靠的护目镜。

2）更换

更换保险杠时，必须试验吸能器，方法是：

（1）使汽车面向固定障碍物（图2-5）。

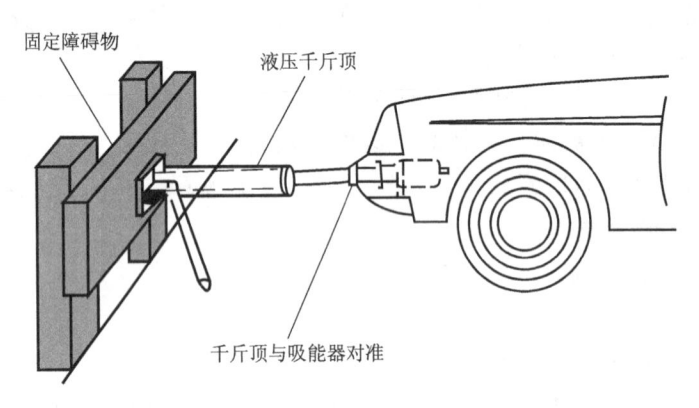

图2-5 试验吸能器

（2）把变速杆放到PARK停止位置，使驻车制动器完全啮合。

（3）在障碍物和保险杠之间安放液压千斤顶，使千斤顶与吸能器对准。

（4）压缩吸能器9.5 mm。

（5）放松千斤顶。如果保险杠回不到正常位置，应更换吸能器。

3）调整

用螺栓固定保险杠后，必须进行调整，使保险杠与翼板和前格栅的距离相等。顶部间隙必须均匀。调整装配螺栓，装配托架允许保险杠可上可下、可左可右及可进可出。如果需要，在保险杠和装配托架之间加设填隙片，以方便调整保险杠对准。

2.1.2 导流板与扰流板装饰

现在的轿车时速基本都在100 km左右，最高时速更达200 km以上，因此轿车的车身设计既要服从空气动力学，要有尽量低的空阻系数，又要采取措施，在车身的前后端安装导流板和扰流板是其中的措施之一。通过安装导流板和扰流板，既可以改善车型外观，使车身的流线型更加突出，也可以提高汽车的性能。

1. 导流板和扰流板的概念

汽车导流板是指轿车前部保险杠下方的抛物形连接板。扰流板是轿车行李舱盖上后端形似鸭尾的突出物，在国内也有人称它为"汽车尾翼""汽车扰流器"或"汽车扰流翼"等。图2-6所示为汽车导流板和扰流板。

2. 导流板的工作原理和作用

法国物理学家贝尔努依曾证明了空气动力学的一条理论，即空气流动的速度与压力成反

图 2-6 汽车导流板和扰流板

比。也就是说,空气流动速度越快,压力越小;空气流动速度越慢,压力越大。

汽车在行驶过程中,气流钻进车体底部不同形状的漏口里,导致空气流动速度减慢,而在车身上部,空气流动速度明显高于底部,从而形成压力差。这种压力差必然会产生一种上升力,车速越快,压力差越大,上升力也就越大。这种上升力被汽车工程界称为诱导阻力,约占整车空气阻力的7%,它不但消耗汽车动力,还能够导致轮胎抓地能力降低,从而影响轿车转向的控制能力。

轿车前端在气流作用下,无导流板时其受力状况如图 2-7 所示。

解决前端阻力和提升力,使之尽可能降低,提高行车安全性,可以通过将车身整体向前下方倾斜,而在车轮上产生向下的压力,提高汽车底盘下面的平顺光滑性和安装导流板来实现。但是提高汽车底盘下面的平顺光滑性这种措施,增加了轿车重量,提高了制造和运行成本,制造安装不方便。而安装导流板则是普遍采用的措施。

导流板与车身前裙板连成一体,中间开有合适的进风口来加大气流流动速度,减小车底压力,同时对前端气流起到导流作用,减少前端气流从发动机下部和底盘下部通过,从而减少其阻力、压力和前端上升力,使前端气流比较通顺地从前端上部和两侧通过。

轿车前端在气流作用下,安装导流板后其受力状况如图 2-8 所示。

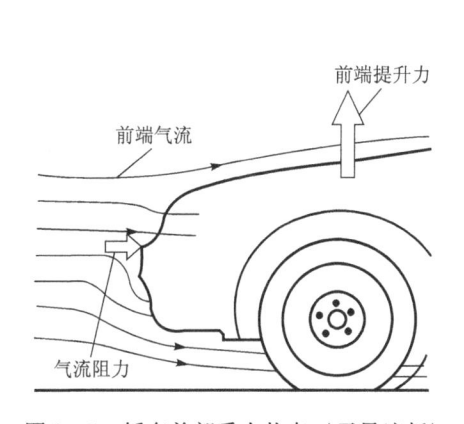

图 2-7 轿车前部受力状态(无导流板) 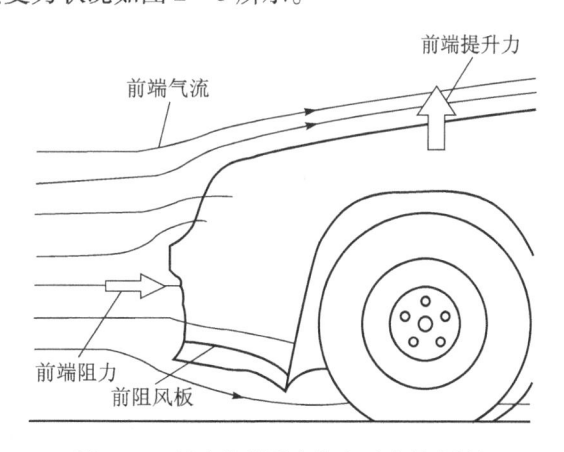　　图 2-8 轿车前部受力状态(有导流板)

3. 扰流板的工作原理和作用

汽车行驶时，后端气流从顶部、两侧及底部流过，使轿车受到阻力和提升力的作用，因此影响汽车行驶的安全性，使操纵不稳定，可能对轿车起到破坏作用。

无扰流板时，轿车后端气流及受力状况如图 2-9 所示。

在轿车行李箱盖上后端加装扰流板，将从车顶冲下来的气流阻滞一下，形成向下的作用力，增加汽车后轮的附着负荷，抵消一部分升力，使汽车能紧贴着道路行驶，从而提高行驶稳定性。另外，汽车边裙引导气流离开后轮，这样可减小气流扰动和气流阻力。有些汽车将车尾改为短平，减小从车顶向后部作用的负气压，从而防止后轮漂浮。

安装扰流板后，轿车后端气流及受力状况如图 2-10 所示。

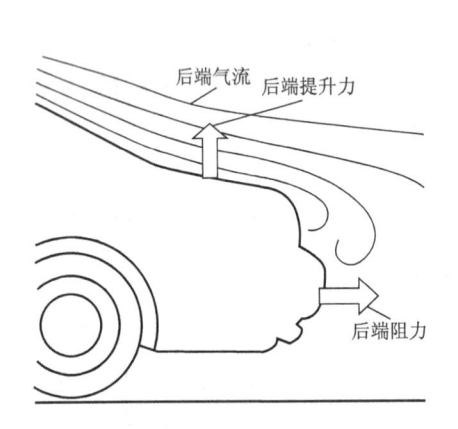

图 2-9 轿车后端的气流及受力状态（无扰流板）

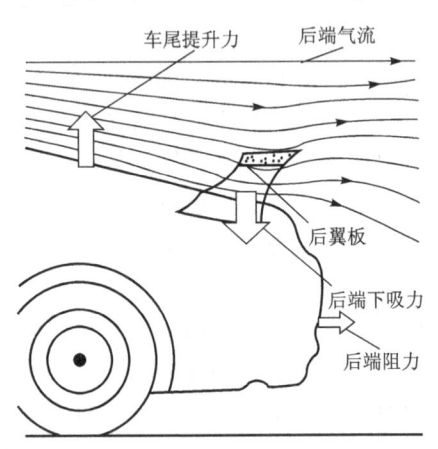

图 2-10 轿车后端的气流及受力状态（有扰流板）

随着我国高速公路和高等级公路的建设及投入使用，车速有了显著提高，汽车扰流板的作用也越来越重要。以排量为 1.8 L 的轿车为例，加装扰流板后，空气阻力系数降低 20%，当以 120 km/h 的时速行驶时，能省油 14%。

大多数汽车扰流板是用玻璃纤维或碳素纤维制成的，并且它的形状尺寸是经过设计师精确计算确定的，不宜过大，也不宜过小，否则会增加轿车的行驶阻力或起不到应有的作用。

4. 导流板和扰流板的安装

1）导流板的安装

（1）拆下前保险杠下部的车身板件。

（2）在前保险杠的下面换上新导流板，并与两个轮罩对中，还要保证导流板前面的上缘落在前板的里边。

（3）用虎钳夹把导流板的边角夹紧到轮罩上。

（4）将前车身板件的安装孔用划线方法转到导流板上。

（5）用划线方法将导流板端部的安装孔转到轮罩上。

（6）用 6.35 mm 的钻头钻 6 个孔，穿过金属薄板和导流板。

（7）用螺栓松弛地将导流板安装就位，检查是否正确对中。

（8）拧紧所有的 6 个紧固件。

2）扰流板的安装

扰流板的安装方式主要有粘贴式和螺栓固定式两种。前者可避免破坏行李箱盖且不会漏水；后者固定牢固，但因有钻孔会破坏行李箱盖的面貌，且安装不好时会发生漏水现象。现以螺栓固定式为例，其安装方法是：

（1）在行李箱盖上找到适合的位置，再与扰流板上的螺栓孔配合，做好记号，在行李箱盖上钻贯穿孔。

（2）在钻孔位置与扰流板接合处注上硅胶，以防漏水。

（3）将固定螺栓由行李箱内侧往外，并固定锁紧。

（4）如欲避免漏水情形，可在固定架周围注入透明硅胶。

2.1.3 电动后视镜装饰

后视镜是汽车重要的主动安全装置，驾驶员对于汽车后方和侧方的情况，主要是通过后视镜来获得。外后视镜安装在汽车左、右两侧，驾驶员调整其角度比较困难，所以现代轿车大多选择安装电动后视镜。

1. 后视镜简介

1）后视镜的分类

按后视镜的安装位置不同，可分为外后视镜和内后视镜。外后视镜作用主要是让驾驶员观察汽车左、右两侧的行人、车辆以及其他障碍物的情况，确保行车安全或倒车安全。内后视镜主要反映汽车后方以及车内情况，同时，内后视镜还具有在夜间防止后续车辆的前照灯光线引起眩目的功能。

按后视镜镜面结构不同，分为平面镜、凸面镜和棱形镜。平面镜的表面曲率半径 R 无穷大，可得到与目视大小相同的映像，多用作内后视镜；凸面镜镜面呈球面状，具有大小不同的曲率半径，其反映的映像较目视小，但它的视野范围较平面镜大，常用作外后视镜；棱形镜常用作防眩目内后视镜。

按照镜面角度的调节方式不同，可分为手动后视镜和电动后视镜两种，前者需人工来完成，后者只需要驾驶员操纵车内按钮来调整后视镜的角度。

2）后视镜的指标

（1）视界。视界是指镜面所能够反映到的范围，驾驶者眼睛与后视镜的距离、后视镜的尺寸大小和后视镜的曲率半径为视界三要素。这三要素之间具有一定的联系：当驾驶员眼睛与后视镜的距离以及后视镜的尺寸确定后，镜面的曲率半径越小，镜面反映的视界越大；镜面曲率半径确定后，后视镜尺寸越大，镜面反映的视界就越大。镜面的曲率半径必须符合国家标准，否则会导致后视镜的失真率过大，从而反映歪曲变形的实物图像。

（2）反射率。反射率越大，镜面反映的图像越清晰。但高反射率在一些场合下会有副作用，例如，在夜间行车，后续车辆前照灯光线经后视镜作用使驾驶员产生眩目感，影响行车安全。对于采用棱形镜的内后视镜，利用棱形镜的表面反射率与内部反射率不同的特点，可以达到无眩目的要求。

（3）后视镜安装位置。后视镜的安装位置直接影响到后视镜的视界、清晰程度和汽车的轮廓尺寸，对行车安全很重要。因此，后视镜的安装位置应满足以下要求：符合行业标准的视界要求；后视镜应尽可能靠近驾驶员的眼睛，以方便驾驶员观察；后视镜应安装在车身

(4) 外后视镜外形。外后视镜不但影响到车身的外观,也影响到车身尺寸。行业标准规定,轿车外后视镜的安装位置不得超出汽车最外侧 250 mm。由于现代轿车速度的提高,风阻和噪声是设计者要考虑的重要问题。因此,外后视镜外形轮廓应符合空气动力学。

2. 电动后视镜的基本结构和工作原理

汽车上的后视镜位置直接关系到驾驶员能否观察到车后的情况,而驾驶员调节它的位置又比较困难,尤其是前排乘员门一侧的后视镜。因此,现代汽车的后视镜都设计成电动的,即电动后视镜。有的电动后视镜还具有记忆存储、加热除霜和自动折叠等功能。

1) 电动后视镜的基本结构

电动后视镜主要由两个可逆电动机、车镜支架、传动机构和镜面等组成。可逆电动机分别用来使后视镜做上下偏转和左右偏转。电动后视镜支承在两个调整枢轴上,直流电动机通过蜗轮蜗杆减速后驱动枢轴,枢轴把蜗轮的旋转运动转化为后视镜的上下和左右运动。传动机构中的弹簧圈用来夹紧枢轴,以防止枢轴爪损坏,同时,它还可以实现手动调整,如图 2-11 所示。

2) 电动后视镜的工作原理

电动后视镜以电力驱动调整其后视角度。两个后视镜分别由两个可逆永磁铁电动机进行上、下、左、右四个方向的调整。每个后视镜有控制开关,开关可以上、下、左、右起动,以控制电动机旋向。电动后视镜的控制电路如图 2-12 所示。

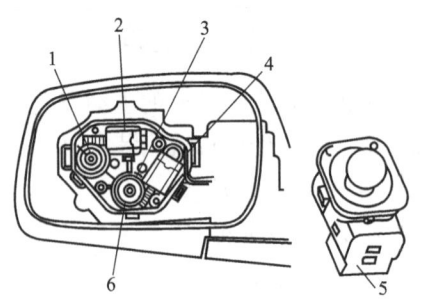

图 2-11 电动后视镜基本结构
1—枢轴;2—左右调整用电动机;3—弹簧圈;
4—上下调整用电动机;5—控制开关;
6—枢轴驱动齿轮

该电路的控制过程是:

点火开关置 ON 位,应先确定要调整的后视镜,然后从"后视镜选择开关"选定该后视镜操作挡位。如要调整左后视镜,扳动开关至"左"挡位。于是,通过电动后视镜开关上的控制键,便可调整左侧后视镜了。

(1) 若要使左后视镜反射镜偏左转,电动后视镜开关应扳向左挡位,电流从 7.5 A 熔断丝→电动后视镜开关 1 号接线柱→向左开关接合的触点→后视镜选择开关闭合的触点→电动后视镜开关 7 号接线柱→左后视镜电动机(NCA)2 号接线柱→左后视镜电动机(NCA)3 号接线柱→电动后视镜开关 9 号接线柱→后视镜选择开关(左向闭合)触点→向左开关(闭合触点)→电动后视镜开关 2 号接线柱→搭铁,形成回路。于是,左后视镜"左/右"电动机转动,反射镜向"左"偏转,直至放开扳动的电动后视镜开关(松回中间断开位)为止。

(2) 若要使左后视镜反射镜偏右转,电动后视镜开关应扳向右挡位,电流从 7.5 A 熔断丝→电动后视镜开关 1 号接线柱→向右开关接合的触点→后视镜选择开关闭合的触点→电动后视镜开关 9 号接线柱→左后视镜电动机(NCA)3 号接线柱→左后视镜电动机(NCA)2 号接线柱→电动后视镜开关 7 号接线柱→后视镜选择开关(左向闭合)触点→向右开关(闭合触点)→电动后视镜开关 2 号接线柱→搭铁,形成回路。由于流向"左/右"电动机的电流方向与反射镜向左偏转时的电动机电流方向相反,所以左后视镜"左/右"电动机转动,反射镜向"右"偏转,直至放开扳动的电动后视镜开关(松回中间断开位)为止。

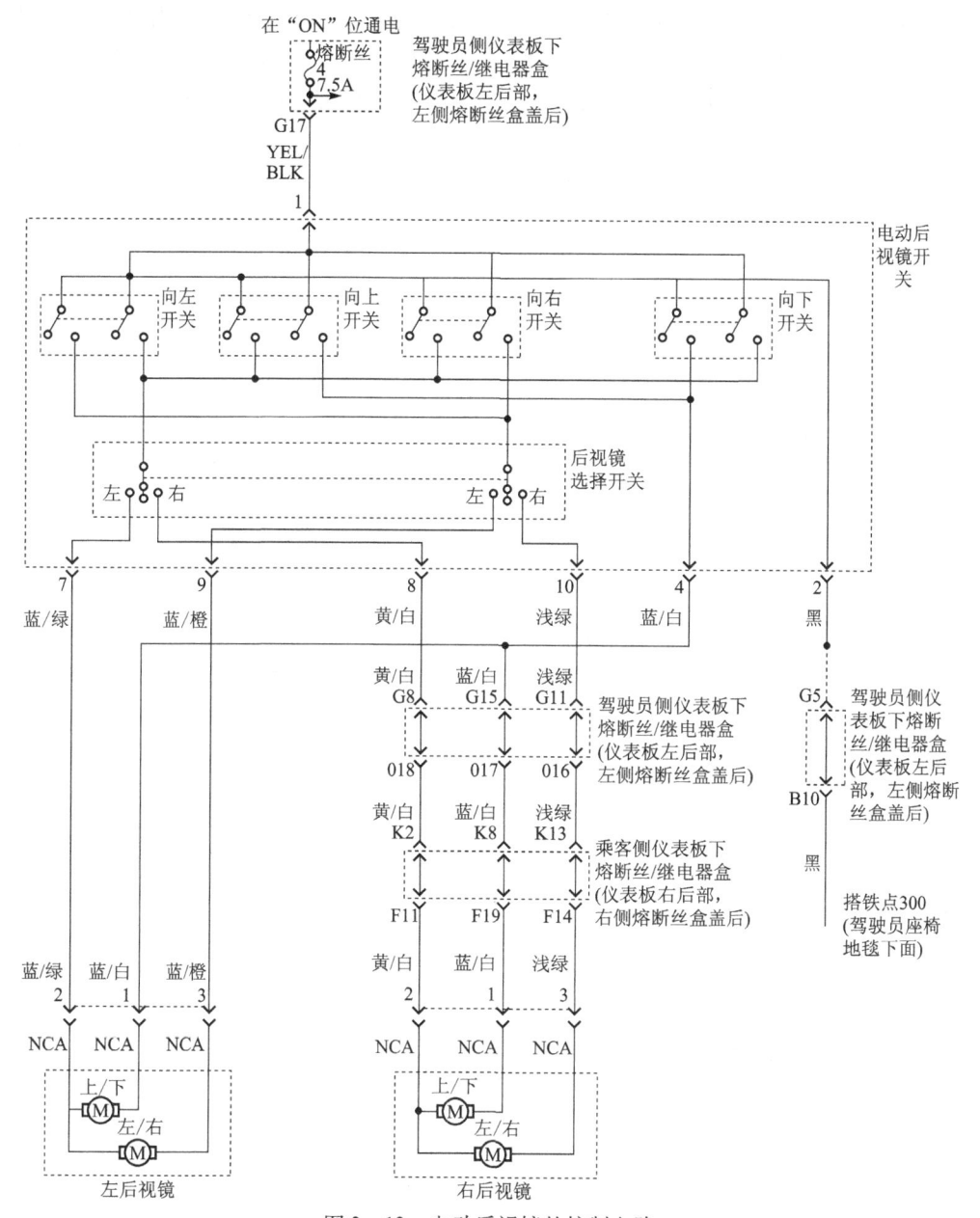

图 2-12 电动后视镜的控制电路

至于电动后视镜的反射镜向上或向下偏转的工作过程,也可通过类似上述(1)、(2)分析方法可知,在此不再详述。

3. 特殊功能后视镜

1)自动防眩后视镜

传统的防眩后视镜必须以手动的方式调整室内后视镜的镜面角度来产生防眩作用,而自动防眩后视镜可随后方来光反射的刺眼程度,自动调整后视镜的镜面反射率,其调整的方式并不是调整镜面角度,而是通过后视镜内的电解液的电子回路,按照不同的后方光线的照度,来调整镜面的反射率。在白天不刺眼的情形下,通常镜面反射率会采用约75%的固定反射率,保证白天时仍能维持好的后方视野,但到了晚上,则会随着刺眼程度大小,随时调整至最适合的反射率,越刺眼,则反射率越低,反之,则反射率越高,可大大增加夜间行车的视野安全性。

2)广角室外后视镜

广角室外后视镜在镜面的外缘设置了曲率半径逐渐变小的非球状辅助镜,可以使车子的侧方视野加大许多。如果与相同大小的旧型固定曲率的后视镜相比,大约增大1.52倍的视野范围,可以轻松辨识10 m以内的交通状况。尤其是在变换车道或高速公路上,由于车速较高,因此必须有更宽广的后方视野,以提高行车安全性。

3)摄像后视系统

通过车辆两侧和车尾的摄像装置及红外线装置,将摄到的图像在后视显示屏上显示出来。其作用除了能够帮助驾驶员确保行驶安全外,还能扩展信息和收集图像。显示屏显示了汽车后面及两侧的图像,取代了后视镜的作用。

4. 车外后视镜的拆卸与安装

1)电动后视镜的拆卸

更换电动后视镜时,需要先拆下前门内护板。接着,打开右前车门,打开车窗。卸下电动窗开关板上的固定螺钉,拆下开关板,拔下电控插头。卸下车门把手开关板上的固定螺钉,卸下车门把手,拔下拉线卡环,转动车门把手,分离拉线挂钩。卸下电动窗孔中的护板固定螺钉。卸下车门外端上缘的护板固定螺钉,拆下内端上缘固定螺钉。卸下车门外端下缘的护板固定螺钉。撬动并分离内护板,拔下外端的脚灯插头,取下内护板。

用起子撬起车门内的三角形护板,暴露电动后视镜固定螺栓。分别拆下电动后视镜的两个固定螺栓;将隔声软板向上翻起,固定在车门上缘;从车门板中取出电动后视镜电控插头,拔下插头,即可将电动后视镜拿下。

2)电动后视镜的安装

安装电动后视镜时,先装入电动后视镜和插头,分别装上电动后视镜的两个固定螺栓;扣上三角形护板;插上电动后视镜插头,并捆扎牢固;翻下隔声软板。在车门外的门把手上试一下门把锁的动作情况,应正常;将车门内护板在车门上定位,拧上车门护板下缘固定螺钉,拧上车门把手内固定螺钉;插上电动窗开关板上的电线挂钩,定位,装上固定螺钉;装上车门把手上的拉线挂钩,装上固定夹,车门把手定位,拧紧固定螺钉;拧紧电动窗开关板固定螺钉,拉动车门把手,检查车门锁动作是否正常;拧紧车门内、外侧缘固定螺钉;按动电动窗开关,检查电动窗动作是否正常,如正常,关闭车门。按动电动后视镜调整按钮,使电动后视镜左右方向转动,再使电动后视镜上下方向转动,并调到合适的位置。

2.1.4 车身外部其他装饰

1. 车灯装饰

车灯具有照明车灯和标识车灯两类。按照功能来分,汽车上主要有夜行灯、信号灯、雾灯、夜行照明灯等,各种灯光具有不同的用途,使用时,既不可乱用,也不可不用。

1）车灯的作用

（1）装饰作用。目前市场上有许多装饰性车灯，外形各异且制造精美，打开装饰灯，不同的装饰灯会给驾车者增添极其强烈的个性。同时，车辆灯光颜色的变化也增加了车辆在夜间行驶的安全性。

（2）提高照明质量，保证行车安全。通常国产车的原厂车灯出厂时的色温为 3 000 K，经过一年使用，会降到 2 500 K，甚至 2 000 K，若继续使用，会影响照明质量。采用新型高效的车灯能够提高亮度，扩大视野，提高夜间行车的安全性。

2）车灯的种类

（1）高强度放电灯。高强度放电灯即氙气灯，其结构与传统钨丝灯泡不同，它没有灯丝，玻璃灯泡内部充满氙气，通过电极放出的高压电击穿灯内的气体介质来发光。高强度放电灯的优点包括：① 亮度：使用同样功率的氙气灯，亮度大约是钨丝灯的 2~3 倍；② 高效：氙气灯的效率是卤素灯的 3 倍，对于提升夜间及雾中驾驶视线清晰度有着明显的功效；③ 节能：与钨丝灯相比，能够节约一半电能；④ 寿命：由于氙气灯没有灯丝，所以它不存在灯丝断裂问题，使用寿命大约可以达 2 000 h；⑤ 亮度、舒适度：氙气大灯可以产生出 4 000 K 左右的色温光，这是由白略微开始转蓝的色温，也最接近正午日光的颜色，人眼的接受度及舒适度更高。这样的灯光用在车辆的夜间照明上，可以有效减少驾驶员的视觉疲劳，对于驾车安全性也有间接帮助。此外，由于氙气分子活动能力会随着使用时间的加长而加强，因此气体放电灯泡会越用越亮。普通车灯与氙气灯的比较见表 2-1。

表 2-1 普通车灯与氙气灯的比较

性能	普通车灯（卤素）	氙气灯
耗电/W	50~100	35
亮度/lm	1 330	3 500
寿命/h	350	2 000~3 000
照明光	白色	纯白
色温/K	2 400	5 000~8 000
燃烧方式	燃烧钨丝发光	高压击穿气体电弧发光

（2）竞技型车灯。竞技型车灯不但能够装饰汽车，还能放宽视野，提高能见度。夜间行车有诸多不便，主要原因是车灯的照射范围有限，尤其遇到雨雪或大雾的天气，车主会觉得车灯亮度不够、穿透力弱且射程近。而安装竞技型车灯便可解决这些问题。

竞技型车灯具有亮度大、穿透力强、射程远等特点，安装后，无论天气如何变化，车主都能轻松地应对。目前，竞技型车灯可供选择的功能较多，有超白光型，还有聚光型和雪雨雾灯型等，功能虽异，但价格相差不大，车主可以根据自己行车时常处的环境进行选择。

（3）探射灯。探射灯的射程极远，安装在车顶上，能做 360°旋转，它的光线能够从一个山头照到另一个山头，主要用于越野车。

（4）其他车灯。

① 制动灯和尾灯。制动灯亮度较强，用来告知后车，前车要减速或停车，此灯如使用

不当，极易造成追尾事故。另外，更换刹车灯泡要注意：我国生产的车辆尾灯一般都是"一泡二用"，灯泡内有两个灯丝，较弱的为小灯，较强的为刹车灯。有的厂家将其设计为高低脚插入式，使用起来非常方便。更换时一定要注意不要接反。尾灯最安全的为转角三色尾灯，同时提供后方及侧方的安全信息。一般刹车灯安装在与尾灯相同或接近的位置，而最近出现的安装在玻璃窗等处的高位刹车灯，因距尾灯较远，位置又较高，因此驾驶员踩刹车时，其信号更易被后面车辆发现，刹车状态显示的效果更为理想。

② 转向灯。转向灯在车辆转向时开启，断续闪亮，以提示前后左右的车辆和行人注意。转向灯的开启时间要掌握好，应在距转弯路口 30～100 m 时打开。开得过早会给后车造成"忘关转向灯"的错觉，开得过晚会使后面尾随车辆、行人毫无思想准备，往往忙中出错。

③ 夜行示宽灯。夜行示宽灯俗称"小灯"。此灯是用来在夜间显示车身宽度和长度的。司机平时进行例行保养时要经常检查，有的司机认为小灯不起照明作用，对其不够重视，这是错误的。

④ 雾灯。雾灯可以帮助驾驶员在雾天驾驶时提高能见度，并能保证使对面来车及时发现，以采取措施，安全交会。所以，雾大驾车时司机一定要开雾灯，不能用小灯取而代之。非雾天气如果打开后雾灯，对后车司机会非常刺眼。

⑤ 倒车灯。倒车灯提供了倒车时的照明，较好地消除了车主的后视盲点，是倒车安全的实用工具。

⑥ 内部照明灯。现代汽车的内部安装了各种各样的照明灯，用于一般照明和指示，其发光强度一般不超过 2 cd。公共汽车、旅行车均采用低压日光灯作为内部照明，提高了光的亮度且光线柔和均匀。

3）车灯的选用与安装

选购和安装车灯时，应注意以下事项：

(1) 购买灯泡时，要注意灯泡型号，如果型号不对，则无法安装。

(2) 安装灯泡时，不要直接用手接触灯泡玻璃，以免人手本身分泌的油质沾在玻璃管上，留下指纹、油膜，导致灯泡点亮后受热不均，造成玻璃表面热胀不同而导致破碎。如果脏物沾在玻璃管上，应该用酒精将油污等擦净方可使用。

(3) 更换灯泡应在干燥的室内进行，请勿在阴雨天室外换灯泡。并且注意灯罩防水衬套严密装回，避免水汽进入，影响灯泡的寿命。

(4) 与所有电器一样，更换灯泡前，请先把电源关掉；灯泡刚熄灭时，千万不能接触，以免烫伤。

(5) 灯泡的玻璃部分非常薄，而且内填压力气体，因此应注意避免废灯泡到处乱扔，以免造成危险性的玻璃四散。

(6) 换装灯泡时，最好能左右灯同时更换，一方面可避免两侧灯泡消耗电量不一，造成线组烧毁的意外；另一方面，日后也不会发生左右灯泡寿命不均，或是色泽不一的情况。

(7) 在卤素灯的基础上改装 HID 氙气灯时，要把高压包及安定器放置在比较通风的位置，以方便散热。禁止把高压包、安定器放在发动机等发热较大的地方。如果两灯共用一根保险丝，该保险丝必须使用 25～30 A，如果两灯独立使用保险丝，必须使用 10～15 A。安装时要特别注意电源正负极和接地极。

2. 车身装饰

车身装饰是在车身外表贴上各种图案的装饰。这种装饰不仅能突出车身轮廓线，还能协调车身色彩，给人以美的享受，使车身更加多彩艳丽。

车身装饰主要有彩条装饰、车身文字涂装和图案涂装等多种形式。

1）车身彩条装饰

车身彩条是一种有彩色图案的条形贴膜，该贴膜有两种类型：一是没有可撕离表层的贴膜，它由彩条层和背纸层组成，彩条层正面是彩条图案，背面是黏性贴面，如图2-13（a）所示；二是有可撕离表层的贴膜，它由背纸层、彩条层及外保护层组成，彩条层也是有彩条图案和黏性贴面两面，如图2-13（b）所示。

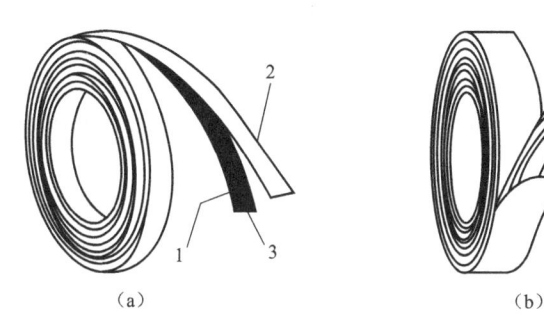

图2-13 彩条贴膜的结构

1—彩条图案；2—背纸；3—黏性贴面；4—背层；5—彩条图案；6—外保护层

（1）粘贴条件。粘贴彩条贴膜只能在16～27℃之间进行。温度过高，会导致贴膜变大，湿溶液迅速蒸发；温度过低，会影响贴膜的柔性，从而影响附着效果。

使用水和中性清洗剂将车身表面彻底清洗干净。为了使彩带正常地贴上去，车身表面必须没有灰尘、蜡和其他脏物。必要时，还应进行抛光处理。

（2）粘贴步骤。

① 确定需要贴纸的部位。

② 将车身需要贴纸的部位清洁干净。方法如下：用清洁剂与水的混合剂（1:10）均匀地喷洒在车身部位，再用塑胶刮片或干净的毛巾将喷洒部位擦拭干净（若擦得不干净，贴上贴纸后，会有一点一点的凸起将贴纸顶起，产生不平滑，影响美观）。

③ 用清洁剂与水的混合剂将要贴的地方再均匀喷洒一遍，保持湿润。

④ 将贴纸背面的一层保护层揭去，贴在车身部位，先固定左侧，再固定右侧。注意，不能有褶皱和气泡。

⑤ 车身与车门缝隙连接处，用剪刀沿着车门边剪开。注意：剪切应该整齐，与地面垂直。

⑥ 以剪开处为中心，将贴纸分别往两侧反方向平移1.5～2 mm的距离（避免开/关门时擦到贴纸，引起贴纸卷边）。

⑦ 分别以车门及车体两侧贴纸各自中心为中心，用塑胶刮片向四周均匀刮开，将水刮出来，若仍有少量沙粒，可将贴纸一角轻轻掀起，将沙粒取出后，再继续刮。

⑧ 全部刮好后，保持15～20 min，使贴纸完全干后，再将贴纸表层撕去。

⑨ 若要贴纸快速干，可用特制风筒轻吹。注意，要保持一定的距离，否则会因高温破坏贴纸，产生起泡现象。

⑩ 贴好后，也可用风筒将贴纸边角四周吹干。

2）车身文字和图案涂装

（1）车身文字色彩的选用。设计车身文字色彩时，要正确处理车身底色与车身图案的关系，使文字具有良好的视认性和注目性。视认性是指便于识别的性质，注目性是指引视觉注意的性质。车身文字色彩的视认性和注目性与下列因素有关：

① 色彩的进退性。色彩根据人们视觉距离的不同，可分为前进色和后退色。比如红、蓝两种颜色的物体与观察者保持等距离，但在观察者看来，似乎红色物体离观察者要近一些，蓝色物体要远一些。因此，把红、黄等色叫前进色，把蓝、绿等色叫后退色。前进色的视认性和注目性较好。

② 色彩的缩胀性。色彩根据人们视觉体积的不同，可分为收缩色和膨胀色。蓝色、深绿色为收缩色，看起来比实际的要小；黄、白等色为膨胀色，看起来比实际的要大。膨胀色的视认性和注目性较好。

③ 色彩的明暗性。色彩根据人们视觉亮度的不同，可分为明色和暗色，红、黄色为明色，明色物体看起来觉得大一些、近一些；蓝、绿色为暗色，暗色物体看起来觉得小一些、远一些。明色的视认性和注目性较好。

④ 色彩的反差性。不同的色彩进行合理的搭配，形成反差，其视认性和注目性将大大改善。一般情况下，前进色应与后退色搭配，膨胀色应与收缩色搭配，明色应与暗色搭配。主要颜色的搭配顺序见表2-2。从表中可以看出，如果在红色底上涂白色字，则容易看清；涂蓝、绿色字，就难以看清。

表2-2 主要颜色的搭配顺序

底色	文字的颜色	底色	文字的颜色	底色	文字的颜色
红色	白→黄→蓝→蓝绿→黄绿	蓝色	白→黄→黄橙→橙	白色	黑→红→紫→红紫→蓝
黄色	黑→红→蓝→蓝→紫绿	紫色	白→黄→黄绿→橙→黄橙	灰色	黄→黄绿→橙→紫→蓝紫
绿色	白→黄→红→黑→黄橙	黑色	白→黄→黄橙→黄绿→橙		

（2）漏板的制作。先把文字或图案做成漏板，然后进行涂装。漏板的制作方法是：

① 选用坚韧的牛皮纸裁割成适用的矩形或正方形块，然后用油漆刷蘸清油或清漆（要调得稀一些）刷涂1~2遍（正、反两面都要刷）。

② 待干后，把选好的图案或字样复印在纸面上，用一块平板玻璃垫在牛皮纸下面，然后用锋利的刻刀刻制图案或字样。

③ 刻制纸漏板时，一定要注意留好连筋，即在刻制时除了应该雕去的部分以外，其余留用的部分都应和整张纸相连接，否则就不好用；对于连筋的留法，在一个漏板上一定要统一，要有规律可循，这样才不会影响美观。

④ 雕刻漏板时，手要握稳刻刀，平直的笔画可用钢直尺靠刻，圆曲的图案线条可用曲线板靠刻，以保证刻制的漏板美观。

(3) 喷涂方法。
① 用喷涂法进行文字或图案涂装。
② 在底色面漆实干后，才能进行喷涂。
③ 喷涂时，将漏板贴在需涂装的位置，然后喷上文字或图案即可。

2.2 车窗装饰

车窗作为汽车上必不可少的部件，为驾驶员及乘员提供了清晰的视野，能够防止风沙及异物的侵入，保护乘客的安全。

2.2.1 车窗贴膜

汽车车窗在给司乘人员提供与外界进行视觉交流的同时，也容易使太阳光及紫外线照射进车内，从而对人体造成伤害。如果在车窗上贴一层太阳膜，问题则迎刃而解。太阳膜进入我国市场以来，受到了车主的青睐。

1. 太阳膜的功能和种类

1）太阳膜的功能

（1）防止爆裂，提高防爆性能。当汽车发生意外时，汽车防爆太阳膜可以防止玻璃爆裂飞散，使汽车玻璃破碎可能性降到最低，避免事故中玻璃碎片对司乘人员造成伤害，这样可以提升意外发生时的安全，最大限度地避免意外事故对乘员的伤害。

（2）隔热降温，提高空调效能。汽车防爆太阳膜的隔热率可达50%~70%，可以减小光线照射强度，起到隔热效果，保持车厢凉爽，有效地降低汽车空调的使用，节省燃油，提高空调效率。

（3）保护肌肤，抵御有害紫外线。阳光中的紫外线辐射具有杀菌作用，但对人的肌肤也具有侵害力，长期受紫外线照射易造成皮肤疾病。对于乘员来说，长时间乘车时，人体基本上处于静止状态，此时更易受到紫外线伤害，造成皮肤疾病。车膜可有效地阻挡紫外线，对肌肤起到保护作用。同时，可以保护内饰，减缓老化。

（4）改变色调，创造最佳美感。五颜六色的车膜可以避免车窗玻璃全部是透明的单一色调，给汽车增添美感。

（5）单向透视，保证乘车隐秘性。车膜的单向透视性可以遮挡来自车外的视线，增强隐蔽性。

2）太阳膜的种类

车膜按颜色不同，有自然色、茶色、黑色、天蓝色、金墨色、浅绿色和变色等品种；按产地不同，可分为进口和国产车膜；按等级不同，可分为普通膜、防晒太阳膜和防爆隔热膜等。

普通膜是一种染色膜，不含金属成分，只能减低透光度，保持车内空间的隐蔽性，时间久了就会慢慢褪色，这种膜隔热效果差，对视线影响也大。防晒太阳膜是一种"半反光纸"，其隔热率为40%~50%，使用一两年后表面便会起氧化反应而产生变质。防爆隔热膜具有耐磨、半反光和防爆的功能，隔热率可以达到85%以上。

2. 太阳膜的基本结构和性能指标

1) 太阳膜的基本结构

不同的车膜结构差异较大,即使同为防爆隔热膜,其结构也不尽相同。如3M汽车防爆隔热膜主要由透明基材、"易施工"胶膜层、感压式黏胶层、隔热膜层、安全基层及耐磨外层组成,如图2-14(a)所示。Liumar防爆隔热膜主要由保护膜、防黏层、安装胶、紫外线吸收剂、深层染色聚酯膜、合成胶、金属层、防划伤层等组成,如图2-14(b)所示。

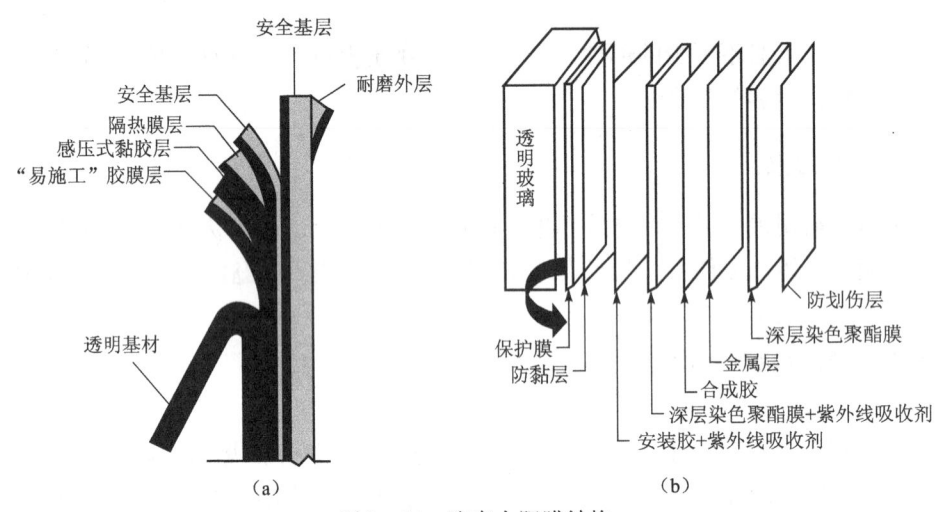

图2-14 汽车太阳膜结构
(a) 3M型;(b) Liumar型

"纳米太空膜"对光线进行选择性吸收,它对紫外线的阻隔率接近100%,对红外线的透过率为20%,而对可见光的透过率则达80%以上。纳米太空膜与众多防爆膜采用的"金属反射"的原理不同。防爆膜是通过金属对光的反射与散射,达到隔热防晒目的,所以这种金属膜具有单面透光性,也就是我们通常所看到的汽车贴膜后"里面看到外面,而外面却看不到里面"的"镜面效应"。而采用纳米材料,由于它是有选择性地透过可见光,同时能反射紫外线、红外线等对人体有害光线,所以可以形象地将它比喻成"筛子"。另外,由于材料不同,纳米膜不易发生像金属膜那样褪色的情况。

2) 太阳膜的性能指标

(1) 防爆性。优质的防爆车膜的结构中必须设有防爆基层,当风窗及门窗玻璃爆裂时,应能有效地防止碎片飞散,防止司乘人员受到伤害。

(2) 隔热性。隔热效果是衡量车膜质量的重要指标,优质车膜的隔热率可达85%以上。

(3) 遮眩光率和透光率。良好的遮眩光率和透光率能降低阳光的眩目程度,不但保证了驾驶员在各种气候环境下都能拥有清晰的视野,而且在其开车时不会产生刺目的感觉。优质车膜的遮眩光率应在59%~83%,透光率应在70%~85%,无论颜色深浅,夜间视野清晰度都应在60 m以上,无视线盲区。

(4) 隔紫外线性能。优质车膜应能有效地阻挡紫外线,防止人体肌肤被紫外线照射而受到伤害,同时降低车内真皮、塑料等内饰件在阳光直射下造成的耗损,延长其使用寿命。

(5) 耐磨性。优质车膜应具有高质量的耐磨层,膜面应有防划伤保护层,这对延长车膜使用寿命，确保施工时不留下任何划痕，保持车膜美观都有重要作用。

（6）单向透视性。无论是白天还是黑夜，从车内往外看，应非常清晰，从外往里看，应比较模糊。

3. 选用太阳膜的注意事项

（1）要选择无尘贴膜工作室，因为贴膜最怕灰尘和沙砾，街头作业很难做到环境清洁。

（2）观察一下膜的背面是否有防伪标志，正规品牌的背面都印有防伪标志。

（3）选膜时，要注意膜与车身颜色和谐。贴前、后挡风玻璃时，不能分条贴，一定要整张贴，否则会降低防爆性，而且影响美观。

（4）粘贴过程中，要防止灰尘、毛发等粘到贴膜或车窗上。

（5）膜面如出现污渍，不要用化学溶剂擦拭，最好用清洁的湿毛巾、纸巾蘸水或用棉布配合洗洁精清洗。

（6）车主不要为了美观而将一些吸盘或一些黏物吸附在贴膜上，这样容易造成贴膜脱落。

4. 太阳膜的粘贴步骤

（1）清洁玻璃。用干净不起毛的抹布蘸上清洁液，从上到下彻底地清洁玻璃，然后用干净的湿抹布再擦拭一遍，清除玻璃上的所有污物，使玻璃清洁干燥，为贴膜做好准备。

（2）曲面的预定型。以该前后挡风玻璃的外侧面为模型，对太阳膜进行加热预定型。预定型的方法是将太阳膜的保护膜朝外，铺于曲面玻璃的外侧，在太阳膜和玻璃之间洒上水，采用温度可调的电吹风对太阳膜进行加热，一边加热一边用塑料刮刀挤压玻璃上的气泡和水，使太阳膜变形，直至与玻璃的曲面完全吻合。需要特别留意的是，加热要均匀，不要过分集中，否则，温度太高有可能造成玻璃开裂。

（3）贴膜。先在清洁的玻璃的内侧喷洒清水，然后撕去太阳膜的保护膜，对涂胶的表面也喷上清水，便可以将太阳膜贴于玻璃上，再用塑料刮刀进行挤压，去除太阳膜内的气泡和多余的水分。对于曲面玻璃来说，如个别部位不吻合，还可用电吹风加热，使其变形，达到完全吻合。最后用干净的毛巾擦去多余的水分。待太阳膜干燥后，便能牢固地黏附于玻璃上。由于隔热防爆膜上是压敏胶，刚粘上去黏度不大，所以在两周之内不要摇窗或用力擦拭。

（4）检查。仔细检查粘贴是否牢固，有没有褶皱、气泡以及划痕等。

2.2.2 加装天窗

汽车天窗的发展已有100多年的历史，它设置在汽车顶部的窗口，其主要目的是有利于车厢内的通风换气。

1. 汽车天窗的种类

1）按动力形式分

（1）手动式。天窗没有动力装置，要靠人手动推开或者关闭，价格比较低。

（2）电动式。带有电力驱动机构，只需操作开关即可自动开启或关闭。

2）按结构形式分

（1）内藏式。它能与汽车的内装饰融为一体，看起来比较自然，犹如原装天窗。这种天窗开启时有不同的弧度。内藏式天窗安装工艺较为复杂，材质用料较为讲究，可阻隔

99.9%的紫外线和96%以上的热能,具有防夹功能和自动关闭功能,配有独立的内藏式太阳挡板。

(2) 外倾式。这种天窗开启时向外、向后倾斜,大小有不同的尺寸,此类天窗结构较简单。

(3) 上掀外滑式。这种天窗一般是手动式,先推起,然后滑动至天窗全部打开;关闭时,先滑动到原位置,然后拉下关闭。

(4) 敞篷式。这种天窗开启时完全打开,分段折叠在一起,敞开的空间大,结构紧凑。

2. 汽车天窗的作用

(1) 换气。换气是汽车开天窗最直接、最主要的目的。没有安装天窗的汽车,在侧窗不方便打开的情况下,二氧化碳、细小微粒大量积聚在车厢内,空气的污浊程度往往比车外还要严重。封闭的车厢内氧气减少,二氧化碳增多,直接导致人体疲劳、精力分散、反应灵敏性降低,甚至有困倦、头疼等症状。天窗作为一种新型的换气设备,可以很好地解决车厢内通风换气问题。

车厢换气包括进气和排气。没有天窗的汽车进气是由进风口采用鼓风等方法实现的;排气是利用行车时车体内外产生的正负压差,使车厢内气体通过缝隙和排气孔实现的。此种进气、排气方式使排气不通畅,进气受阻,车内空气无法快速更新。

天窗换气利用的是负压原理,打开天窗时,首先将车内的空气抽出,而不是直接进风,污浊的气体被抽走后,从进气口补充进来经过过滤的新鲜空气。采用这种先排气后进气的换气方式,可加快空气的更新速度,对空调的影响也很小。

(2) 节能。开启天窗可降低车内温度,加强冷气效果,节省能源。经测试,阳光暴晒下的车内温度可高达60 ℃。这时打开天窗,比开空调降低车内温度速度快2~3倍,并可降低能耗30%左右。

(3) 除雾。春、夏两季雨水多、湿度大,前风窗玻璃容易形成雾气。打开车顶天窗至后翘通风位置,可以轻易消除前风窗的雾气,改善视觉效果,保证行车安全。使用天窗除雾,不仅快捷,而且不必担心雨水被吹进车内。

(4) 开阔视野。天窗可以使我们的视野开阔,并且能够亲近自然、沐浴阳光,去除被封在车厢内的压抑感。

(5) 提高汽车档次。天窗不仅是一种很好的换气设备,还起到美观装饰作用。

3. 电动天窗的基本结构与工作原理

1) 电动天窗的基本结构

汽车电动天窗主要由驱动机构、滑动机构、控制系统和开关等部分组成,如图2-15所示。

(1) 驱动机构。电动天窗驱动机构主要由电动机、传动机构、滑动螺杆等组成,如图2-16所示。

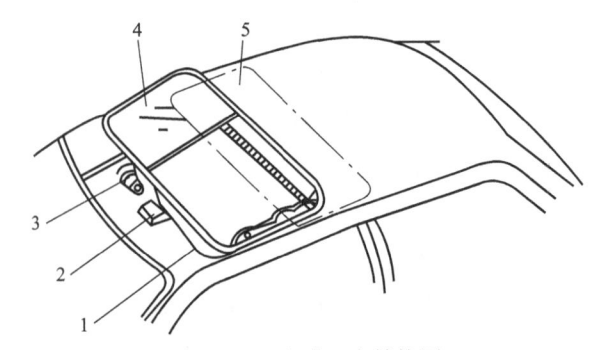

图2-15 电动天窗结构图
1—滑动螺杆;2—ECU;3—电动机及驱动齿轮;
4—天窗玻璃;5—遮阳板

图 2-16 电动天窗驱动机构

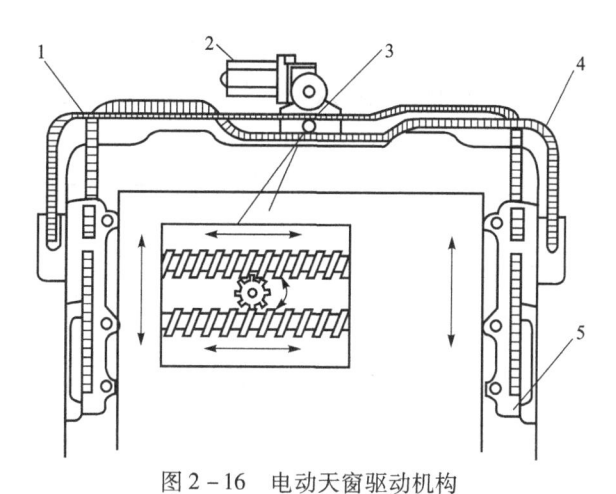

1—滑动螺杆；2—电动机；3—驱动齿轮；4—滑动螺杆；5—后枕座

① 电动机。电动机通过传动装置向天窗的开闭提供动力。此电动机能双向转动，即通过改变电流的方向来改变电动机的旋转方向，实现天窗的开闭。

② 传动机构。传动机构主要由蜗轮蜗杆传动机构、中间齿轮传动机构（主动中间齿轮、过渡中间齿轮）和驱动齿轮等组成。齿轮传动机构接受电动机的动力，改变旋转方向，并减速增矩将动力传给滑动螺杆，使天窗实现开闭，同时又将动力传给凸轮，使凸轮顶动限位开关进行开闭。主动中间齿轮与蜗轮固装在同一轴上，并与蜗轮同步转动。过渡中间齿轮与驱动齿轮固装在同一输出轴上，被主动中间齿轮驱动，使驱动齿轮带动滑动螺杆传动。

③ 滑动螺杆。滑动螺杆的作用是将驱动齿轮传来的动力传给滑动机构的后枕座，使滑动机构带动天窗玻璃开闭。

（2）滑动机构。电动天窗滑动机构主要由导向块、导向销、连杆、托架和前、后枕座等构成，如图 2-17 所示。当滑动机构受驱动机构的作用时，通过后枕座 5、连杆 6 使导向销 3 在托架 8 固定的几何形状槽内沿导向槽 4 的轨道滑动，实现天窗玻璃开闭动作。

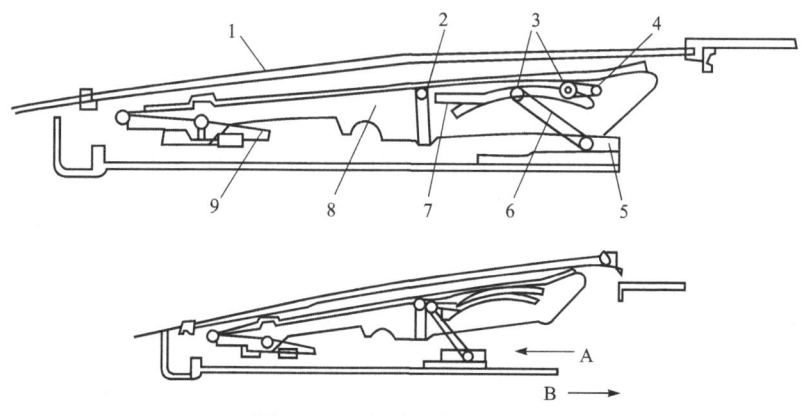

图 2-17 电动天窗滑动机构

1—天窗玻璃；2—导向块；3—导向销；4，7—导向槽；5—后枕座；6—连杆；
8—托架；9—前枕座；A—后枕向前移（斜升）；B—后枕向后移（斜降）

（3）控制系统。控制系统 ECU 是一个数字控制电路，并设有定时器、蜂鸣器和继电器等，如图 2-18 所示。其作用是接收开关输入的信息，通过数字电路进行逻辑运算，确定继电器的动作，以控制天窗开闭。

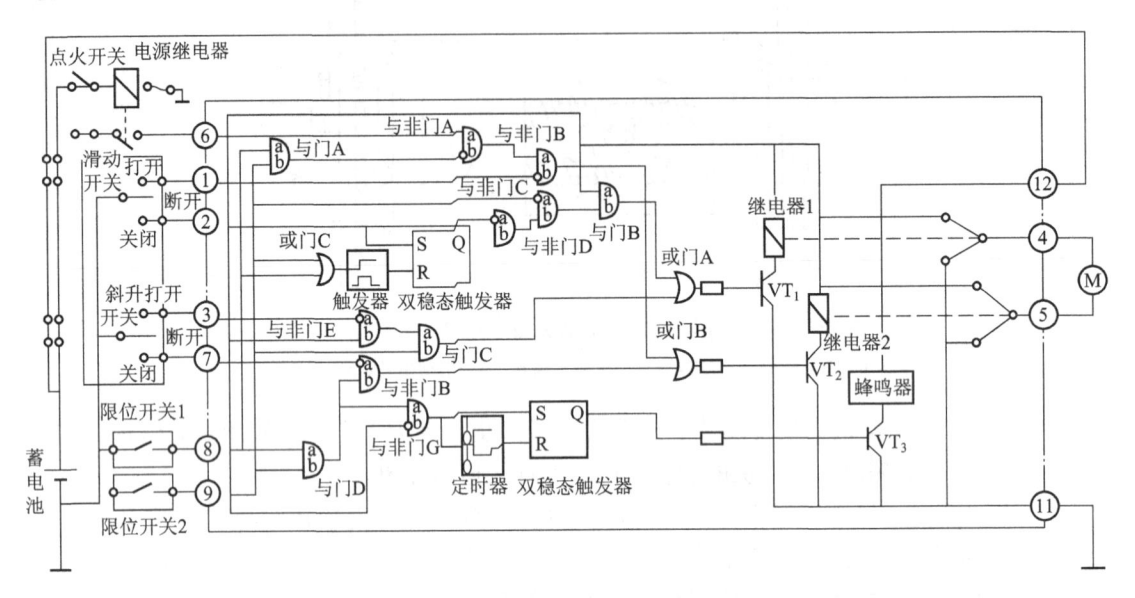

图 2-18　电动天窗电子控制电路原理图

（4）开关。电动天窗的开关由控制开关和限位开关组成，前者产生控制信号，后者用来检测天窗所处的位置。

2）电动天窗的工作原理

电动天窗的主要工作状态有滑动打开、滑动关闭、自动停止、斜升和斜降等，其工作原理如图 2-18 所示。

（1）滑动打开。滑动开关推至打开位置，在此之前因天窗玻璃是关闭的，1号与2号限位开关均处于接通状态，所以与门 A 的输入为低电平，输出也为低电平。由此，如点火开关接通，与非门 A 的输出为高电平。滑动开关接通后，高电平输入与非门 B 的输入接线柱 b，向或门 B 输出高电平，晶体管 VT_2 接通。继电器2动作，触点在继电器2上端断开，电动机电流向正方向流动。滑动开关在打开位置时，晶体管 VT_2 仍然接通，天窗玻璃继续全开。当开关接通时，由于内装于电动机的电路制动器的作用，电动机电流被自动切断。

（2）滑动关闭。滑动开关推至关闭位置。当点火开关接通时，高电平输入双稳态触发器的 S 接线柱，这时1号和2号限位开关如都接通，则或门 C 的输出为低电平，触发电路也处于低电平，所以双稳态触发器的 R 接线柱中低电平也被输入，输出 Q 被调置到高电平。此外，1号与2号限位开关都处于关闭状态时，由于或门 C 和高电平输出触发电路工作，在一瞬间输出高电平后，变为低电平，双稳态触发器 Q 的输出被调置到高电平。滑动开关调置到关闭位置，则双稳态触发器的 S 输入接线柱为低电平，R 输入接线柱也为低电平，所以双稳态触发器输出 Q 的状态不变，仍为高电平。与非门 C 的 a 接线柱中高电平被输入，所以，与非门 C 输出高电平，从与非门 D 和与门 B 输出高电平，其结果是或门 A 输出高电平，接通晶体管 VT_1，向电动机流入关闭电流。

(3) 自动停止。滑动开关处于关闭状态不变，天窗玻璃到达全闭位置前约 200 mm，1 号限位开关关闭。由此，或门 C 输出高电平，驱动触发器电路一瞬间向双稳态触发器 R 输入高电平，所以双稳态触发器 Q 的输出翻转，输出低电平，晶体管 VT_1 截止，电动机停止转动。从该位置起关闭天窗玻璃时，滑动开关一旦断开，必须重新调至关闭位置。当滑动开关断开时，双稳态触发器的 S 接线柱为高电平，R 接线柱为低电平，输出 Q 为高电平，与前述双稳态触发器初期状态相同。把滑动开关重新变为关闭位置，由此能继续进行关闭动作。为了确保开窗玻璃关闭时操作的安全性，必须进行这样控制。

天窗玻璃到达全闭位置后，开关继续动作，则后导向板进一步移动，2 号限位开关被关闭，这时触发电路由于或门 C 的高电平输出，一瞬间输出高电平，双稳态触发器的 S 接线柱为低电平，R 接线柱为高电平，Q 输出变为低电平。与非门 C、与非门 D、与门 B、或门 A 的输出全部为低电平，晶体管截止，电动机停转。

(4) 斜升。倾斜开关推至斜升位置。天窗玻璃由全关状态从"斜升"变为上升时，与非门 E 的输出为高电平，2 号限位开关被关闭，所以与门 C 的输入也为高电平。与门 C 及或门 A 输出为高电平，晶体管 VT_1 导通，电动机向关闭方向转动，也就是后导向板进一步向车辆前方移动，天窗玻璃被斜升。此外，天窗玻璃斜升后，开关继续接通，则内装在电动机中的电流制动器自动切断电动机电流。

蜂鸣器工作在斜升状态中，它是点火开关切断时进行报警的装置。这是为了防止天窗玻璃处于斜升状态不变而无人获知。与非门 G 在点火开关开启时，输出低电平，所以定时器电路的输出保持低电平，在斜升状态，1 号、2 号限位开关都处于断开状态，与门 D 输出高电平。这时，当点火开关关闭时，高电平被输入与非门 G 的 b 接线柱，其输出为高电平。定时电路在一定时间内输出高电平，晶体管 VT_3 导通，蜂鸣器鸣叫，经过一定时间后，定时器回复到低电平，晶体管截止，蜂鸣器鸣叫停止。

(5) 斜降。倾斜开关推至斜降位置。由于斜升状态 1 号和 2 号限位开关都处于断开状态，所以与非门 D 的输出为高电平，斜升开关调至下降位置，则与非门 B 的输入为高电平，向或门 B 的输入给出高电平，于是晶体管 VT_2 导通，电动机向开启方向转动，然后导向板向车辆后方移动，天窗玻璃做斜降运动。当到达全闭位置时，1 号限位开关接通，与门 D 的输出为低电平，与非门 B、或门 B 输出为低电平，晶体管截止，电动机停转。

4. 天窗的使用与保养

1) 天窗的使用

(1) 遇到下雨时，不要开启天窗，等雨停且天窗上的水吹干之后再开启天窗。

(2) 天窗的玻璃板有的是用绿水晶玻璃板制作的，有的镀制了防热层，对此，不能用黏性的玻璃清洁剂清洗玻璃。

(3) 在极为颠簸的道路上最好不要完全敞开天窗，否则可能因天窗和滑轨之间振动太大而引起相关部件变形甚至使电动机损坏。

2) 天窗的养护

(1) 天窗的密封。天窗玻璃板是由高弹性、防磨损的橡胶密封垫圈密封的，可用浸湿的海绵对密封垫圈进行清洗，保持其干净。

(2) 对密封圈的保养。应使用细腻的滑石粉，经常涂抹一些在橡胶密封圈上进行保养，可延长密封圈的使用寿命，切勿使用汽油、酒精、稀释类的溶剂擦拭橡胶密封条和内饰圈。

(3) 天窗活动部分的润滑。天窗活动部分虽然是由低保养材料制成的，但在使用一段时间后，需要用润滑油或润滑剂进行适当的润滑，但不能使用黄干油之类的润滑脂。

(4) 不同季节的养护。进入雨季之前需打开天窗，用软布仔细清理一下框架里的沙子，清理后涂抹少许机油，就可以避免漏水。冬季行车时，车内温度会较高，要注意冰雪融化和洗车后的防冻。洗车时，无论是用冷水还是热水，只要没有完全擦净，车辆在行驶中天窗边缘残留的水分都有可能结冰，所以洗车后应打开及关闭天窗，确保擦干天窗周围所有部位，以防产生冰冻现象。

2.2.3 电动车窗

电动车窗是由电力驱动玻璃升降器的汽车门窗，它可使驾驶员或乘员坐在座位上，利用开关使车门玻璃自动升降，操作简便并有利于行车安全。

1. 电动车窗的主要特点与技术参数

1) 电动车窗的主要特点

具有智能型的电动玻璃升降器的电子控制装置有如下三个特点：

(1) 操作简便。只要轻轻、短暂地按一下操作开关，就能将玻璃完全地打开或关闭。

(2) 控制安全。当门窗上升而遇到障碍时，能自动地检测出由障碍所引起的阻力，并自动停止门窗的关闭，避免损害人体的可能。

(3) 车外关窗。如果驾驶员自车内走出，而忘记把门窗关闭，不需要再进入车内关窗，可在车外通过汽车自动关窗器，将门窗自动地关闭。

2) 电动车窗的技术参数

电动车窗升降器的主要技术参数包括标称电压、工作电压、额定负载、玻璃行程、玻璃上升时间、电动机最大消耗电流、制动力和寿命等。此外，还要能经受高温、低温、盐雾、尘埃、喷水、振动和冲击等环境试验，并且应使产品能经受电动机制动、电动机过流保护、电磁相容性、噪声和寿命等试验，以保证产品的质量和工作可靠。

2. 电动车窗的基本结构与工作原理

1) 电动车窗的基本结构

电动车窗主要由驱动电动机、车窗玻璃升降器、控制开关以及控制电路组成，如图2-19所示。另外，电动车窗上一般都装有吸收冲击的缓冲装置。

(1) 驱动电动机。驱动电动机是用来为玻璃升降器提供动力的装置。它是一种永磁、两极直流电动机，电动机内部装有减速装置。驱动电动机一般设计成能正、反方向旋转，具有较高输出转矩、较低噪声、较小的体积、扁平外形和短时工作制的性能，并对尘埃及洗涤剂具有密封防护性能。驱动电动机内部一般都装有抑制无线电干扰装置，以防止在使用电动门窗升降器时对车内无线电的接收形成干扰。驱动电动机内部还装有过电流保护装置，驱动电动机运动受阻时，能自动切断电源，从而避免电动机烧毁。

图2-20为一种驱动电动机的结构原理简图。该电动机内有两组绕向不同的磁场线圈，分别和开关的升、降接点相连，两个磁场线圈分别工作，使电动机能输出正、反两个方向的转动力矩，从而控制车窗玻璃的升或降。在电动机上还装有一个断路开关，控制电动机的搭铁线，当车窗玻璃上升或下降到终点时，断路开关把电路切断40 s左右，然后恢复到接通状态。

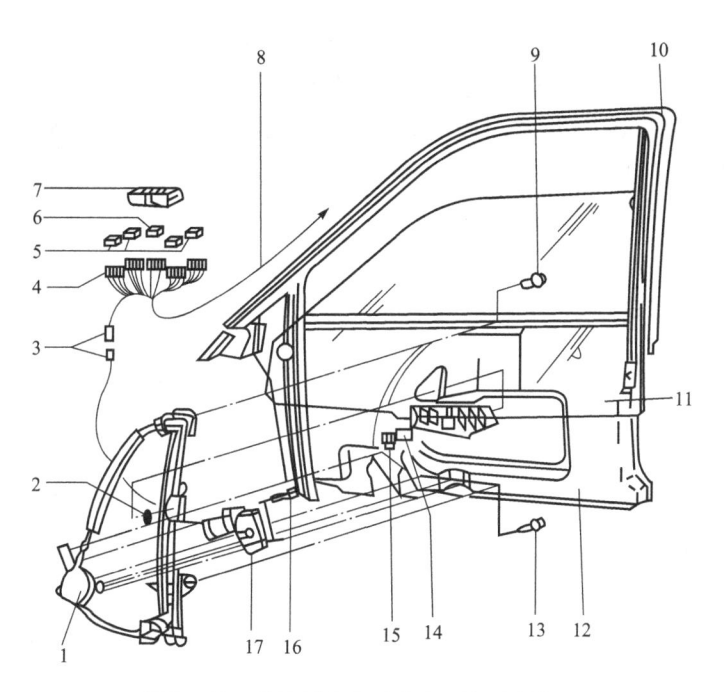

图 2-19 奥迪轿车电动车窗（驾驶员侧）

1—插座架；2—主开关的断路开关；3—主开关；4—开关总成插座；5—电动机插座；6,11—垫块；
7—车窗升降器；8—电动机；9—固定螺钉；10—车窗锁止夹子；12—固定螺栓；
13—车窗附件支架；14—前左车窗玻璃；15—车窗密封条；16—固定螺栓；17—线束

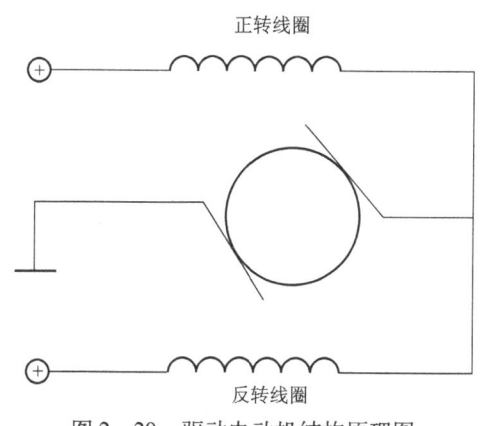

图 2-20 驱动电动机结构原理图

（2）车窗玻璃升降器。电动车窗最主要的组成是车窗玻璃升降器，车窗玻璃升降器按驱动形式不同，可分为机械式和油压式，其中，机械式升降器包括电动交叉臂式玻璃升降器、电动钢丝绳式玻璃升降器和电动齿轮式玻璃升降器三种。

① 电动交叉臂式玻璃升降器。电动交叉臂式玻璃升降器主要由玻璃安装槽板、主动臂、从动臂、平衡弹簧、扇形齿轮和电动机等组成，如图 2-21 所示。扇形齿轮与平衡弹簧相连，当车窗上升时，平衡弹簧伸展，放出能量，以减轻电动机负荷；当车窗下降时，平衡弹簧压缩，吸收能量。无论车窗上升或下降，电动机的负荷基本相同。电动机的输出部分是一

个小齿轮，经啮合的扇形齿轮通过交叉臂式升降机构，带动玻璃做上下运动。

② 电动钢丝绳式玻璃升降器。电动钢丝绳式玻璃升降器主要由钢丝卷筒、齿轮减速箱、电动机、玻璃安装槽板等组成，如图 2-22 所示。它通过驱动电动机拉动钢丝绳来控制车窗玻璃的升降。电动机的输出部分是一个塑料绳轮，绳轮上绕有钢丝绳，钢丝绳上装有滑块，电动机驱动绳轮，带动钢丝绳卷绕，钢丝绳上的滑块带动玻璃，使之运动。

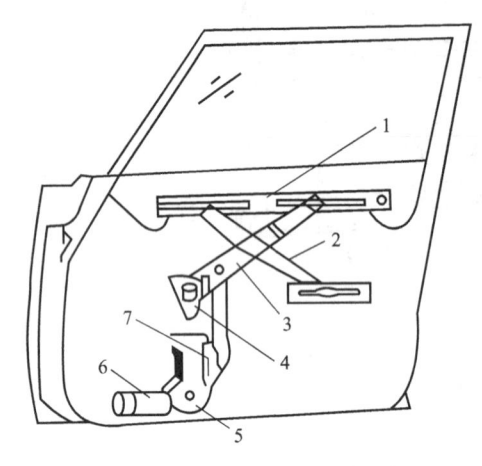

图 2-21 电动交叉臂式玻璃升降器
1—玻璃安装槽板；2—从动臂；3—主动臂；4—托架；
5—平衡弹簧；6—电动机；7—扇形齿轮

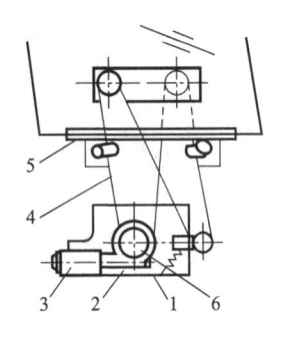

图 2-22 电动钢丝绳式玻璃升降器
1—钢丝卷筒；2—齿轮减速箱；3—电动机；
4—钢丝；5—玻璃安装槽板；6—塑料绳轮

③ 电动齿轮式玻璃升降器。电动齿轮式玻璃升降器主要由软轴、小齿轮、电动机等组成，如图 2-23 所示。电动机的输出部分是一个小齿轮，通过与软轴上的齿啮合，驱动软轴卷绕，带动玻璃沿导轨做上下运动。

2）电动车窗的工作原理

具有电动车窗的每个车门内都设置一个可改变运转方向的直流串励电动机，通过转换开关，使电动机运转。在电动机的主轴上安装一个蜗轮，经蜗轮减速后，通过转筒和钢丝使玻璃平行地上下滑动。其上端和下端分别设计有挡块，用张紧筒和弹簧保持钢丝的一定拉力，以使机构正常运行。在每个车门上均装有一个控制开关，并在驾驶员所在的车门上装有总开关。总开关一般安装在驾驶员容易操作的位置上。总开关上设计一个

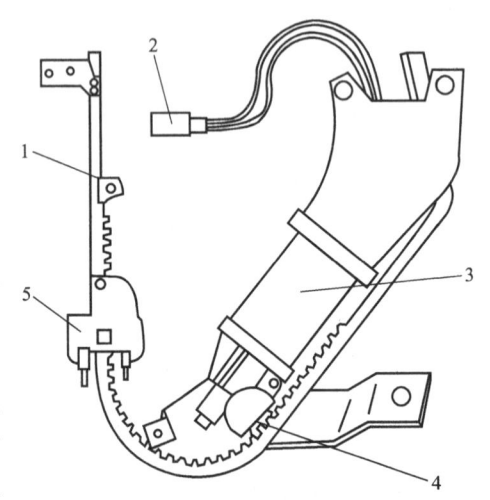

图 2-23 电动齿轮式玻璃升降器
1—软轴；2—电源接头；3—电动机；
4—小齿轮；5—凸片

锁定开关，在锁定开关接通的情况下，各开关均能操纵所在车门的车窗玻璃；在锁定开关断开的情况下，后面两个车门的电路被切断，门上的开关便失去作用。

电动车窗的控制电路主要由电源、熔断丝、断路器、主继电器、开关、电动机和指示灯组成。断路器安装在电路上或电动机内，用于控制电流，防止电动机过载。车窗开关用来控

制门窗玻璃升降。指示灯用来指示车窗电路的工作状态。电源指示灯的点亮或熄灭表示电源电路的通断。

3. 电动车窗的拆卸与安装

电动车窗的拆装主要是电动车窗开关和电动车窗电动机的拆装。

1）电动车窗的拆装

（1）电动车窗开关的拆卸。

① 拆下车门内衬板。

② 断开导线接头。

③ 松开开关后侧的两个锁片。

④ 按压并使开关出壳。

（2）电动车窗开关的安装。

① 将开关压入开口中。

② 将开关连接到导线插头上。

③ 在车门衬板上安装开关控制台。

④ 安装车门衬板。

2）电动车窗电动机的拆装

（1）电动车窗电动机的拆卸。

① 拆下车窗密封条和防水板。

② 拆下车窗玻璃固定螺钉，取下车窗玻璃。

③ 拆下车窗升降器螺钉，取下车窗升降器/电动车窗电动机总成，如图2-24所示。

④ 拆下电动车窗电动机固定螺钉，从车窗玻璃升降器上取下电动机。

（2）电动车窗电动机的安装。电动车窗电动机的安装步骤与拆卸相反，在升降器的滚轮处，应涂上多用途润滑脂。

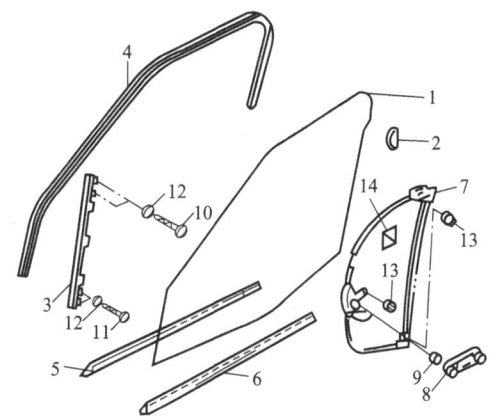

图2-24 前门车窗升降器总成
1—前门玻璃；2—导向块；3—槽架；4—玻璃导轨；5—门窗外密封条；6—门内密封条；7—前门玻璃升降机；8—升降机手柄；9—护罩；10，11—螺钉；12—垫圈；13—带法兰面六角螺母；14—卡扣

2.2.4 车窗玻璃装饰

随着汽车的不断发展，玻璃技术已经完全进入汽车行业中，成为汽车技术领域中的重要一员。作为汽车的被动安全设施之一，汽车玻璃必须满足以下安全因素：良好的视线、足够的强度、意外事故时对乘员起到保护作用。

汽车挡风玻璃一般都做成整体一幅式的大曲面型，上下左右都有一定的弧度。它采用曲面玻璃，首先从空气动力学的角度出发，因为现代轿车的正常时速大都超过100 km/h，迎面气流流过曲面玻璃能减少涡流和紊流，从而减小空气阻力；加上窗框边缘与车身表面平滑过渡，玻璃与车身浑然一体，从视觉上既感到整体的协调和美观，又可以降低整车的风阻系数。另外，曲面玻璃具有较高的强度，可以采用较薄的玻璃，对轿车轻量化有一定的作用。现代轿车的曲面挡风玻璃要做到弯曲拐角处的平整度高，不能出现光学上的畸变，从驾驶座上以任何角度观看到的外面物体均不变形，不会引起眩目。以前轿车玻璃通常用整齐的条带沿玻璃边缘修饰或保护，现在轿车上的玻璃都采用陶瓷釉，即所谓黑边框。

1. 普通汽车玻璃

常见的汽车玻璃有两种：调质（钢化）玻璃、层压玻璃。

1）调质玻璃

调质玻璃是将普通玻璃板加热与淬火而成，使其内部存有内应力，这种内应力使玻璃具有很高的抵抗物理冲击的能力，调质玻璃的抗力比普通玻璃高出4倍。当受到强大冲击时，将碎成粒状，不致对人产生伤害。此外，由于经过了热处理，其耐温度变化的能力增强。一块5 mm厚的普通玻璃，温度变化大于70 ℃时就会破裂，而调质玻璃约能承受170 ℃的温度变化。

2）层压玻璃

层压玻璃是由两块普通玻璃胶合，中间夹有一层薄膜，经强力胶压制而成。当它破裂时，会形成特殊形状和大小的碎片，中间所夹薄膜可以防止石块或其他飞掷物件穿透另一面，也能防止碎玻璃飞溅。层压玻璃可以保证驾驶所需的最小能见度。

2. 新型车窗玻璃

1）隔热玻璃

隔热玻璃是在两层普通玻璃中间夹一层隔热的聚乙烯醇缩丁醛（英文缩写PVB）薄膜，从而起到隔热作用。这种新型隔热玻璃具有以下主要特点：

（1）隔热效果好。使用这种新型汽车风窗玻璃，在炎热的夏季，可使汽车控制台部位的温度下降10 ℃左右，整个车内的温度也随之明显下降，这不仅使司乘人员感觉清凉，而且可大大减轻空调的负荷，降低能源消耗。

（2）透光率高。因为汽车风窗玻璃可见光透过率的高低直接影响到驾驶员的视觉效果，所以国际有关机构对此制定了严格的标准，要求汽车前风窗玻璃透光率不得低于70%。有些汽车在风窗玻璃上粘贴普通遮阳膜进行遮阳，尽管有一定的遮阳效果，但遮阳膜也阻挡了可见光的透入，影响视线，因此不利于安全行车。新型隔热玻璃的可见光透过率可达80%，完全符合国际标准。

（3）不影响无线电接收。若在汽车风窗玻璃上粘贴反射遮阳膜，其遮阳效果和透光性都较好，但无线电波也同时被反射屏蔽，影响无线电设备的接收效果，在现代汽车无线电设备日益增多的形势下，这种遮阳方式也不可取。新型隔热玻璃的隔热作用基于热吸收原理而非反射原理，因此，车内的各种无线电及移动电话等电子设备的接收使用不受任何影响。

（4）安全性能好。新型隔热玻璃中的PVB薄膜具有极强的坚韧度、延伸度和黏合力，从而大大提高了这种玻璃的安全性能。同样，因中间膜的作用，玻璃被撞击后出现的裂纹远远少于普通钢化玻璃，因而不会影响驾驶员的视野。

2）防紫外线玻璃

阳光中的紫外线，对人体造成伤害的同时还会降低天然材料制成的汽车内饰件的性能。近年来，随着大气臭氧层空洞的扩大，辐射到地面的紫外线强度越来越大。为此，科研人员开发了这种玻璃。目前抗紫外线玻璃主要包括以下两种类型。

（1）紫外线吸收剂涂敷型。在汽车玻璃表面涂敷一层紫外线吸收剂，例如氧化钠、氧化锌、氧化钛等。

（2）紫外线吸收剂本体型。将紫外线吸收剂（例如铁离子、钛离子、卤族元素化合物结晶等）熔化在玻璃基体中，这类玻璃可将 400 nm 以下的紫外光和 1 100 nm 附近的红外光大幅阻断。

3）调光玻璃

阳光中的光线强弱是随着季节、天气等因素的变化而变化的，尤其是夏季，在强光照射下，驾驶员的眼睛难以睁开，如汽车的风窗玻璃采用调光玻璃，便可较易解决这个问题。调光原理主要通过变色来实现，变色的方法主要有光致变色、电致变色和液晶变色三种。

4）低反射玻璃

当汽车在夜间或隧道内行驶时，仪表板的反射光会显著地照射在风窗玻璃上，造成花视，从而降低驾驶员的注意力。采用低反射玻璃可降低风窗玻璃的反射率，提高视认性。降低玻璃反射率的方法主要有两种：一是把玻璃浸渍在氟硅酸的过饱和溶液中，从玻璃表面去除碱，形成多孔质层，或者在硅胶溶液中进行喷射成形；二是把两种以上不同反射率的透明材料进行多层叠加，利用光学干涉的原理，降低表面反射率，多层叠加方法可采用真空电镀法。

5）防污玻璃

在玻璃表面涂敷氧化钛薄膜，通过太阳光中的紫外线激发，氧化钛中产生电子和空穴，使水和氧能通过，将玻璃表面上的有机污物分解。

6）电热风窗玻璃

在玻璃内侧表面涂敷透明的导电膜，通电后对玻璃加热，使玻璃上的冰霜融化，防止玻璃模糊。

3. 车窗玻璃的安装

车窗玻璃包括前后风窗玻璃和门窗玻璃，因门窗玻璃安装比较简单，现主要介绍风窗玻璃的安装。

1）镶嵌式安装的操作步骤

（1）在密封胶条唇口的槽内穿一条 3~4 mm 的尼龙绳，绳头伸出 400 mm 左右。

（2）将胶条镶在车窗玻璃上。

（3）在胶条和窗框止口处涂上一层肥皂水，将镶上胶条的玻璃放在车窗前面，对准密封胶条和窗框上的止口之间的位置。

（4）从车内抽出绳子，使胶条唇口翘起压在窗框止口上，再从车外推压靠近胶条处的玻璃表面，这样胶条就镶嵌在窗框架上了。注意，应从玻璃下端中央开始向两边扩展。

（5）装好后在车外用手掌心敲打玻璃，使之与车身牢固贴合。

（6）沿着窗框和玻璃贴一层胶纸，然后在密封胶条与窗框及玻璃之间加注黏结剂，等干后揭去胶纸，清除泄漏的黏结剂，装上外镶条。

2）新结式安装的操作步骤

（1）清理窗框上残留的聚氨酯胶以及灰尘，使用玻璃清洁剂清理玻璃边缘。

（2）在玻璃边缘涂抹透明的聚氨酯底。

（3）将密封材料安装在窗框上，在窗框上涂上聚氨酯玻璃胶，其高度应高于密封材料，以保证密封程度。

（4）将风窗玻璃放在正确的位置，压至适当的高度。

（5）如有必要，应用除胶剂除去多余的黏胶。

思 考 题

1. 汽车保险杠的种类有哪些？
2. 汽车保险杠的功能有哪些？
3. 导流板和扰流板各有什么作用？
4. 后视镜性能的评价指标有哪些？
5. 车身装饰有哪些形式？
6. 选用车身文字色彩时，应注意哪些因素？
7. 太阳膜的功能和性能指标有哪些？
8. 天窗的作用有哪些？
9. 车窗玻璃有哪些类型？

第 3 章

汽车内部装饰

● **本章重点**

通过学习本章，重点掌握电动座椅和空调系统的基本结构以及工作原理，了解通信与导航系统的工作过程。

汽车内部包括驾驶室和车厢，它是驾驶员和乘客在行车中的生活空间。因此，对汽车内部进行装饰，营造温馨、舒适、安全的环境，对司乘人员是必要的和有意义的。汽车内部装饰主要包括座椅装饰、仪表板装饰、地板装饰、车载电器和信息设备的装饰等。

3.1 汽车座椅装饰

座椅是汽车重要的组成部分，是驾驶员与乘客使用率最高的部件，因此，对座椅进行装饰时，不但要考虑到美观，还应注重其实用性。

3.1.1 汽车坐垫与枕垫装饰

坐垫是置于座椅之上，用于提高座椅舒适性和耐磨性的一种装饰；枕垫是根据需要置于乘员的头部、颈部、腰部等部位，用于改善局部舒适性的一种装饰。

1. 汽车坐垫与枕垫的功能

（1）提高舒适性。柔软的坐垫和枕垫使身体与座椅更伏贴，可减缓汽车颠簸产生的振动，减轻旅途疲劳。

（2）改善透气性。夏季使用的硬塑料或竹制品坐垫具有良好的透气性，给人以凉爽的感觉，有降温消汗功效。

（3）增强保健性。汽车保健坐垫和枕垫可通过振动按摩或磁场效应，改善乘员局部新陈代谢，促进血液循环，消除紧张疲劳，达到保健目的。

2. 汽车坐垫与枕垫的种类

1）汽车坐垫的种类

（1）柔式坐垫。主要由棉、麻、毛及化纤等材料制成。棉麻混纺坐垫具有透气性能优良、韧性强、易于日常清洁护理等特点；棉毛混纺坐垫具有柔软、舒适、透气性能好等特点；化纤混纺坐垫透气性好、价格低，但易产生静电。

（2）帘式坐垫。主要由竹、石和硬塑料等材料制成小块单元体，然后将单元体串接成帘状制成坐垫。该坐垫具有极好的透气性，是高温季节防暑降温的佳品。

（3）保健坐垫。该坐垫是根据人们保健需求制成的高科技产品，当乘员随汽车颠簸振动时，可起到自动按摩效果。另外，坐垫的磁场效应对人体保健也大有益处。

2）汽车枕垫的种类

汽车枕垫有头枕、颈枕、肩枕、腰枕等种类，其中，腰枕有普通腰枕和电动按摩腰枕两种。

3. 汽车坐垫与枕垫的选用

（1）根据气温条件选用。当气温不高时，应选用柔式坐垫，利于保温，并提高舒适性；高温季节应选用帘式坐垫，以利于降温防暑。

（2）根据汽车档次选用。中高档轿车可选用材质极好的纯毛坐垫或保健坐垫，另外，中高档轿车空调效果较好，高温季节也不必使用帘式坐垫，以提高舒适性。

（3）根据实际需要选用。汽车枕垫主要根据乘员坐在座椅上的不适部位进行选用，同时也是根据乘员的身体状况选用。

3.1.2 电动座椅

电动座椅又称为动力座椅，它可对汽车座椅的前后、靠背的角度以及头枕的高度等做电动调节，使驾驶员和乘客的座椅获得理想的位置。

1. 电动座椅应满足的要求

（1）座椅在车厢内的布置要合适，尤其是驾驶员的座椅，必须处于最佳的驾驶位置。

（2）按人机工程学的要求，座椅必须具有良好的静态与动态舒适性。其外形必须符合人体生理功能，在不影响舒适性的前提下，力求美观大方。

（3）座椅应采用最经济的结构，尽可能地减小质量。

（4）座椅是支撑和保护人体的构件，必须十分安全可靠，应具有充分的强度、刚度与耐久性。可调的座椅，要有可靠的锁止机构，以保证安全。

（5）座椅应有良好的振动特性，能吸收从车厢地板传来的振动。

（6）座椅应具有各种调节机构，这是适应不同驾驶员、乘员在不同条件下获得最佳驾驶位置与提高乘坐舒适性所不可缺少的手段。

2. 电动座椅的构造与工作原理

1）电动座椅的构造

电动座椅主要由传动装置、座椅调节器和控制电路三部分组成。

传动装置的作用是将电动机的动力传给座椅调节装置，使其完成座椅的调整。

座椅调节装置的作用是把座椅调节到靠背倾斜、座位前后移动、整座倾斜等，使各种不同身材的驾驶员和乘员乘坐舒适。电动座椅调节装置由前滑动调节机构、后滑动调节机构、前垂直调节机构（驾驶员座椅）、后垂直调节机构、靠背调节机构、腰部支撑调节机构、头枕调节机构以及开关、电路等组成。电动座椅的调节装置及其在座椅上的布置如图3-1所示。

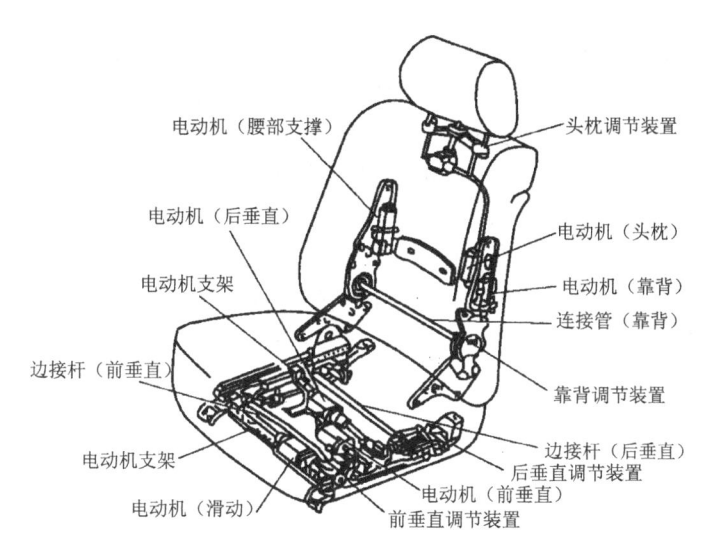

图 3-1 电动座椅的调节装置及其在座椅上的布置

传动、调节装置多采用永磁双向直流电动机驱动座椅上相关的调整机构，以达到座椅调节的目的。电动机的数量取决于电动座椅的类型，通常每个电动机调节座椅移动有两个方向。为防止电动机过载，电动机内装有熔断器（采用自动型双金属式熔断器），以确保电器设备的安全。

传动装置和座椅调节器主要由联轴器、软轴、减速器（常用蜗轮、蜗杆机构）与螺纹千斤顶或齿轮传动机构等组成。电动机和减速器之间装有联轴节，传动装置和座椅调节装置之间用软轴连接。

电动座椅动力传递过程是：软传动轴→减速器→螺纹千斤顶或齿轮（齿条）传动机构。

电动座椅纵向位置调整如图 3-2（a）所示。

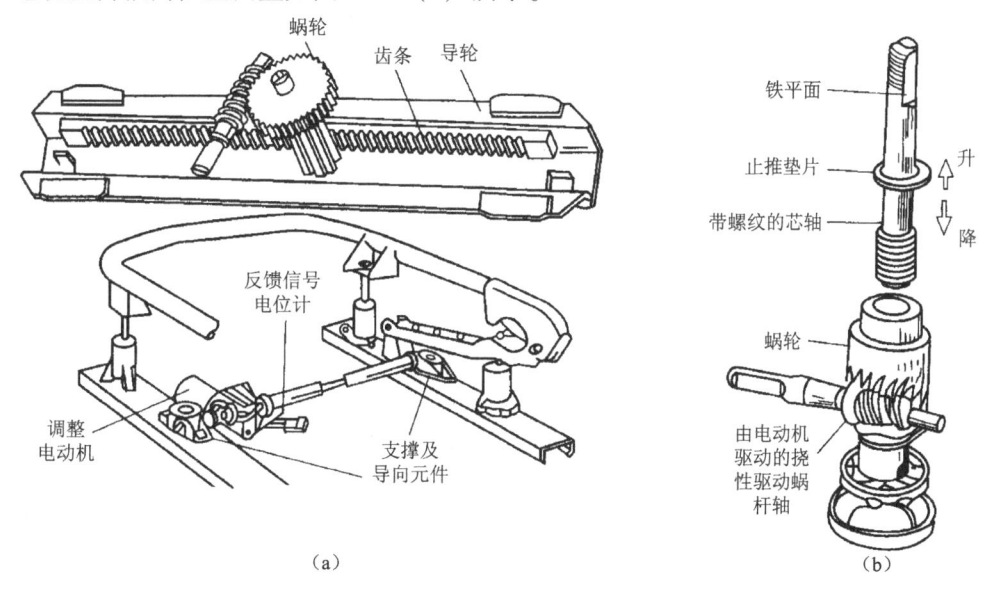

图 3-2 电动座椅纵向、高度调整机构示意图
(a) 纵向位置调整机构；(b) 高度调整机构

其工作过程是：当调整电动机按某一方向转动时，通过软轴驱动蜗杆，经蜗轮减速后，再驱动与座椅固定在一起的导轨齿条，从而使座椅纵向前后移动。

电动座椅高度调整机构，如图3-2（b）所示。

其工作过程是：当相应的驱动调整电动机按某一方向转动时，通过软轴驱动蜗杆，经蜗轮减速后，通过蜗轮内螺纹驱动芯轴。由于蜗轮做旋转运动，所以芯轴可以做升降（或伸缩）移动，从而使座椅底部有升降动作。

电动座椅靠背倾角位置调整。靠背倾斜调整的传动机构包括两个调整齿轮与连杆。调整时，电动机带动两端的调整齿轮转动，而调整齿轮与连杆联动，通过连杆的动作达到调整靠背倾斜度的目的。

2）电动座椅的工作原理

不带电子控制装置的电动座椅控制电路如图3-3所示。

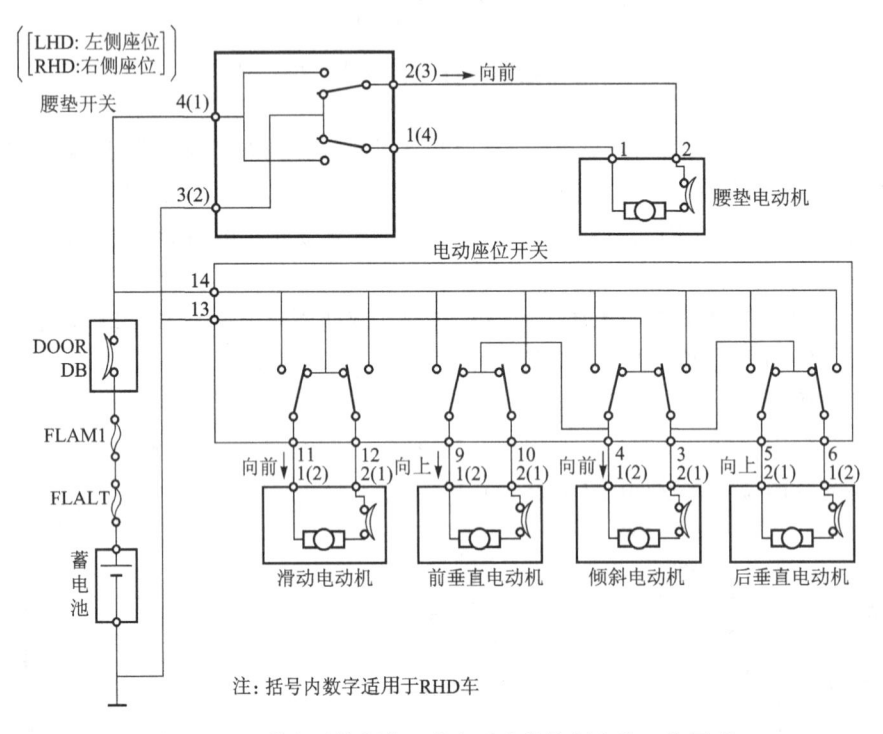

图3-3 不带电子控制装置的电动座椅控制电路工作原理

该电路主要由蓄电池、电动座位开关、腰垫开关和5个电动机等组成。电动座位开关内部有四套开关触点，驾驶员或乘员通过按下开关上的按钮，即可调节座椅的不同状态。

通过电动座椅开关，即可完成不同的调节功能。如靠背的前倾调节，按下电动座椅开关中的前倾调节开关，其电路为：蓄电池→熔断器→门锁电路断路器→开关14接点→前倾调节开关→开关4接点→倾斜马达→开关3接点→开关13接点→蓄电池负极，形成回路，倾斜马达工作，座椅靠背向前倾斜。

3. 带存储功能的电动座椅

带存储功能的电动座椅采用了微机控制，它能将选定的座椅调节位置进行存储，使用时，只要按指定的按键开关，座椅就会自动地调节到预先选定的座椅位置上。带存储功能电动座椅的控制如图3-4所示。

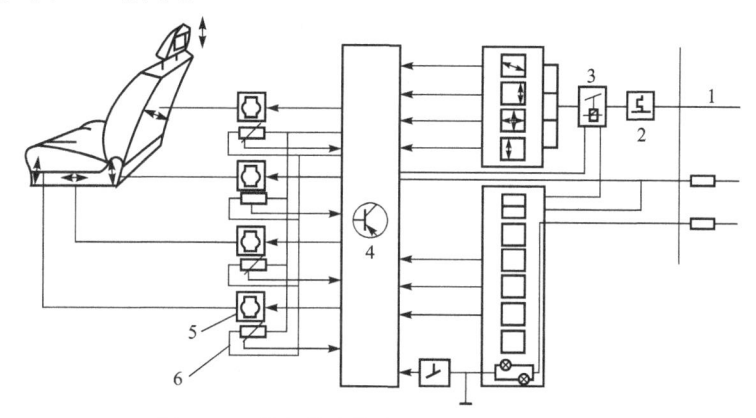

图3-4 带存储功能的电动座椅控制示意图
1—接蓄电池；2—过载保护装置；3—主继电器；4—电子控制装置；5—电动机；6—电位计

该系统有一个存储器，并通过四个电位计来控制座椅的调定位置。只要座椅位置调定后，驾驶员按下存储器的按钮，电子控制装置就把这些电压信号存储起来，作为重新调整位置时的基准。使用时，只要一按按钮，就能按存储的座椅位置的要求调整座椅位置。

4. 电动座椅的拆装

拆卸电动座椅时，应首先拆卸电动座椅总成，在此基础上拆卸座椅靠背总成、坐垫、电动座椅调整开关以及电动座椅调整电动机。现以奥迪A6轿车为例，说明电动座椅的拆装步骤。

1）电动座椅总成的拆装

（1）电动座椅总成的拆卸。

① 把座椅滑到最前面的位置，拆下座椅导轨后盖。

② 把座椅滑到最后面的位置，拆下前装饰件。

③ 拆下座椅导轨固定螺钉，松开卡子。

④ 断开侧气囊线束接头，连接气囊适配器。

⑤ 连接气囊模块点火线束接头与气囊适配器。

⑥ 断开座椅加热器线束接头，盖上座椅后面的地毯，并使座椅向后滑出导轨。

（2）电动座椅总成的安装。按照与拆卸相反的顺序进行电动座椅总成的安装。前部安装螺钉拧紧力矩为25 N·m。

2）座椅靠背总成的拆装

（1）座椅靠背总成的拆卸。

① 拆下将座椅侧装饰件固定在座椅框架上的四个螺钉。

② 断开座椅调节开关。

③ 在座椅内部，拆下座椅侧饰件固定夹子，并拆下饰件。

④ 连续按压座椅侧装饰板的前部以使其松开，必要时拆下座椅靠背调整按钮。

⑤ 断开座椅电气接头，必要时拆下座椅牵引架。拆下座椅靠背铰链螺栓，并从座椅框架中拆下座椅靠背。撬开后脚坑灯，并断开电气接头。

⑥ 拉下座椅靠背衬面套。

⑦ 通过按压左连杆上的卡子拆下头枕。然后拆下头枕导杆，掀起座椅靠背衬面套纺织物，然后切断内饰卡子。

⑧ 从座椅靠背框架中拆下座椅靠背衬面套与填料。必要时从座椅靠背拆下座椅靠背加热元件。

（2）座椅靠背总成的安装。安装时，按与拆卸相反的顺序进行。

3）坐垫的拆装

（1）坐垫的拆卸。

① 断开电气接头。

② 从座椅衬面套边缘撬开座椅衬面套紧固带。

③ 掀起座椅衬面套，然后切断内饰卡子。

④ 拆下座椅衬面套与填料。

（2）坐垫的安装。安装时，按与拆卸相反的顺序进行。

4）电动座椅调整开关的拆装

（1）电动座椅调整开关的拆卸。拆下电动座椅调整开关的固定螺钉，即可拆下电动座椅调整开关。

（2）电动座椅调整开关的安装。安装时，按与拆卸相反的顺序进行。

5）电动座椅调整电动机的拆装

（1）电动座椅调整电动机的拆卸。

① 断开线束接头，翻转座椅，从导轨上拆下座椅调整装置的固定螺栓。

② 向前拆下调整装置。通过旋下各功能电动机固定螺栓即可拆下电动机。

（2）电动座椅调整电动机的安装。安装时，按与拆卸相反的顺序进行。

3.1.3 儿童座椅

1. 安装儿童座椅的目的

（1）保证儿童的安全。有关交通安全的研究显示，一个 7 kg 重的婴孩在汽车以 48 km/h 的速度下发生碰撞时，足以在身上产生 140 kg 的前冲力，是一个婴孩体重的 20 倍，无论大人抱得多紧，也无法确保孩子不摔出去。若抱着婴孩的成人没有系上安全带，成人极有可能和婴孩一起冲向仪表板或风窗玻璃，从而对婴孩造成伤害。

（2）增加乘坐的舒适性。汽车座椅是为成人设计的，儿童因身材矮小，坐上去很不舒服。儿童座椅是为儿童量身设计制作的，因此，为了孩子的安全，应在车内安装儿童座椅。

2. 儿童座椅的种类

儿童座椅有很多型号，随着儿童的成长，应选择最适合其身高、体重的儿童座椅。儿童座椅按照其安装方向的不同，可分为后向式和前向式两种座椅。

（1）后向式儿童座椅。后向式儿童座椅是儿童坐上后正面向后的一种座椅，它的安全性能最高，这种座椅尤其适合3岁以下婴幼儿使用。3岁以下婴幼儿的头部可能与他身体其余部位的重量相当，加上柔弱而不稳的脖子，当正面碰撞发生时，如果他们是面向前方而坐，其处境会十分危险。有关专家认为：儿童头部的重量被摔向前方，而他的脖子不能承受其力量，其结果会是致命伤或是致残。如果儿童坐在面向后方的座位上，由于座椅的支持，则可避免或减轻儿童在交通事故中受到的伤害。

（2）前向式儿童座椅。前向式儿童座椅是儿童坐上后正面向前的一种座椅，这种座椅适合3岁以上的儿童使用。

3. 儿童座椅的选择

选择儿童座椅时，应注意以下两点：

（1）要选择与儿童身材相当的座椅。儿童座椅的型号有很多，一般可分为婴儿、幼儿和小学生三种，要注意选择合适的。

（2）要选择与汽车相适配的座椅。

3.2 车载电器与信息设备装饰

车载电器包括汽车音响系统和空调系统，通过它们可使驾驶员和乘客获得更多的快乐，并提高汽车的乘坐舒适性。汽车信息系统可以显示汽车的运行状况，帮助驾驶员更好地控制车辆的运行，从而提高汽车的安全性。

3.2.1 汽车音响系统装饰

随着现代科技的发展，汽车音响正在向大功率多路输出、多喇叭环回音响、多碟式激光唱机等方向发展，成为汽车上重要的组成部分。汽车音响具有结构紧凑、使用环境恶劣、电源要求高、抗干扰能力强、灵敏度高、动态范围大等特点。

1. 汽车音响的组成

汽车音响系统一般由主机、功放、扬声器及天线等部分组成，如图3-5所示。

1）主机

主机又称为"音源"，主要包括无线电调频装置及录音再生机（盒式磁带或激光唱片CD等）。主机的好坏与主机的技术指标密不可分，主要包括输出功率、频率响应、信噪比和谐波失真THD。

（1）输出功率。现在主机上标注的功率绝大多数为音乐输出的峰值功率，为40~60 W。

（2）频率响应。人耳所能听到的频率范围为20~20 000 Hz，因此该指标越宽越好。

（3）信噪比。信噪比指的是音乐信号与噪声的比例，单位为分贝（dB）。该数值越大越好，一般高档的产品都在100 dB以上，声音干净，清晰度高。

（4）谐波失真THD。该指标体现声音再现的还原度，数值越小，表示还原度越高。

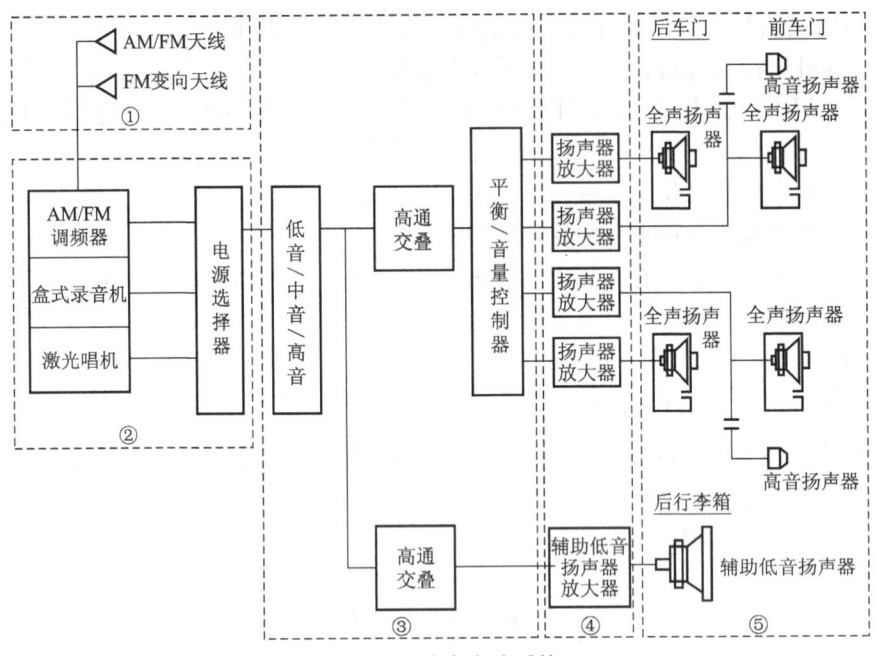

图 3-5 汽车音响系统

2）功率放大器

功率放大器即功放，其作用是将经过前级放大的音频信号进行功率放大（电流放大），用来驱动扬声器。信号放大是整套汽车音响中至关重要的部分，虽然大多数主机都内置功率放大器，但其功率和效果却无法与外置功放相提并论。

（1）功放的性能指标。

① 频响能力。频率响应范围 20 Hz ~ 80 kHz，而扬声器的频响由低音至高音相应要求有 20 Hz ~ 20 kHz 范围的响应能力。功放作为信号传输的"瓶颈"部件，其频响则要求更宽，如 7 Hz ~ 80 kHz，这样才能保证信号的完整。

② 信噪比。这是最直接反映功放质素的参数，一般都在 80 dB 以上，高质素的产品往往达 105 dB 以上，如果追求声音品质纯净，那么这个数值就不容忽视。

③ 失真度。这个可结合功放另两个重要的指标"额定功率"和"最大功率"一起讨论。一台功放在其 Rms 功率（额定功率）情况下工作，失真应该比较小，一般达 0.5% ~ 0.01% 这个范围。Peak 功率（最大功率）或桥接时，信号可能产生变形、削波（波形信号不完整）等失真，失真度的比值也会因此增高，0.5% ~ 1% 都是正常的。失真度比值越小，音响效果越理想，这也是衡量一台功放的重要指标。

④ 输入灵敏度。这是针对不同厂家、不同品牌的主机、前级音源而设置的调校电平，范围有 100 mV ~ 4 V 甚至更高，调音时须与音源匹配。

⑤ 输入阻抗。一般要求功放输入阻抗高，输出阻抗低。输入阻抗越高，越能有效地阻隔各类杂音，常见值为 10 kΩ 或更高。

⑥ 负载能力。家用功放一般是 8 Ω 和 4 Ω 两种；车用功放在立体声时为 2 ~ 8 Ω；桥接时为 4 ~ 8 Ω。但个别特别设计的功放，阻抗可以低至 0.1 Ω。这时一台功放可以并接几十个低音单元，营造理想的声压级（声压指声音对人耳产生的压强，它是衡量音响系统能力的

标准，因为声压越高，对系统的要求越高，国内最高纪录为 141.5 dB，国外为 176.5 dB）。

⑦ 工作电压。汽车音响一般在 10~15 V 范围内正常工作。

⑧ 阻尼系数。该系数由额定负载（4 Ω）输出阻抗计算出来，普遍认为：输出阻抗越小，阻尼系数越高，则该功放越好。事实上，高素质的功放，比值大多在 50 以上，个别甚至超过 500，虽然有专家认为 50 左右的阻尼系数已经足够，但以使用者经验判断，系数高，则线材要求可放宽。相对地，系数过高会影响音色，但对低音表现有帮助。

⑨ 转换速率。单位时间内功率放大器最高放大级将较强的信号激励放大为高压、强电流的交流音频的能力。转换速率大，则转换能力强，音乐的层次及动态在结合扬声器时，能更接近原声音。

（2）功放的分类。不同种类的功放，其结构和特点不尽相同，可根据电路所用器材和放大器功能进行分类。

① 按电路所用器材不同分类

按电路所用器材不同，可分为电子管放大器、晶体管放大器和集成电路放大器三类。

电子管放大器，俗称"胆机"。采用电子管作为放大级，主要优点是动态范围大，线性好，音色甜美、悦耳温顺。电子管与晶体管的传输特性不同，两者有一定差异，如因信号过大发生激励（信号刺激超过承受范围）时，电子管波形变化较和缓，晶体管的则不大平滑，直接影响音质。又如电子管的放大多激发"偶次谐波"，这些"偶次谐波"对音质无损，而晶体管放大器多激发"奇次谐波"，会引起听感的不适。但电子管功放也存在两个问题：一是内阻大导致放大器阻尼系数小，影响瞬态特性；二是电子管需高压供电，离不开变压器，变压器不仅功耗大，还会导致失真，而且体积大。由于在汽车里面使用环境较为恶劣（高温、振动、电源等问题），从而很大程度上限制了胆机在汽车音响系统中的使用，因此在市场上使用率并不高。

相比电子管功放，晶体管放大器有两个显著优点：一是阻尼系数可做得很高，有良好的瞬态特性，声音的节奏感在力度上要比胆机明快、爽朗、有力；二是无需变压器，不仅节省成本，缩小体积，而且避免了由变压器所引起的失真。晶体管放大器是现时市场上汽车音响功率放大器的主流产品，品种繁多，档次齐全，是车主选用的主要产品。

集成电路放大器最突出的优点是可靠性高，外围电路简单，组装方便，不足之处是电声指标（功率、频响、失真度、信噪比等）和音质皆不如分立元件组成的放大器，主要应用在主机的功放级上。

② 按放大器功能分类

根据放大器功能不同，可分为前级放大器、后级放大器和合并式放大器。

前级放大器的主要作用是对信号源传输过来的节目信号进行必要的处理和电压放大后，再输出到后级放大器。

后级放大器对前级放大器送出的信号进行不失真放大，以强劲的功率驱动扬声器系统。除放大电路外，还设计有各种保护电路，如短路保护、过压保护、过热保护、过流保护等。前级功率放大器和后级功率放大器一般只在高档机或专业的场合采用。

合并式放大器将前级放大器和后级放大器合并为一台功放，兼有前二者的功能，通常所说的放大器都是合并式的，应用的范围较广。

（3）功放的功能。现代的功放大多具有以下功能：

① 电子分音。此项功能设置有三种选择：FULL——全音；HP——高通，只让分频点（如 80 Hz）以上的频率通过，此设置主要用于中、高音扬声器；LP——低通，只让分频点（如 80 Hz）以下的频率通过，此设置主要用于低音扬声器。其中有一些还设置为分频点可调式，可按不同的系统设计进行设定分频点，有些则固定在 80 Hz、100 Hz、120 Hz 这几个频率上。

② 信号输入选择。有 RCA 信号（低电压）和主机扬声器线（高电平）两种输入方式。要获得良好的音质，可选择 RCA 信号输入（理想的频响以及优异的信噪比，但前提是主机有 RCA 输出）；若主机无 RCA 输出或保留原车主机的情况，则选用带高电平输入的功放。

③ 输入增益调整。此旋钮用于调整功放的输入电压与主机传输过来的信号电压达到最理想的匹配状态，以保证声音不会有任何的失真。

④ 桥接输出。当功放采用桥式接法后，输出功率一般可以提高 2 倍，从而使功放在需要的时候又多了一种用途（如用来推动超低音扬声器）。

⑤ 音调调节。有相当部分产品设置有低音、高音调节，可分别在 45 Hz、10 kHz 两个频率进行提升或衰减，调整范围为 0~12 dB，能令重播的低音更加丰满、深沉，高音更加清晰、透明。

3）扬声器

在汽车音响中，扬声器作为还原设备进行声音的还原，是决定车厢内音响性能的重要部件。扬声器口径大小和在车上的安装方法、位置是决定音响效果的重要因素。为了欣赏立体声音响，车上最少要装 2 个扬声器。扬声器的种类有：

①全频扬声器，功能是重放全频段的声音。

②高音扬声器，功能是重放高频段的声音。

③中音扬声器，功能是重放中频段的声音。

④低音扬声器，功能是重放低频段的声音。

⑤超低音扬声器，对超低音进行重放。

扬声器由永久磁铁、可动线圈及振动膜等组成，如图 3-6 所示。可动线圈装在振动膜的中央，放置于永久磁铁中。由低频放大电路送来的信号，经变压器感应后，以电流的变化送到可动线圈，线圈因电流大小不同而发生不同程度的移动，因而带动振动膜振动而发出声音。

4）天线

（1）天线的种类。天线用来接收广播电台的发射电波，通过高频电缆向无线电调频装置传送。汽车天线主要有柱式天线、玻璃天线及电动天线三种。

柱式天线是一种可伸缩的金属棒，长约 1 m，通常安装在前挡泥板或车顶等处，其结构如图 3-7 所示。

玻璃天线与风窗玻璃制为一体，在玻璃的中间层埋入 0.3 mm 以下的细导线，通常使用后窗玻璃作为玻璃天线，如图 3-8 所示。

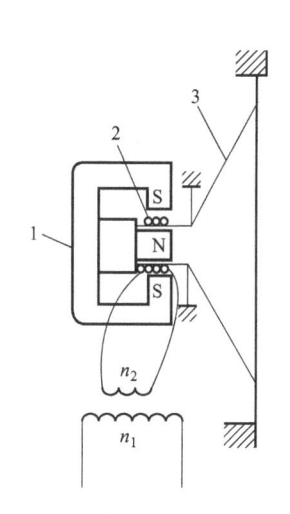

图 3-6 动圈式扬声器的结构
1—永久磁铁；2—可动线圈；3—振动膜

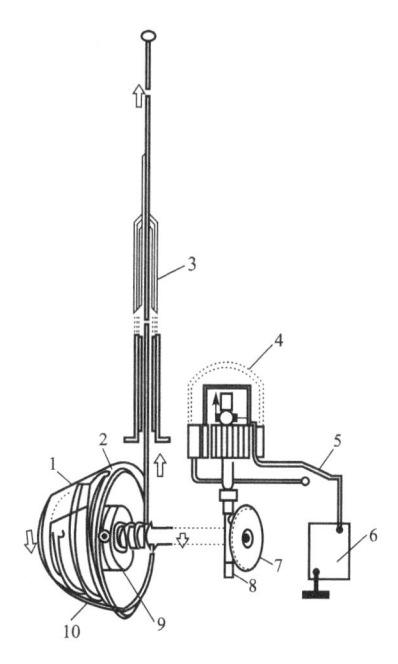

图 3-7 柱式天线结构示意图
1—鼓；2—外壁；3—天线杆；4—电动机；5—天线开关；
6—蓄电池；7—齿轮；8—蜗杆；9—离合器板；10—钢绳

电动天线由电动机、减速器、卷索器、推拉索、继电器及开关等组成，如图 3-9 所示。电动机为永磁可逆直流电动机，由继电器改变电动机电枢电流的方向，即可改变电动机旋转方向，通过减速器、卷索器、推拉索驱动天线伸缩。电动天线还设有限程开关，当天线伸缩运动至极限时，限位开关将切断电路。

图 3-8 玻璃天线

（2）电动天线工作原理。天线的升降是通过改变电动机的旋转方向实现的。

有些汽车的电动天线用单独的天线开关进行控制，多数则是由收音机开关联动控制，在收音机打开的同时，接通电动天线控制电路，电动机转动使天线升起；在关闭收音机时，天线又同时下降，基本电路如图 3-10 所示。

收音机开关 S_1 在接通或断开时，与它连接的天线继电器的线圈会同时接通或断开电源，改变继电器触点的开闭状态。电动机的旋转方向由继电器的状态和电动机本身的一对互锁触点 S_2 和 S_3 控制。电动机旋转使天线上升或下降的同时，控制互锁触点 S_2 和 S_3。当天线上升到最高点时，使天线上升触点断开并闭合天线下降触点 S_2，电动机停止

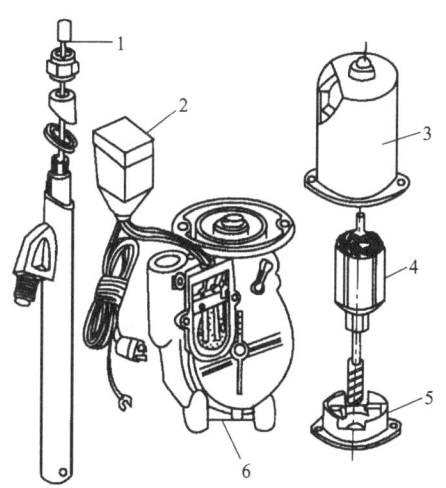

图 3-9 电动天线的结构
1—天线；2—继电器；3—外壳；4—转子；
5—电刷架；6—减速器及卷索器

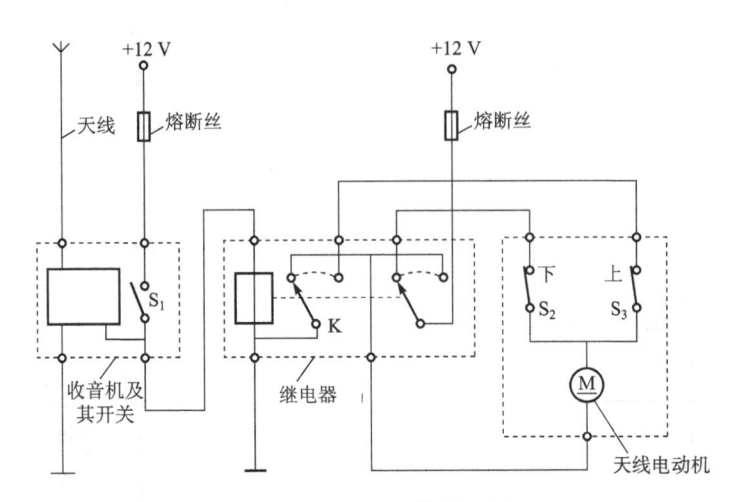

图 3-10　电动天线原理图

转动；在天线下降到最低点时，自动天线断开天线下降触点 S_2，同时闭合天线上升触点 S_3。

当收音机关掉时，天线继电器断电，反向接通电动机电路，电动机反转，使天线缩回，当天线降到最低位置时，天线降低触点 S_2 断开，上升触点 S_3 闭合，电动机停止转动。

2. 主机的结构与工作原理

主机主要包括汽车收音机、录放机和激光唱机。

1）汽车收音机

（1）汽车收音机的结构。汽车收音机主要由天线、收音机电子控制器 ECU、扩音器等组成。其 ECU 包括高频放大电路、调频电路、中频放大电路、滤波电路以及低频放大输出电路，它们的功能分别是：

① 高频放大电路。将天线所接收的电波进行选择，将所需的信号进行放大。

② 调频电路。将已放大的高频信号在本电路中加上振荡信号，再从两个信号音差的频率数取出中间频率信号，即中频信号。

③ 中频放大电路。将已取出的中频信号放大，本电路影响收音机的灵敏度。

④ 滤波电路。从已放大的中频信号中分离并取出低频信号，改变电波的强度。在此电路中具有自动音量调整电路，能自动调整音量的大小。

⑤ 低频放大输出电路。从滤波电路中所取出的低频信号输出太小，经此电路放大后具有充分的驱动功率，能使扩音器发生作用，本电路也具有音量调整电路，能调节音量的大小。

一般对汽车用收音机的要求是：安装方便，适应汽车的工作环境，具有体积小、质量小、耐振性强、灵敏度高等特点。

（2）汽车收音机的工作原理。在无线电广播信号传播过程中，由于人们听到的音频信号是低频信号，能量很小，不能进行远距离传送，为此，必须通过将音频信号调制成高频电波才能远距离传递。调制是使载波信号某项参数（如幅度、频率或相位）随调制信号的变化而变化，从而将调制的信号"装载"到载波的过程。即把被传送的低频信号"装载"到高频信号上，再由发射天线发送。通常把被传送的低频信号叫调制信号，把运载低频信号的高频信号叫载波。常用的两种调制方式分别是调幅和调频。

调幅，使载波的幅度随调制信号幅度变化而变化（频率不变），从而将调制信号（音频信号）"装载"到载波信号的过程。

调频，使载波的频率随调制信号（音频信号）频率变化而变化（幅度不变），从而使调制信号"装载"到载波信号的过程。

收音机收音过程是要获得原来调制声音（音频）信号，为此，必须通过解调（将高频载波滤去，因为人的耳朵听不到高频音）才能把低频的调制信号从经过调幅或调频的高频信号中分离出来。调幅波的解调过程称为检波；调频波的解调过程称为鉴频。

2）汽车录放机

（1）汽车录放机结构。汽车录放机由机芯、磁带再生机构和磁带驱动机构等组成。

① 机芯。汽车录放机的机芯结构如图3-11所示。

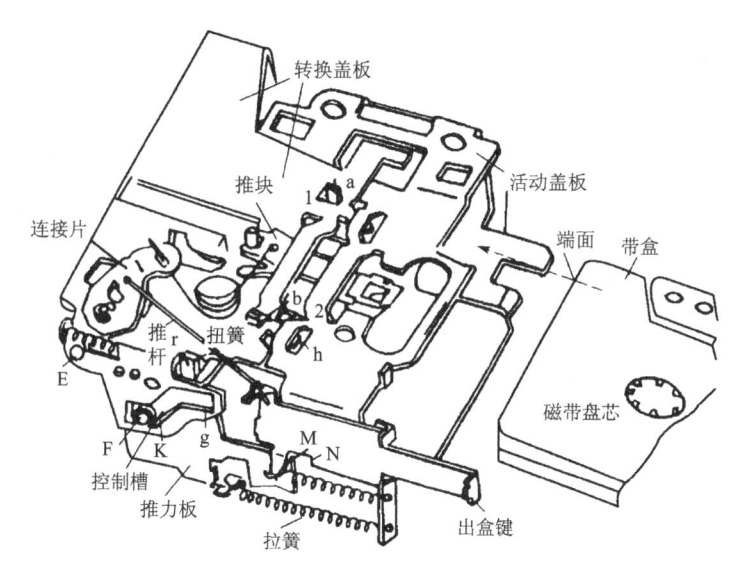

图3-11 汽车录放机的机芯结构

在图中可看到，与活动盖板一体的a、b弯脚穿入转动盖板1、2方孔内，使转动盖板与活动盖板既相互牵连，又能各自活动。转动盖板可绕其支撑轴E逆、顺时针偏转，同时也带动活动盖板绕其方孔1、2上下移动。推力板上的作用套F与转动盖板上的控制槽相互配合动作。如图3-12所示，作用板上的铆轴A穿入转动盖板孔内，以此为支撑孔。连接片上的孔B也套在铆轴A上，铆轴上边卡入卡圈限位。作用板可绕盖板支撑轴转动，连接片可绕轴A转动。扭簧一端卡入连接片槽口内，另一端穿入推块孔内，推杆两端分别插在出盒键和连接片上。

② 磁带再生机构。磁带再生录音数据的磁头，在环状磁芯中装有线圈，隔断磁路的一部分，与非磁性材料形成镶块结构，如图3-13和图3-14所示。这种非磁性材料的孔隙、间隙决定了磁头的性能。

再生时，磁带压紧磁头从左向右转动，磁带上的部分磁通从间隙进入磁芯，与拾音线圈进行交叉。由于磁带移动，在线圈上磁通随着时间的变化产生电势，从而磁带磁性转变为电信号。

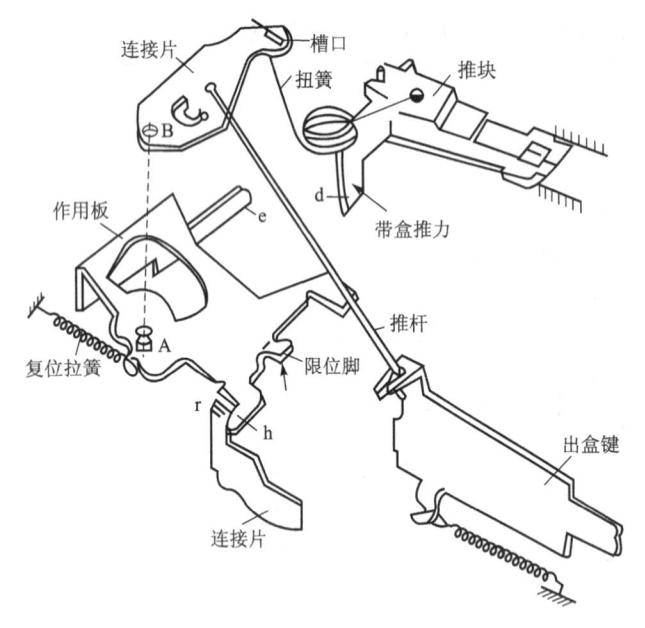

图 3-12 录放机机芯结构（局部）

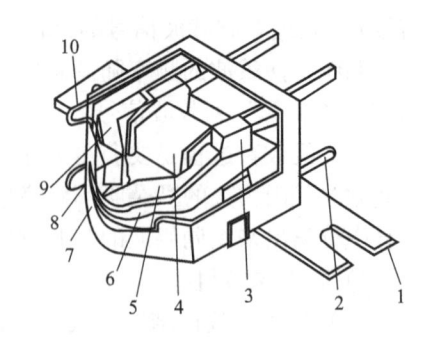

图 3-13 磁头的外形结构
1—台板；2—接线柱；3—绕线管；4—拾音线圈；5—芯部；6—护板；7—护盒；8—空芯；9—芯套；10—磁带导头

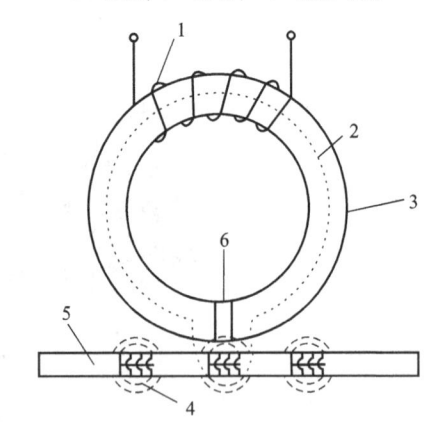

图 3-14 磁头工作原理
1—拾音线圈；2—再生使用有效磁通；3—磁芯；4—从录音面所录信号磁化输出的磁通；5—磁带；6—间隔

③ 磁带驱动机构。为了使磁带数据再生，就要以一定速度驱动磁带。当磁带速度发生变化时，被再生音就会发出摇晃浊音，引起磁头与磁带的相对速度变化。此外，还有磁带驱动电动机和飞轮构成的伺服特性以及被卷在录音盒上的磁带自身的惯性力及来自车身的振动而产生共振等原因。

(2) 汽车录放机工作原理。放音机机械部件有磁头和磁带。磁头是一个制造精密的电磁铁，它由铁芯、线圈和屏蔽外罩组成。磁带主要是由带基及磁性层构成。带基通常由聚酯等塑料薄膜制成；磁性层由磁粉、黏合剂和添加剂构成，磁带具有高的矫顽磁力和剩磁。

① 录音过程。其工作原理如图 3-15 所示。需要录下的声音通过话筒转换为音频电信号，经过以磁头线圈为负载的录音放大器的放大，使录音磁头的铁芯产生随音频信号变化的磁场。当磁带恒速通过磁头时，由于工作缝隙的磁阻很大，而磁带磁阻很小，于是缝隙间的磁通穿越磁带这个"捷径"与磁头构成回路。磁带在行进中被逐段磁化，留下随音频信号变化的剩磁，于是便完成了"电—磁"转化过程。

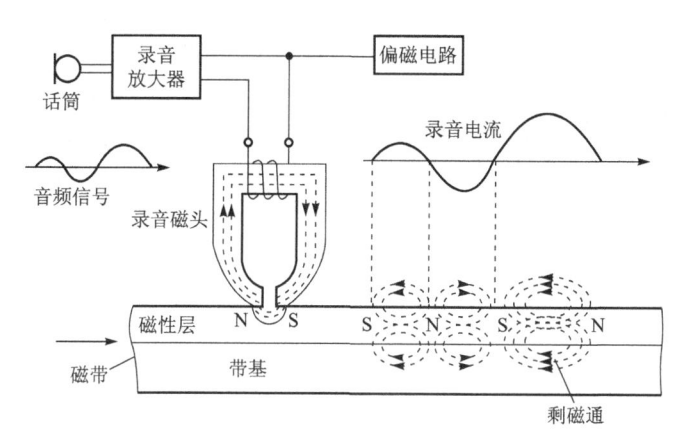

图 3-15 录音工作原理

② 放音过程。其工作原理如图 3-16 所示。放音时，录有音频剩磁信号的磁带，以录音时的带速通过磁头时，磁带上的音频剩磁通以高磁导率的磁头芯为闭合通路，使磁头线圈感应出与声频剩磁通变化规律相同的电动势，这个微弱的电动势送给放音放大器，放大到足够的幅度去推动扬声器放音。

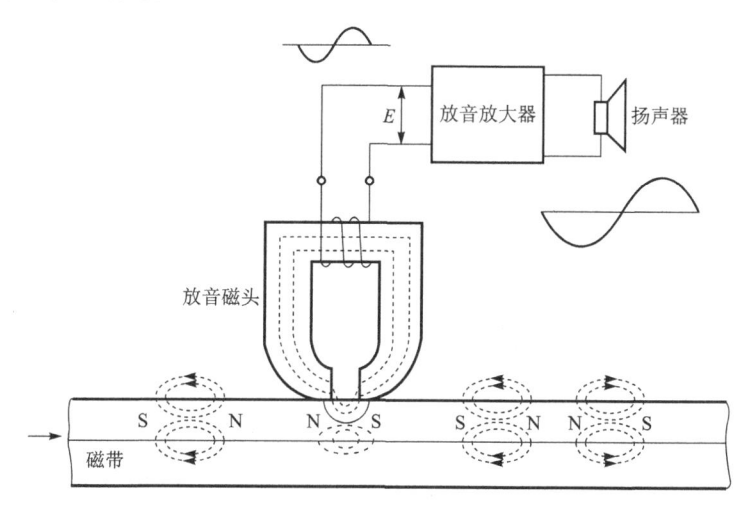

图 3-16 放音工作原理

3）汽车激光唱机

（1）汽车激光唱机的结构。激光唱机由激光唱片和激光唱盘机两部分组成。激光唱片又称 CD 碟。激光唱片的结构主要是在唱片面上"加工"出无数的"岛"与"坑"，"坑点"的长度和彼此间的距离不同，可以组合成多种不同的信息，"坑点"的表面上镀有金、银或铝反射膜。在激光唱片放唱时，激光束对唱片的表面进行扫描。光束照射在"坑"上时，会产生部分的绕射，光束照射在"坑"与"坑"之间的"岛"即点平面时，激光会全部反射回去。激光束的反向光，根据"坑点"之间的长短不同而得到强弱不同的光信号。其结构如图 3-17 所示。

激光唱盘机又称 CD 机。激光唱盘机主要由激光拾音器、伺服传动机构、数/模转换系统、控制及显示电路等组成，如图 3-18 所示。

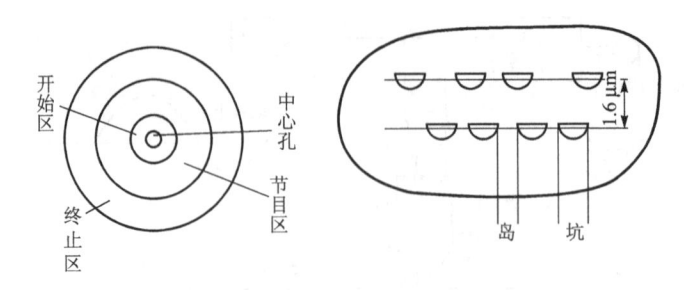

图 3-17　激光唱片的结构

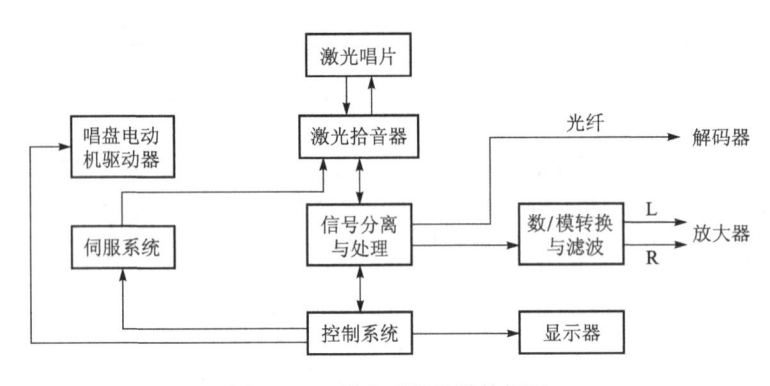

图 3-18　激光唱机的结构框图

(2) 激光唱机的工作原理。

① 激光拾音器：激光拾音器又称光学头。它由激光源、聚光镜、反射镜等组成，如图 3-19 所示。

以单激光束拾音方式为例。激光源产生一束 0.8 μm 的光源，通过偏棱镜和聚光镜射在 CD 唱片的信号"坑点"的长度及间隔随音乐的变化而不同。在"坑点"处，由于反射光干涉，返回聚光镜的量少；在没有"坑点"处，唱片表面光滑如镜，反射光全部返回聚光镜。光电接收器根据聚光镜返回的光量的多少判断出"坑点"的有无，并以数字 0 或 1 输出电平信号。在扫描过程中，激光拾音器随唱片的转动由内向外拾取信号。

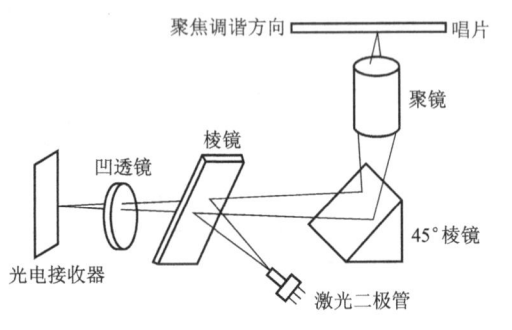

图 3-19　激光拾音器的组成

② 信号分离与处理电路：激光拾音器输出的电信号送入信号分离与处理电路。该电路中的数据分离器能正确识别左、右声道信号及各种信号代码，分离后的信号送至信号处理器。信号处理器将含有音频信号的数字信号进行解码，使其变成标准的脉冲编码，送至数/模转换电路。同时，信号处理器还将同步信号、纠错信号、电动机测速信号检出，将有关的控制信号送至控制系统。

③ 伺服系统：伺服系统采用聚焦伺服电路和循迹伺服电路，处理 CD 唱片转动中的误差及唱片误差。

④ 数/模转换电路：数/模转换电路又称 D/A 转换器，在激光唱机中也称 DAC，用于将激光拾音器送来的数字信号转换成音频模拟信号。

⑤ 控制系统和显示器：控制系统对激光拾音器等传送的数字信号进行分析，获得各种控制依据，并对电动机、伺服系统和显示器实施控制。

显示器用来显示各种控制信息，如正在放唱的曲目号、放唱方式、放唱时间等。

3.2.2 汽车空调系统装饰

汽车空调是汽车现代化的重要标志，它能够调节汽车车厢内的温度和湿度，调节气流，并对空气进行净化，以使驾驶员和乘客感到舒适。另外，汽车空调还能去除风窗玻璃上的霜、雾和冰雪，给驾驶员提供清晰的视野，以确保行车安全。

1. 汽车空调的类型和基本组成

1) 汽车空调的类型

（1）按驱动方式，可分为独立式空调、非独立式空调两类。

① 独立式空调。独立式空调使用专用空调发动机来驱动制冷压缩机，制冷性能不受汽车发动机工况的影响，制冷量大，工作稳定，但其成本高，体积及质量大，为此，多用于大、中型客车上。

② 非独立式空调。由汽车发动机直接驱动制冷压缩机，制冷性能受汽车发动机工作的影响，工作稳定性较差，低速时制冷量不足，高速时制冷量过量，影响汽车发动机的动力性，为此，多用于小型客车和轿车上。

（2）按空调的功能不同，可分为单一功能型、冷暖一体型两种。

① 单一功能型空调。单一功能型空调是将制冷系统、供暖系统、通风系统各自安装，单独操作，互不干涉，多用于大型客车和载货汽车上。

② 冷暖一体型空调。冷暖一体型空调是制冷、供暖和通风共用一台风机及一个风道，冷风、暖风和通风在同一控制板上进行控制。工作时又可分为冷、暖风分别工作的组合式和冷暖风可同时工作的混合调湿式两种。混合调湿式结构紧凑，易调温，操作方便，多用于轿车上。

（3）按空调系统的控制方式不同，可分为手动调节、电控气动自动调节、全自动调节和微型计算机控制的全自动调节。

手动调节是依靠驾驶员按动控制板的功能键完成对温度、风向、风速的控制。

电控气动自动调节是利用真空控制系统，当选好空调功能键时，就能在预定温度内自动控制温度和风量。

全自动调节是利用计算比较电路，通过对传感器信号和预调信号的处理、计算、比较、输出不同的电信号使控制机构工作，以调节温度和风机转速。

微型计算机控制的全自动调节是以微型计算机为控制中心，实现车内空气环境全季节、全方位、多功能的最佳调节和控制。

2) 汽车空调的基本组成

汽车空调系统一般包括制冷系统、加热系统、通风系统和控制操纵系统，有些豪华型客车和轿车上还装有专门的空气净化装置。

（1）制冷系统。目前汽车上所采用的制冷方式几乎都是蒸汽压缩式。利用制冷剂蒸发时吸收热量，降低车内温度。作为冷源的蒸发器，因温度低于空气的露点温度，因此，制冷系统还具有除湿和净化空气的作用。

(2) 加热系统。轿车的加热系统一般采用冷却水加热，将发动机的冷却水引入车厢内加热器中，通过鼓风机将被加热的空气吹入车内，即暖风。同时，加热系统还可以对前风窗玻璃进行除霜、除雾。

(3) 通风系统。通风一般分为自然通风和强制通风。自然通风是利用汽车行驶时，根据车外所产生的风压不同，在适当的地方开设进风口和出风口来实现通风换气。强制通风是采用鼓风机强制外气进入的方式，这种方式在汽车行驶时，常与自然通风一起工作。在通风系统中主要有空气处理室、送风道及风门等部件。

(4) 控制操纵系统。控制操纵系统主要由电气元件、真空管路和操纵机构组成。一方面，用于对制冷和加热系统的温度、压力进行控制；另一方面，对车内空气的温度、风量、流向进行操纵，完善空调装置的各项功能。如在控制操纵系统中加装一些特殊的自动控制元件，可实现自动控制。

2. 汽车空调制冷系统

汽车空调制冷系统是通过制冷工质在系统内流动，由制冷工质的液态和气态转换过程，将车内的热量传递到车外，达到车内降温的目的。

1) 汽车空调制冷系统的组成和工作原理

(1) 汽车空调制冷系统的组成。汽车空调制冷装置由压缩机、冷凝器、储液干燥器或积累器、膨胀阀或膨胀管、蒸发器和电气控制系统等组成。

图 3-20 所示是装有膨胀阀的制冷装置。压缩机是制冷装置的核心，连接蒸发器和冷凝器；膨胀阀装在液体管路上的蒸发器进口处，使用储液干燥器的系统必须把储液干燥器放在冷凝器和膨胀阀之间。高压软管用于连接压缩机和冷凝器，液体管路用于连接冷凝器和蒸发器，回气管路用于连接蒸发器和压缩机。

(2) 汽车空调制冷系统的工作原理。汽车空调制冷系统是由制冷剂和压缩机、冷凝器、膨胀阀、蒸发器四大机件来完成制冷过程的。如图 3-21 所示，制冷循环由以下四个变化过程组成：

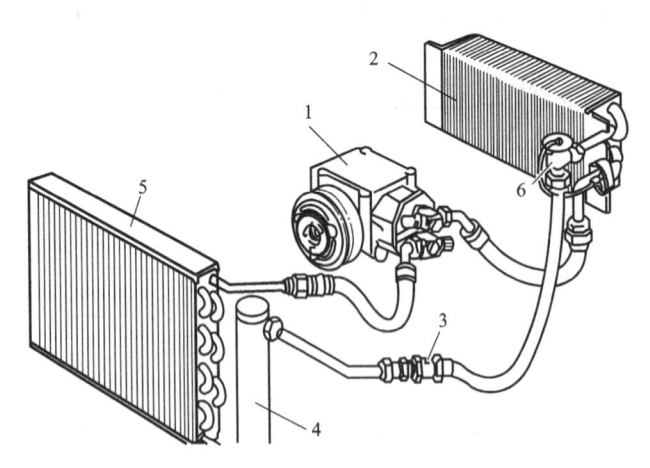

图 3-20 汽车空调制冷装置
1—压缩机；2—蒸发器；3—观察窗；4—储液干燥器；
5—冷凝器；6—膨胀阀

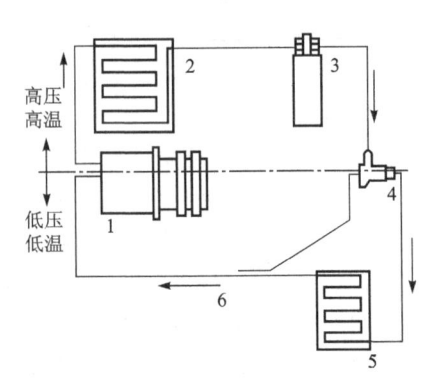

图 3-21 制冷循环示意图
1—压缩机；2—冷凝器；3—储液干燥器；
4—膨胀阀；5—蒸发器；6—毛细管

① 压缩过程。压缩机将从蒸发器低压侧温度约为 0 ℃、气压约 0.15 MPa 的低温低压气态制冷剂增压成高温约 70~80 ℃、高压约 1.5 MPa 的气态制冷剂。高压高温的过热制冷剂气体被送往冷凝器冷却降温。

② 冷凝过程。过热气态制冷剂从冷凝器的入口通过冷凝器散热冷凝为液态制冷剂，使制冷剂的状态发生了变化。冷凝过程的后期，制冷剂呈中温约为 1.0~1.2 MPa 的过冷液体。

③ 膨胀过程。冷凝后的液态制冷剂经过膨胀阀后体积变大，其压力和温度急剧下降，变成低温约 -5 ℃、低压约为 0.15 MPa 的湿蒸汽，以便进入蒸发器中迅速吸热蒸发。在膨胀过程中同时进行节流控制，以便供给蒸发器所需的制冷剂，从而达到控制温度的目的。

④ 蒸发过程。液态制冷剂通过膨胀阀变为低温低压的湿蒸汽，流经蒸发器不断吸热汽化转变成低压约为 0.15 MPa、低温约为 0 ℃ 的气态制冷剂，吸收车室中空气的热量。从蒸发器流出的气态制冷剂又被吸入压缩机，增压后泵入冷凝器冷凝，进行制冷循环。

制冷循环就是利用有限的制冷剂，在封闭的制冷系统中反复地将制冷剂压缩、冷凝、膨胀、蒸发，不断在蒸发器处吸热汽化，对车内空气进行制冷降温。

制冷剂在制冷循环中通过膨胀、蒸发吸收热量，从而达到制冷的目的。为了达到良好的制冷效果，制冷剂应满足：易于汽化或蒸发；蒸发潜热大；性能稳定，不易燃，不爆炸，反复使用不变质；不腐蚀制冷系统零部件；蒸发压力高于大气压。现代的制冷剂 R-134a 已代替了含有氟利昂的 R12。

2) 汽车空调制冷系统主要部件的结构及其原理

(1) 空调压缩机。压缩机吸入蒸发器中低温、低压的气体制冷剂，将气态制冷剂压缩成高温、高压状态并输入冷凝器。

汽车空调制冷压缩机主要采用容积式压缩机，除了有些大型客车采用独立发动机驱动外（副发动机驱动），大部分采用汽车发动机驱动。汽车空调制冷容积式压缩机种类很多，目前正式使用在汽车空调的压缩机就有 30 多种。按运动形式和主要零件形状，压缩机可按定量式和变量式分类。常用的定量式压缩机又可分为往复活塞式和旋转活塞式。常用的往复活塞式压缩机有摇板式和斜盘式两种。

① 摇板式压缩机。摇板式压缩机各气缸以压缩机轴线为中心布置，活塞运动方向平行于压缩机的主轴，其结构如图 3-22 所示。摇板式压缩机的工作原理可以参照图 3-23。各气缸以压缩机的轴线为中心，五角均匀分布，连杆连接活塞和摇板，两头用球形万向节，使摇板的摆动和活塞移动协调而不发生干涉。摇板中心用钢球作支承中心，并用一对固定圆锥齿轮限制摇板只能摇动而不能转动。主轴和传动板连接固定在一起。

压缩机工作时，主轴带动传动板一起旋转。由于传动板是楔形的，楔形传动板的转动，迫使摇板做以钢球为中心的左右摇摆运动。摇板和传动板之间的摩擦力使摇板具有转动趋势，但被固定的一对圆锥直齿轮限制，所以摇板只能来回左右移动，带动活塞在气缸内往复运动，完成吸气、排气过程。如果一个摇板上有五个活塞，那么主轴转动一周，就有五次吸气、排气过程。

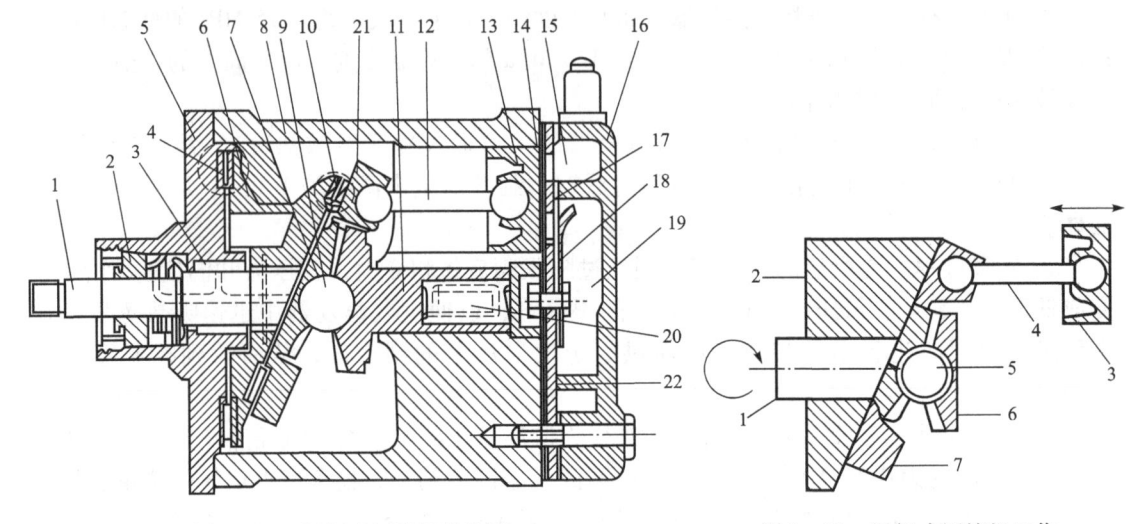

图 3-22 摇板式压缩机结构图

1—主轴；2—油封总成；3—滑动轴承；4—端面滚动轴承；5—前缸盖；
6—斜形板；7—圆锥齿轮；8—缸体；9—钢球；10—摇板滚动轴承；
11—圆锥齿轮；12—连杆；13—活塞；14—阀板杆；15—吸气腔；
16—压盖；17—阀板；18—排气阀片；19—排气腔；
20—压紧弹簧；21—摇板；22—压盖缸垫

图 3-23 摇板式压缩机工作原理示意图

1—压缩机主轴；2—端面凸轮；3—活塞；
4—连杆；5—支撑钢球；6—锥齿轮；
7—摇板

② 斜盘式压缩机。斜盘式压缩机是一种轴向活塞式压缩机，其结构及工作原理如图 3-24 所示。活塞制成双头活塞，双头活塞的两活塞各自在相对的气缸（一前一后）中滑动，活塞一头在前缸中压缩制冷剂蒸汽，活塞的另一头就在后缸中吸入制冷剂蒸汽，反向时互相对调。各缸均备有高低气阀，另有一根高压管，用于连接前后高压腔。斜盘与压缩机主轴固定在一起，当主轴旋转时，斜盘也随着旋转，斜盘边缘推动活塞做轴向往复运动。如果斜盘转动一周，前、后两个活塞各完成压缩、排气、膨胀、吸气一个工作循环。

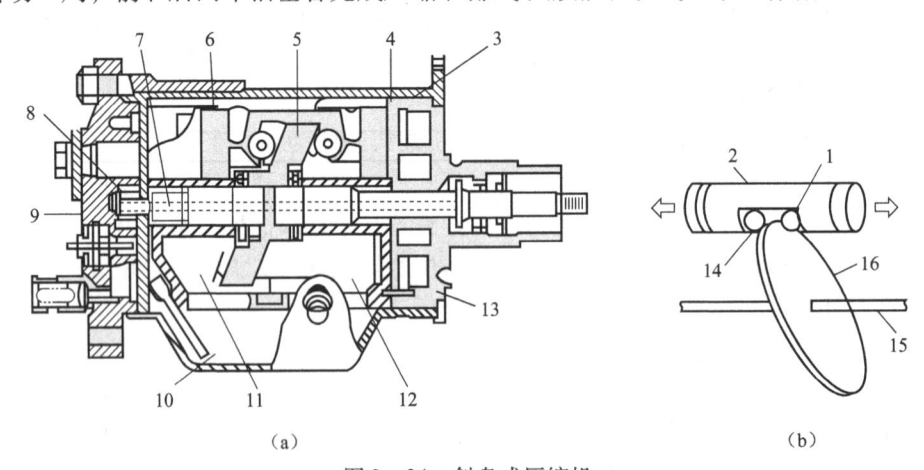

图 3-24 斜盘式压缩机

(a) 结构图；(b) 工作原理图

1，14—推力轴承；2，6—活塞；3—前排气阀；4—吸气阀；5，16—旋转斜盘；7，15—主轴；
8—油泵齿轮；9—后盖；10—油底；11—后缸半部；12—前缸半部；13—前盖

(2) 冷凝器。冷凝器是一种热交换器。它将压缩机排出的高温高压气态制冷剂的热量吸收并散发到车外,并通过风扇和汽车迎面来风对其进行强制冷却,使气态制冷剂变为高温高压的液态制冷剂。可将制冷剂的冷凝过程分为三个阶段:

① 高温、高压制冷剂蒸汽转变为饱和蒸汽过程。过热的制冷剂蒸汽进入冷凝管后,通过冷凝管的散热作用,很快就降为饱和温度。

② 饱和制冷剂蒸汽转化为饱和液态过程。此过程制冷剂温度不发生变化,但制冷剂蒸汽的液化过程释放出大量的热。制冷剂循环过程的大部分热量就是通过此阶段散发出去的。

③ 饱和液态制冷剂冷却为过冷液体过程。饱和液态制冷剂的温度要比环境温度高,因此,冷凝管中的饱和液体将会进一步冷却。

汽车常用的冷凝器有管片式及管带式两种,其结构如图 3-25 所示。

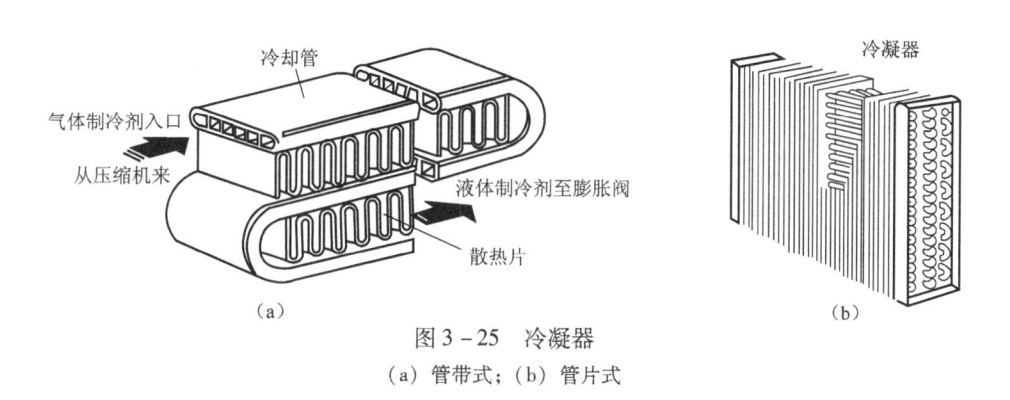

图 3-25 冷凝器
(a) 管带式;(b) 管片式

(3) 储液干燥器。储液干燥过滤器装在冷凝器和膨胀阀之间。由于膨胀阀的出口处于低温,所以,如果制冷剂里有水分,就会冻结而将其出口堵塞。干燥过滤器有过滤杂质、吸收水分、防止堵塞的作用;另外,还可以储存由冷凝器送来的高压液体制冷剂。图 3-26 是储液干燥过滤器内部结构示意图,它由外壳、观察窗、安全熔塞和管接头组成。

储液干燥器壳内装有铜丝布网制作的过滤器及干燥用的硅胶。在储液干燥过滤器壳体的顶部,还装有安全熔塞。它是将低熔点的合金灌铸在熔塞的小孔中,若由于某种原因,使高压侧压力骤然升高,温度也随之升高,当温度上升至 100~105 ℃,或者压力超过 2.94 MPa 时,安全熔塞就会熔化或被冲破,及时将制冷剂喷射到大气中,防止损坏制冷装置。玻璃观察窗用于观察系统制冷剂循环流动的具体情况,一般观察窗出现气泡表示循环制冷剂不足;无气泡,则表示适量。

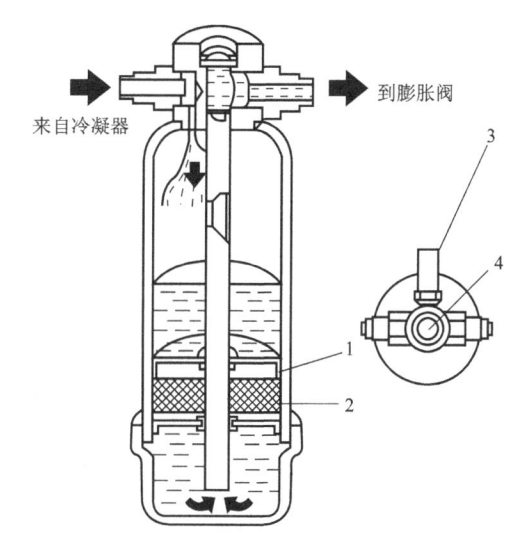

图 3-26 储液干燥器
1—滤网;2—干燥剂;3—安全熔塞;4—观察窗

(4) 膨胀阀。膨胀阀又称节流阀，安装在蒸发器入口前，为制冷循环高压与低压之间的分界点。在膨胀阀前，制冷剂是高压液体；在膨胀阀后，制冷剂是低压、低温饱和液体和蒸汽的雾状混合物。膨胀阀的作用是将高压制冷剂液体节流减压，由冷凝压力降至蒸发压力，以便于制冷剂的蒸发；膨胀阀还可以调节制冷剂进入蒸发器的流量，以适应制冷负荷变化的需要，防止制冷剂液体进入压缩机而导致压缩机的损坏。

汽车空调制冷循环采用的膨胀阀属于感温式膨胀阀，即利用蒸发器出口蒸汽过热度（过热度是指蒸发器出口处蒸汽实际温度高于蒸发温度的数值）来调节制冷剂的流量。膨胀阀的开度必须适宜，当蒸发器出口的蒸汽刚好是饱和温度时，蒸发器的制冷效率最高。这是因为饱和状态下沸腾汽化吸热量最大。同样，进入蒸发器的制冷剂数量也要与制冷负荷变化相适应。若膨胀阀的开度与制冷负荷相比过大，则蒸发器中液体制冷剂的流量就会过多，容易使液体制冷剂流入压缩机的气缸中而产生"液击"；相反，若是膨胀阀的开度与制冷负荷相比太小，则液体制冷剂在蒸发管内的流动途中就已经蒸发完了，在这之后的一段蒸发管中没有液体制冷剂可供蒸发，只有蒸汽而过热。感温式膨胀阀可通过感温包随着蒸发器出口处制冷剂温度的变化，自动调节阀开启度的大小，供给适量的制冷剂液体。

(5) 蒸发器。蒸发器是空调制冷系统中获得冷气的直接器件，其作用是将来自热力膨胀阀的低温低压液态制冷剂在其管道中蒸发，使蒸发器和周围空气的温度降低，同时对空气起除湿作用。

蒸发器的结构主要由蒸发器制冷剂流通管道和散热片组成，如图3-27所示。

蒸发器的工作原理是：进入蒸发器排管内的低温低压液态制冷剂，通过管壁吸收穿过蒸发器传热表面空气的热量，使之降温。与此同时，空气中所含的水分由于冷却而凝结在蒸发器表面，经收集排出，使空气除湿，被降温除湿后的空气由鼓风机吹进车室内，就可使车内获得冷气。

3) 汽车空调制冷系统电气元件

汽车空调控制电路基本由电磁离合器、温度控制开关、安全保护装置和发动机怠速调整装置组成。汽车空调制冷系统基本电路如图3-28所示。

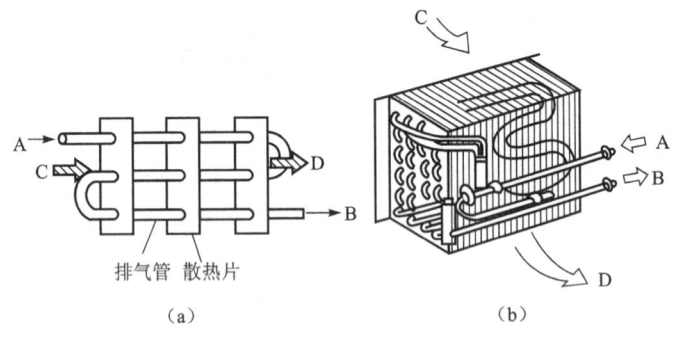

图3-27 蒸发器结构与工作原理
A—来自膨胀阀的液态制冷剂；B—气态制冷剂；
C—车室内热空气；D—从蒸发器吹出的冷空气

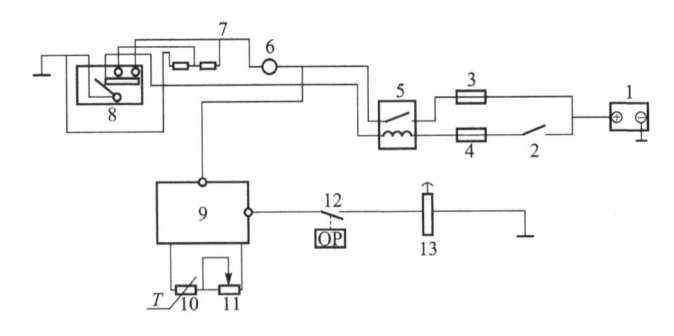

图3-28 汽车空调基本控制电路
1—蓄电池；2—点火开关；3, 4—熔丝；5—继电器；
6—风扇电动机；7—电阻器；8—风量调节开关；
9—放大器；10—热敏电阻；11—温度控制开关
（可变电阻器）；12—压力开关；13—电磁离合器

(1) 电磁离合器。一般轿车空调设备的压缩机是由该车发动机通过电磁离合器来驱动的，电磁离合器可使发动机与压缩机分离，而在需要使用空调设备时，电磁离合器又使发动机与压缩机接合，传递动力。电磁离合器安装在压缩机曲轴伸出端，其结构如图3-29所示。

这种电磁离合器有三个主要组件：第一个是装在轴承上的皮带轮，第二个是和压缩机主轴花键连接的驱动盘（盘状衔铁），第三是不转动的电磁线圈。当电流通过离合器电磁线圈时，产生磁场，使压缩机驱动盘和自由转动的皮带轮接合，从而驱动压缩机主轴旋转。空调控制器一旦切断电磁线圈电流，磁场消失，靠弹簧作用，驱动盘与皮带轮脱开，压缩机停止工作。其工作原理如图3-30所示。

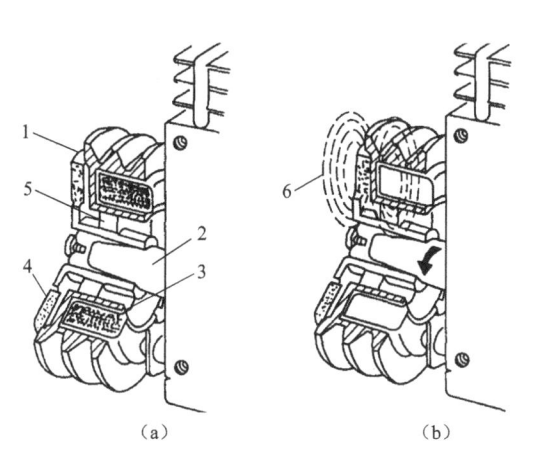

图3-29 电磁离合器的结构和原理
(a) 电磁离合器分离；(b) 电磁离合器接合
1—皮带轮；2—压缩机主轴；3—电磁线圈；
4—盘状衔铁；5—轴承；6—磁场

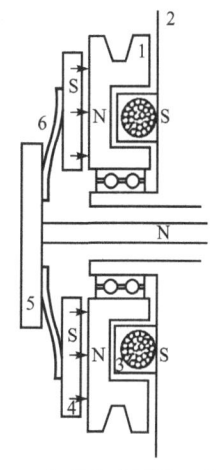

图3-30 电磁离合器的工作原理图
1—皮带轮；2—压缩机壳体；3—线圈；
4—盘状衔铁；5—驱动盘；6—弹簧爪

(2) 温度控制开关。温度控制开关感受的温度有蒸发器表面温度、车内温度、大气温度。一般情况下，温度控制开关根据蒸发器表面温度来控制压缩机的运行与停止。它一般安装在蒸发器中，出厂时已调好最低开关温度。当车内温度大于调定值时，温控开关闭合，压缩机工作；当车内温度小于调定值时，温控开关断开，压缩机停止工作。所以温控开关能保持车内温度一定，也称恒温器。目前，汽车空调制冷系统常用的温控开关有热力杠杆式和热敏电阻式两种。

(3) 空调制冷系统的安全保护装置。汽车空调的制冷装置必须在一定的工作条件下才能保证其长期安全运行。为确保制冷装置安全运行，空调电路中使用一些安全保护装置，但具体的应用中各车型存在一定的差异，现将常用的安全保护装置介绍如下。

① 过热限制器。过热限制器如图3-31所示。过热限制器的作用是在缺少制冷剂时，停止压缩机工作以保护压缩机。在压缩机上的进气口处安装有薄膜或感温管，过热开关触点焊在薄膜上。当系统内制冷剂部分或全部丧失，回气高温引起过热开关闭合，接通电路，电流通过电阻加热器，加热器向熔丝供热，使熔丝达到它的熔点温度，烧断熔丝，切断至压缩机离合器的电源，使离合器不能啮合，保护压缩机免遭损坏。

② 低压开关。低压开关感测制冷装置高压侧的制冷剂压力是否过低，当压缩机排出的制冷剂压力过低，低于设定值时，低压开关会自动切断离合器电路，使压缩机停止工作。

装有膨胀阀的制冷装置中低压开关用螺纹接头安装在储液干燥器上，在循环离合器系统中，这种低压开关在积累器的检查口上，用来控制离合器电路的通断，使蒸发器的压力不至于过低而结冰，保证制冷装置工作。低压开关的结构如图3-32所示。

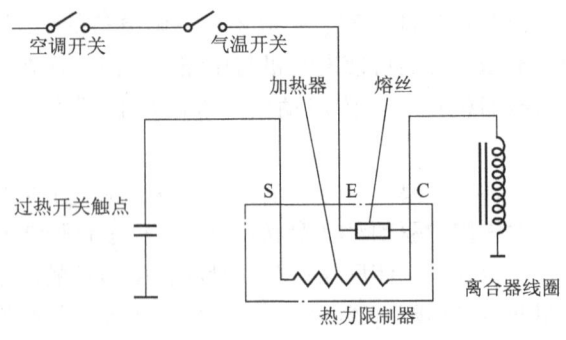

图3-31 过热限制器

③ 高压开关。高压开关用来防止制冷装置在异常高的压力下工作，保护冷凝器和高压管路不会爆裂，以及保护压缩机和其他零件不损坏。当冷凝器被阻塞而制冷剂压力过高（高于设定值）时，高压开关会自动切断离合器电路，同时接通冷凝器风扇高速挡电路，提高风扇转速，较快降低冷凝器的温度和压力。当制冷剂压力下降到设定值时，电路接通，压缩机又恢复工作。高压开关安装在储液器上面。高压开关结构和低压开关一样，只不过是动、定触点位置调换一下。有些车辆的空调系统中将高低压保护开关组合成一体，可以减小质量和减少接口，减少泄漏的可能性。其工作原理同上，当高压超过规定值或低压低于规定值时，高、低压开关动作，将电路切断。压力开关电路如图3-33所示。

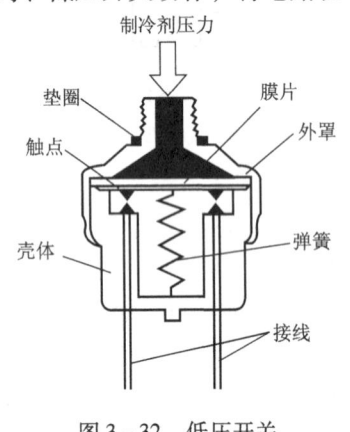

图3-32 低压开关

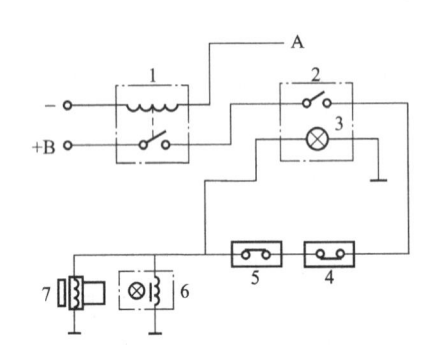

图3-33 压力开关电路
1—继电器；2—开关；3—指示灯；4—低压开关；5—高压开关；6—压缩机工作指示灯；7—压缩机

（4）发动机怠速调整装置。汽车空调设备的压缩机是由发动机通过电磁离合器来驱动的，如果在发动机怠速时使用空调设备，会使发动机负荷增大，造成发动机熄火或过热，因此必须提高发动机的怠速转速。图3-34所示是节气门控制式怠速自动调整装置电路。

该装置的结构原理如图3-35所示。该装置主要由真空电磁阀、节气门位置控制器、真空输送阀和管道组成。真空电磁阀线圈并接在压缩机电磁离合器中，真空源来自化油器节气门下方。真空电磁阀的三通阀门分别接大气、节气门位置控制器和真空源。接节气门位置控制器的阀门只能分别与真空源阀门和大气阀门相通，此工作状态受真空电磁阀控制。节气门位置控制器通过拉杆和操纵臂来控制化油器节气门的开度。

图 3-34 怠速调整装置电路

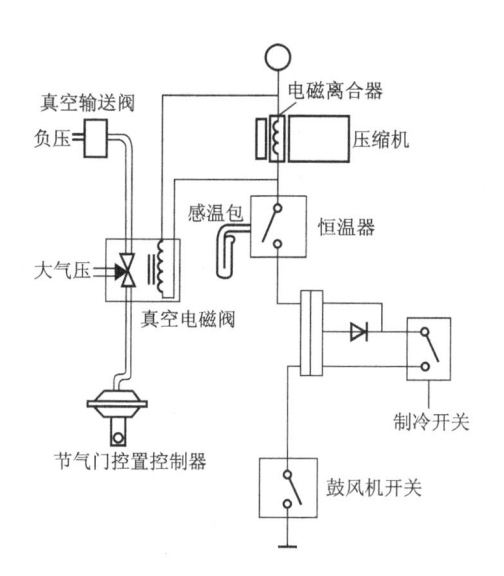

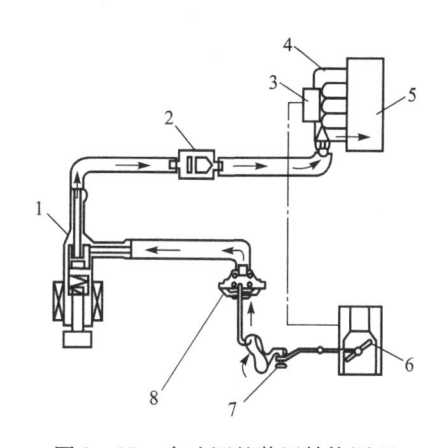

图 3-35 怠速调整装置结构原理
1—电磁真空转换阀；2—阻尼阀；3—化油器；4—进气歧管；
5—发动机；6—节气门；7—调整螺钉；8—真空执行器

当汽车空调制冷装置的开关断路时，电磁真空转换阀的真空电磁阀电路不通，三通阀因受内部压缩弹簧的作用，真空源阀门开启，化油器节气门下方的真空通过真空输送阀作用在节气门位置控制器膜片上，膜片上行，拉杆运动，使节气门从特定位置移到正常怠速位置。当接通空调制冷装置时，电流即通过真空电磁阀线圈，三通阀受电磁力的作用，使真空源阀门关闭，大气阀门开启，节气门位置控制器膜片通大气，在膜片弹簧作用下，膜片拉杆下行，此时节气门操纵臂动作，使节气门开度略大于正常怠速时的位置并稳定下来，这样发动机转速会增大，防止因空调制冷装置工作而使发动机熄火。

3. 汽车空调暖风系统

暖风装置是将空气送入热交换器（又称为加热器），吸收某种热源的热量，以提高空气温度的装置。一般按所使用的热源，分为水暖式、废气式、燃烧式和综合预热式四类。

（1）水暖式空调暖风系统。水暖式暖风装置的热源是发动机的冷却液，采暖时（图3-36），冷却水通过热水阀流入暖风装置中的热交换器，然后流回水泵；送入热交换器中的车外或车内空气，与已变为热水的发动机冷却水进行热交换，空气被加热成暖风。这种装置经济、可靠，应用广泛。热水阀的作用是调节所需的热水流量，对热水流量进行控制，可以调节通过热交换器的空气温度。这种暖风装置中，进入热交换器的冷却水最大流量主要是由冷却系的水泵转速来决定的，如果水泵由发动机驱动，则采暖能力会受到发动机转速的影响。

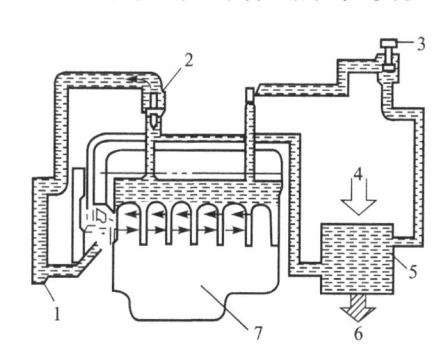

图 3-36 水暖式暖风系统
1—水箱；2—节温器；3—热水阀；4—空气；
5—暖风热交换器；6—暖风；7—发动机

(2) 废气式空调暖风系统。废气式暖风装置是利用装在排气管道上的特殊热交换器进行废气与空气的热交换，把产生的暖风吹入车内，供采暖与除霜之用，多用于风冷式发动机的汽车上。这种废气式暖风装置的热交换器效率很低，结构复杂，体积较大，车速及负荷的变化对采暖效果影响极为显著，因此暖风温度变化很大，又因存在对排气的阻力而影响发动机性能，并要求绝对不允许废气渗入暖风中去，因此逐渐被淘汰。

(3) 燃烧式空调暖风系统。燃烧式暖风装置的采暖方式不是利用汽车发动机的废热，而是专门用汽油、煤油、柴油等作燃料在燃烧装置中燃烧产生热量，利用空气与燃烧装置进行热交换，使空气升温。此种暖风装置的优点是不受汽车使用情况的影响，而且采暖迅速；缺点是需要复杂的燃烧装置、送风管装置，还要消耗燃料。燃烧式暖风装置一般用于大型客车上，或用于严寒地区只靠冷却水热量还不足以采暖的轿车上。

(4) 综合预热式空调暖风系统。综合预热式暖风系统是在通常的发动机冷却液管路上并联一条装有预热器与水暖式暖风系统的管路，并在预热器入口与发动机之间的管路上装一水泵，当水温升到或降到某一值时，预热器会自动中断或重新工作。综合预热式暖风系统提高了发动机的起动性，改善了发动机的冷却状况，延长了发动机的使用寿命。这种装置暖风柔和，成本较低，很有发展前途。

3.2.3 车载通信与导航信息系统

汽车通信与导航信息系统是可以为驾驶员、乘车人提供与汽车外部进行交流，使驾驶员了解车辆、道路和交通等信息的装置。

1. 车载通信系统

1) 车载电话的作用

(1) 车载电话具有声控免提功能，避免了开车打手机造成的危险。

(2) 有 DPS 数字系统，可以过滤杂音，使语音更清晰，避免了驾车者注意力下降，从而避免了撞车危险；

(3) 车载电话的天线是放在汽车外面的，在汽车内，没有电子信号辐射，对人体是安全的。

(4) 由于车内无电子辐射信号，所以不会对车内的精密仪器，如 ABS 系统、气囊系统产生干扰。

车载电话还可以延伸出很多功能，如多方通话、语音和数据切换，加上传真机或者电脑，就可以成为移动办公室。因此，它是符合未来人类商业活动以及生活形态的产品。

2) 车载电话的分类

车载电话可以分为车载蜂窝电话和车载手机免提电话两类。

(1) 车载蜂窝电话。车载蜂窝电话固定安装在车辆上，可以随车移动，它与交换台之间依靠无线电联系。为了有效利用无线电波，增加用户容量，必须利用相同频率的无线电波。为此，将通信区域划分为一个个小区，每个小区建立覆盖整个区域的基站，相邻小区的边缘存在重叠区，这样，当汽车行驶在这些区域时，通过信号的相互转换就可以保证通信不中断。

(2) 车载手机免提电话。车载手机免提电话是用手机作为通话器，配以声控系统，实现免提功能的车载电话。与车载蜂窝电话相比，车载手机免提电话结构简单、安装方便、成本低廉，是目前汽车通信的主流。车载手机免提电话主要包括以下三种。

① 低档的车载免提装置。它的电源使用点烟器直插孔，这种车载装置采集声音信号并通过扬声器放大，安装简易。它的最大缺点是可听辨程度及音质都较差。使用者宜用快速记忆拨号，否则输入拨号极为危险。目前市场上此类车载免提装置比较多见。

② 车载电话系统。它可与驾车者自有手机匹配，装置采用固定接驳电源，一般包括外置天线、分体式麦克风，备有接驳收音机设备，当使用电话时，能自动触动收音机静音（mute）。此种装置由于具有数字信号处理技术，通话质量好，具有声控功能，使用方便。还有一些先进的车载电话系统采用蓝牙技术，免提系统可以与进入车内的蓝牙手机形成小范围的无线局域网，蓝牙手机可以放在车上以免提系统为圆心的 10 m 范围以内的任何一个地方，只要操作免提系统，即可在开车时顺利地接打电话。

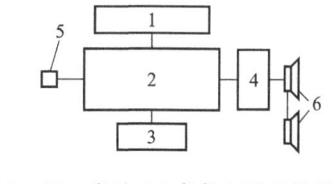

图 3-37 奥迪 A6 车载电话系统结构图
1—适配器；2—电话电控单元；3—天线；
4—收音机；5—电话免提麦克风；
6—收音机扬声器

图 3-37 是奥迪 A6 车载电话系统的结构示意图。车载电话系统的特点如下：

① 通过置于车内部的免提麦克风和收音机的扬声器实现电话的车内免提通话。

② 无论收音机是否打开或是否播放音乐，来电话时自动静音并切换至电话模式。

③ 利用车内既有的集成外接天线接口，将电磁辐射导向车外，消除了电磁辐射对人体的危害。

④ 通过接通耳机或将适配器从支架上取下，可实现私人通话模式。

⑤ 手机可自动充电、自动开机、自动设置手机的通话模式。

（3）车载插卡电话。这是同时具有普通车载电话功能和免提声控功能的高档车载电话。它可装两个 SIM 卡，使用户可以选择不同的使用方式，其大功率的设计，大大提高了通信范围和质量。对于手机所具有的功能，它应有尽有，而且操作简便，可满足不同用户的需求，真正为用户建立了一个移动的办公室。

2. 车载导航信息系统

车载导航信息系统可以在驾驶员无法看清路况或迷失方向的情况下，提供车辆所在的位置和周围的环境信息。另外，车载导航信息系统还可显示各条道路的交通情况和要到达目的地的行车路线。车载导航信息系统包括汽车电子地图导航装置、车载卫星导航与定位系统等。

1）汽车电子地图导航装置

汽车电子地图导航装置是利用各种大容量的存储器，存入本国城镇的方位、主干道、高速公路、河流、桥梁等信息。驾驶员可通过键盘方便地找到要到达的目标，以及要行驶路线的各种所需信息，帮助驾驶员选择行车路线。

（1）汽车电子地图导航装置的基本构成。电子地图导航装置主要由显示屏、人机对话装置、CD-ROM、CPU、RAM、车速传感器、气流式方向传感器等组成。CD-ROM 是直径为 12 cm 的激光盘只读存储器，在其中以数据库形式存储了绝大部分地图。电子地图包括道路、地名以及各种设施，除了显示本车位置和方向外，导航信息还有已行驶轨迹、当时位置到目的地的行驶方向和直线距离。驾驶员可通过按键输入本车位置和目的地、缩放地图的比例尺，或者选择显示 CD-ROM 数据库中任意区域的地图。

气流式方向传感器的结构及原理简图如图 3-38 所示。壳体内密封有氦气，并在压电振子泵喷嘴送出。压电振子泵使氦气从细小的喷嘴直向喷出，冷却对面左、右两条热线。当汽车转弯时，喷出的气流横向偏离，被冷却的左、右热线产生温差，用这个温差可检测汽车的角速度，再积分比角速度就可算出汽车的转向角。

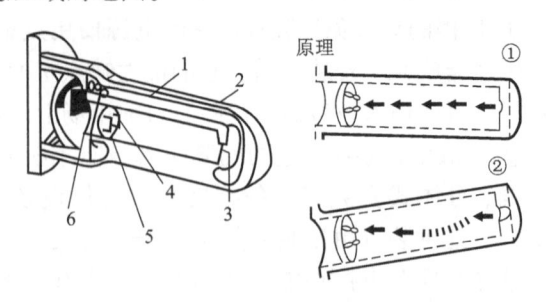

图 3-38 气流式方向传感器的结构原理
1—热线；2—壳体；3—喷嘴；4—宽射流；
5—流量传感器；6—压电振子泵

（2）电子地图导航装置的工作原理。该装置在工作时，用车速传感器检测已行驶的距离，用气流式方向传感器检测前进方向的变化，并根据这两个检测数据求出行驶轨迹。与采用人造卫星或地磁方式定位的导航装置相比，该装置采用完全独立的方式检测本车的当时位置与行驶方向，因此不会受到上述两种装置与外部联系带来的电波通信障碍和磁性干扰等。

地图匹配用于比较航迹推算得出的路径和地图上的道路形状，确定汽车所行驶的实际道路。图 3-39 所示是地图匹配计算的原理。导航装置通过搜寻并根据推算确定汽车附近位置所能利用的道路，然后将推算的路径和所确定道路形状进行比较，相匹配后，根据选定的道路按行驶路程来确定汽车当前的位置。当汽车行驶到岔路口时，要按行驶的方向来选择道路，如图 3-40 所示。若有多条道路可选，则各方向假设均可使用。将每一条路与行驶的路径进行比较，求其关联度，选最高的那一条，并计算汽车的当前位置。然后比较道路的形状和汽车的行驶路径，如果关联度很小，则放弃该路，转算其他，直到正确为止。

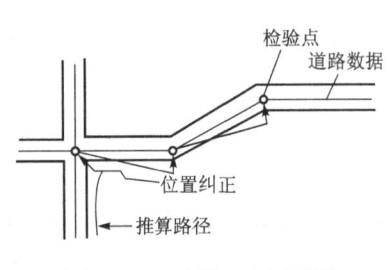

图 3-39 地图匹配原理图

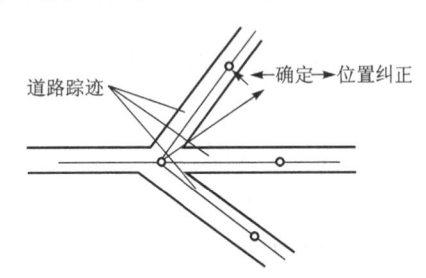

图 3-40 交叉路段的确定

2）车载卫星导航与定位系统

车载卫星导航及定位系统是将卫星导航及定位系统的接收机装置装于车辆上，通过使用者在显控器键盘上的操作，从显示屏上读取该车导航及定位所需的数据与信息。

（1）车载卫星导航与定位系统的功能。

① 导航功能。导航功能即电子地图功能，驾驶员只要输入起点和终点，该系统便可立即将两地之间的最佳路径显示给驾驶员。

② 防盗功能。当车主离开车辆，车辆处于安全设防状态时，如果有人非法开启车门或发动车辆，车辆会自动报警，此时车主手机、车辆监控中心同时会收到报警电话，监控中心值班人员会立即联系 110 报警，且车辆自动起动断油、断电程序。

③ 反劫功能。当车辆被劫时，车主只要按下报警开关，车辆便会向监控中心发出遇劫报警。如果报警开关被劫匪发现并遭到破坏时，遭破坏的系统能自动发出报警信号，监控中心便立即起动自动跟踪系统，立刻将车辆的位置信息反馈给110，以便对车主进行及时营救。

(2) 车载卫星导航与定位系统的构成。

GPS 系统由三大部分组成，即空间部分、地球控制部分和用户部分。空间部分是由 24 颗位于地球上空 20 200 km 轨道上的卫星组成的卫星星座，卫星分布于 6 个圆形轨道上，仰角 55°，周期为 12 h，在地球任何地方都能同时看到 4 颗卫星。每颗卫星都连续不断地发射导航地位信号。地球控制部分由一个主控站和数个监控站组成，控制部分每天 3 次向卫星发射信息，以保证卫星导航数据和时钟数据的准确度。用户部分则是适用于各种用途的接收装置，其构成视用途而异。

车用 GPS 主要包括主控中心和车载部分，如图 3-41 所示。

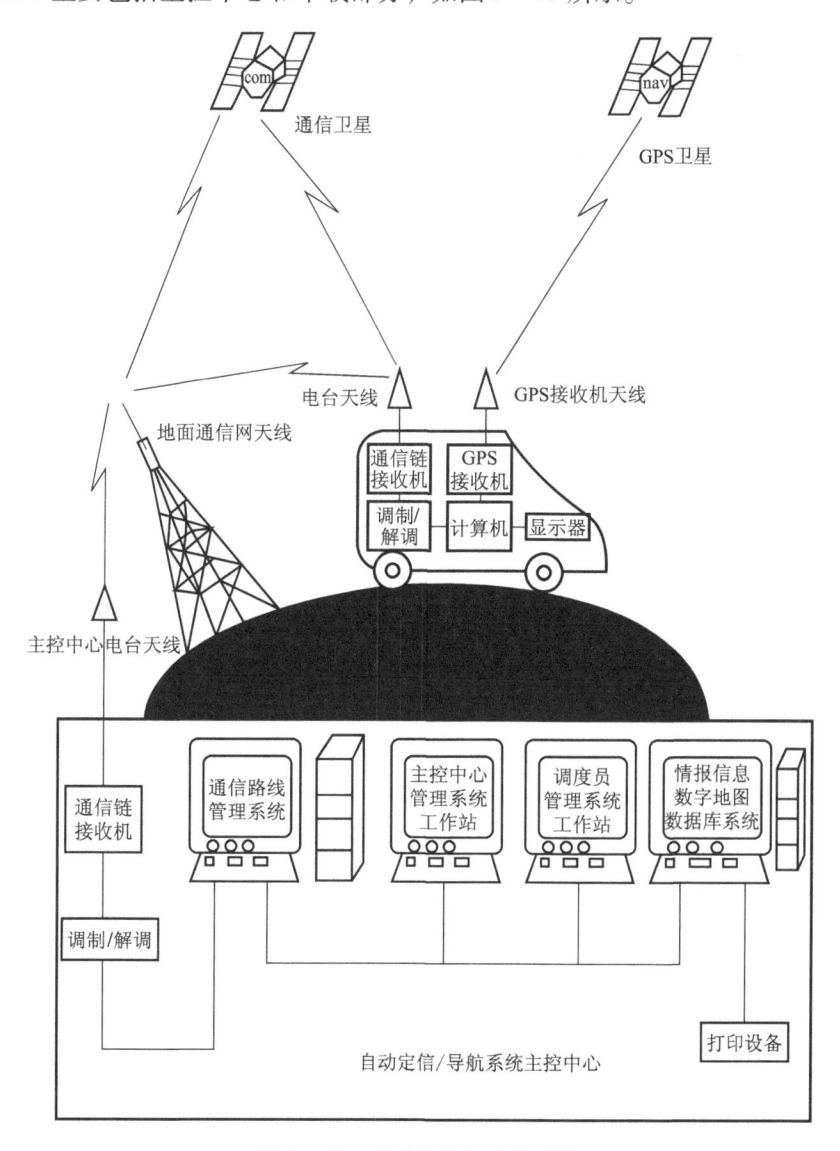

图 3-41 车载导航与定位系统

主控中心由电台、调制解调器、计算机系统和电子地图四部分组成。主控中心的电台用来接收汽车上电台发出的位置信息，同时也可反控汽车。调制解调器负责反控命令和 GPS 信息的数/模转换工作。计算机系统在接收到汽车的位置信息后，进行简单的预处理，然后按事先约定的通信协议包装该信息，并通过 Rs232 送往工作站。工作站则在矢量电子地图数据上显示汽车的位置，并提供空间查询功能。

车载部分主要负责接收卫星信号、计算坐标并通过无线电台发送。它由 GPS 接收机、调制解调器及电台组成，有的还包括自律导航装置、车速传感器、陀螺传感器、CD-ROM 驱动器、LCD 显示器等。GPS 接收机用于接收 GPS 发射的信号。调制解调器用来控制 GPS 接收机的数据采集工作，并将数据信息转换成模拟信号后再通过电台发往主控中心。

(3) 车载导航与定位系统工作原理。

汽车上的 GPS 接收机接收卫星发来的不同卫星信号，可根据卫星信号到达接收机的时间差算出接收机到卫星的距离及接收机海拔高度。另外，卫星的位置是已知的，接收机对同时接收的 4 颗卫星的导航信息进行"伪距离与载波相位"解算，即可精确地定出汽车的经纬度（位置）。有的接收信息与信息处理都放在一个较小的匣内，即可对汽车定位、导航。

车载 GPS 设备接收卫星每秒钟发来的定位数据，并根据从三颗以上不同卫星传来的数据计算出自身所处位置的坐标，将坐标等数据经无线调制解调器从无线电台发射给主控中心。主控中心接收信息后，通过无线调制解调器将车载 GPS 设备发回的坐标数据等信息还原，并进行各种数据处理，最后在主控中心计算机系统的电子地图上，把汽车的正确位置，即经纬度、海拔高度等参数显示出来，以便主控中心人员调度指挥、防盗、反劫。

3.2.4 汽车信息显示系统

汽车信息显示系统可以对汽车和发动机的工作状况进行监测，并显示车辆运行情况，以使驾驶员采取必要措施来保证车辆行驶安全。

1. 汽车信息显示系统的基本组成和显示内容

1) 汽车信息显示系统的基本组成

汽车信息显示系统主要由传感器、信号转换器、微处理器、电子仪表及显示器等组成。汽车信息显示系统通过传感器获得汽车信息，其输出信号经信号转换器转换成数码后，由信号转换开关送往微处理器，经处理器处理后，再以数码或开关信号的形式，经信号分离开关输出，以驱动显示装置。

电子仪表主要包括车速里程表、发动机转速表、燃油表、油压表和水温表等。

现代汽车采用的显示器可分为发光型和非发光型两种。发光型显示器自身发光，容易获得鲜艳的流行色显示；非发光型显示器依靠反射环境光显示。发光型显示器主要包括发光二极管、真空荧光管、阴极射线管、等离子显示器和电致发光显示器等。非发光型显示器包括液晶显示器和电致变色显示器等。

2) 汽车信息显示系统的显示内容

汽车信息显示系统的内容主要包括汽车工作信息显示和汽车安全信息显示。

(1) 汽车工作信息显示。

① 车速里程显示。显示汽车行驶速度和已行驶里程。

② 发动机转速显示。显示当前发动机的转速,单位是千转/分。

③ 燃油箱油量显示。显示汽车燃油箱内燃油的剩余量。

④ 发动机润滑油压力显示。在发动机工作时,随发动机温度、转速的变化,油道中机油压力变化,但只要指针在正常范围内摆动,均属正常。如果压力过低,机油故障警示灯亮起,表明发动机润滑系统发生故障。

⑤ 发动机冷却水温度显示。当水温表显示温度达到红色区域,即说明冷却水温度过高,警示灯亮起,发动机冷却系统发生故障。

⑥ 电压显示。当发动机点火开关闭合,但发动机尚未起动时,充电系统警示灯亮起,然后熄灭,告诉驾驶员该系统功能正常,此时电压表指示的电压为蓄电池的电压。发动机起动后,电压表显示充电系统的状况,如果电压表的指针处于红色警示区内或充电系统警示灯亮,表示充电系统发生故障。

⑦ 制动系统故障显示。大部分汽车的制动系统都采用独立式双回路制动系统,以保证一个回路发生故障时,另外一个回路仍能使汽车具有一定的制动能力,保证行车安全。制动警示灯反映制动系统的状态,若亮起,表示制动系统出现故障。

⑧ 防抱死系统(ABS)工作情况显示。防抱死系统警示灯一般带"ABS"标志。当发动机刚起动时,该灯亮约几秒钟,然后熄灭,说明 ABS 系统功能正常。若该灯不熄灭或者该灯在汽车行驶过程中亮起,说明 ABS 系统出现故障。

⑨ 安全气囊工作情况显示。安全气囊指示灯带"SRS"标记或"AIR-BAG"标记,正常情况下,发动机刚起动时,该灯亮几秒钟,然后熄灭,表示安全气囊系统自检正常,若该灯不熄灭或者该灯在汽车行驶过程中亮起,说明安全气囊系统故障。

(2) 汽车安全信息显示。

汽车安全信息显示装置一般安装在汽车尾部,采用汉字和符号向后面的车辆显示汽车行驶过程中的制动、转弯、倒车、超车等信息,该装置对减少交通事故、保证行车安全具有很好的效果。图 3-42 所示为汽车安全信息显示装置的原理框图和程序框图。

图中,"K_1"为制动灯开关;"K_2"为左转向灯开关;"K_3"为右转向灯开关;"K_4"为倒车灯开关;"K_5"为超车灯开关;"K_6"为勿超车灯开关;"K_7"为故障灯开关。显示器的主要技术参数有:尺寸为 128 mm×512 mm;16×64 只 LED 排成点阵;最多显示汉字数 4 个;字高 128 mm,字宽 128 mm。显示的内容有"制动""左转""右转""倒车""请您超车""请勿超车""本车故障""保持距离"共 8 项。

2. 电子仪表的结构与工作原理

1) 电子式车速里程表

电子式车速里程表主要由车速传感器、电子电路、车速表和里程表四部分组成。车速传感器由变速器驱动,能够产生正比于汽车行驶速度的电信号。由一个舌簧开关和一个有 4 对磁极的转子组成,如图 3-43 所示。转子每转一周,舌簧开关中的触点闭合 8 次,产生 8 个脉冲信号,汽车每行驶 1 km,车速传感器输出 4 127 个脉冲。

电子电路的作用是将车速传感器送来的具有一定频率的电信号,经整形和触发后输出一个与车速成正比的电流信号。该电子电路主要包括稳压电路、单稳态触发电路、恒流源驱动电路、64 分频电路和功率放大电路,如图 3-44 所示。仪表精度由电阻 R_1 调整,仪表初始

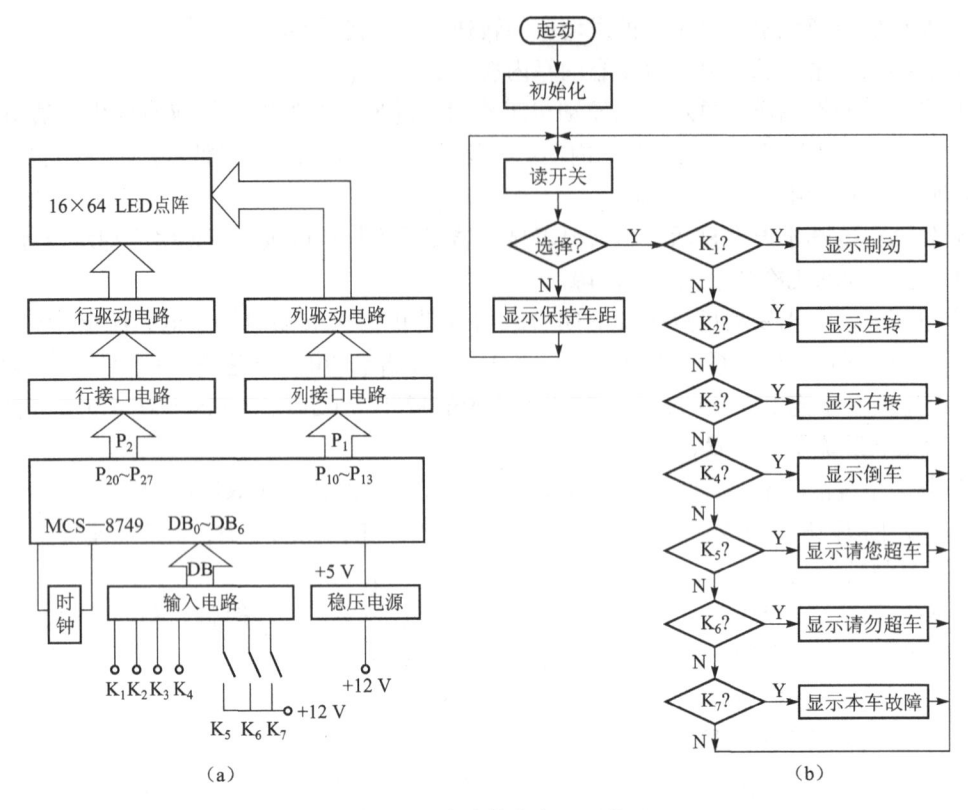

图 3-42 多功能安全显示装置
(a) 电路原理框图；(b) 电脑程序框图

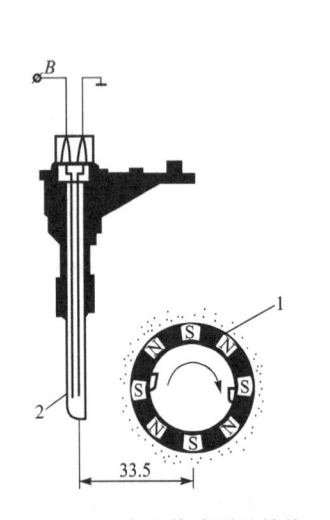

图 3-43 车速传感器的结构
1—转子；2—舌簧开关

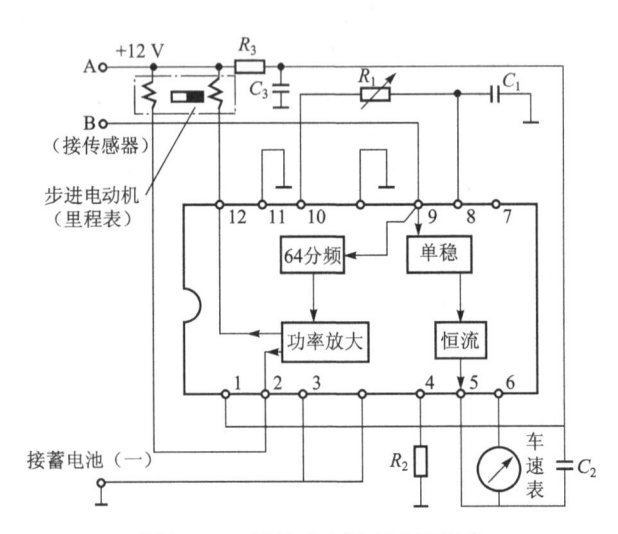

图 3-44 指针式电子车速里程表

工作电流由电阻 R_2 调整，电阻 R_2 和电容 C_3 用于电源滤波。车速表实际上是一个磁电式电流表，当汽车以不同车速行驶时，从电子电路接线端 6 输出的与车速成正比的电流信号便驱动车速表指针偏转，即可指示相应的车速。里程表由一个步进电动机及六位数字的十进位齿轮计数器组成。车速传感器输出的频率信号,经 4 分频后,再经功率放大器放大到足够的功率,驱动步进电动机,带动六位数字的十进位齿轮计数器工作,以此来累积行驶的里程。

2) 发动机转速表

发动机电子式转速表可分为汽油机用和柴油机用两种。前者的传感信号取自点火系统初级电路的脉冲电压;后者的传感信号则通常取自安装在飞轮壳上的转速传感器或与发动机曲轴连接的测速发电机。本书只介绍汽油机用电子转速表。

图 3-45 所示是利用电容器充放电的脉冲式电子转速表的工作原理图。转速信号取自点火系统的分电器触点或点火线圈"-"接线柱(电子点火系统)。当发动机工作时,分电器触点不断开闭,其开闭次数与发动机转速成正比。触点开闭产生的断续电流,经积分电路 R_1、R_2、C_1 整形送至三极管 VT,从而取得一个具有固定幅值(电流值)和脉冲宽度(时间)的矩形波电流,此电流通过毫安表 mA 指示。

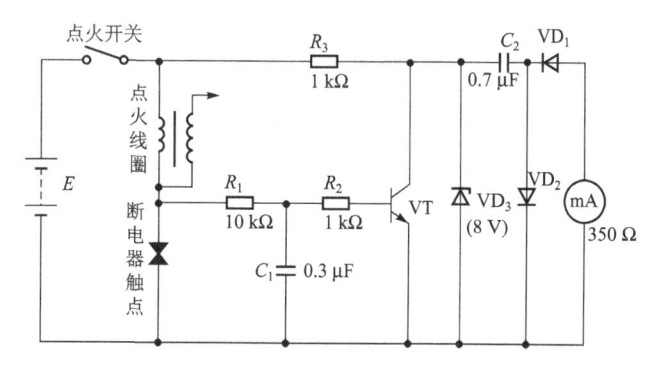

图 3-45 汽油机用电子转速表工作原理

触点闭合时,三极管 VT 无偏压而处于截止状态,电容器 C_2 被充电。触点分开时,三极管 VT 的基极电位接近电源正极,VT 由截止转为导通。此时电容器 C_2 所充的满电荷经毫安表放电。触点反复开闭,重复以上过程。二极管 VD_1 为电容器 C_2 提供充电电路,二极管 VD_2 为电容器 C_2 提供放电电路,C_2 的放电电流通过毫安表。因为电容器 C_2 每次充、放电电量 Q 和其容量 C 以及电容器两端电压 U 成正比,即 $Q = CU$,所以每个周期内平均放电电流为 $I = Q/T = CU/T = CUf$。在电源电压稳定,充电时间常数 $\tau = R_3 C_2$ 不变的情况下,C 和 U 是固定值,则通过毫安表的电流平均值 I 只与触点的开闭频率 f 成正比,因此毫安表的读数即可直接反映发动机的转速。

3) 汽车电子燃油表

燃油表用来指示燃油箱内燃油的存储量。它由装在燃油箱内的传感器和装在仪表板上的燃油指示表组成。

图 3-46 所示为电子燃油表电路原理图,其传感器仍采用浮子式可变电阻传感器。R_x 是传感器的可变电阻,油箱无油时,其电阻值约为 100 Ω,满油时约为 5 Ω。电阻 R_{15} 和二极管 VD_8 组成稳压电路,其稳定电压作为电路的标准电压,通过 $R_8 \sim R_{14}$ 接到由集成电路 IC_1 和 IC_2 组成的电压比较器的反向输入端;传感器的可变电阻 R_x 由 A 端输出电压信号,经电容器 C 和电阻 R_{16} 组成的缓冲器后,接到电压比较器的同向输入端,电压比较器将此电压信号与反向输入端的标准电压进行比较、放大,然后控制各自对应的发光二极管,以显示油箱内的燃油量。

当油箱内燃油加满时,传感器可变电阻 R_x 阻值最小,A 点电位最低,各电压比较器输出为低电平,此时六只绿色发光二极管 $VD_2 \sim VD_7$ 全部点亮,而红色二极管 VD_2 因其正极电位变低而熄灭,这表示油箱已满。随着汽车的运行,油箱内的燃油量逐渐减少,绿色发光

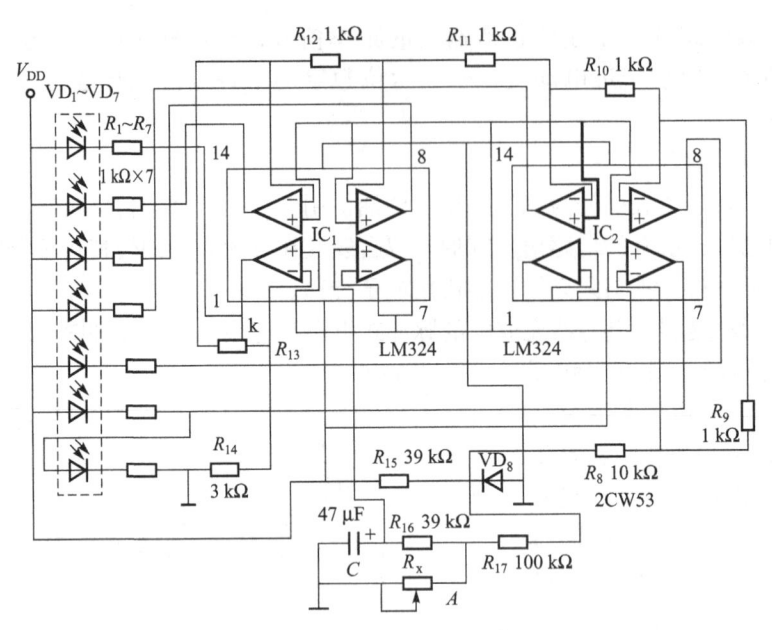

图3-46 电子燃油表电路图

二极管按 VD_7、VD_6、VD_5、…、VD_2 依次熄灭。燃油量越少,绿色发光二极管亮的个数越少。当油箱内燃油用完时,R_x 的阻值最大,A 点电位最高,集成块 IC_2 第 5 脚电位高于第 6 脚的标准电位,第 7 脚可输出高电位,此时红色发光二极管亮,其余六只绿色发光二极管全部熄灭,表示燃油量过少,必须给油箱补加燃油。

4)汽车水温表、机油压力表

汽车电子水温表及机油压力表可由四运放 LM339 集成块和测试及显示电路组合而成,如图3-47所示。该电路具有显示发动机冷却水温和机油压力两种功能。它主要由水温传感器 W_1 和机油压力传感器 W_2、集成电路 LM339 和发光二极管显示器等组成。传感器均采用双金属片式。水温传感器装在发动机水套内,它与电阻 R_{11} 串联组成水温测量电路;机油压力传感器安装在发动机主油道上,与电阻 R_{18} 串联构成机油压力测量电路。

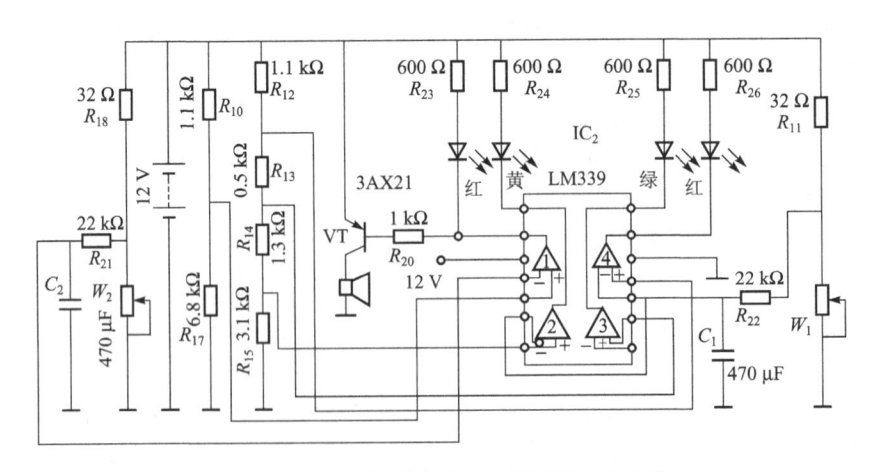

图3-47 汽车电子水温表、机油压力表电路

(1) 水温表。水温表按 40 ℃、85 ℃和 95 ℃三种水温设置发光显示和仪表刻度。如图 3-55 所示，水温表由装在发动机水套内的水温传感器 W_1，取样电阻 R_{11}、R_{12}，运放 2、3 和 4，基准电压分压电阻 $R_{12} \sim R_{15}$ 及黄、绿、红发光管水温显示器组成。水温测试时，通过水温传感器 W_1 的检测，水温 40 ℃为安全起始，显示注意信号，用黄色发光二极管来显示；85 ℃为发动机正常工作温度信号，用绿色发光二极管显示；95 ℃是发动机过热危险报警信号，用红色发光二极管显示，以示警告，与此同时，由晶体三极管 VT 所控制的蜂鸣器也发出报警声响信号。

(2) 油压表。机油压力表按油压过低、油压正常和油压过高三种情况设置发光显示和仪表刻度。如图 3-47 所示，油压表由安装在发动机主油道上的油压传感器 W_2、取样电阻 R_{18} 和 R_{21}、运放 1、基准电压分压电阻 R_{10} 和 R_{17}，以及蜂鸣器、红色发光管显示器组成。油压测试时，油压传感器 W_2 输出脉冲信号经 R_{21} 送运放 1 的反相输入端，分压器 R_{10}、R_{17} 给运放 1 同相输入端提供基准电压。油压过低时，传感器接触电阻 W_2 大、输出电压高，运放 1 输出低电平，通过 R_{23} 和红色发光管支路电流大，色灯通红耀眼。同时，晶体管 VT 通，蜂鸣器发出呼叫声，以示报警。当油压升高时，传感器接触电阻 W_2 减小，输出电平降低。当运放 1 输出端由低电平转为高电平时，晶体管 VT 截止，蜂鸣器停止呼叫。此时流过 R_{23} 和发光管的支路电流截止，红色发光二极管也不点亮，表示油压正常。

3. 显示器的结构与原理

1) 发光二极管（LED）

发光二极管是一种把电能转换成光能的固态发光器件，它由晶片、（散射）透镜及引线等组成，其结构如图 3-48 所示。

发光二极管的发光机理在于通电时其内部 PN 结处的正载流子—电子与负载流子—空穴产生结合所致。LED 由二极管引线和晶片装在散射透镜内，散射透镜多为一个塑料壳体，既起保护作用，又起透光作用。LED 的这种构造使其在结点处产生的光能够透射出来成为显示光源，其发光强度与通入的电流成正比。

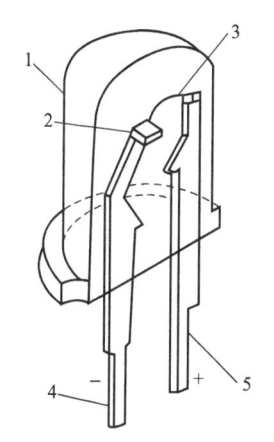

图 3-48 发光二极管的结构
1—塑料外壳（透镜）；2—二极管芯片；
3—导线；4、5—引线

LED 可发出红、绿、黄、橙等多种颜色的光。目前，用于发光的半导体材料一般为磷化镓、砷化镓、磷砷化镓、砷铝化镓及碳化硅等。

LED 显示一般由许多小圆点或矩形块组成，通过轮流选择圆点或矩形块发光便可组成待显示的数字或字母。LED 主要用于各种电子数字仪表的显示。

由于 LED 的亮度低，单个 LED 不宜用作汽车信息显示。尽管在暗处的 LED 的发光清晰可见，但在阳光充足的白天，看起来有点困难或可能看不清。虽然 LED 发光所需的电能大于 LCD，但多个 LED 组合使用对于汽车而言不成问题。LED 工作可靠，寿命长，工作时发热小，不受温度、冲击和振动的影响，成形性、组合性良好，不仅可以做成各种各样的形状，而且可以将多个光源方便地组成一个单独的组件。同时，其体积小，可以发出多种颜色的光，工作电压低、电流小，一般数字装置上的低电源均可驱动。LED 的这些特点，使其应用十分广泛，只是由于 LED 使用的材料相当昂贵，限制了在大尺寸显示上方面的应用，主要用于小尺寸显示。

2）电致发光显示器件（ELD）

电致发光显示器件（ELD）是一种能够把电能转换成光能的固体发光器件，它是利用某些固体材料在电场的作用下发光的特性来进行显示。

一般常用的以 ZnS 为主体，掺入激活剂铜、锰等元素，经一定比例配料，高温灼热处理后，形成了以铜晶体为主体的发光中心。在电场的作用下，即可发光，通过改变激活剂的含量，在可见光谱范围内可得到不同颜色的光。

电致发光技术根据激励方法和发光材料的不同，可分为直流粉式、直流薄膜式、交流粉式、交流薄膜式。

图 3-49 为交流粉式电致发光的结构原理图。玻璃基板上涂有一层用化学方法形成的二氧化锡，透明的导电薄膜作为第 1 电极。在导电薄膜上喷有一层 15~20 μm 的发光层。在发光层上是铝、锡或银用真空镀膜方法制成的第 2 电极，两层电极分别引出用于接线的电极片。以上器件构成显示屏，显示屏用玻璃和

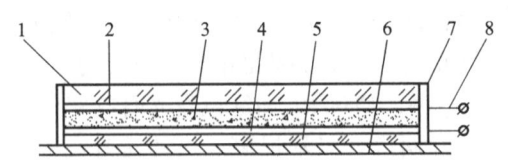

图 3-49 交流粉式电致发光
1—玻璃基板；2—透明导电薄膜（第 1 电极）；
3—发光层；4—第 2 电极；5—玻璃；
6—底板；7—密封胶；8—电极片

密封胶封装，防止水分子侵入发光层引起色变而失效。底板用于安装显示屏。工作时，发光层在电场作用下发光，并通过透明玻璃显示。当不需要整个显示屏发光时，可在电极层上相应覆盖上一层绝缘薄膜，以便得到文字、数字等显示。

交流电致发光根据发光层的成分及其含量的不同，可得到绿光、黄光、红光等光源。其光线柔和、显示清晰、反应速度快、余辉短、无红外辐射、直观感强、性能稳定可靠。交流电致发光可用于汽车仪表刻度及报警信号显示屏等。

3.3 汽车内部其他装饰

3.3.1 地板装饰

汽车地板是车厢的基础部分，支撑车内的设施和乘客，应具有可靠的安全性能。除此之外，还应具有保温、隔热、防湿、防潮、防尘和防止外界噪声进入的功能。地板装饰包括地毯装饰和脚垫的装饰。

3.3.2 仪表板装饰

随着人们对汽车性能的要求越来越高，仪表的种类不断增多，从而使仪表板结构趋于复杂。

1. 汽车仪表板的性能要求

汽车仪表板是汽车内部最重要的功能性和装饰性总成。它直接影响汽车的使用价值和汽车本身的价值。汽车仪表板从设计、制造、使用和维修的全过程都要考虑成本因素。

仪表板设计时，首先要考虑简化仪表板的结构，以方便仪表板的制造，有利于仪表的安装和驾车使用。

2. 装饰仪表板的注意事项

（1）根据车辆的实际情况进行装饰。在装饰仪表板时，必须结合车辆的类型、档次、新旧程度进行综合考虑。

（2）要与内饰协调。在仪表板装饰时，应与其他部分的装饰协调，绝不能影响到整个内饰的装饰效果。

3. 仪表板的类型

按照仪表板的制作材料不同，可将其分为金属仪表板、塑料仪表板和复合仪表板。

（1）金属仪表板。金属仪表板主要是用薄的钢板和铝合金板冲压而成。按总成的方式，可分为整体式和组合式两种。

整体式仪表板整体不大，基本上属于中型或小型，而形状较为简单，采用冲压技术制造出来。大部分的整体式仪表板表面粘贴了一层皮革或纺织物，以提高装饰的效果。

组合式仪表板比整体式仪表板要大，有的形状也比较复杂。从加工的角度来考虑，把其分块生产，然后把各部分焊接在一体。

（2）塑料仪表板。塑料仪表板的材料是塑料。塑料仪表板按总成的方式，也可分为整体式和组合式两种。

对于整体式塑料仪表板，由于塑料比金属有更加良好的成型性，因此可以用吸塑方法制造出形状复杂，且表面有花纹形式，其装饰效果良好。

组合式塑料仪表板也是从生产的角度来考虑，把整体尺寸比较大的塑料仪表板分成几部分来分块制作，然后用塑料焊接或胶黏法把各部分焊接起来，成为一个整体。

（3）复合仪表板。使用复合材料制作的仪表板既能够满足一定的使用功能，还能使人感觉舒适美观。此外，复合材料生产工艺简单，原材料价格低廉，因而发展很快，是汽车内部装饰用材的发展方向之一。

思 考 题

1. 为什么进行坐垫和枕垫的装饰？
2. 电动座椅应满足哪些要求？
3. 汽车音响包括哪几部分？
4. 汽车空调的种类有哪些？
5. 汽车空调系统由哪几部分组成？
6. 车载电话的作用有哪些？
7. 车载电话有哪几种？各有什么特点？
8. 汽车信息显示系统的显示内容有哪些？
9. 电子仪表有哪些？

第4章

汽车安全与控制装饰

● **本章重点**

重点掌握安全带与安全气囊的工作过程以及中央电控门锁系统、汽车巡航控制系统、汽车防抱死制动系统的组成和工作原理。

汽车的安全与控制装饰是指在汽车行驶、倒车和停驶等情况下，为保护司乘人员与车辆而采取的保护措施。包括安全带装饰、汽车安全气囊系统、倒车雷达装饰、防盗装置以及汽车的巡航控制系统和制动防抱死系统。

4.1 汽车安全装饰

汽车在行驶或泊车过程中有时会发生事故，此时汽车安全性装饰则会发生重要作用。汽车安全装饰包括安装汽车安全带、安全气囊、防盗装置和倒车雷达等装置。

4.1.1 汽车安全带

在汽车遇到意外情况紧急制动时，汽车安全带可以将驾驶员或乘客约束在座椅上，以避免前冲，从而保护驾驶员和乘客避免二次撞击而受到伤害。

1. 汽车安全带的结构

汽车普通安全带主要由织带、卷收器和安装固定件等部件组成。织带是构成安全带的主体，多用尼龙、聚脂、维尼纶等合成纤维原丝纺编织成宽约 50 mm，厚约 1.5 mm 的带子，具有足够的强度、延伸性能和吸收能量的性能。卷收器的作用是储存织带和锁止织带拉出，它是安全带系统中最复杂的机械件。安装固定件是与车体或座椅构件相连接的耳片、插件和螺栓等，它们的安装位置和牢固性直接影响到安全带的保护效果与乘员的舒适感。

2. 汽车安全带的种类

1) 普通汽车安全带

(1) 常见的座椅安全带按固定方式不同，分为两点式、三点式、四点式。

① 两点式安全带。两点式安全带是与车体或座椅仅有两个固定点的安全带。这种安全

带又可分为腰带（或膝带）式（图4-1（a））和肩带式（图4-1（b））两种。腰带式是应用最广的基本形式，它不能保护人体上身的安全，但能有效地防止乘客被抛出车外。肩带式也称斜挂式，颇盛行于欧洲。

两点式安全带的软带从腰的两侧挂到腹部，形似腰带，在碰撞事故中可以防止乘员身体前移或从车内甩出。优点是使用方便，容易解脱；缺点是乘员上体容易前倾，前座乘员头部会撞到仪表板或风窗玻璃上，所以这种安全带主要用在轿车后排座位上。

② 三点式安全带。三点式安全带是弥补两点式安全带缺点的一种安全带，它在两点式安全带的基础上增加了肩带，在靠近肩部的车体上有一个固定点，可同时防止乘员躯体前移和防止上半身前倾，增强了乘员的安全性，是目前使用最普遍的一种安全带，如图4-2所示。

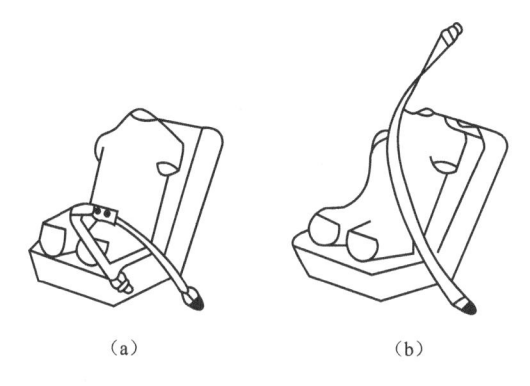

图4-1 两点式安全带
（a）腰带式安全带；（b）肩带式安全带

图4-2 三点式安全带

按照腰带和肩带结合方式的不同，又可分为A型和B型两种。

A型三点式安全带即可分离型三点安全带，如图4-3所示。它的一端与腰带带扣和锁舌插入同一锁体中，另一端固定在靠近肩部的车体上，成为有三个固定点的安全带。

B型三点式安全带即连续型三点式安全带，如图4-4所示。其主要特点是腰带肩带为一条连续织带，带扣的锁舌套在织带上并可沿织带滑动，在肩部固定点附近装有一个长度调节件，因此比A型使用方便。

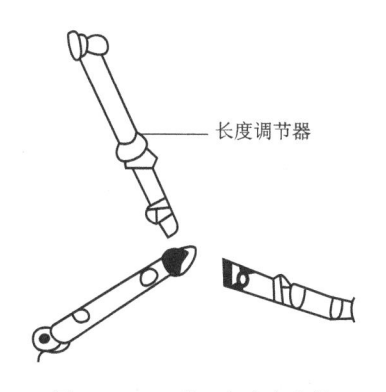

图4-3 A型三点式安全带

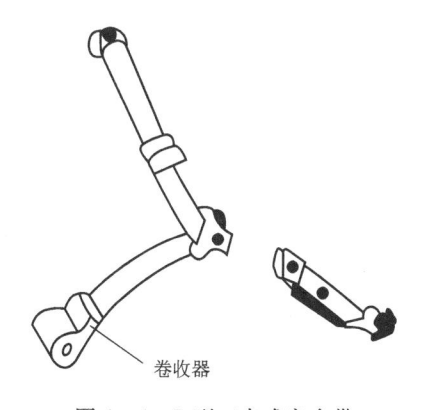

图4-4 B型三点式安全带

③ 四点式安全带。四点式安全带是在两点式安全带上连接两根肩带而构成的形式，一般仅用于赛车上。

(2) 安全带按卷收器的类型不同，可分为无锁式、手调式、自锁式、紧急锁止式等。紧急锁止式是目前我国使用最为广泛的一种安全带。它要求卷收器对织带的拉出加速度敏感，以 2g 加速度拉出时，拉出 50 mm 内锁止。它对汽车行驶状态（汽车的减速度）敏感，当汽车受到 0.7g 的加速度时，织带在拉出 25 mm 内锁止；对汽车的倾斜角度也敏感，卷收器倾斜 12°以下不锁止，27°以上锁止。

2) 新型安全带

(1) 预紧式安全带。在普通安全带上增加预紧器所构成的安全带，称为预紧式安全带。这种安全带的特点是当汽车发生碰撞事故的一瞬间，乘员尚未向前移动时，它会首先拉紧织带，立即将乘员紧紧地约束在座椅上，然后锁止织带，防止乘员身体前倾，有效保护乘员的安全。

预紧器主要有卷收式预紧器和锁扣式预紧器两种。

① 卷收式预紧器。预紧式安全带中的卷收器与普通安全带不同，除了普通卷收器的收放织带功能外，还具有当车速发生急剧变化时，能够在 0.1 s 左右加强对乘员的约束力，因此它还有控制装置和预拉紧装置。

预拉紧式卷收器的控制装置现有两种：一种是电子式控制装置，由电子控制单元（ECU）检测到汽车加速度的不正常变化，经过电脑处理，将信号发至卷收器的控制装置，激发预拉紧装置工作，这种预紧式安全带通常与辅助安全气囊组合使用；另一种是机械式控制装置，由传感器检测到汽车加速度的不正常变化，控制装置激发预拉紧装置工作，这种预紧式安全带可以单独使用。

预拉紧装置有多种形式。常见的一种爆燃式的装置，由气体引发剂、气体发生剂、导管、活塞、绳索和驱动轮组成，活塞安装在导管内，绳索一端与活塞连接，另一端与驱动轮连接。当汽车受到碰撞时，预拉紧装置受到激发后，密封导管内底部的气体引发剂立即自燃，引爆同密封于导管内的气体发生剂，气体发生剂立即产生大量气体膨胀，迫使活塞向上移动拉动绳索，绳索带动驱动轮旋转，驱动轮使卷收器卷筒转动，织带被卷在卷筒上，使织带被回拉。最后卷收器会紧急锁止织带，固定乘员身体，防止身体前倾而与转向盘、仪表板和玻璃窗相碰撞。

② 锁扣式预紧器。锁扣式预紧器的原理如图 4-5 所示。此预紧器使用火药作为动力。锁扣上面与织带相连，下面通过钢丝绳与预紧器内的活塞相连。发生碰撞时，通过点火设备点燃安装在预紧器上的火药，火药燃烧产生的气体充入气室内。活塞在气体的压力下向右移动，通过钢丝绳将锁扣向下拉回约 80 mm，消除安全带与乘员间的间隙。在活塞中安装有钢球，使活塞只能向右移动，防止在安全带的拉力下活塞向左移动。

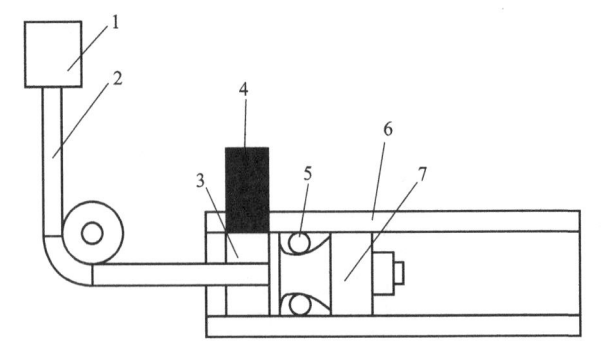

图 4-5 锁扣预紧器原理图
1—锁扣；2—钢丝绳；3—气室；4—火药；
5—自锁钢球；6—壳体；7—活塞

(2) 自动式安全带。自动式安全带是一种自动约束驾驶员或乘客的安全带,即在汽车发生事故时,不需要驾驶员或乘客操作就能自动提供保护,而且乘客上下车时也不需要任何操纵动作。自动安全带有全自动式安全带和半自动式安全带两种。

① 电动机式自动安全带的结构。电动机式自动安全带的结构如图4-6 (a) 所示,它由位于车辆中部控制箱内的织带卷收器拉出,安全带的固定端固定在车厢顶侧的导轨滑块上,并且与驱动带(刚性高的树脂带)相连。驱动带是由一个被电动机带动旋转的链轮所驱动,所以固定安全带的滑块可以沿着图示导轨进行移动。这种安全带机构的工作过程如图4-6 (b) 所示,当乘客上下车时,滑块的位置可移动,不妨碍成员上下车时解除肩带。当乘客上车后,滑块处于副驾驶席所示状态的位置,电动机式自动安全带将乘客约束。当乘客下车后,滑块位置回到驾驶员席状态。

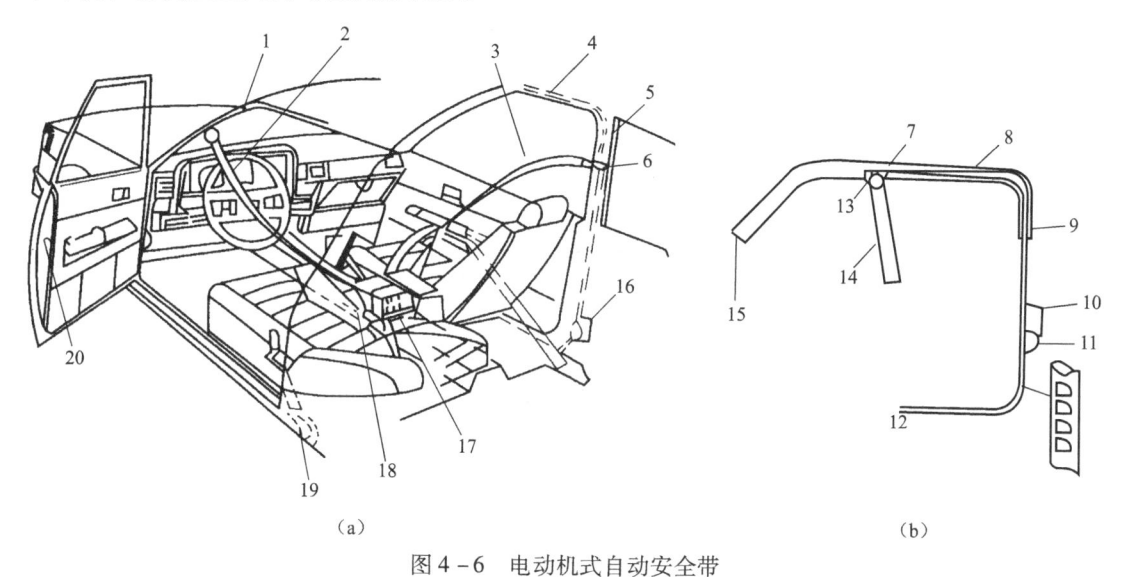

图4-6 电动机式自动安全带

1,4,8—导轨;2,3—肩带;5,13—搭钩;6,7—滑块;9—穿着极限开关;10,16—电动机;11—链轮;12—驱动带;15—脱卸极限开关;17—肩带收紧器;18—膝带扣;19—膝部皮带收紧器;20—车门开关

② 电动机式自动安全带的工作原理。图4-7 (a) 是自动安全带工作过程的控制逻辑电路图,图4-7 (b) 是控制逻辑的时间表。驱动滑块运动的电动机继电器控制A、B进行极性变换,使电流按图中所示箭头方向流动。当车门打开时,车门开关在解带限位开关一侧接地。解带限位开关在解除终了状态,即当滑块处在导轨的前方终端处时,处于断开位置,其他开关闭合,系带终了,即滑块到达导轨后方终端时,系带极限开关断开,其他开关闭合。

a. 自动系带过程。乘客进入车辆之前,滑块处于解除终了状态,所以各开关及继电器的连接关系如图4-7 (a) 所示。在图4-7 (b) ①中,车门开启,乘客上车后,则门关闭。这时车门开关闭合,电动机运动不变化。在②点位置,点火开关接通,VT_B→继电器B→系带极限开→车门关闭触点回路,电动机向系带侧驱动。当滑块移动时,在③中解带极限开关接通,移动到系带终了位置时,系带极限开关断开,电动机停止。

b. 自动解带过程。当乘客下车时,车门打开⑤,则VT_A→继电器A→解带极限开关→车门开触点回路,使解带电动机运转。当滑块向前方移动时,系带极限开关接通,移动到解

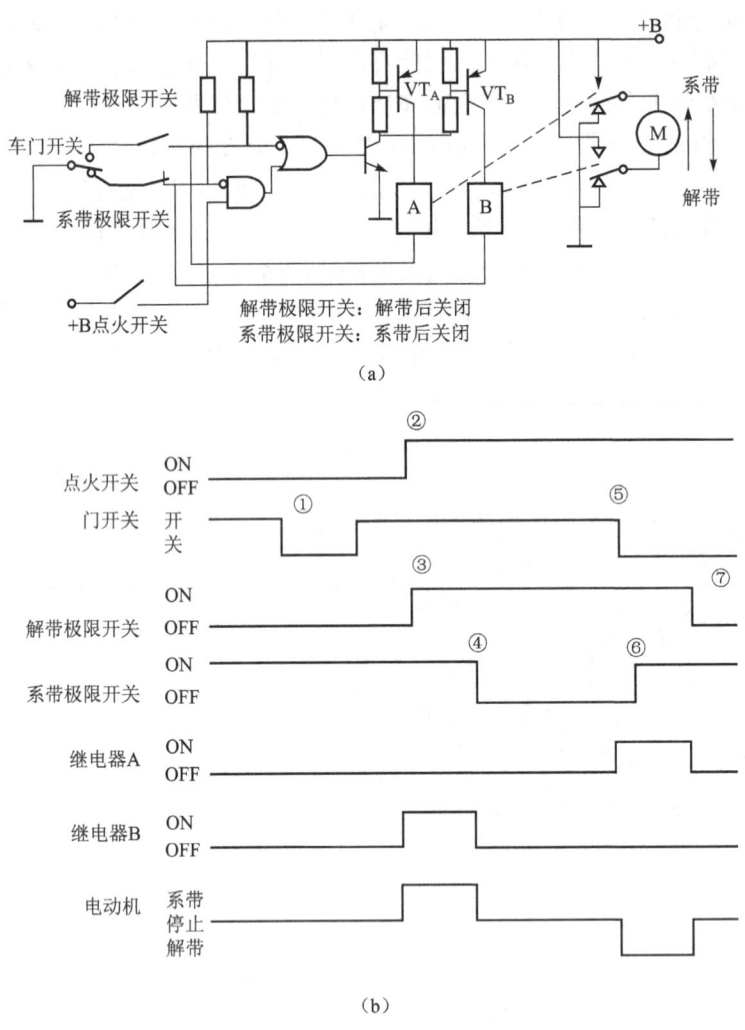

图4-7 自动安全带逻辑控制图
(a) 控制逻辑图；(b) 时间控制图

带终了位置⑦为止时，解带极限开关断开，电动机停转。这时即使点火开关断开，也进行相同的动作。

以上动作，驾驶席和乘客席相同。

(3) 限力式安全带。限力式是近年来发展的一种安全带。当汽车发生碰撞时，传统的安全带会产生很大的拉力来限制乘员的运动。当碰撞车速较高、强度很大时，安全带施加给人体的作用力可能达到足够伤害人体的程度。限力式安全带即是在卷收器中增加限力机构，当织带所受的力达到一定值时，卷收器不再锁止，而允许织带以一定速度拉出，防止织带拉力过大对人体造成伤害。

3. 安全带的选用与安装

1) 安全带的选用

选购安全带时，在确定了选择何种安全带后，主要应检查安全带的性能和质量。

(1) 检查织带性能。织带是安全带的最主要部件，其性能包括带的抗拉强度、宽度、宽度收缩率、伸长率、能量吸收性、耐候性、耐磨性、耐热性、耐水性、不褪色性等。

提高织带的能量吸收性能，可使乘员在碰撞时受到较低的减速度和极小的回弹。织带的能量吸收性常以单位长度伸长所吸收的功或以吸收功与储藏功的百分比来表示，称为功比率。

织带经耐热性与耐寒性试验后的抗拉强度不得低于试验前的80%，且至少要在 1.47×10^4 N以上。织带经耐磨性与耐水性试验后的抗拉强度不得低于试验前的75%，至少要在 1.47×10^4 N以上。织带经耐候性试验后的抗拉强度不得低于试验前的60%。

（2）检查带扣。带扣装脱应容易且确实可靠，表面应平滑且无锐利的棱角。乘员用单手就可脱下，紧急时应很容易被第三者松开，其脱开力应小于137 N。

（3）检查长度调节件。长度调节件与带扣一样，若为金属件，要进行耐蚀性试验；如为塑料件，要进行耐热性试验。在规定条件下的调节力应小于49 N。

2）安全带的安装

为了充分发挥安全带的安全保护作用，安装安全带时，应注意以下事项。

（1）腰带安装。安装腰带时，应注意腰带的两个固定点应设在车身地板、座椅骨架或车身侧壁上，大多都设在地板上。固定点在地板上的位置与座椅上就坐者的臀点（图4-8中 H 点）有关。腰带固定点与 H 点的连线和车身水平基准之间的夹角应尽可能成45°，如图4-8所示。另外，在可调座椅调节范围内的所有位置上，此夹角必须在20°~75°的范围内，如图4-9所示。

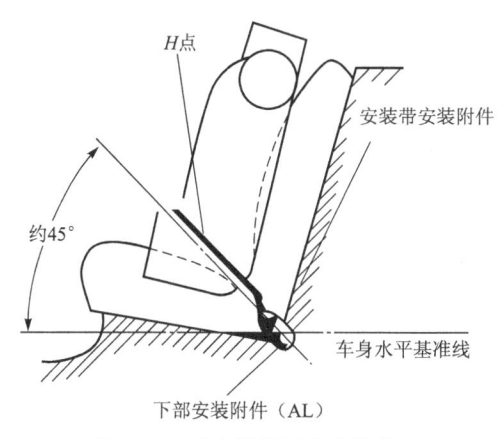

图4-8　后座腰带固定点的位置 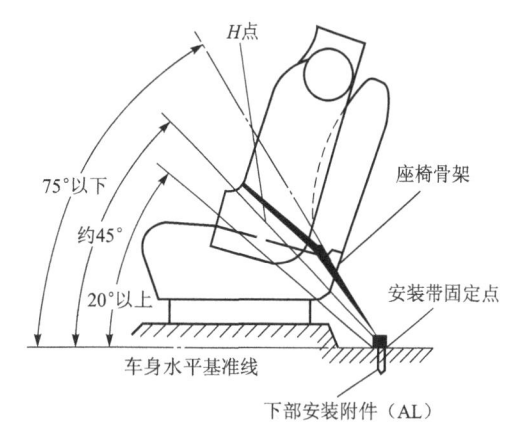　　　　图4-9　可调座椅腰带固定点的位置

（2）肩带安装。肩带上部固定点的位置范围，在有关标准中已有规定，应依照执行。肩带固定点至座位中心线的距离不得小于140 mm。

（3）附件安装。附件安装的位置恰当与否是决定安全带能否有效地发挥作用的重要条件之一。一般要求两点式和三点式（A型和B型）安全带两个下部安装附件的横向间距不得小于350 mm，且这两个安装附件离座位中心线的距离应尽可能相等。

4.1.2　汽车安全气囊系统

安全气囊系统（Supplemental Restraint System，SRS）也称为辅助成员保护系统，需与安全带配合使用。它能够在汽车因碰撞而急剧减速时快速膨胀成缓冲垫，以保护车内乘员不致撞到车厢内部件。安全气囊系统是一种常见的被动安全装置。

安全气囊是汽车发生碰撞危险情况时的安全装置。在汽车紧急制动、高低路面上行驶、下大坡等情况下，汽车会发生较大的减速度或振动，这时安全气囊内的叠氮酸钠（NaN_3）或硝酸铵（NH_4NO_3）等物质会迅速发生分解反应，产生大量气体，充满气囊，起到保护成员的作用。

在技术上，对气囊的控制要求主要有以下几个方面。

(1) 可靠性高的气囊的使用年限为 7~15 年。
(2) 要正确区分制动减速度和碰撞减速度的能力，这主要从传感器入手，合理设计。
(3) 灵敏度要高，要在二次碰撞前正确、快速打开气囊并正确泄气，起到缓冲作用。
(4) 有防误爆功能，一般采用二级门控制。
(5) 有自诊断功能，能及时发现故障并报告驾驶员。

1. 安全气囊系统的种类

1) 按碰撞类型不同分类

根据碰撞类型的不同，安全气囊系统可分为正面碰撞防护安全气囊系统、侧面碰撞防护安全气囊系统和外置安全气囊系统。正面碰撞防护安全气囊系统安装在转向盘和控制台上，保护司乘人员免受正面碰撞造成的伤害；侧面碰撞防护安全气囊系统安装在车门内侧，用于汽车发生侧面碰撞或侧翻时对司乘人员进行保护；外置安全气囊系统安装在发动机罩和风窗玻璃的结合部，用于汽车与行人碰撞时对行人进行保护。

2) 按安全气囊安装数目不同分类

按照安全气囊安装数目，可分为单气囊系统（只装在驾驶员侧）、双气囊系统（驾驶员侧和副驾驶员侧各有一个安全气囊）和多安全气囊系统。多安全气囊分别安装在驾驶室前端、侧面和汽车外部。

3) 按安全气囊触发机构不同分类

按照安全气囊的触发机构，可分为电子式、电气-机械式和机械式三种。电子式安全气囊系统只用一个传感器，一般都安装在朝着车厢的前方。它利用传感器检测碰撞信号并送往 SRS 电脑（ECU），ECU 根据传感器信号并利用内部预先设置的程序不断进行数学计算和逻辑判断。当判断结果是发生碰撞时，ECU 立即发出点火指令引爆点火剂；点火剂引爆时，产生大量热量，使充气剂受热分解，并产生大量氮气向 SRS 气囊充气。目前，汽车普遍采用电子式安全气囊系统。

机械式安全气囊不需要使用电源，没有电子电路和电路配线，全部零件组装在转向盘装饰盖板下面。检测碰撞动作和引爆点火剂都是利用机械装置动作来完成的。

2. 安全气囊系统的基本组成

安全气囊系统主要由传感器、气囊组件、电控装置、安全气囊指示灯等组成。图 4-10 所示为奥迪轿车安全气囊系统的组成。

1) 传感器

传感器用于检测、判断汽车发生事故后的撞击信号，以便及时起动安全气囊，并提供足够的电能或机械能点燃气体发生器。气囊系统的传感器分为碰撞传感器和保险传感器两种。碰撞传感器通常位于汽车车架的前部，或在散热器壳的侧面，或在前防护板的内侧等位置。碰撞传感器负责检测汽车发生碰撞的情况，看是否需要充开气囊。如果汽车以 40 km/h 的车

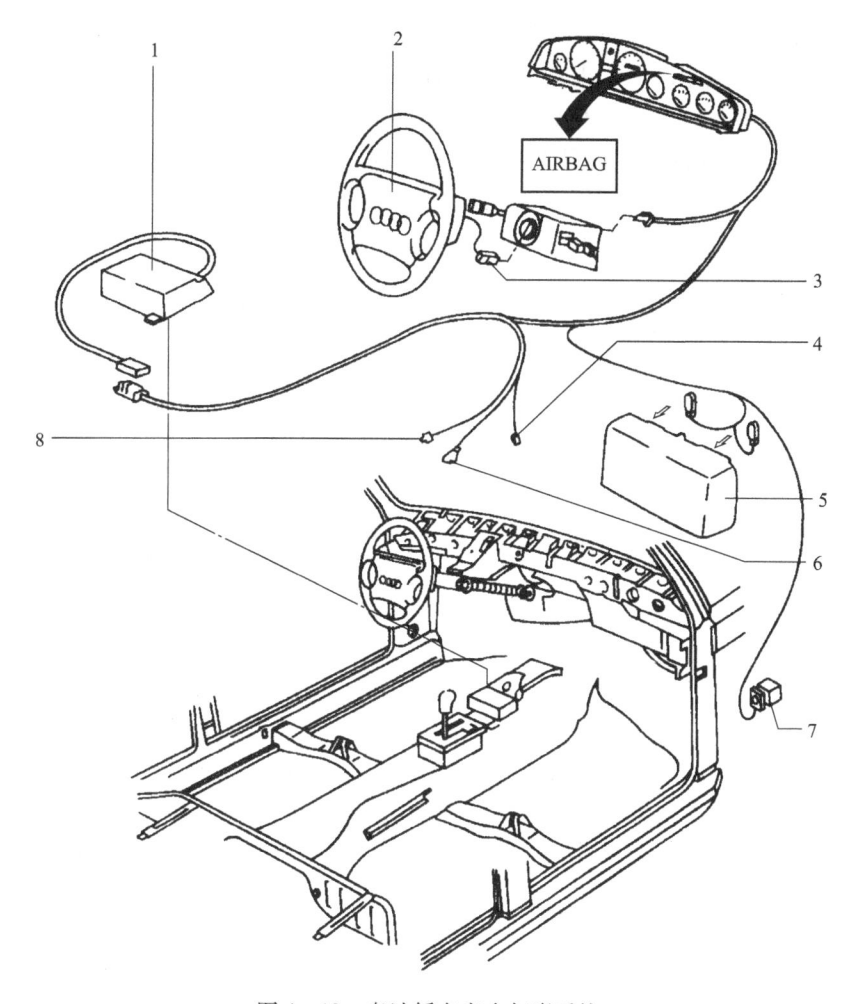

图 4-10 奥迪轿车安全气囊系统
1—引爆装置；2—带气囊装置的转向盘；3—时钟弹簧连接器；4—电源插头；5—乘客气囊装置；
6—接地导线；7—安全气囊指示灯继电器；8—诊断系统导线

速撞到一辆处于停放状态的同样大小的汽车上，或者以不低于 22 km/h 的车速迎面撞到一个不可变形的固定障碍上时，碰撞传感器便会动作，接通接地回路。保险传感器也叫触发传感器，其闭合的减速度要稍小一些，防止因碰撞传感器短路而造成气囊误充开。传感器按结构，可分为全机械式、机电式和电子式三种主要形式。

（1）全机械式传感器。全机械式传感器的结构如图 4-11 所示。图中钢球位置为汽车正常行驶时位置，当汽车发生正面碰撞事故减速瞬间，其减速度超过设定值时，钢球在惯性力的作用下向前（即图中向右）移动，由于杠杆的作用，推动

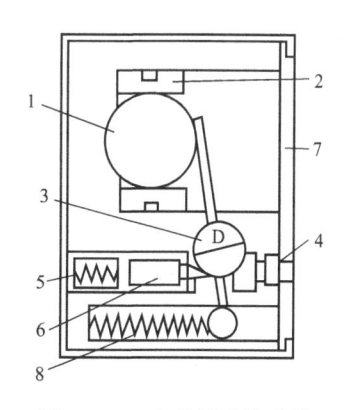

图 4-11 全机械式传感器
1—钢球；2—缸体；3—起动器轴；4—点火器；
5，8—弹簧；6—点火销；7—壳体

起动器轴绕其支点 D 转动，轴的下端则压缩弹簧，使起动器轴松开点火销，点火销在尾部弹簧弹力的作用下，高速撞向点火器，爆炸后使气囊迅速膨胀开。

（2）机电式传感器。机电式传感器有钢球式和滚筒式两种。

钢球式机电传感器的结构如图 4-12 所示。在正常情况下，钢球被磁力吸附在钢套的一端，当发生正面碰撞事故且减速度超过设定值时，钢球在惯性力作用下克服磁场力向前（即图中向右）移动，当接触到前面的电触头时，便将点火器点火电路接通，使气囊迅速膨胀。

滚筒式机电传感器结构如图 4-13 所示。当汽车以高于某一特定车速行驶而发生碰撞事故时，滚筒便移向触点，使连接安全气囊 ECU 的电路闭合接通，从而起动气囊点火系统，使气囊迅速张开。

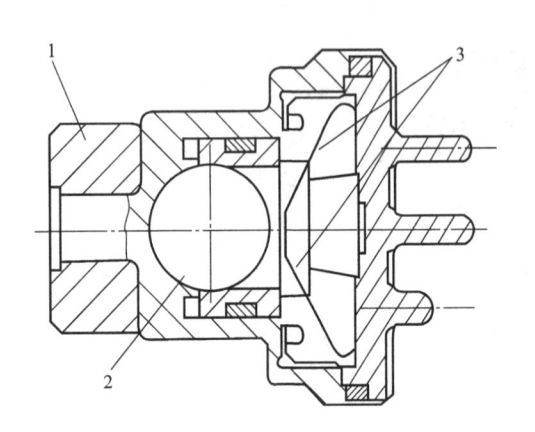

图 4-12　钢球式机电传感器
1—磁铁；2—钢球；3—电触头

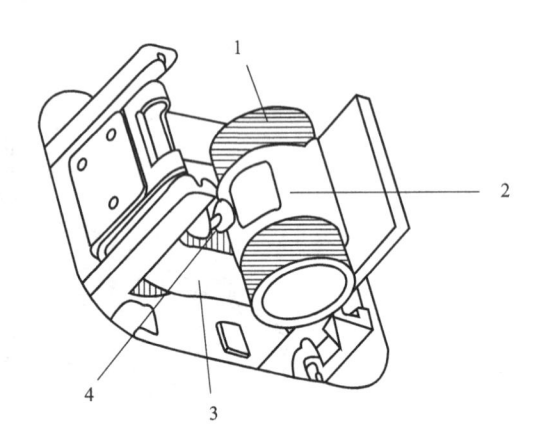

图 4-13　滚筒式机电传感器
1—滚轮；2—动触点；3—卷簧；4—定触点

（3）电子式传感器。电子式传感器实际上是一个加速度计，它对汽车正向加速度进行连续测量，并将测量结果输送给 ECU，ECU 内有一套复杂的碰撞信号处理程序，能够确定气囊是否需要膨胀。若需要膨胀，ECU 便会接通点火电路，如果机电式保险传感器同时也闭合，则点火器接通，气囊膨胀。

电子式传感器一般分为压电式加速度传感器、压阻式加速度传感器。

① 压电式加速度传感器。图 4-14 是压电式加速度传感器的原理图，它主要由惯性质量块和压电晶体组成。其工作原理是：当传感器受到冲击时，质量块的惯性力作用在压电晶体上，压电晶体在力的作用下产生电荷，对电荷进行处理就可以得到电压信号，通过测量传感器的输出电压就能测量传感器所承受的加速度。

② 压阻式加速度传感器。图 4-15 是一种压阻式加速度传感器的原理图。它主要由基座、三角形板簧、电阻应变片和惯性块等组成。

其工作原理是：在发生冲击的情况下，质量块的惯性力使三角形板簧弯曲，贴在板簧上的应变片的电阻发生变化，根据这一变化量就能测量作用在传感器上的加速度。这种传感器对温度很敏感，测量时会因通过电流而发热，所以将其浸泡在油中，如图 4-16 所示。另外，浸泡在油中也能增加传感器的阻尼，提高传感器的高频测量范围。

第 4 章 汽车安全与控制装饰

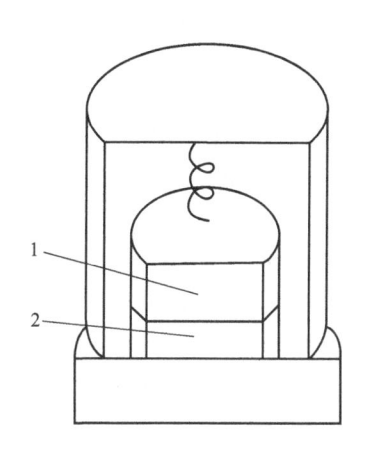

图 4-14 压电式加速度
传感器原理图
1—惯性质量块；2—压电晶体

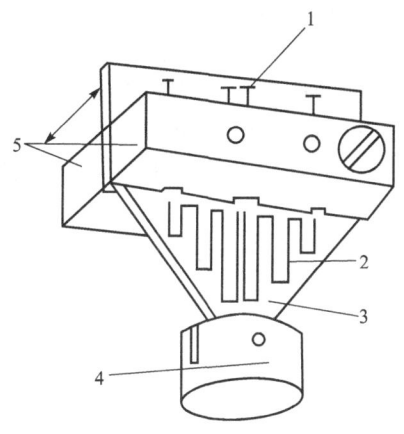

图 4-15 压阻式加速度传感器原理图
1—触点；2—弹簧；3—绝缘层；
4—惯性块；5—基座

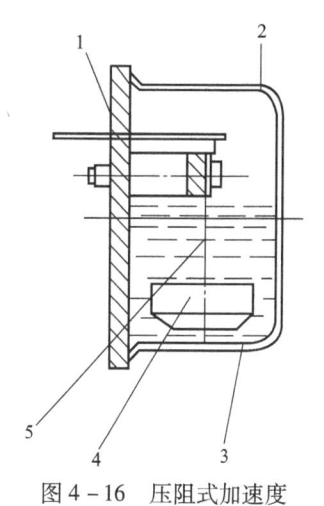

图 4-16 压阻式加速度
传感器外形
1—导线；2—金属盖；3—阻尼油；
4—惯性块；5—电阻应变计

2）气囊组件

气囊组件主要由气体发生器、点火器、气囊总成组成。驾驶员侧气囊组件一般位于转向盘中心处，乘客侧气囊组件一般位于仪表板右侧手套盒的上方。

（1）气体发生器。气体发生器又称充气器，由上盖、下盖、充气剂和金属滤网组成，如图 4-17 所示。上盖有若干个充气孔，充气孔有长方孔和圆孔两种。下盖上有安装孔，以便将气体发生器安装在气囊支架上。上盖与下盖用冷压工艺装成一体，壳体内装有充气剂、滤网和点火器。气体发生器用于在点火器引爆点火剂时产生气体向气囊充气，使气囊膨胀。气体发生器主要充气剂是片状的氮化钠。发气剂制成片剂的一个主要原因是便于改变片剂厚度来调节气体发生器的膨胀特性。金属滤网的作用是使生成的气体冷却并过滤气体中的渣粒。

（2）点火器。点火器外包铝箔，安装在气体发生器内部中央位置，其结构如图 4-18 所示。

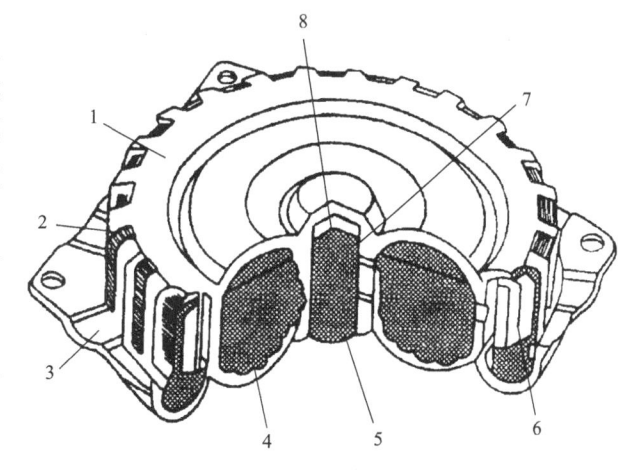

图 4-17 气体发生器
1—上盖；2—充气孔；3—下盖；4—充气剂；
5—点火器药筒；6—金属滤网；7—电热丝；
8—引爆炸药

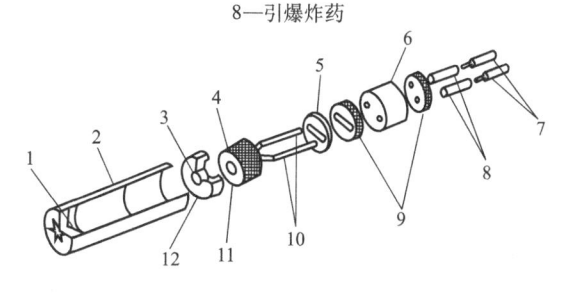

图 4-18 点火器分解图
1—引爆炸药；2—药筒；3—引药；4—电热丝；5—陶瓷片；
6—永久磁铁；7—引出导线；8—绝缘套管；9—绝缘垫片；
10—电极；11—电热头；12—药托

点火剂包括引爆炸药和引药,引出导线与气囊连接器插头连接,连接器中设有短路片(铜质弹簧片)。当连接器插头拔下或插头与连接器未完全接合时,短路片将两根引线短接,防止静电或导电将电热丝电路接通而造成气囊误膨胀。

当安全气囊 ECU 发出点火指令时,电热丝电路接通,电热丝迅速红热引爆引药,引爆炸药瞬间爆炸产生热量,药筒内温度和压力急剧升高并冲破药筒,使充气剂受热分解释放氮气而充入气囊。

(3) 气囊总成。气囊由尼龙丝制成,在尼龙丝里面涂上一层聚丁橡胶。充气时,由于内部约束件的作用,保证使气囊形成一个理想形状的气垫。气囊在背离驾驶员的一面有逸气孔,这些孔在驾驶员身体上部压向气囊时,可以使气囊均匀而缓慢地泄气,这就有效地保证了在撞车大约 110 ms 后,由撞车产生的能量被控制地吸收。

气囊、充气泵用底板(安装板)和固定环连在一起并予以密封,如图 4-19 所示。底板装在转向盘或车身上,气囊膨胀时,底板承受气囊的反力。整个总成用两个螺钉固定在转向盘上。气囊总成用转向盘气囊盖(饰盖)封装,触发时,位于每侧铆钉处的气囊盖粉碎。饰盖是气囊组件的盖板,上面模制有撕缝,以便气囊能冲破饰盖膨胀。

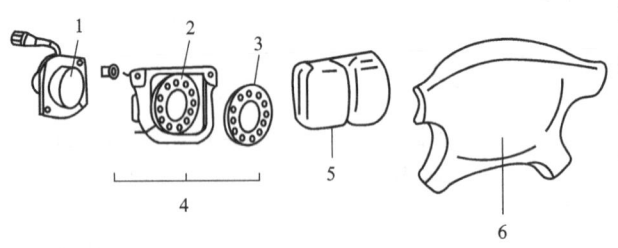

图 4-19 气囊总成
1—充气泵;2—安装板;3—固定环;
4—基础件;5—气囊;6—气囊盖

3) 电控装置

安全气囊(SRS)电控装置主要由 SRS 逻辑模块、信号处理电路、备用电源电路、保护电路和稳压电路等组成。防护传感器一般与安全气囊 ECU 一起被制作在安全气囊控制组件中,其内部结构与组件框图分别如图 4-20、图 4-21 所示。

(1) SRS 逻辑模块。安全气囊系统控制电脑的微处理器内主要包括 A/D 转换器、串行接口、定时器、RAM、ROM 和电可擦除可编程只读存储器 EEPROM。

在汽车行驶过程中,安全气囊 ECU 不断接收前碰撞传感器和防护碰撞传感器传来的车速变化信号,经过计算和逻辑

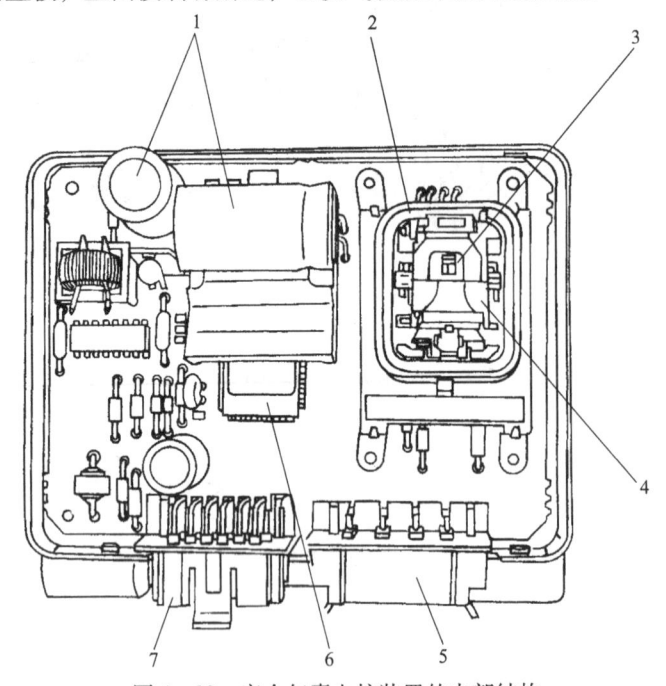

图 4-20 安全气囊电控装置的内部结构
1—备用电源(电容);2—防护碰撞传感器总成;3—传感器触点;
4—传感器平衡块;5—四端子连接器;6—安全气囊微处理器模块;
7—安全气囊微处理器插接器

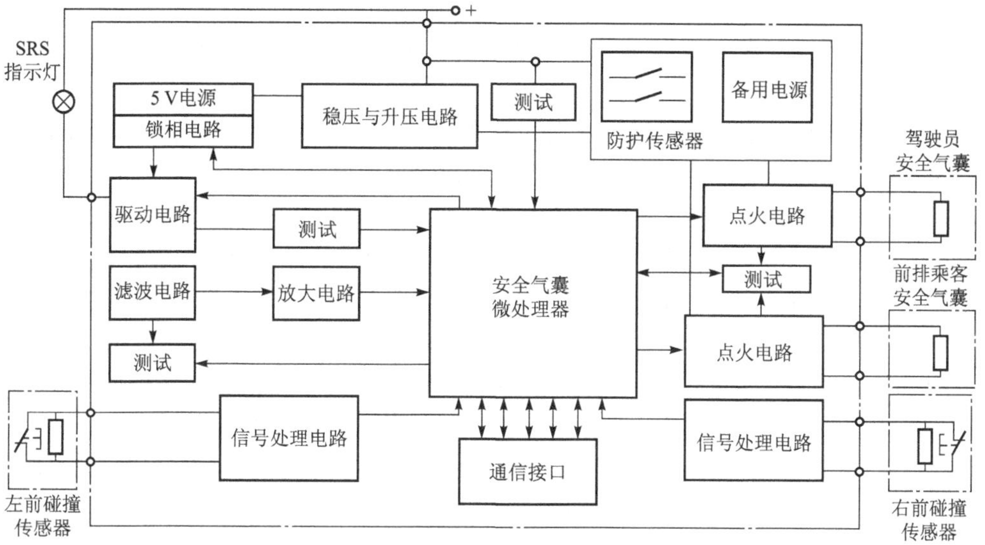

图 4-21 安全气囊电控装置功能电路方框图

判断后，确定是否发生碰撞。当判断结果为发生碰撞时，立即运行控制点火的软件程序，并向点火电路发出点火指令引爆点火剂，点火剂引爆时产生大量热量，使充气剂受热分解释放气体给气囊充气。

安全气囊 ECU 还要对控制组件中关键部件的电路不断进行诊断测试，并通过 SRS 指示灯和存储在存储器中的故障代码来显示测试结果。仪表板上的 SRS 指示灯可直接向驾驶员提供安全气囊系统的状态信息。逻辑存储器中的状态信息和故障代码可用专用仪器或通过特定方式调出，以供装配检查与设计参考。

（2）信号处理电路。信号处理电路主要由放大器和滤波器组成。其功用是对传感器检测的信号进行整形、放大和滤波，以便安全气囊电脑能够接收、识别和处理。

（3）备用电源电路。备用电源又称为后备电源和紧急备用电源。备用电源电路由电源控制电路和若干个电容器组成。点火开关接通 10 s 后，如果汽车电源电压高于安全气囊电脑的最低工作电压，那么电脑备用电源和点火备用电源即可完成储能任务。

备用电源的功用是：当汽车电源与安全气囊电脑之间的电路切断后，在一定时间（一般为 6 s）内，维持安全气囊系统供电，保持安全气囊系统的正常功能。当汽车遭受碰撞而导致蓄电池和交流发电机与安全气囊电脑之间的电路切断时，电脑备用电源在 6 s 之内向电脑供电，保持电脑测出碰撞、发出点火指令等正常功能；点火备用电源在 6 s 之内向点火器供给足够的点火能量引爆点火剂，使充气剂受热分解给气囊充气。时间超过 6 s 之后，备用电源供电能力降低，电脑备用电源不能保证电脑测出碰撞和发出点火指令，点火备用电源不能供给最小点火能量，安全气囊不能充气胀开。

（4）保护电路和稳压电路。在汽车电器系统中，由于电器负载变化频繁，经常会产生瞬时过电压。若过电压加到安全气囊系统电路上，系统中的电子元件就可能因电压过高而导致损坏。为了防止安全气囊系统元件遭受损害，安全气囊 ECU 中必须设置保护电路。同时，为了保证汽车电源电压变化时安全气囊系统能够正常工作，还必须设置稳压电路。

除此之外，安全气囊 ECU 一般还设有防止气囊误爆的安全保险机构。

4）安全气囊指示灯

安全气囊指示灯是辅助防护系统指示灯的简称，安装在驾驶室仪表盘面膜的下面。其功能是：对安全气囊系统功能进行故障提示并显示故障代码。

接通点火开关时，自诊断系统对系统进行自检，若 SRS 指示灯点亮 6 s 后熄灭，表示系统正常；若 6 s 后依然闪烁或长亮不熄，表示气囊系统出现故障，提示应进行检修。

若 ECU 出现异常，不能控制 SRS 指示灯，SRS 指示灯便在其他电路的直接控制下作出异常显示，如 ECU 无点火电压，指示灯常亮；ECU 无内部工作电压，指示灯常亮；ECU 不工作，指示灯将以 3 次/min 的频率闪烁；ECU 未接通，指示灯经线束连接器的短接条接通。

自诊断系统在对故障进行提示的同时，还会将所发现的故障编成代码存储在存储器中。检查和排除安全气囊系统故障时，首先应用专用检测仪器和通过特定方式从诊断插座或通信接口调出故障代码，以便快速查询并排除故障。

3. 安全气囊系统的工作原理

安全气囊系统的基本工作原理如图 4-22 所示，在汽车高速行驶过程中，若发生较严重碰撞，碰撞传感器首先感知到碰撞信号，只要碰撞强度达到或超过设定的强度，传感器便把这一碰撞信息转换成电信号输入电子控制装置（其

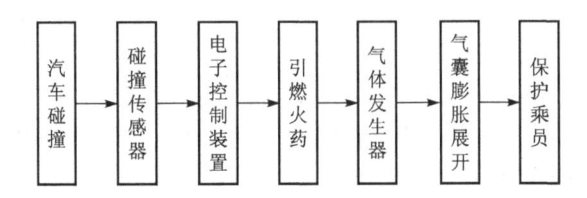

图 4-22　安全气囊基本工作原理示意图

输入的电信号大小和碰撞强度成正比），电子控制装置接收到信号后，与已存储信号进行分析比较，若已达到或超过气囊膨胀的标准，则发出指令，由驱动电路给传爆管输出起动信号，引燃火药产生高温，使气体发生器产生大量气体，并经过过滤、冷却后，充入安全气囊，使气囊在 30 ms 内突破衬垫而快速膨胀展开。在驾驶员及乘员还没触及汽车金属件之前，抢先在二者之间形成弹性气垫，并及时由小孔排气收缩，吸收强大惯性冲击能量，从而有效地保护人体头部、胸部，减轻受伤程度。

4. 安全气囊系统的安装与使用

发生汽车碰撞事故后，气囊的某些零部件可能已经损坏，需对其进行维修。

1）安全气囊系统的拆卸

（1）转动转向盘，使车轮朝正前方。

（2）将点火开关转向锁止位置，拔出钥匙。

（3）将"AIR BAG"断丝拉出。

（4）拔出锁销后连接相应接头（要根据厂家提供的维修参考图来操作）。

（5）拆卸其他部件。

2）安全气囊系统的安装

（1）将点火开关转向锁止位置，拔出钥匙。

（2）分别安装传感器和控制器以及气囊模块。

（3）接上传感器与控制器的连线以及传感器与信号灯和气囊块的连线，并加上锁销

(连）接时，要根据厂家提供的连接线图）。

(4) 安装"AIR BAG"熔断丝。

(5) 将点火开关置于"RUN"位置，如果信号灯闪烁 7 次后熄灭，则表明系统正常。

3）安全气囊使用时的注意事项

(1) 安全气囊要与安全带并用，只有这样，才能更好地保护乘员的安全。这是因为安全气囊并非在所有的事故中都会引爆，只有在满足设定的碰撞条件时才会引爆，因此仍然要靠安全带的作用来保护乘员。

(2) 驾驶员和乘坐人员必须要与安全气囊保持一定的安全距离，否则非但在发生事故时不能起到保护乘员的作用，还有可能因气囊弹出的强力伤害到乘员，尤其是对儿童。

(3) 在安全气囊引爆时，会产生较高的温度，所以不要触及转向盘中间位置，以免被烫伤。

(4) 安全气囊只能用一次，事故后必须把安全气囊拆下进行修理，安装一套新的系统。如不进行维修，或没有进行正确的维修，则不能保证下一次发生事故时发挥其功能，增加了乘员受伤的可能性。

5. 发生碰撞事故后安全气囊系统的处理

1）处理方法

(1) 如果气囊系统中的零部件损坏，那么相应的零部件就要更换；如果气囊系统中零部件的紧固件损坏，那么紧固件就必须更换或维修。

(2) 不要使用其他汽车上的零部件。

(3) 不要试图修理传感器、控制器、气囊模块，这些部件如果损坏，唯一的办法就是更换。

(4) 要仔细分辨气囊模块的部件号码，气囊模块看起来一样，其实内部却不同。

(5) 当汽车发生碰撞事故后，如果传感器或控制器所在位置的机械结构受到损坏，那么传感器或控制器就必须更换，而不要试图证明这个传感器或控制器是正常的。如果传感器或控制器所在位置的汽车结构没有受到损坏，那么传感器或控制器不一定要更换；当采用专用仪器检测出传感器或控制器已经损坏，那么它们也必须更换。

(6) 千万不要锤击或强烈振动控制器；当控制器没有固定在汽车上时，不要给系统加电；当紧固传感器或控制器时，螺钉的紧固力矩要符合要求，一般为 8.5 N·m。

2）注意事项

(1) 当手拿气囊模块时，要将模块的表面朝外。

(2) 当放置气囊模块时，要将模块的表面朝上，而且气囊模块的周围 91 cm 范围内不要有其他物体。

(3) 当要点爆气囊模块时，按以下步骤进行：

① 将两根导线的一端短接，然后将另一端接到气囊模块上。

② 将导线的短接端分开。

③ 将导线接到蓄电池的电极上，气囊就会立刻点爆。蓄电池要求最低电压为 12 V，最小电流为 2 A。

(4) 气囊模块点爆后，温度很高，而且产生有害粉末，因此，在清理点爆后的气囊时，要戴手套和保护眼镜。

4.1.3 汽车防盗装置

随着汽车保有量的逐年增加和轿车档次的提高,汽车被盗现象越来越受到人们的关注,汽车防盗装置便应运而生。防盗装置就是一种装在车上,用来增加盗车难度,延长盗车时间的装置。

1. 汽车防盗装置的种类

汽车防盗装置按其结构,可分为机械式、电子式和 GPS 网络式三类。

1) 机械式防盗装置

机械式防盗装置是采用金属材料制作的各种防盗器具,用于对汽车使用和行驶起关键作用的总成加锁防盗,例如锁定转向盘、制动器踏板、变速杆、转向柱、车轮和车门等主要操纵件。

2) 电子式防盗装置

电子式汽车防盗装置按驾驶员控制方式,分为钥匙控制式和遥控式两种。钥匙控制式防盗装置通过用钥匙将点火锁(门锁)打开或锁止,同时开启或解除防盗系统;遥控式防盗装置能够远距离控制门锁打开或锁止,也就是远距离控制汽车防盗系统的防盗或解除。电子式防盗装置在轿车上的布置如图 4-23 所示。

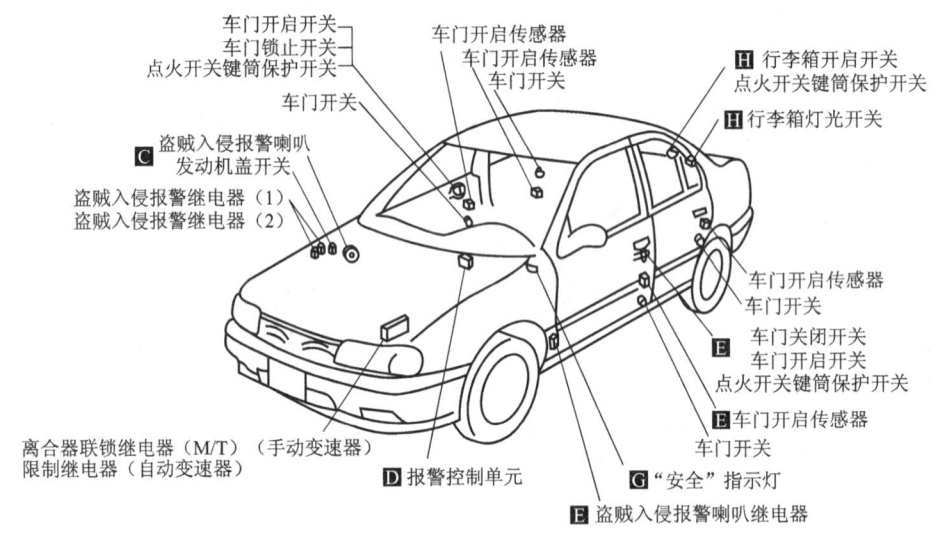

图 4-23 电子防盗装置在轿车上的布置图

(1) 电子式防盗装置的功能。

① 防盗报警功能。在车主遥控锁门后,报警器即进入警戒状态,此时如有人撬门或用钥匙开门,会立即引发防盗器鸣叫报警,吓阻窃贼行窃。

② 车门未关安全提示功能。行车前车门未关妥,警示灯会连续闪烁数秒。汽车熄火遥控锁门后,若车门未关妥,车灯会不停闪烁,喇叭鸣叫,直至车门关好为止。

③ 全自动设防。若车主忘记设防,报警器将自动进入防盗警戒状态。

④ 寻车功能。车主用遥控器寻车时,喇叭断续鸣叫,同时伴有车灯闪烁提示。

⑤ 遥控中央门锁。当遥控器发射正确信号时,中央门锁自动开启或关闭。

⑥ 二次设防。设防解除后，若 30 s 内车主未开车门，则主机自动进入防盗状态。

（2）钥匙控制式防盗装置。钥匙控制式防盗装置包括点火钥匙控制式防盗装置和门锁钥匙控制式防盗装置。在此，我们只介绍点火钥匙控制式防盗装置。点火钥匙控制式防盗装置的结构如图 4-24 所示。

点火钥匙控制式防盗装置的工作原理是：点火钥匙上装有一片编了电阻值的晶片，每把钥匙所用的晶片有一特定阻值，其范围为 380~12 300 Ω。点火钥匙除了像常规钥匙那样必须与锁体匹配之外，其电码还要与起动机电路的编码吻合。

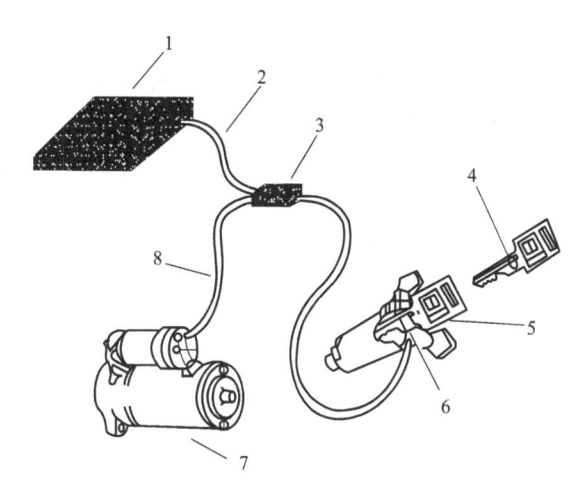

图 4-24 点火钥匙防盗系统部件
1—发动机控制组件（ECM）；2—至 ECM 的频率链路；
3—电子钥匙模块；4—点火钥匙电阻晶片；5—点火锁；
6—电阻检测触头；7—起动机；8—电磁开关馈电线

当点火钥匙插入锁体时，晶片与电阻检测触头接触。当锁体转到起动挡时，蓄电池电压便送至解码器模块。除此之外，钥匙晶片的电阻值也送至解码器模块。钥匙的电阻值与存储的电阻值比较，如果它们一致，"起动赋能继电器"便被激励，从而接通起动机电路，并发信号给 ECM，ECM 起动燃油输送。

若钥匙晶片的电阻值与存储的电阻值不一致，解码器便禁止起动发动机 2~4 min，尽管锁体已经转到了起动位置，但是发动机仍然不能起动，因为起动赋能继电器得不到激励。

（3）遥控式汽车防盗装置。遥控式防盗装置包括主机部分、感应侦测部分、门控部分、报警部分、配线部分。其中，主机部分是防盗装置的核心和控制中心。感应侦测部分由感应器或探头组成，目前普遍使用的是振荡感应器，门控部分由前盖开关、门开关和行李舱开关组成。

遥控式汽车防盗装置的工作原理是：利用发射和接收设备，通过电磁波或红外线对车门进行锁止和开启。遥控式汽车防盗器的遥控器除了要有相同的发射和接收频率之外，还应当有密码才能使发射和接收设备相互识别。密码不仅记载着与其他防盗器相区别的代码，还包含着防盗的功能指令资料，负责开启或关闭防盗器，控制完成防盗器的一切功能。

遥控式电子防盗装置种类繁多，根据密码发射方式的不同，可分为定码防盗装置和跳码防盗装置。

① 定码防盗装置。主机与遥控器各有一组相同的密码，遥控器发射密码，主机接收密码，从而完成防盗装置的各种功能。

② 跳码防盗装置。跳码即密码依一定的编码函数，每发射一次，密码随即变化一次，密码不会被轻易复制或盗取，安全性极高；密码组合上亿组，从根本上杜绝了重复码。

3）GPS 网络式汽车防盗装置

GPS 网络式防盗装置由卫星信号发射装置、地面监控设备和 GPS 信号接收机组成。车辆可以在任何地点、任何时间接收到卫星发送来的信息。正是利用这一优点，只要在每辆汽车上安装 GPS 车载机，再配上相应的信号传输链路，建一个专门接收和处理各个移动目标发出的报警和位置信号的监控室，就可形成一个卫星定位的移动目标监控系统。

GPS 网络式汽车防盗装置主要靠锁止点火或起动来达到防盗的目的，同时，还可以通过 GPS 卫星定位系统将报警信息和报警车辆所在位置无声地传到报警中心。

2. 中央电控门锁系统

为了使汽车的使用更加方便和安全，带遥控和防盗报警功能的中央电控门锁系统在汽车上得到了普遍的应用。

1) 中央电控门锁系统的功能

(1) 中央控制。当驾驶员锁住其身边的车门时，其他车门也同时锁住，驾驶员可通过门锁开关同时打开各个车门，也可单独打开某个车门。

(2) 速度控制。当行车速度达到一定时，各个车门能自行锁定，防止乘员误操作车内门把手而导致车门打开。

(3) 单独控制。除驾驶员车门以外的其他车门设置有单独的弹簧锁开关，可独立地控制一个车门的打开和锁住。

2) 中央电控门锁系统的组成

中央电控门锁系统一般由控制机构、执行机构和门锁控制器组成。

(1) 控制机构。控制机构包括输入器、存储器、鉴别器、编码器、驱动级抗干扰电路、显示装置、保险装置和电源等部分组成。其中，编码器和鉴别器是控制机构的核心部分。

编码器的实质就是人为地设定一组几位二进制数或几位十进制数的密码。设定该组数的原则是所编的密码不易被人识破，对编码电路的要求是：容量大、换码率高；保密性好、可靠性好；换码操作简单，便于日常管理。

鉴别器的作用是对来自输入器和编码器的两组密码进行比较，仅当两组密码完全相同时，鉴别器才输出电信号，经抗干扰处理后送至驱动级和显示设置。若用户有特殊要求，鉴别器还可以输出报警和封锁行车所需的电信号。

(2) 执行机构。中央电控门锁执行机构的功能是执行门锁的锁定和开启任务。门锁执行机构按驱动方式不同，可分为电磁式执行机构、直流电动机式执行机构和永磁电动机式执行机构三种。它们都是通过改变极性来转换其运动方向，从而执行锁门和开门动作的。

① 电磁式执行机构。电磁式执行机构内设两个线圈，分别用来开启、锁闭门锁，门锁集中操作按钮平时处于中间位置。当给锁门线圈通正向电流时，衔铁带动连杆左移，门被锁住；当给开门线圈通反向电流时，衔铁带动连杆右移，门被打开。其结构如图 4 – 25 所示。

② 直流电动机式执行机构。直流电动机式执行机构如图 4 – 26 所示。它是通过直流电动机转动并经传动装置（传动装置有螺杆传动、齿条传动和直齿轮传动）将动力传给门锁锁扣，使门锁锁扣进行开启或锁止。由于直流电动机能双向转动，所以通过电动机的正反转实现门锁的锁止或开启。

③ 永磁电动机式执行机构。永磁电动机多是指永磁型步进电动机。转子带有凸齿，凸齿与定子磁极径向间隙小而磁通量大。定子上带有轴向均布的多个电磁极，而每个电磁极上的电磁线圈按径向布置。定子周布铁芯，每个铁芯上绕有线圈，当电流通过某一相位的线圈

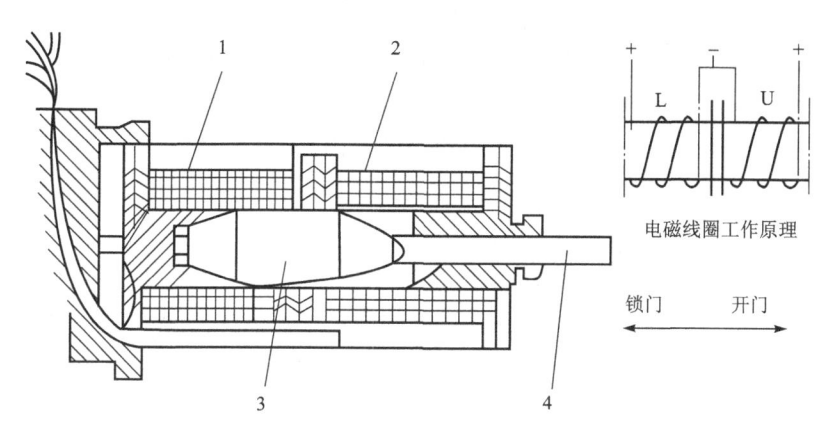

图 4-25 电磁线圈式门锁执行机构
1—锁门线圈；2—开门线圈；3—柱塞；4—连接门锁机构

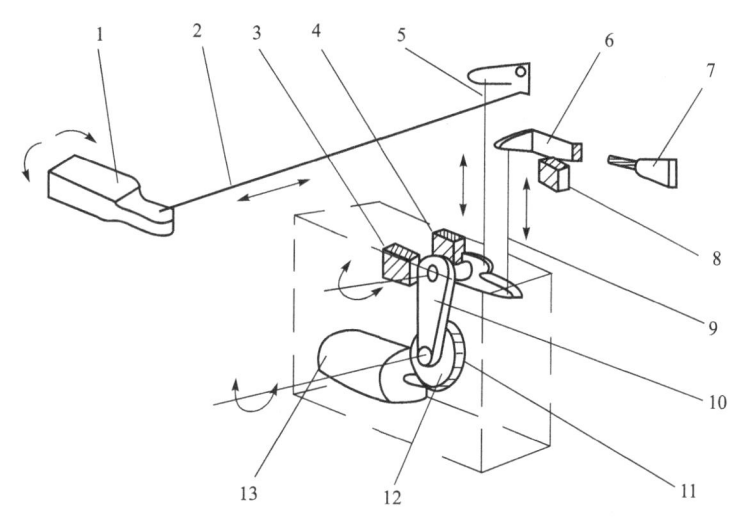

图 4-26 直流电动机式门锁执行机构示意图
1—车门按钮（设在车厢内）；2，5，9—连接杆；3—位置开关；4，8—门锁开关；
6—门键键体；7—门键（钥匙）；10—锁杆；11—齿条；12—传动齿轮；13—电动机

时，该线圈的铁芯产生吸力，吸动转子上的凸齿对准定子线圈的磁极，转子将转动到最小的磁通处，即是一步进位置。要使转子继续转动一个步进角，根据需要的转动方向向下一个相位的定子线圈输入一个脉冲电流，转子即可转动。转子转动时，通过连杆使门锁锁扣锁止。

（3）门锁控制器。门锁控制器是为门锁执行机构提供锁/开脉冲电流的控制装置，具有控制执行机构通电电流方向的功能。同时，由于门锁执行机构长期带电，要消耗较大的电能，为了缩短工作时间，门锁控制器应具有定时功能。定时装置工作原理一般是利用电容器充放电特性，在超过规定时间后输送给门机构的电流就自行中断，正常锁门或开门也如此，定时装置可以保护电路和用电器的安全。

门锁控制器按控制原理不同，可分为电容式、晶体管式和车速感应式三种。

① 电容式门锁控制器。电容式门锁控制器利用电容器充放电特性，平时电容器充足电，工作时把它接入控制电路，使电容器放电，使两个继电器之一通电而短时吸合，电容器完全放电后，通过继电器的电流中断而使其触点断开，门锁系统不再工作。

② 晶体管式门锁控制器。晶体管式门锁控制器内部有两个继电器，一个用于锁门，一个用于开门。继电器由晶体管开关电路控制，它利用电容器的充放电过程控制一定的脉冲电流持续时间，使执行机构完成锁门和开门动作。

③ 车速感应式门锁控制器。在中央电控门锁系统中加装车速为 10 km/h 的感应开关，当车速在 10 km/h 以上时，若车门未上锁，驾驶员不需要动手，则门锁控制器自动将门上锁。如果个别车门要自行开门或锁门，可分别操作。图 4-27 所示为车速感应式中央集控门锁系统电路图。

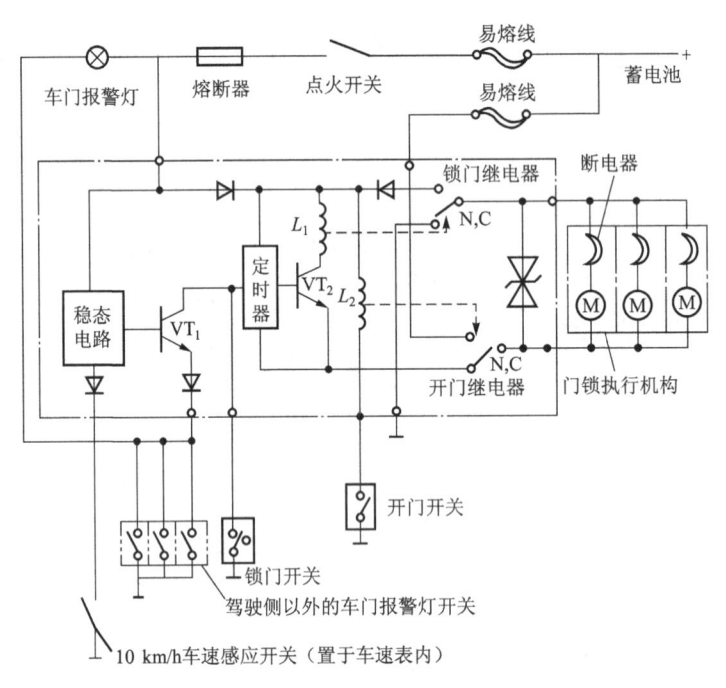

图 4-27 车速感应式中央电控门锁系统电路图

当点火开关接通时，电流流经报警灯，可使 3 个车门的报警灯开关（此时门未锁）搭铁，报警灯亮。若按下锁门开关，定时器使三极管 VT_2 导通，在三极管 VT_2 导通期间，锁定继电器线圈 L_1 通电，常开触点闭合，门锁执行机构通正向电流，执行锁门动作。当按下开锁开关时，则开门继电器线圈 L_2 通电，常开触点闭合，门锁执行机构通反向电流，执行开门动作。汽车行驶时，若车门未锁，且车速低于 10 km/h 时，置于车速表内的 10 km/h 开关闭合，此时稳态电路不向三极管 VT_1 提供基极电流；当行车速度高于 10 km/h 以上时，10 km/h 车速感应开关断开，此时稳态电路给三极管 VT_1 提供基极电流，VT_1 导通，定时器触发端经 VT_1 和车门报警灯开关搭铁，如同按下锁门开关一样，使车门锁定，从而保证行车安全。

3. 中央电控门锁防盗系统的拆装

中央电控门锁系统的拆装主要包括中央门锁控制模块、门闩总成、后行李舱盖锁接触开关的拆装。以奥迪 A6 轿车为例，中央门锁系统拆装步骤如下所述。

1）中央门锁控制模块的拆装与安装

（1）中央门锁控制模块的拆卸。

① 断开蓄电池电缆。

② 中央门锁控制模块位于驾驶员座椅的下方，拆卸控制模块的保护盒和绝缘体。

③ 断开控制模块线束接头。

④ 拆下控制模块。

（2）中央门锁控制模块的安装。安装时，按与拆卸时相反的顺序进行。

2）门闩总成的拆装与安装

（1）门闩总成的拆卸。

① 拆卸车门面板，保证车窗在最高位。

② 从门闩总成中断开中央门锁接头。

③ 拆下锁杆。

④ 拆下门闩总成螺钉并向下移动门闩总成。

（2）门闩总成的安装。按与拆卸相反的顺序进行安装。安装定位销，以保持门闩总成在安装过程中的自由定位。安装后，撤下定位销。

3）后行李舱盖锁接触开关的拆装与安装

（1）后行李舱盖锁接触开关的拆卸。

① 打开后行李舱盖，从支撑杆上将支杆分开。

② 从后行李舱盖中拆下门闩总成，断开电气连接件。

③ 利用旋具松开铆钉处的塑料片。

④ 将门闩总成杆按图中方向推，然后拉回塑料片，如图 4-28 所示。

⑤ 从门闩总成中拆下接触开关。

（2）后行李舱盖锁接触开关的安装。按与拆卸相反的顺序进行安装。在铆钉处压紧塑料片，用 8 N·m 力矩拧紧门闩总成螺母。

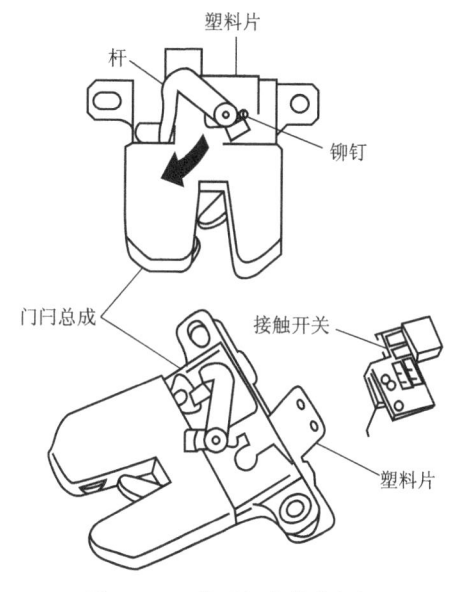

图 4-28 从后行李舱盖门闩总成中拆下接触开关

4. 防盗装置的选择

选择防盗装置时，要考虑多方面的要求，可以从以下几个方面考虑：

（1）根据汽车的档次选用合适的防盗装置。

（2）充分考虑制造工艺和设计水准。

（3）考虑售后服务，选用具有良好售后服务的商家可免除后顾之忧。

（4）功能上追求安全、实用、方便且具有环保性。

4.1.4 倒车雷达

汽车倒车雷达又称为测距倒车报警装置，是汽车泊车安全辅助装置，能以声音或者更为直观地显示告知驾驶员周围障碍物的情况，帮助驾驶员克服视野死角和视线模糊的缺陷，提高驾驶的安全性。

1. 倒车雷达的种类与作用

1）倒车雷达的种类

（1）根据倒车雷达感应器种类不同，可分为粘贴式、钻孔式和悬挂式三种。

粘贴式感应器后有层胶，可直接粘在后保险杠上；钻孔式感应器是在保险杠上钻一个孔，然后把感应器镶嵌进去；悬挂式感应器主要应用于载货车。

（2）根据显示设备种类不同，倒车雷达又可分为数字式、颜色式和蜂鸣式三种。数字式显示设备安装在驾驶台上，直接用数字表示汽车与后面物体的距离，能精确到1 cm，让驾驶员一目了然。

2）倒车雷达的功能

（1）倒车时能自动测出车尾与最近障碍物间的距离，并在驾驶室用数字进行显示。

（2）倒车至极限安全距离（距障碍物0.6 m）时，能发出急促的警告声提醒驾驶员注意制动。

（3）倒车时能重复发出"倒车，请注意"等类似的语言警告声提醒行人注意。

2. 倒车雷达的基本结构

倒车雷达是一种实用的超声波测距报警装置，其结构如图4-29所示。它主要由发射、接收、数字显示和报警四大部分组成。

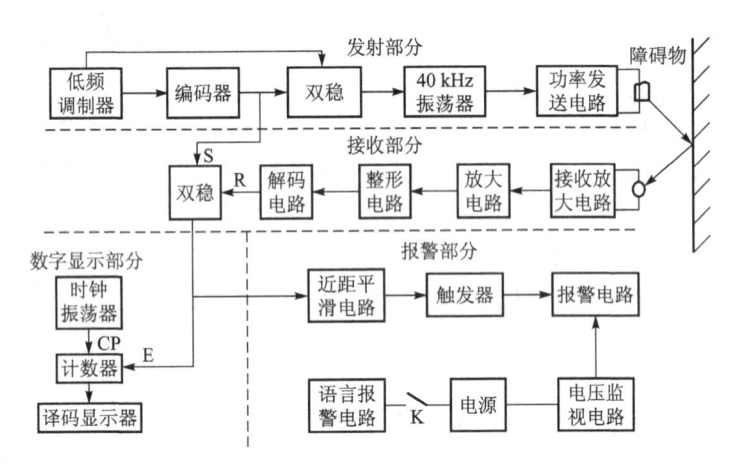

图4-29 倒车雷达的结构原理框图

（1）发射部分。发射部分由低频调制器、编码器、双稳回器、40 kHz振荡器、功率发送器及发射探头等组成。40 kHz振荡器受双稳态回路控制断续送出经低频调制器调制的信号，同时，为防止误计数，提高抗干扰性，将此信号经编码器编码，再经功率放大器放大，由超声控头向车后发射。

（2）接收部分。由接收控头、第1级放大电路、第2级放大电路、整形回路、解码器及双稳回路组成。接收控头接收到反射信号后，由第1级放大电路和第2级放大电路放大后，再送入施密特触发器进行整形，经解码器解码，最后经双稳电路送入数字处理部分。

（3）数字显示部分。由时钟振荡器、计数器、译码器及显示器组成。时钟振荡器一接通电源即开始振荡，但只有在计数器的闸门打开时，它才能进入计数器被计数，一旦接收到反射波信号，即关闭闸门，数据被锁存，经译码后通过显示器显示出来。

（4）报警部分。由电源电压监测电路、近距检测、平滑电路、触发器及语言声光报警电路组成。因控测到的反射波信号是一组脉冲信号，将其平滑后送入触发器，一旦超过触发阈值，报警电路就接通，发出声光报警。当电源电压低于 11.2 V 时，同样可使报警电路导通，发出声光报警。另外，在接通电源的同时接通语言报警电路，不断发出"倒车，请注意"的语言报警声。

3. 倒车雷达的工作原理

（1）测距显示。当接通电源时，40 kHz 振荡器受双稳回路控制，置位时开始振荡，同时，受低频调制器调制，编码器开始编码，编码完毕，双稳电路即被复位，40 kHz 振荡器停振，其间产生的经调制、编码的超声波信号经功率放大器放大后，通过发射探头向空中辐射，遇到障碍物即反射回来（反射角 = 入射角）。接收探头接收到反射信号后，即将此信号放大，然后送入施密特触发器进行整形，形成标准的触发脉冲再去解码，解码后的信号再送入另一双稳电路，此双稳电路在发射信号的同时被置位，同时打开了计数器的闸门，使时钟振荡器信号得以进入计数器，当接收到反射波信号后，此双稳电路复位，计数器闸门关闭，时钟脉冲被禁止输入，锁存器将进入计数器的脉冲个数锁存，并经译码通过 LED 显示器显示出来。

（2）报警。为了使仪器具有近距报警功能，特增设了近距 RC 平滑电路及触发器，由RC 电路将反射波脉冲进行平滑，送入触发器，一旦达到触发电平阈值，即使报警电路导通，发出声光报警。

（3）语音提醒。为了使车后的行人也同时知道汽车在倒车，及时躲避，增设了"倒车，请注意"的语言告警功能，提醒行人注意。

4. 倒车雷达的安装

1）临时性安装

此种安装仅限于具有粘贴式探头的报警器，其特点是不需要在车体上开孔，只要将报警器粘贴在适当的位置即可，安装拆卸均不会影响汽车美观。

（1）安装位置。此种报警器一般安装在尾灯附近或行李箱门边。安装的最佳宽度为 0.66~0.8 m。安装的最佳离地距离为 0.55~0.7 m。

（2）安装方法。

① 将附带橡胶圈套在传感器（探头）上，引线向下，并与地面垂直，探头一般不安装在汽车最尾部，以免撞坏。

② 确定传感器安装位置，侧视 90° 应无障碍物，否则会影响探测结果，产生误报警。

③ 传感器的贴合必须选择垂直方向，向上或向下均会影响使用。

④ 用电吹风将双面贴加热，然后撕去面纸贴到确定部位，48 h 后才能达到最佳贴合效果。

⑤ 报警器的闪光指示灯应安装在仪表台易被驾驶员视线捕捉的位置。

⑥ 控制盒安装在安全、不热、不潮湿、不溅水的位置，通常将其安装在行李箱侧面。

⑦ 蜂鸣器一般安装在后风挡平台上。

⑧ 传感器屏蔽线应防止压扁刺穿，且要隐蔽铺设，以求美观。

2）永久式安装

此种安装适用于具有开孔式探头的报警器。

（1）安装位置。安装于汽车尾部或保险杠上。

（2）探头的安装方法。

① 在车身尾部或保险杠上开孔。

② 将胶套安装在已打好的孔内。

③ 将已接好的探头从基材背面安装在探头胶套上。

④ 将探头喷涂成与车身或保险杠相匹配的颜色。

5. 倒车雷达的选择

倒车雷达选购时，要考虑探头的距离精度、防水性能、探头的有效范围。

4.2 汽车控制装饰

汽车控制装饰包括巡航控制系统和防抱死制动系统等，它们可以帮助提高汽车的行驶安全性，减少交通事故的发生。

4.2.1 汽车巡航控制系统

汽车巡航控制系统也称为速度控制系统，一旦系统设定成所要求的车速，发动机节气门位置可以自动调节，以保持所设定的车速，而不用操纵加速踏板，是一种能够减轻驾驶员劳动强度，提高行驶舒适性，保证汽车和发动机都能在有利速度范围内运行的自动控制装置，可以节省燃料的消耗和减少排放污染。

汽车巡航控制系统经历了机械控制系统、晶体管控制系统、模拟集成电路控制系统和微机控制系统等几个发展过程。微机控制系统在近 20 年得到了快速的发展，在新型汽车上得到了广泛应用。

1. 汽车巡航控制系统的特点

汽车巡航控制系统具有以下几个特点：

（1）提高了汽车行驶的稳定性和舒适性。巡航控制系统保证了汽车在有利车速下等速行驶，大大提高了其稳定性和舒适性。

（2）提高了汽车行驶的安全性。巡航控制系统在上坡、下坡或平路行驶时，司机只要掌握好转向盘，不用踩加速踏板和换挡就能等速稳定运行，减轻司机劳动强度，可使精力集中，确保行车安全。

（3）可降低油耗和排气污染。巡航控制系统选择在最有利的车速和发动机转速下运行，可平均节省燃油 15%，并使燃烧完全，热效率高，排气中 CO、NO_x、CH 大量减少，有利于环保。

（4）减少磨损、延长寿命。稳定等速行驶使额外惯性力减小，所以机件磨损少，寿命增加，故障减少。

2. 汽车巡航控制系统的结构

巡航控制系统主要由巡航控制开关、传感器、巡航 ECU 和执行器等组成。凌志轿车巡航控制系统组成部件的布置情况如图4-30所示。

1）巡航控制开关

控制开关都做成杆式开关，装在转向柱或转向盘等驾驶员容易接近的地方。操纵控制开关可实现的功能是：设定速度、加速、减速、恢复和解除等。

按住"设定/加速"开关时，汽车不断加速，当达到要求车速时，松开按钮，电子巡航控制系统就以松开按钮时的车速保持稳定匀速运行。

当踩下制动踏板、踩离合器及换挡时，在巡航控制功能消除后，再按"恢复"按钮，则又可重新设定车速运行。

2）传感器

（1）车速传感器。车速传感器装于变速器输出轴端，由输出轴齿轮驱动。车速传感器有多种结构，有磁感应式、光电式、霍尔效应式、磁阻式等。

磁阻式车速传感器如图4-31所示。这种车速传感器装于变速器延伸壳上，由输出轴上的齿轮驱动。速度传感器由内装磁阻元件的混合集成电路和磁环组成。磁阻元件是具有磁阻效应的半导体材料。所谓磁阻效应，是指半导体材料的电阻值随磁场强弱而变化的现象。半导体材料两电极之

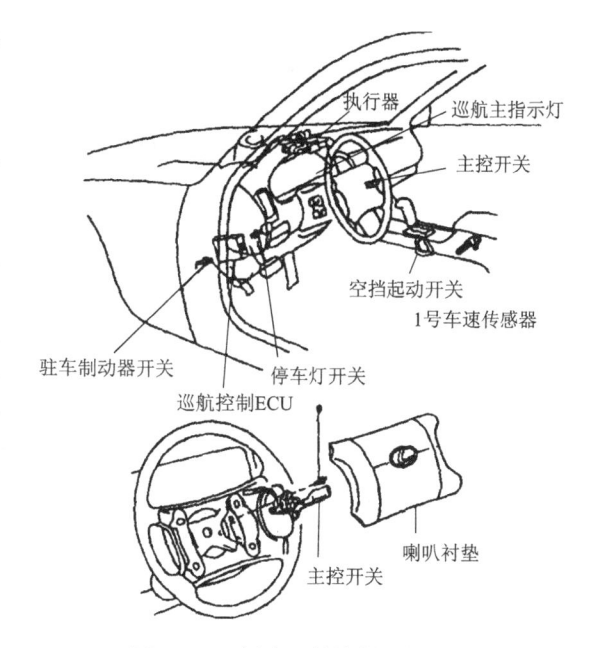

图4-30 轿车巡航控制系统组成元部件的布置情况

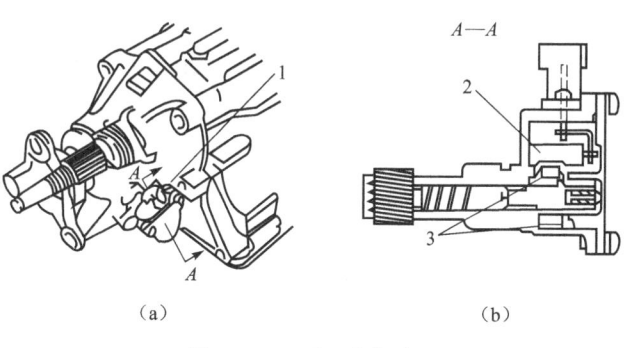

图4-31 磁阻式传感器
（a）外形与安装；（b）结构
1—速度传感器；2—混合集成电路（HIC）；3—磁环

间的电阻由材料的电阻率和通过的电流两个因素决定。在无磁场时，电极间的电阻值取最小电流分布。在一个长方形半导体元件的两端面通电，当长方形元件处于磁场中时，由于两电极间的电流路径因磁场作用而加长，从而使电极间的电阻值增加。

磁环上有20个磁极，当磁环旋转时，磁力线发生变化，在磁阻元件上产生交流电。交流电信号经比较器变为数字信号，经反相后送到巡航ECU作为速度信号。速度传感器的电路和信号波形如图4-32所示。

（2）节气门位置传感器。节气门位置传感器安装在节气门体上，作用是检测节气门的开度，它把节气门打开的角度转换成电压信号送到ECU，进行满足节气门不同开度状态的喷油量控制。节气门位置传感器有线性输出型和开关量输出型两种形式。

（3）节气门控制臂位置传感器。节气门控制臂位置传感器可为巡航控制ECU提供节气门摇臂装置的电信号，目前采用较多的是滑线电位计式。当节气门控制摇臂转动时，电位计

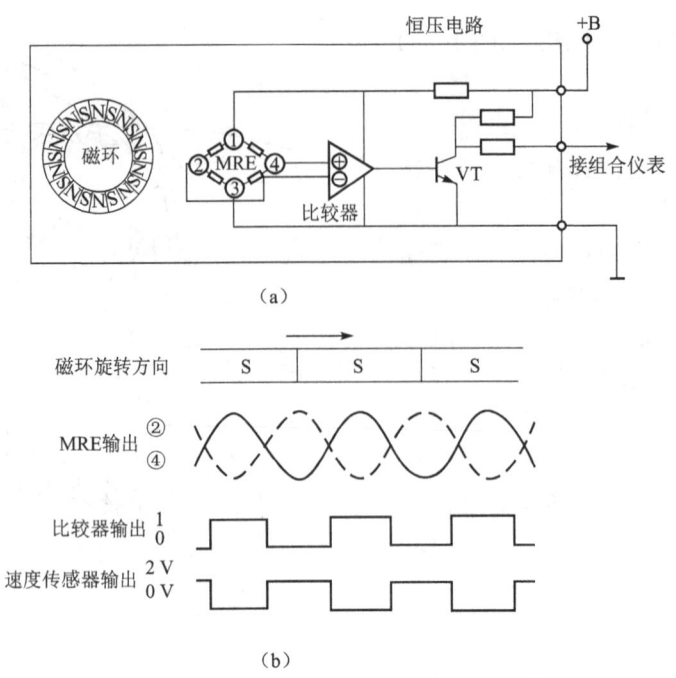

图 4-32 磁阻式传感器的电路和信号波形
(a) 电路；(b) 信号波形

随之转动，便输出一个与控制摇臂位置成比例且连续变化的电信号。

3) 巡航控制 ECU

(1) 巡航控制 ECU 的功能。汽车在巡航控制状态时，一般当车速低于 40 km/h 时，ECU 将巡航控制取消，这样使汽车在制动、转弯时，巡航控制不起作用。当车速超过设定车速 6~8 km/h 或汽车的减速度大于 2 m/s² 以及汽车的制动灯开关动作时，ECU 也将自动取消巡航控制，以确保行车安全。除此之外，巡航控制 ECU 还具有以下控制功能：匀速控制功能、设定功能、滑行功能、加速功能、恢复功能、车速下限控制功能、车速上限控制功能、手动取消功能、自动取消功能、自动变速器控制功能、迅速降速和迅速升速控制功能、诊断功能等。

(2) 数字电子式巡航控制 ECU 的工作原理。随着数字电子技术的不断发展，特别是大规模集成电路及微机技术的推广，采用数字技术代替模拟技术已成为一种发展方向。图 4-33 所示是一种采用微处理控制器的巡航控制系统的电路方框图。

巡航控制 ECU 由处理器芯片、A/D、D/A、IC 及输出驱动和保护电路等模块组成。ECU 接收来自车速传感器和各种开关的信号，按照存储的程序进行处理，当车速偏离设定的巡航车速时，给执行器一个电信号，控制执行器动作，使实际车速与设定车速基本一致。

在这样一个系统中，控制原理与模拟电路完全相同。所不同的是，所有输入指令均以数字信号直接存储和处理。带可擦只读存储器的八位微处理控制器（MCU）根据指令车速、实际车速以及其他输入信号，按照给定程序完成所有的数据处理之后，产生输出信号驱动步进电动机改变油门开度。每种车型最平顺的加速度和减速度由设计者编程确定。在安全方面，将制动开关与油门执行器直接相连，这样当踩下制动踏板时，在断开 MCU 巡航控制程

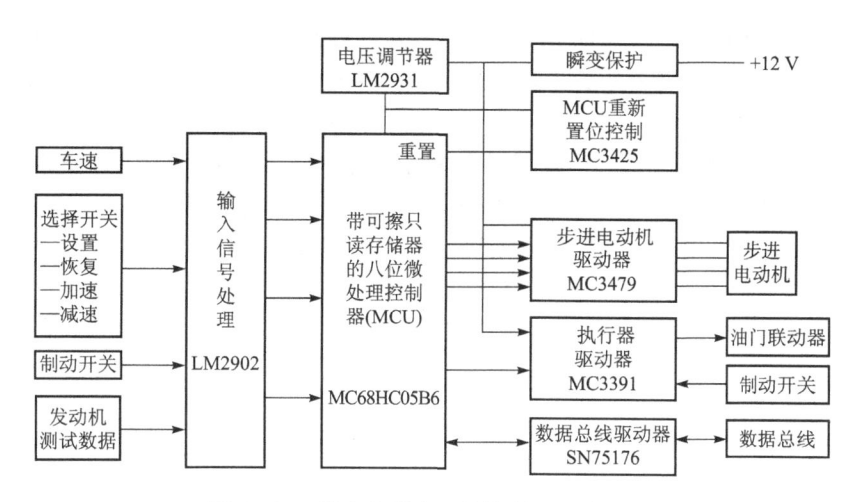

图 4-33 数字电子式巡航控制 ECU 方框图

序的同时，将油门执行器的动力源断开，从而确保油门完全关闭。

4）执行器

执行器将 ECU 输出的电流或电压信号转变为机械运动，进而控制节气门的开度，最终达到控制车速的目的。

常用的执行器有两种：一种是真空式驱动型执行器，另一种是电动式驱动型执行器。前者由负压操纵节气门，后者由电动机操纵节气门。

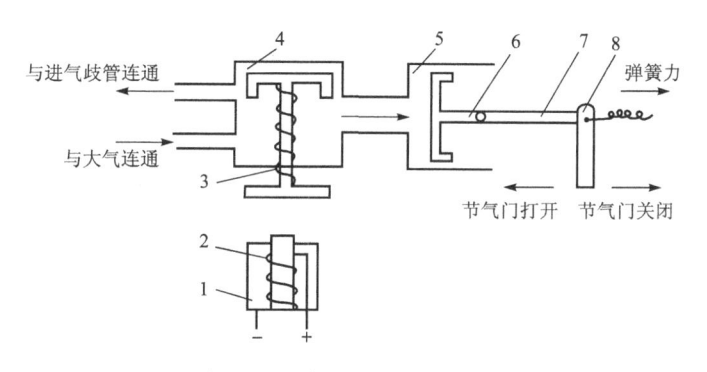

（1）真空式驱动型执行器。真空式驱动型执行器可用于发动机进气歧管真空度控制，当进气歧管负压太低时，用真空泵提高负压进行控制。真空式执行器的工作原理如图 4-34 所示。

图 4-34 真空式驱动型执行器
1—电磁铁；2—电磁线圈；3—弹簧；4—压力控制阀；5—气缸；6—活塞；7—连杆；8—节气门拉杆

执行器活塞连杆与节气门拉杆相连，当活塞连杆对节气门拉杆无作用时，弹簧力使节气门关闭。当节气门的输入信号对电磁阀线圈通电时，压力控制阀阀芯克服阀弹簧力下移，执行器活塞气缸与进气歧管连通。由于进气歧管内为真空，于是执行器气缸压力迅速下降，执行器活塞带动节气门拉杆向左运动，从而使节气门平顺渐进地打开。活塞上的作用力随气缸中平均压力的变化而变化，而气缸中的平均压力则通过快速通断压力控制阀来控制。执行器的输入信号是一个脉冲信号，当信号为高电位时，电磁铁通电；当信号为低电位时，电磁铁断电。因此，气缸中的平均压力即节气门开度与压力控制阀控制信号的占空比成正比。选择执行器时，应使节气门执行器的频率响应与车速传感器的频率响应基本一致，以保证整个巡航控制的协调进行。

（2）电动式驱动型执行器。电动式执行器结构如图 4-35 所示，它由电动机、安全电磁离合器、控制臂、电位器等组成。其工作原理是：当执行器接收到来自巡航控制 ECU 的控制信号时，接通安全电磁离合器和电动机。电动机带动控制臂移动而相应地改变发动机节气门位置。当电动机转动时，控制臂经由蜗杆、蜗轮、安全电磁离合器、齿轮和驱动轴带动转动，并牵动钢索控制节气门相应的开闭。

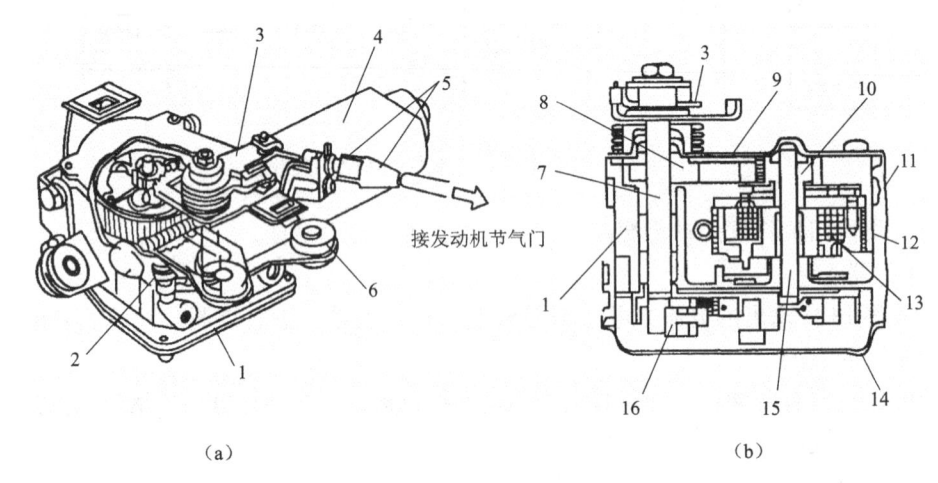

图 4-35 电动式执行器
（a）外形；（b）剖面图
1—外壳；2—电位器；3—控制臂；4—电动机；5—钢索；6—支架；7—驱动轴；8—齿轮；9—盖；10—齿轮；11—安全电磁离合器；12—电磁铁外壳；13—电磁铁线圈；14—壳体；15—转子轴；16—齿轮

安全电磁离合器的作用是：在车速超过巡航控制期间设定的速度约 15 km/h 以上，或电动机、电路发生故障和电动机锁死等情况下，能够使电动机与控制臂脱离并且关闭发动机。其结构如图 4-36 所示。

图 4-37 是电磁离合器的工作电路图。当 ECU 给执行器发出控制信号时，电磁离合器接合，电动机通过拉线转动节气门。在巡航控制系统工作时，或驾驶员按动任一取消开关，巡航控制 ECU 接收到此信息即做出反应，将电磁离合器分离，阻止电动机转动节气门，取消巡航控制。

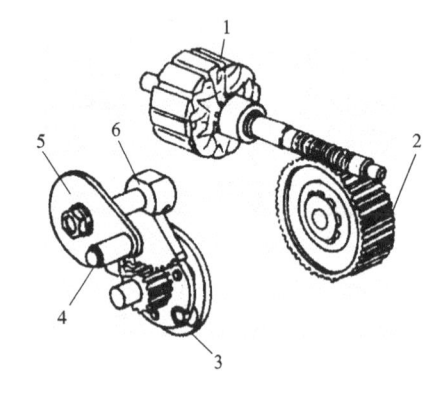

图 4-36 电磁离合器的结构
1—驱动电动机；2—电磁离合器；3—离合器片；4—至节气门拉线；5—控制臂；6—主减速器

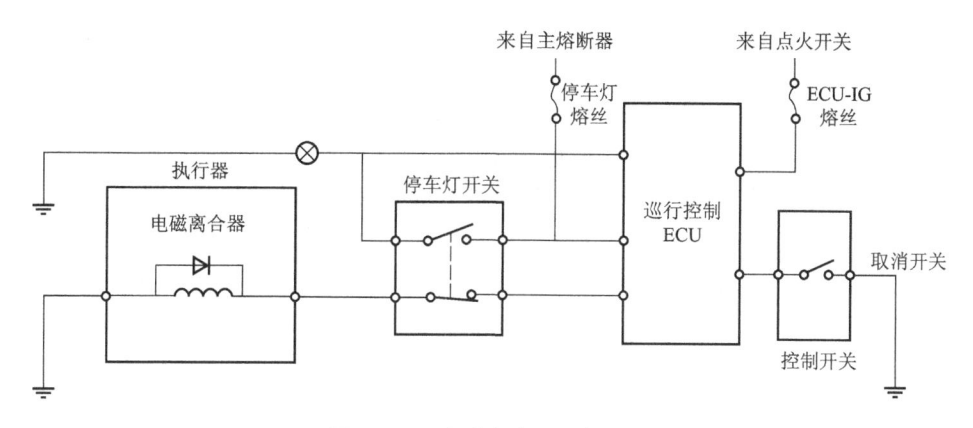

图 4-37 电磁离合器工作电路

电位器的作用是检测控制臂的旋转角度,并将控制臂的位置信号反馈给巡航控制 ECU。其结构和工作电路如图 4-38 所示。当巡航控制系统车速设定好后,电位计将节气门开度转换为电信号,送入巡航控制 ECU,ECU 将此数据存储于存储器中,行车中 ECU 根据此数据控制节气门的开度,使实际车速与设定的车速相符。

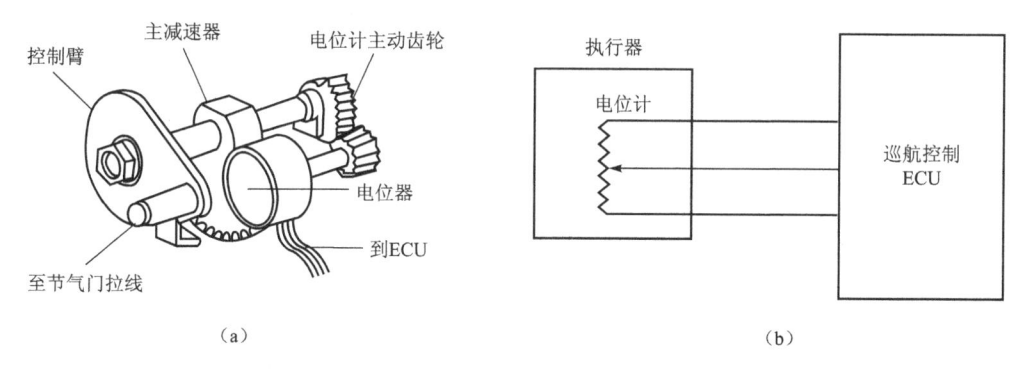

图 4-38 电位器结构及工作电路
（a）电位器结构；（b）电位器工作电路

3. 巡航控制系统的工作原理

汽车在平坦路面上行驶时,车速与节气门开度的关系如图 4-39 中的 $A—A'$ 曲线所示。当汽车以速度 v_0 在平坦路面行驶时,一旦进入自动行驶状态,节气门的开度则处于 θ_0,故不需要进行任何调节。

当汽车遇到上坡路段时,行驶阻力增加,车速与节气门开度的关系将按 $B—B'$ 曲线变化。若不及时调整节气门开度,车速将会下降到 v_2。采用巡航控制系统可以根据设计的具有一定斜率的控制线来自动调节节气门开度,使节气门开度从 θ_0 变为 θ_H,将车速稳定在 X 点,取得新的平衡。汽车下坡时,行

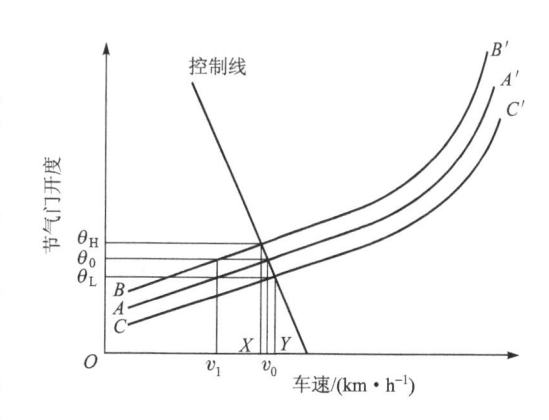

图 4-39 节气门开度与车速的关系

驶阻力减小，车速与节气门开度的关系将按 $C—C'$ 曲线变化，同样，控制系统也沿控制线调节节气门，其开度从 θ_0 变为 θ_L，车速在 Y 点取得平衡。因此，汽车行驶阻力在上述 $B—B'$ 和 $C—C'$ 曲线中间变化时，车速在 $X\sim Y$ 范围内变化。显然，自动调节的结果是，汽车速度并不是保持在某一点，而是在一定的速度范围内变动，即与设定速度间存在一定的误差。

在设计时，若使控制线垂直于车速，从理论上看，车速控制的误差可减小为零，但这样一来，行驶阻力的微小变化都会引起节气门快速变化，容易产生较大的振荡，即产生游车现象。因此，应综合考虑控制车速误差范围与游车问题，选择适当的控制线斜率。

图 4-40 所示为电子巡航控制系统的基本原理方框图。ECU 有两个基本输入信号：一个是驾驶员的指令速度信号，另一个是实际车速的反馈信号。ECU 检测这两个输入之间的误差后，输出一个节气门的开度控制信号，执行器根据接收的控制信号来调节发动机节气门开度，修正所检测到的车速误差，从而使车速保持恒定。

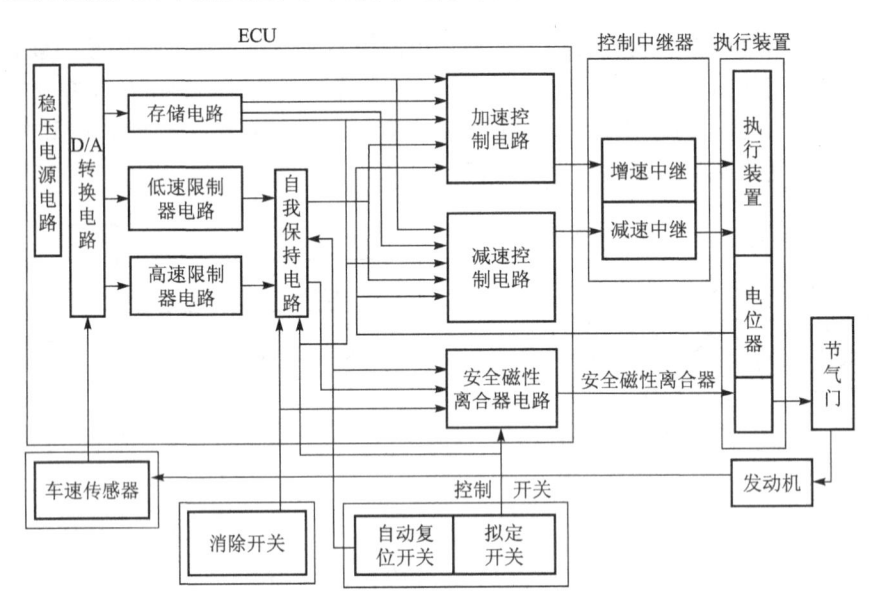

图 4-40　电子控制巡航控制系统的基本原理框图

4. 巡航控制系统使用注意事项

（1）为了让汽车获得最佳控制，遇交通拥堵的场合，或在雨、冰、雪等湿滑路面上行驶及遇上大风天气时，不要使用巡航控制系统。

（2）为了避免巡航控制系统错误工作，在不使用巡航控制时，务必使巡航控制系统的控制开关（CRUISE ON – OFF）处于关闭状态。

（3）汽车行驶在陡坡上时，若使用巡航控制系统，则会引起发动机转速变化过大，所以此时最好不要使用巡航控制系统。下坡驾驶中，须避免将车辆加速。

（4）汽车巡航行驶时，对装备 MT（手动变速器）的汽车，切记不能在未踩下离合器踏板的前提下就将变速杆移至空挡，以免造成发动机转速骤然升高。

（5）使用巡航控制系统时，要注意观察仪表板上的指示灯"CRUISE"是否闪烁发亮，若闪烁，表明巡航控制系统是在故障状态。发现故障状态时，应停止使用巡航控制系统，待排除故障后再使用巡航控制。

4.2.2 汽车防抱死制动系统

防抱死制动系统（Anti-lock Brake System）是汽车的一种主动安全装置。它是在原车常规制动系统的基础上加装的一套电子控制装置，其能够迅速、准确地检测各车轮的滑移量，通过电子控制器的分析、运算和控制，调节液压式气压制动压力，从而减小车轮的滑移率，消除制动过程中的侧滑、跑偏、丧失转向能力等非稳定状态，防止车轮抱死，以确保汽车方向的稳定性、可操纵性和行驶的安全性。

1. 防抱死制动系统的特点和分类

1）防抱死制动系统的特点

在制动过程中，当车轮趋于抱死即滑移率进入非稳定区时，ABS 能迅速降低制动压力，使滑移率恢复到靠近理想滑移率的稳定区域内，通过自动调节制动力，使车轮滑移率保持在理想滑移率附近的狭小范围内，防止车轮抱死而获得最佳制动性能。ABS 具有以下优点：

(1) 缩短制动距离（松散的沙土和积雪很深的路面除外）。
(2) 保持汽车制动时的方向稳定性。
(3) 保持汽车制动时的转向控制能力。
(4) 减少汽车制动时轮胎的磨损。
(5) 减少驾驶员的疲劳强度（特别是紧张情绪）。

2）防抱死制动系统的种类

(1) 按控制器所依据的控制参数不同分类。

① 以车轮滑移率 S 为控制参数的 ABS。控制器根据车速传感器和车轮转速传感器的信号计算车轮的滑移率，作为控制制动力的依据。当计算得到的滑移率 S 超出设定值时，控制器就输出减小制动力信号，通过制动压力调节器减小制动压力，使车轮不被抱死；当滑移率 S 低于设定值时，控制器输出增大制动力信号，制动压力调节器又使制动压力增大。通过这样不断地调整制动压力，控制车轮的滑移率在设定的最佳范围内。

这种直接以滑移率为控制参数的 ABS 需要得到准确的车身相对于地面的移动速度信号和车轮的转速信号。

② 以车轮角减速度为控制参数的 ABS。控制器主要根据车轮转速传感器的信号计算车轮的角加速度，作为控制制动力的依据。计算机中事先设定了两个门限值：一个为角减速度门限值，作为车轮已被抱死的判断值；一个为角加速度门限值，作为制动力过小而使车轮转速过高的判断值。制动时，当车轮角减速度达到门限值时，控制器输出减小制动力信号；当车轮转速升高至角加速度门限值时，控制器则输出增加制动力信号。如此不断地调整制动压力，使车轮不被抱死，处于边滚边滑的状态。

这种控制方式传感器信号容易取得，结构较为简单，但仅以车轮角减速度作为控制参数，其控制精度较低。

③ 以车轮角减速度和滑移率为控制参数的 ABS。以车轮角减速度和滑移率为控制参数的 ABS 其控制精度较高，制动时车轮在最佳转速值上下波动的范围小。为使结构简单，目前汽车上广泛使用的 ABS，通常是利用车轮转速传感器信号计算得到一个参考滑移率。

(2) 按功能和布置的形式不同分类。

① 后轮防抱死 ABS。只对汽车的后轮进行防抱死控制，这种 ABS 在轿车上已很少应用，

现在一些轻型载货汽车上还有使用。

② 四轮防抱死 ABS。对汽车的前后四轮都实施防抱死控制,现代汽车基本都采用四轮防抱死制动系统。

(3) 按系统控制方案不同分类。

① 轴控式 ABS。根据一个车轮转速传感器(或轴转速传感器)信号共同控制同一轴上的两轮,这种控制方案多用于载货汽车。轴控式又分为低选控制(由附着系数低的车轮来确定制动压力)和高选控制(由附着系数高的车轮来确定制动压力)两种方式。

② 轮控式 ABS。也称单轮控制,即每个车轮均根据各自车轮转速传感器信号单独进行控制。

③ 混合式 ABS。系统中同时采用轴控式和轮控式两种控制方式。

(4) 按控制通道和传感器数不同分类。ABS 系统中的控制通道是指能独立进行制动压力调节的制动管路。按控制通道,分为以下四种。

① 单通道式 ABS。单通道式 ABS 如图 4-41 所示,通常是对两后轮采用轴控方式,车轮转速传感器有一个或两个,采用一个轮速传感器的将传感器安装在后桥主减速器处,采用两个轮速传感器的则在后轮上各装一个,并采用低选控制。由于前轮未进行防抱死控制,因而汽车制动时的转向操纵性没有提高。但单通道 ABS 结构简单、成本低,因此在一些载货汽车上还有应用。

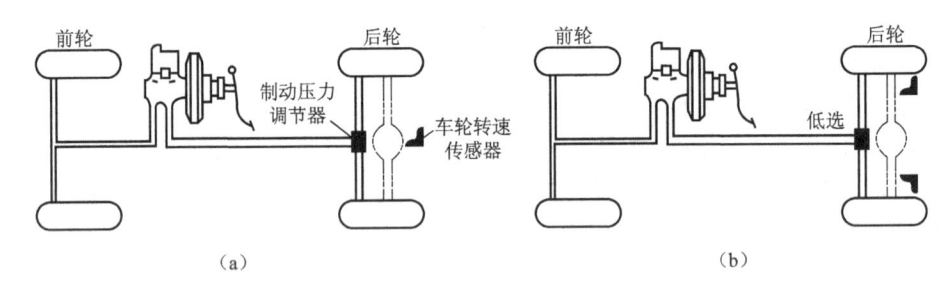

图 4-41 单通道式 ABS
(a) 单通道一传感器;(b) 单通道二传感器

② 双通道式 ABS。双通道式 ABS 有不同的形式,如图 4-42 所示。双通道结构比较简单,但难以同时兼顾制动时的方向稳定性、转向操纵性及制动效能,因此目前在汽车上已很少使用。

③ 三通道式 ABS。三通道式 ABS 一般是对两个前轮进行独立控制,对两个后轮按低选原则进行同时控制。各种三通道制动防抱死系统如图 4-43 所示。

汽车在紧急制动时会发生很大的轴荷转移,使前轮的附着力比后轮的大得多。特别是前轮驱动的汽车,通常前轮的附着力约占汽车总附着力的 70%~80%。对前轮进行独立控制,可使两个前轮在制动过程中始终获得较大的侧向附着力,使汽车保持良好的转向操纵能力,同时,也充分地利用了两个前轮很大的纵向附着力产生制动力,这将有助于缩短汽车的制动距离。对两个后轮按低选原则进行一同控制时,即使汽车两侧车轮附着力相差较大,两个后轮的制动力也将被限制在较小附着力的水平,使两个后轮的制动力始终保持平衡,保证汽车在各种条件下进行制动时都具有良好的方向稳定性。当然,两个后轮按低选原则一同控制时,可能会使附着力较大的后轮不能产生充分制动。但由于后轮制动力在汽车总制动力中所占的比

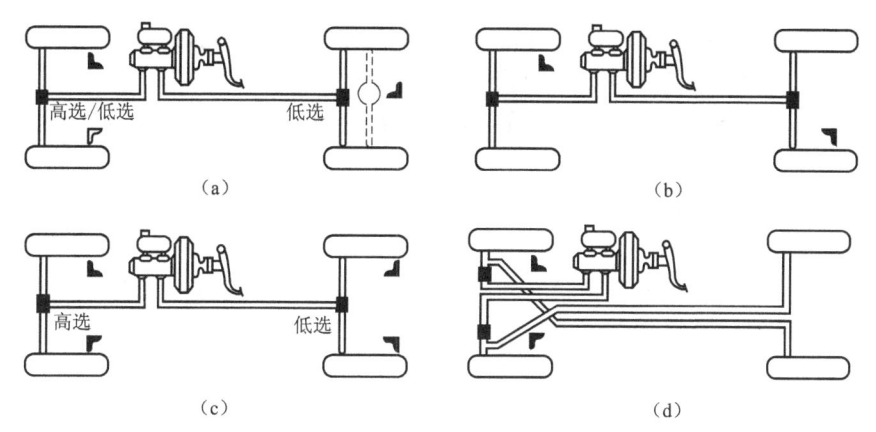

图 4-42 双通道式 ABS
(a) 双通道三传感器；(b) 双通道二传感器（对角布置）；
(c) 双通道四传感器；(d) 双通道二传感器（前轮布置）

例本来就较小，所以由此造成的制动力损失并不显著。尽管两个前轮独立控制可能会导致两个前轮制动力的不平衡，但由于两个前轮制动力不平衡对汽车行驶方向稳定性的影响较小，而且还可以通过转向操纵对由此造成的影响进行修正，因此，四轮制动防抱死系统大多为三通道系统。

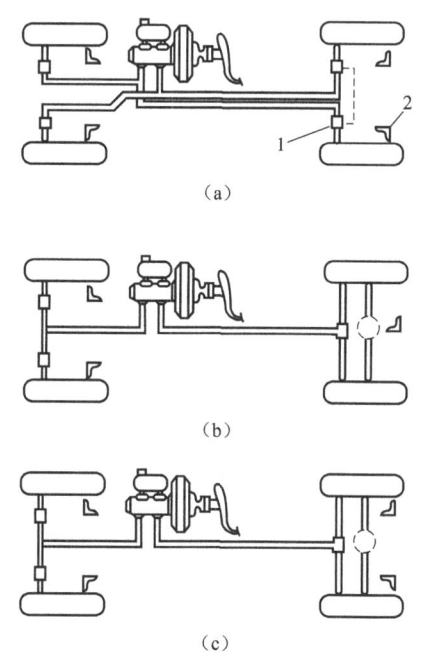

图 4-43 三通道 ABS
(a) 三通道四传感器（双管路对角布置）；(b) 三通道三传感器；(c) 三通道四传感器（双管路前后布置）
1—制动压力调节分装置；2—转速传感器

在图 4-43（a）所示按对角布置的双管路制动系统中，虽然在通往四个制动轮缸的制动管路中各设置一个制动压力调节分装置，但两个后制动轮缸的制动压力调节分装置却是由电子控制单元（ECU）按低选原则一同控制的，因此，实际上仍然是三通道制动防抱死系统。由于三通道制动防抱死系统对前后轮进行一同控制，对于后轮驱动的汽车，就可以在传动系统中（如主减速器或变速器中）只设置一个转速传感器，如图4-43（b）所示，用来感测两个后轮的平均转速。对于按前后布置的双管路制动系统，则可以在通往两个后轮制动轮缸的制动总管路中只设置一个制动压力调节装置，如图4-43（c）所示，对两个后制动轮缸的制动压力一同进行调节。

④ 四通道式ABS。四通道式ABS是指四个车轮均采用独立控制，在每个车轮上各设置一个转速传感器，并在通往各制动轮的制动管路中各设置一个制动压力调节装置。四通道制动防抱死系统有两种结构，如图4-44所示。

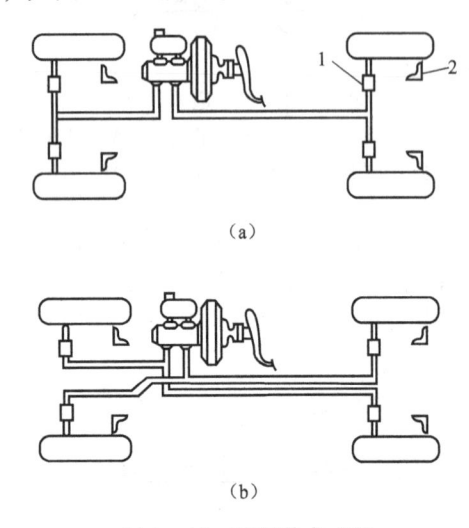

图4-44 四通道式ABS
（a）四通道四传感器（双管路前后布置）；（b）四通道四传感器（双管路对角布置）
1—制动压力调节分装置；2—转速传感器

四通道制动防抱死系统可以最大限度地利用每个车轮的最大附着力进行制动，而且每个车轮都具有较高的抵抗外界横向力作用的能力。当汽车左右两侧车轮的附着力相近时，两侧车轮所产生的制动力几乎相等，而且接近于附着力的极限。因此，汽车不仅具有良好的方向稳定性和转向操纵能力，而且能够获得最短的制动距离。但是，如果两侧车轮的附着力相差较大（例如，汽车行驶在附着系数分离的路面或两侧车轮的垂直载荷相差较大），则制动过程中两侧车轮的制动力就相差较大，由此产生的横摆力矩会严重地影响汽车的方向稳定性，所以制动防抱死系统通常不对四个车轮进行独立的制动压力调节。

2. 防抱死制动系统的结构

汽车防抱死制动系统由车轮转速传感器、压力调节器和电子控制器组成。图4-45是一种典型的电子控制防抱死制动系统。

1）车轮转速传感器

车轮转速传感器将车轮的转速转变为电信号，并输送给控制器，以使ABS能进行防抱死控制。传感器有电磁感应式、霍尔效应式等，目前用得较多的为电磁感应式车轮转速传感器。

电磁感应式轮速传感器由齿圈、铁芯、永久磁铁和线圈组成，如图4-46所示。

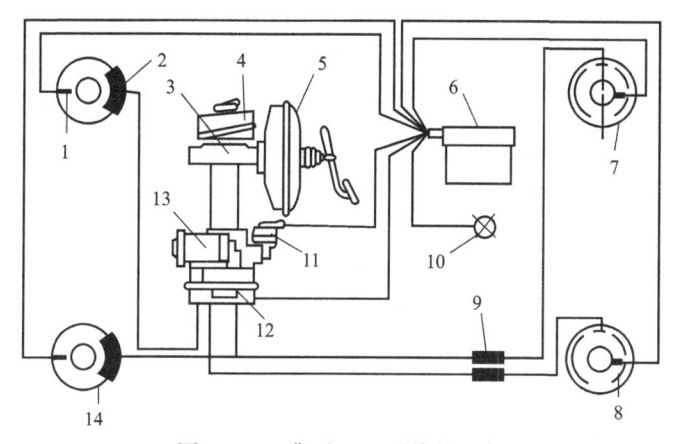

图 4-45 典型 ABS 系统的组成

1—车轮转速传感器；2—右前制动器；3—制动主缸；4—储液室；
5—真空助力器；6—电子控制装置；7—右后制动器；8—左后制动器；
9—比例阀；10—ABS 警示灯；11—储液器；12—调压电磁阀；
13—电动泵总成；14—左前制动器

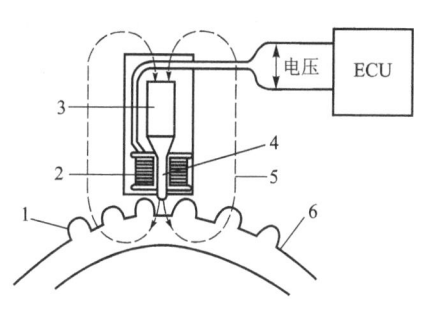

图 4-46 电磁感应式轮速传感器的结构

1—凸齿；2—永久磁铁；3—铁芯；
4—电磁线圈；5—磁极；6—齿圈

电磁感应式轮速传感器工作原理如图 4-47 所示。

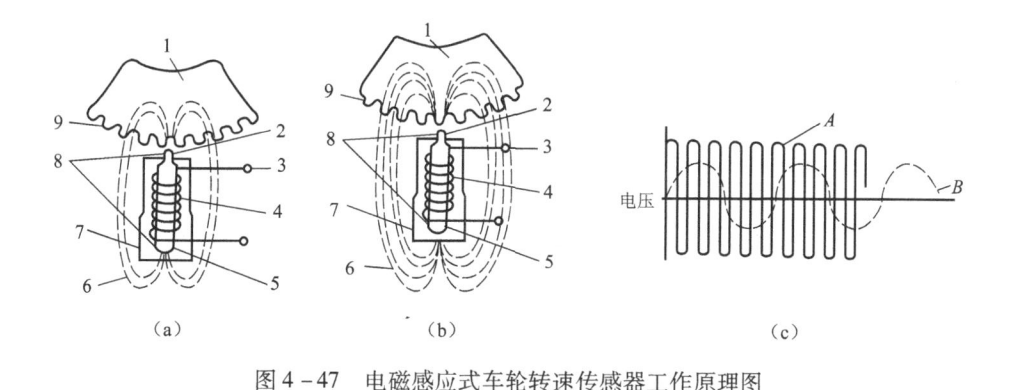

图 4-47 电磁感应式车轮转速传感器工作原理图

(a) 齿隙与铁芯端部相对时的情况；(b) 齿顶与铁芯端部相对时的情况；(c) 传感器输出电压

1—齿圈；2—铁芯端部；3—线圈引线；4—线圈；5—铁芯；6—磁力线；
7—电磁感应式传感器；8—磁极；9—齿圈的齿

由图 4-47 (a) 和图 4-47 (b) 对比可知，当铁芯端部对着齿圈的齿槽时，通过电磁线圈的磁力线较少；当铁芯端部对着齿圈的齿顶时，通过电磁线圈的磁力线较多。因齿圈和车轮固定在一起，随车轮一起转动，而传感器是固定不动的，所以铁芯端部交替对应齿圈的齿槽和齿顶，那么穿过电磁线圈的磁力线就会由少到多，再由多到少交替变化，也就是说，通过磁化线圈的磁通会发生变化，从而在磁化线圈中感应出交变的感应电压，该感应电压的频率与车轮的转速成正比。

2) 压力调节器

压力调节器总成介于制动总泵和分泵之间，其功用是接受并执行来自电子控制装置的指令，使制动轮缸或气室能实现压力增高、压力保持或压力降低。它在自动调节轮缸或气室的压力时，不受驾驶员的控制。

压力调节器由回油泵、存储器和电磁阀等组成，如图4-48所示。回油泵的功用是在制动轮缸压力减小的过程中，抽吸制动轮缸的制动液，并把它泵回到制动主缸里。存储器的功用是暂时存储压力减小时流出制动轮缸的制动液。三位三通电磁阀用于车轮制动轮缸液压的调节。

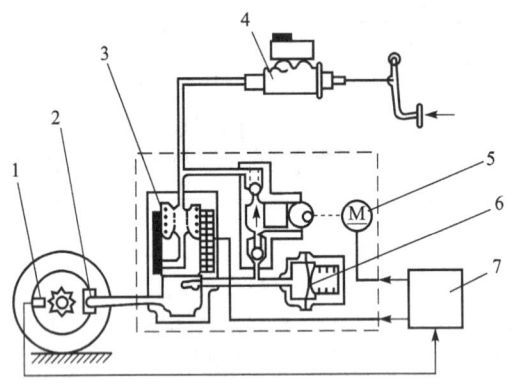

图4-48 压力调节器系统结构示意图
1—轮速传感器；2—制动分泵；3—油压控制电磁阀；
4—制动总泵；5—回油泵；6—存储器；7—ABS电脑

电磁阀的工作原理如图4-49所示。

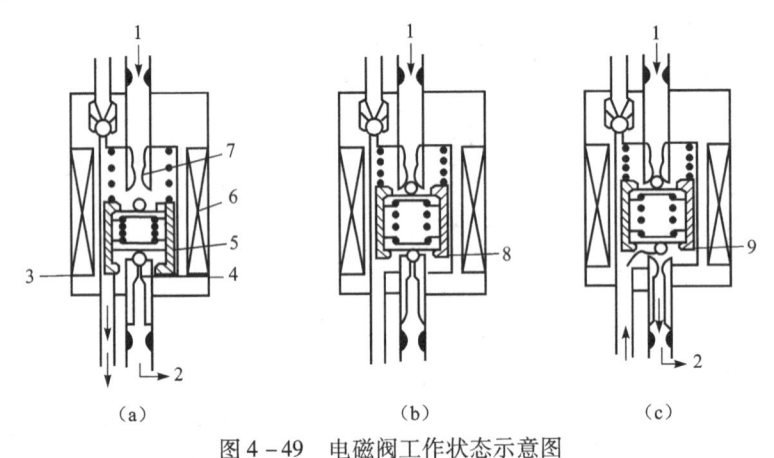

图4-49 电磁阀工作状态示意图
(a) 增压状态；(b) 压力保持状态；(c) 降压状态
1—来自制动总泵；2—去回油槽；3—位置1；4—回油孔；5—柱塞；
6—电磁线圈；7—进油孔；8—位置2；9—位置3

图4-50为实现电磁阀三种功能时力作用的图示。图中，F_{MH}为保持电流下的电磁力；F_{MM}为最大电流下的电磁力；F_V为作用力；S_A为卸荷行程；S_E为进油行程。其工作原理如下：

（1）增压状态。无激励时，即不供能的情况下，在制动器主缸接口和车轮制动器分缸接口之间有一个无障碍通道。在此状态下，电磁阀中的两个弹簧起反向作用。由于主弹簧的恢复力较大，故使进油阀在开启力（图4-50中的1）作用下及时打开。采用这种办法有两个好处：一是制动器压力能在没有制动防抱死装置参与的常规情况下增加；二是压力也能在电子控制装置的作用下增加。此种状态下的结构示意简图如图4-49（a）所示。

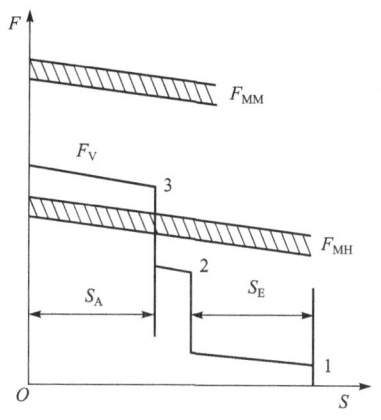

图4-50　电磁阀中力的图示
1—主弹簧力减去副弹簧力（压力增高状态）；
2—主弹簧力（压力保持状态）；3—主弹簧力加副弹簧力（压力降低状态）

（2）压力保持状态。为使轮缸中保持一定压力，不增加也不降低，须切断制动器主缸与有抱死倾向的车轮的制动器分缸的接口。由于这个原因，最大电流的半值（保持电流）通过电磁线圈6，产生了保持电流的电磁力 F_{MH}（图4-50）。此力使柱塞5移动到进油阀被关闭时为止。在此状态下，副弹簧从压缩状态下释放，不再具有压缩力，仅有主弹簧力的作用（图4-50中的2）。电磁线圈没有足够大的力量克服两个弹簧的弹力而进一步移动支架，支架便保持在中间状态，三个孔相互隔断。重叠行程使进油阀在卸荷阀打开前关闭。此种状态下的结构示意图如图4-49（b）所示。

（3）降压状态。为了使制动轮缸中压力降低，就需要接通车轮轮缸和回油路1。这项工作可通过在电磁阀线圈中应用最大电流 F_{MM}（图4-50）得以实现。此时支架继续上移，弹簧继续被压缩。支架的移动需要克服两个弹簧的作用力（图4-50中的3）才能打开卸荷阀，以使轮缸压力降低，如图4-49（c）所示。根据实际需要，当制动轮缸中压力降低到一定程度后，电磁阀可转到压力保持状态或转换到压力上升状态。这要根据来自电子控制装置的控制电流的大小而定。

3）电子控制器

ABS电子控制器是ABS的控制中心，主要功用是接收轮速传感器、减速度传感器信号和各种控制开关信号，根据设定的控制逻辑，通过数学计算和逻辑判断后输出控制指令，控制制动压力调节器调节制动分泵的制动压力。ABS电子控制器电路如图4-51所示，由输入电路、计算电路、输出放大电路和安全保护电路等组成。

（1）输入电路。轮速传感器输入电路由低通滤波电路和整形放大电路等组成，功用是对轮速传感器输入的交变电压信号进行处理，并将模拟信号转变为数字信号输入中央处理单元CPU。

（2）计算电路。计算电路是防抱死制动系统ECU的核心，主要由微处理器构成。其功用是根据轮速传感器、减速度传感器等输入信号，按照软件设定的程序进行数学计算和逻辑判断，形成相应的控制指令。

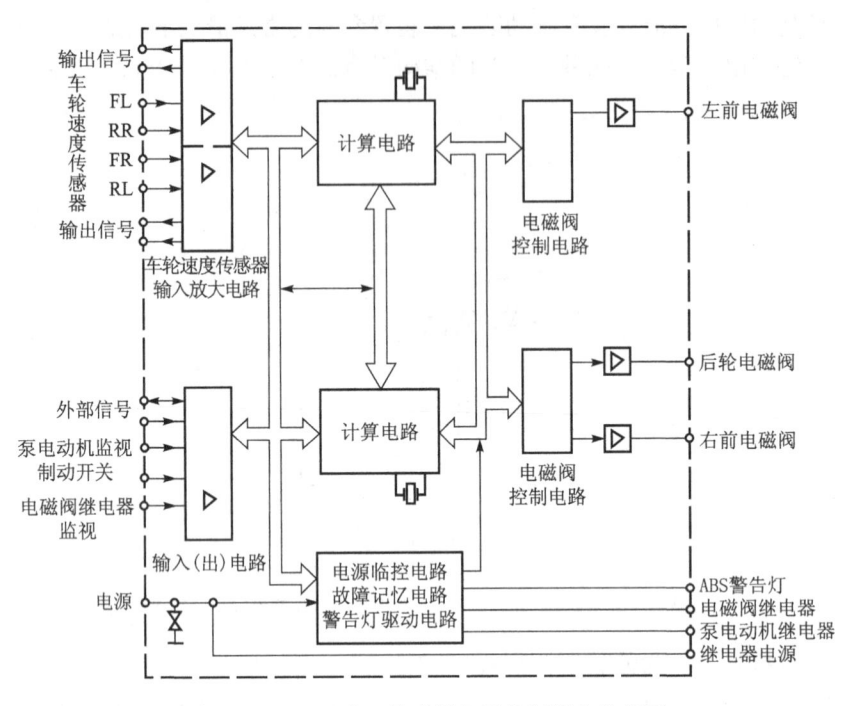

图4-51 三通道四传感器电子控制器电路框图

(3) 输出放大电路。输出放大电路的主要功用是将CPU输出的数字信号(如控制压力升高、保持、降低等信号)转换成模拟信号,通过功率放大器驱动执行器工作,向执行器(各电磁阀)提供大小不同的控制电流,实现制动压力"升高""保持"或"降低"的调节功能。

(4) 安全保护电路。安全保护电路由电源监控、故障记忆、继电器驱动和ABS指示灯驱动电路等组成。其主要功用是接入蓄电池(或发电机)的电压信号,监控电源电压是否在稳定范围内,同时将12 V或14 V电源电压变换为ECU工作需要的5 V电压。

3. 防抱死制动系统的工作原理

ABS的工作过程通常可分为常规制动、制动压力保持、制动压力减小(减压工况)和制动压力增大(加压工况)等阶段。

Bosch公司典型的电子控制制动防抱死系统工作原理如图4-52所示。

(1) 制动开始时,电磁线圈未通电,球阀3开启,来自储能器的油压将减压柱塞推下,顶开球阀7,总泵与分泵相通,分泵油压上升,这与普通液压制动系统的工作过程相同。

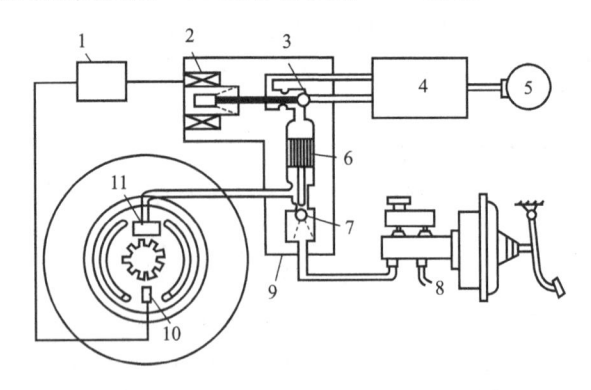

图4-52 典型电子控制制动防抱死系统工作原理
1—电子控制装置;2—电磁线圈;3,7—球阀;
4—储液器;5—油泵;6—减压柱塞;8—总泵(制动主缸);
9—压力调节装置;10—传感器;11—分泵(制动轮缸)

（2）随着制动开始，分泵油压升高，制动蹄和制动鼓的摩擦力矩也升高。当电子控制装置通过车轮转速传感器传来的电信号而判断车轮即将抱死时，给电磁线圈发出电脉冲信号，产生电磁吸力，使铁芯和推杆向左移动，推动球阀关闭储能器的高压油道。减压柱塞上方与储能器的低压油腔相通，减压柱塞上方作用着制动管路高压油，使减压柱塞向上移动，分泵的油压降低，制动蹄与制动鼓间的摩擦力矩减小，防止车轮抱死出现拖滑现象，此时球阀 7 关闭，总泵与分泵断路。

（3）当制动蹄与制动鼓放松后，车轮转速增加，电子控制装置给电磁线圈切断信号，铁芯和推杆向左移动，储能器的高压油顶开球阀 3，又推动减压柱塞下移，球阀 7 被打开，分泵的油压再次升高，制动力再增加，又开始制动，这样分泵的油压反复变化，防止车轮抱死，使制动效果最佳。

思 考 题

1. 汽车安全带的种类有哪些？
2. 简述新型安全带的结构与工作原理。
3. 安全气囊系统的基本组成有哪些？
4. 简述安全气囊系统的工作原理。
5. 汽车防盗装置的种类有哪些？各有何特点？
6. 电子式防盗装置有什么特点？
7. 简述倒车雷达的工作原理。
8. 汽车巡航控制系统有何特点？
9. 汽车巡航控制系统的组成有哪些？
10. 简述汽车巡航控制系统的工作原理。
11. 防抱死制动系统有什么特点？
12. 简述防抱死制动系统的工作原理。

第 5 章

汽车车身及修复工具

● **本章重点**

熟悉车身的基本结构，了解车身常用的材料，了解汽车钣金修复的常用工具及设备。

随着国内汽车保有量的急剧增长，汽车碰撞事故也呈快速上升趋势。随着这种趋势的发展，汽车钣金维修业务逐渐被看好，各类汽车维修站、修理厂甚至美容店纷纷加大在钣金维修业务上的投资力度。

要掌握科学高效的修理工艺，技术人员必须了解车架结构、车架对碰撞能量的吸收和传递等方面的知识。除此之外，技术人员还需熟知车辆碰撞损伤程度的确认、需要更换的部件、需要修理的部位、修理方式的确定、设备工具的选用以及各种操作规范化等方面的知识，只有这样，才能确保修复效果最佳化，进而提高客户满意度。

5.1 汽车车身构造

5.1.1 汽车车身基本结构

汽车车身是具有复杂型面的壳体零件，它是由数百件薄板冲压件通过装焊、铆接及机械连接等方法而构成的一个完整的车体。

1. 汽车车身的分类

汽车车身通常按车身用途和结构进行分类。根据汽车用途分为三类：轿车车身、大客车车身、货车车身；按壳体结构型式可分为三种：骨架式、半骨架式、壳体式；按车身的不同受力情况分为三类：非承载式、半承载式、承载式。

（1）骨架式壳体结构具有完整的骨架（或构架），车身蒙皮就固定在已装配好的骨架上。

（2）半骨架式只有部分骨架（如单独的支柱、拱形梁、加固件等），它们彼此直接相连或者借蒙皮板相连。

（3）壳体式没有骨架，而是利用各蒙皮板连接时所形成的加强筋来代替骨架。客车及较大型车厢多采用骨架式，轿车和货车驾驶室广泛采用壳体式。

(4) 非承载式用弹性元件与车架相连，车身不承受汽车载荷。

(5) 半承载式车身与车架系刚性连接，车身承受汽车的一部分载荷。

(6) 承载式车身由于全部载荷均由车身承受，底盘各部件可以直接与车身相连，所以就取消了车架。这种型式的车身又分为两种：底座承载式（底座或底架部分较强，它承担了大部分载荷）和整体承载式（整个车身形成一个参与承载的整体）。承载式车身具有更小的质量、更大的刚度和更低的高度。

2. 汽车车身结构组成

汽车车身结构包括车身壳体、车前板制件、车门、车窗、车身外部装饰件和内部覆饰件、车身附件、座椅以及汽车空调系统等。在货车和专用汽车上，还包括货箱和其他设备。

(1) 车身壳体。车身壳体是一切车身部件的安装基础，通常指纵、横梁和立柱等主要承力元件，以及与它们连接的板件共同组成的刚性空间结构。客车车身多数具有明显的骨架，而轿车车身和货车驾驶室则没有明显的骨架。车身壳体通常还包括在其上敷设的隔声、隔热、防振、防腐、密封等材料及涂层。

(2) 车前板制件。长头式汽车车身都有若干车前板制件，相互焊接或安装，形成容纳发动机和前轮的空间。

(3) 车门和车窗。车门是车身上重要的部件之一，通常按开启方法分为顺开式、逆开式、水平滑移式、折叠式、上掀式、外摆式、旋翼式等类型。在有些大型客车上，还备有加速乘客撤离事故现场以及便于救援人员进入的安全门。

汽车的前、后窗通常采用有利于视野而又美观的曲面玻璃。为便于自然通风，汽车的侧窗可上下移动或前后移动。侧窗玻璃采用茶色或隔热层，可使室内保温并有安闲宁静的舒适感。

(4) 车身附属装置及安全防护装置。

①汽车空调系统。汽车空调系统按其功能可分为暖气系统、制冷系统、空气净化与通风系统、控制系统等。

汽车的空气调节装置主要用来实现对车内空气的换气、加热、冷却和除湿。同时，空调装置还起到净化空气的作用，给驾驶员创造良好的工作环境。还可有效去除汽车门窗玻璃上的霜、雾，使驾驶员具有良好的视野，有利于行车安全。夏季气温较高，驾驶员若长时间行车，则容易疲劳、困倦，使用冷风装置可使车内温度、湿度适宜，改善驾驶员的工作条件。

②座椅。座椅是车身内部的重要装置。座椅的作用是支承人体，使驾驶操作方便和乘坐舒适。座椅由骨架、坐垫、靠背和调节机构等部分组成。

③安全防护装置。安全防护装置的作用在于，当汽车发生碰撞事故时，能有效减轻人员的伤亡和汽车的损坏。安全防护装置包括车外防护装置和车内防护装置。车外防护装置包括车身壳体结构防护措施、保险杠及护条、其他外部构件。车内防护装置包括安全带、气囊系统、头枕、安全玻璃、门锁与门铰链、室内其他构件等。

3. 车身的主要性能

(1) 车身的密封性。车身的密封性是指关闭车身全部门、窗和孔口盖时，车身的防雨水和防尘土能力。

(2) 车身的隔热性。车内温度是保持舒适性的重要因素之一。对车内温度的保持，除了使用空调装置外，还要求车身具有良好的隔热性。如果车身的隔热性能差，车内热（冷）

量损失大，势必消耗加热（或制冷）设备更多的能量。

（3）车身的防振和降噪性。由于车身骨架轮廓误差、蒙皮和车身骨架不能完全贴合，加之车身骨架立柱间有一定的空腔，客车行驶过程中，往往会出现蒙皮鼓动并产生噪声。

（4）车身的安全性。汽车的安全性包括主动安全性和被动安全性。其中，被动安全性是指车辆一旦发生交通事故，如何避免或减轻车内人员被伤害的保护性对策，这主要取决于车内刚度匹配、车内软化和安全保护装置等。

5.1.2 轿车车身

常见的轿车车身由前舱、中舱、后舱三个主要功能构件组成。前舱用于安置发动机或行李，中舱用来乘载驾驶员和乘客，后舱用于安置行李或发动机。前舱和后舱主要取决于发动机的安置位置和安置方法以及行李舱的大小，而中仓通常是固定不变的或相类似的，它是由驾驶员和乘客座位的相应尺寸要求所决定的。轿车的三舱如图5-1所示。

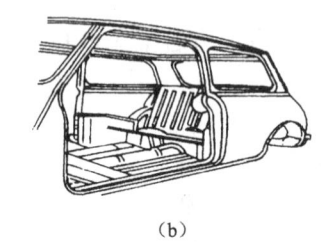

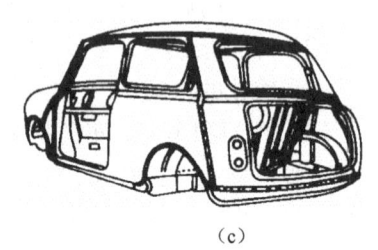

图5-1 轿车车身基本结构
(a) 前舱；(b) 中舱；(c) 后舱

轿车车身壳体的结构有三种基本类型：平面式壳体、开式壳体、闭式壳体。

1. 平面式壳体（即承载平板式）

车身壳体的基本结构板面数量少，而且弯曲和扭转是由地板承受的。因此，平面式壳体由用来固定发动机和底盘各部件的底座、框梁和梁等所组成。

2. 开式壳体

应用在敞篷式、双门敞篷式等类型的车身中。轿车的开式车身壳体一般有两种结构：一种是由地板、侧壁、前壁和后壁四大部件构成；另一种是不带顶盖的轿车开式壳体，由地板、前壁和后壁三大部件构成。

3. 闭式壳体

如果车身壳体的基本结构板面构成一个封闭的系统，而且当该壳体又承受扭转力矩作用时，这些板面的交界处会有力的相互作用，这种壳体就是闭式壳体。闭式壳体是轿车车身壳体中最普遍的一种结构型式，主要应用在四门式、双门式类型的车身中。

轿车中通常采用的承载式车身壳体就是一种闭式壳体。这种承载式壳体是由上、下两部分组成的。图5-2和图5-3所示即为某型号轿车承载式壳体的上、下两部分。

承载式壳体的上、下两部分是通过橡胶衬垫，用螺栓来连接的。壳体的下部还包括可拆卸（用螺栓来连接的）构件：前、后保险杠，保险杠的弹性支架，前、后翼子板，脚踏板，行李舱盖以及发动机罩等。

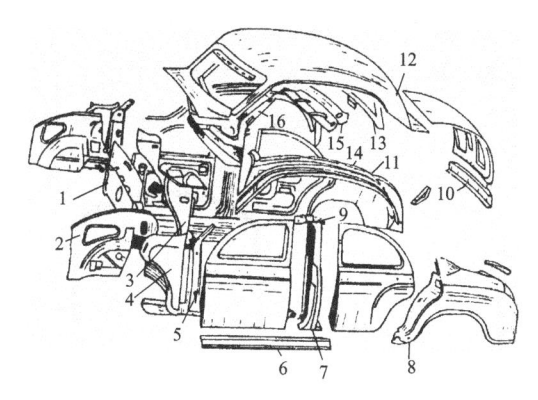

图 5-2 承载式轿车车身上部结构

1—前围板；2—前轮挡泥板；3—前内侧板；
4—外围内侧板；5—前立柱；6—门下边梁；7—中立柱；
8—后翼子板；9—中立柱门内板；10—后围下板；
11—车门上框加强板；12—顶盖；13—后风窗加强框；
14—车门上框；15—后座隔板；16—前风窗加强框

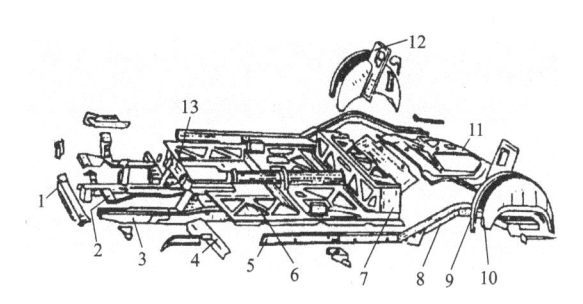

图 5-3 承载式轿车车身下部结构

1—前横梁；2—轮罩裙板；3—前纵梁；4—地板前横梁；
5—门槛；6—前地板总成；7—后座横梁；8—后纵梁；
9—后轮内罩；10—后轮外罩；11—行李舱地板；
12—后座支板；13—前围板下横梁

5.1.3 大客车车身

大客车车身按承载方式，分可分为非承载式、半承载式、承载式三种。

1. 大客车车身结构型式

1）非承载式车身

这种结构的车身，载荷主要由车架来承担，车架产生的变形则由橡胶缓冲垫的挠性所吸收，所以车身是不承载的。目前国产客车大多采用这种结构。其优点是底盘和车身可以分开装配，然后组装在一起，因而可简化装配工艺，又便于组织专业化协作生产，而且当发生碰撞事故时，车架对车身起保护作用。其缺点是整车重量较大，降低整车高度较为困难。图 5-4 所示即为非承载式的大客车车身骨架。

2）半承载式车身

这种车身结构是在非承载式车身结构的基础上，将车架横梁加宽到与大客车车身等宽，并与车身骨架刚性连接，将车身与车架组合为一个整体，车身骨架也承受了部分弯曲和扭转载荷，所以称为半承载式。半承载式车身结构的主要特点是兼顾了减轻自重和与载货汽车底盘的通用性，又使车身骨架参与承载，如图 5-5 所示。

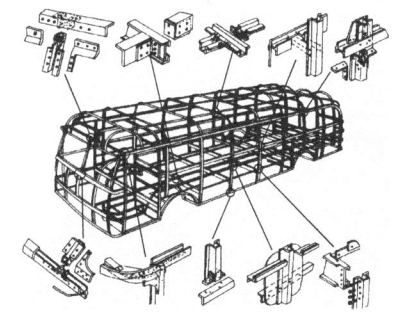

图 5-4 非承载式的大客车车身骨架

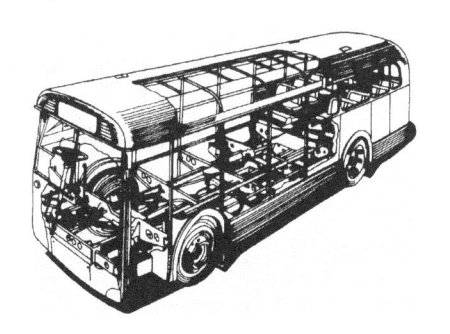

图 5-5 半承载式车身骨架

3) 承载式车身

为了进一步减轻大客车的自身重量并使车身结构更趋合理，在有些大客车上采用无车架的承载式结构。根据大客车车身上下受载程度的不同，又可将承载式结构分为基础承载式和整体承载式两种，如图 5-6 示。

基础承载式结构的原理如图 5-6（a）所示。它是将车身侧围腰线以下部分设计为车身的主要承载件，而其顶盖和窗柱均为非承载件。这种结构的底部纵向和横向构件一般可采用薄壁铜或薄板来制造，其高度可达 0.5 m 左右，因此，即使在质量很小的情况下也能保证底架有很高的刚度和强度。基础承载式车身的结构特点是可以充分利用车身地板下面的空间来作为行李舱，但由于底架纵横梁的断面较高，地板离地高度也较大，因此，一般在长途运输的大客车上采用。

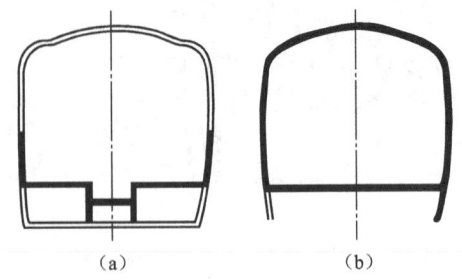

图 5-6 承载式大客车车身类型
（a）基础承载式；（b）整体承载式

整体承载式车身的上、下部结构形成一个统一的整体，将承载底架省掉，降低汽车的总高度，车身与底部形成一个整体的空间框架，如图 5-6（b）所示。

整体承载式车身结构的特点是整个车身均参与承载，同时，因为车身地板下面的空间较大（通道平面离地高度约为 1.4 m，乘客座椅下的平台比通道平面高出 150 mm），当前后和两侧遭到撞击时，乘客均处于遭受冲击部位的上方，安全性较好。

2. 大客车车身骨架

大客车车身骨架通常由五大片构成，如图 5-7 所示，即由左侧骨架、右侧骨架、前围骨架、后围骨架及顶盖骨架组成。五大片骨架合装在底架或车架的底横梁上，构成一个整体空间框架结构。大客车骨架的弧形构件如顶横梁、立柱、前后风窗框以及轮罩等约占车身构件的 40%~50%，其曲率半径一般为 400~900 mm。

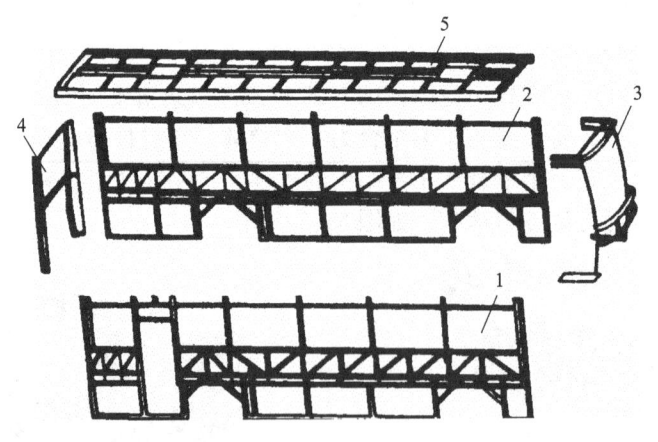

图 5-7 大客车车身整体骨架
1—右侧骨架；4—左侧骨架；3—前围骨架；4—后围骨架；5—顶盖骨架

3. 大客车车身外蒙皮

车身外蒙皮通常采用 0.8～1.0 mm 厚的冷轧薄钢板或 1.5 mm 厚的铝板制成。外蒙皮与骨架的连接方式主要有两种：铆接和焊接。铆接一般采用直径 5 mm 的铝质铆钉。截面是门形的冲压骨架，采用实心铝铆钉；矩形钢管骨架采用空心铝铆钉进行拉铆，空心铆钉的强度较实心铆钉低，容易松动，故有时采用双排铆钉予以加固。外蒙皮与骨架的焊接一般采用二氧化碳气体保护焊。

5.1.4 货车车身

载货汽车的车身通常分为驾驶室和货厢两大部分。

1. 驾驶室

绝大多数载货汽车的驾驶室采用非承载式无骨架的全金属结构，且常以三点支承在车架上。为减少驾驶室振动和车架歪扭变形对驾驶室的影响，其中两点往往采用弹簧或橡胶衬垫的浮式连接。

驾驶室按外形，通常可分为长头驾驶室、平头驾驶室和介于这两者之间的驾驶室。按内部座位来分，有两座或三座的普通驾驶室，前、后有两排座位的双排座驾驶室以及具有一个卧铺（长途运输所需要的）的加长驾驶室等类型。

平头驾驶室通常还具有驾驶室的翻转功能（部分长头驾驶室也具备这一功能），为汽车的维修工作提供了很大的方便。平头驾驶室主要由前壁、侧框架、轮罩、顶盖、后壁等部分组成，如图 5-8 所示。

2. 货厢

载货汽车的货厢，可以是开式或栏板式的货台，或者是封闭式的货厢（即厢式货厢），也可以是特种形状的专用货厢（如罐式货厢等）。

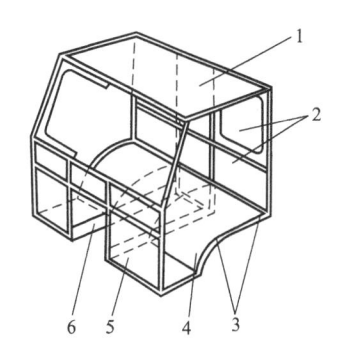

图 5-8 驾驶室壳体结构示意图
1—顶盖；2—后壁；3—侧框架；
4—轮罩；5—前壁；6—纵梁

5.2 汽车车身材料

汽车制造中，车身材料仍以钢材为主，铝、镁合金在汽车车身中的应用逐年增加，在欧美地区，铝、镁合金在车身材料的构成中占主导地位；新型车身材料如塑料、复合材料在车身上的应用逐步增大比例。车身材料呈现向更轻质、易成型、低成本、高稳定性发展的趋势。

5.2.1 车身常用的金属材料

金属材料分为黑色金属和有色金属两大类。生铁和钢称为黑色金属，除钢铁以外的其他金属统称为有色金属。

1）钢的分类

钢是含碳量为 0.04%～2.3% 的铁碳合金。为了保证其韧性和塑性，含碳量一般不超过

1.7%。钢的主要元素除铁、碳外,还有硅、锰、硫、磷等。钢的分类方法多种多样,其主要方法有如下几种:

(1) 按品质分类。普通钢(P≤0.045%,S≤0.050%);优质钢(P、S均≤0.035%);高级优质钢(P≤0.035%,S≤0.030%)。

(2) 按化学成分分类。碳素钢:低碳钢(C≤0.25%);中碳钢(C≤0.25%~0.60%);高碳钢(C≤0.60%)。合金钢:低合金钢(合金元素总含量≤5%);中合金钢(合金元素总含量>5%~10%);高合金钢(合金元素总含量>10%)。

(3) 按钢的用途分类。碳素结构钢;碳素工具钢。

2) 钢板

汽车车身用钢板可大致分为以下几类:

(1) 普通低碳钢板。目前,汽车车身生产中,特别是冲压生产中,使用得最多的是普通低碳钢板。低碳钢板具有很好的塑性加工性能,其强度和刚度也能完全满足汽车车身的强度和刚度要求,同时能满足车身拼焊的焊接要求。普通低碳钢板在中低档汽车车身上应用很广。

(2) 特殊钢板。特殊钢板是随着汽车车身轻量化的要求而逐步研制、应用的。汽车车身已开始使用的有高强度钢板、涂层钢板及焊接钢板等。

高强钢板是在低碳钢板的基础上采用强化方法得到的抗拉强度在 350 MPa 以上的钢板。钢板的这种高强度特性,可以在其减薄的情况下,依然保证汽车车身的机械性能要求。因此,可以减小车身质量。采用高强度钢板,还可有效地提高汽车车身的抗冲击性能,防止汽车在行驶过程中,由于路面的砂石碰撞而产生凹陷,提高汽车的使用寿命。

涂层钢板是为了避免汽车在高温、高湿、高寒等恶劣气候条件下受腐蚀,提高汽车寿命而开发的,以钢板为基体的表层涂镀防护层的板材。目前涂层钢板的用量逐步增加,特别是中高档轿车的车身几乎完全使用镀锌板。镀膜薄钢板俗称白铁皮,是在冷或热轧薄钢板上镀一层有色金属膜(锌、锡、铅)而成。按镀膜不同,可分为薄锌板、薄锡板、薄铅板。

薄锌板通常也叫白锌板,它具有抗腐蚀性好及表面美观的特点。这种板适合做防腐容器,如顶棚及房屋水道管等。轿车车身通常采用 0.8 mm 左右厚度的单、双面电镀和热镀锌板。

焊接钢板是将不同厚度和不同性能的钢板剪裁后拼焊起来的一种钢板。使用涂镀层钢板,便于更好地发挥其耐蚀性,而在其他部位则使用较薄的高强度钢板。拼焊钢板的应用,简化了生产工艺,降低了模具和焊装夹具制造成本,改善了零件性能的稳定性。

(3) 汽车用热轧钢板。随着汽车向轻量化和节能方向发展,用高强度钢板生产汽车零件已成为发展趋势。热轧高强度钢板在载货汽车上用量很大,约占载重车用热轧钢板总量的 60%~70%。主要用于汽车车架纵梁、横梁,车厢的纵梁、横梁以及刹车盘等受力结构件和安全件。经过多年的开发和应用研究,我国已形成锰钢或锰稀土钢系列,硅-钒钢、含钛钢系列和含铌钢系列。

(4) 汽车用冷轧钢板。汽车用冷轧钢板是薄钢板中产量比例较大、品种规格较多、技术含量和附加值较高的产品之一。冷轧高强度钢板主要用于车体内外板。

车身内板既要质量小,又要注意在受冲撞时能够确保车室内的空间,采用高强度钢板可满足这一要求。其一般用于抵抗冲撞的构件及加强筋等。如抵抗前、后方向冲撞的车架纵梁，抵抗侧向冲撞的支柱、车架横梁、内摇杆、车门冲击梁等。

车身外板的基本性能要求较好的延展刚性和耐凹性。延展刚性取决于零件的形状和钢板的抗拉强度及板厚，通过提高钢板的抗拉强度、降低板厚，可达到减小质量的目的。耐凹性对于车门外板、发动机罩、行李箱罩等以及接近乘客且易受撞击的部位是非常重要的。

3) 有色金属及其合金

有色金属材料具有许多特殊的物理、化学和机械性能，是现代汽车工业中不可缺少的重要材料。汽车上一些零件必须用有色金属材料来制作，以满足某些特殊要求（如耐磨性、导热性、抗蚀性和导电性等），而这些性能是钢和铁所不及的。

(1) 铝及铝合金。冶炼产品铝用 Al 表示，如 Al-1、Al-2、Al-01 等；加工产品铝用 L 表示；铝合金可分为铸铝（代号 ZL）、防锈铝（LF）、锻铝（LD）、超硬铝（LC）、特殊铝（LT）。

常用薄铝板的厚度有 0.5 mm、0.6 mm、0.8 mm、1.0 mm、1.2 mm、1.8 mm 等规格。

铝是银白色的轻金属，密度小、熔点低，并具有良好的塑性、导电性、导热性和耐蚀性。所以，工业上常用铝板来制造不承受较大载荷的零件，如制作耐蚀容器、油箱等。

铝的化学性质很活泼，它和氧的亲合力很大，暴露于空气中时，表面上容易形成一层氧化薄膜，它能保护薄膜下的金属不再继续氧化，所以铝对大气的耐腐蚀性很强。

在纯铝中加入镁、锰、硅、铜及锌等合金元素而成的铝合金，除了具有纯铝的一系列优良性能外，其强度得到显著提高。汽车车身上常用铝板来作车身的蒙皮，以代替钢板蒙皮。

(2) 铜及铜合金。纯铜呈紫红色，故亦称紫铜，其熔点为 1 083 ℃，相对密度为 8.9。它具有很好的导电性、良好的塑性和延展性。所以，纯铜很适合压力加工。其抗拉强度较低，但经加工硬化后，强度可以显著提高。纯铜还具有良好的耐大气、海水及一些化学药品腐蚀的性能。因此，工业上广泛用于制造电缆、散热器、冷凝器以及热交换器等。

为了进一步改善铜的性能，在铜中加入了一些其他的合金元素，这就形成了铜合金。常用的铜合金有黄铜（铜锌合金，用代号 H 表示，如 H68、H62 等）、铜锡合金（也称锡青铜）、铜铅合金（也称铅青铜）等。青铜用代号 Q 来表示。

黄铜比纯铜便宜，强度较高，塑性好，黄铜板适合各种压力加工。

薄铜板有冷轧纯铜板和黄铜板两种，钣金件常用的厚度有 0.4 mm、0.45 mm、0.5 mm、0.6 mm、0.7 mm、0.8 mm、0.9 mm、1.0 mm、1.1 mm、1.2 mm、1.35 mm、1.5 mm 等多种。

每辆汽车用铜 10~21 kg，随汽车类型和大小而异，对于小轿车，约占自重的 6%~9%。铜和铜合金主要用于散热器、制动系统管路、液压装置、齿轮、轴承、刹车摩擦片、配电和电力系统、垫圈以及各种接头、配件和饰件等。其中用钢量比较大的是散热器。现代的管带式散热器，用黄铜带焊接成散热器管子，用薄的铜带折曲成散热片。

近年来，为了进一步提高铜散热器的性能，增强它对铝散热器的竞争力，进行了许多改进。在材质方面，向铜中添加微量元素，以达到在不损失导热性的前提下，提高其强度和软化点，从而减薄带材的厚度，节省用钢量；在制造工艺方面，采用高频或激光焊接铜管，并用钢钎焊代替易受铅污染的软焊组装散热器芯体。与钎焊铝散热器相比，在相同的散热条件下，即在相同的空气和冷却剂的压力下，新型铜散热器的质量更小，尺寸也显著缩小；再加上钢的耐蚀性好、使用寿命长，铜散热器的优势就更明显。

5.2.2 车身常用的非金属材料

随着材料工业的迅速发展和新型材料的不断开发，现代汽车上正越来越广泛地采用非金属材料，以减小汽车的质量，节约金属材料，提高汽车的经济性、安全性和使用性能。尤其在汽车车身方面，不但用非金属材料制造一些较小的零件或受力的构件，而且还用来制造整个车身。

1）塑料

塑料是以天然树脂或人造树脂（合成树脂）为基体，加入填充剂、增塑剂、润滑剂、着色剂等而制成的高分子化合物。

塑料具有许多其他材料没有的优良性能。如：质量小、吸水率小；化学稳定性好，一般塑料对酸、碱、盐和有机溶剂有良好的抗腐蚀性能；对比强度（指强度σ_b和密度γ的比值）相当高；良好的电绝缘性能；优良的耐磨、减摩性能和自润滑性；优良的吸震性和消声性。

塑料件多采用挤压、压铸、压制等成型方法制备，一般不需采用机械加工方法（如车、铣、刨、磨、钻）。但塑料也存在机械强度、硬度比金属材料低，耐热性也低于金属材料以及导热性差、易老化等不足之处。它有以下几种类型。

（1）一般结构零件用塑料。这类塑料有聚苯乙烯、低压聚乙烯、ABS（丙烯腈-丁二烯-苯乙烯）、聚丙烯（PP）、有机玻璃（聚甲基丙烯酸甲酯）等。

（2）一般耐磨传动零件用塑料。这类塑料有各种尼龙、聚甲醛、聚碳酸酯、线性聚酯等。

其中，聚碳酸酯是近几十年内发展起来的新型热塑性工程塑料。它具有良好的透光能力，收缩率、吸水率低，良好的耐热、耐寒性能，优良的电绝缘性、尺寸稳定性及耐化学腐蚀性等综合性能。同时，耐冲击性是热塑性塑料中最好的一种，所以它常用来制造汽车上的整体外壳、分电器外壳，还用来制造车身中的仪表板、附加板、翼子板等。

（3）减摩零件用塑料。这类塑料有聚四氟乙烯和各种填充的聚四氟乙烯，用聚四氟乙烯填充的聚甲醛、低压聚乙烯等。

（4）耐高温零件用塑料。这类塑料有氟塑料、聚苯醚（PPO）、聚酰亚胺及增强塑料等。

（5）一般隔热、减震零件用塑料。这类塑料有聚氨酯泡沫塑料、聚氯乙烯泡沫塑料等。它们都具有相对密度小、导热系数小等特点。聚氨酯泡沫塑料还具有隔热防震的特性。聚氨酯泡沫塑料用于汽车上需隔热、隔声、防震的地方，如驾驶室顶盖内饰板、塑料底垫等；聚氯乙烯泡沫塑料常用作汽车上的地毯、密封条、垫条等。

塑料及其复合材料是重要的汽车轻质材料，其不仅可以减小零部件约40%的质量，还可以使采购成本降低40%左右。

2）橡胶

橡胶是一种有机高分子弹性化合物，它的最大特点是具有良好的柔顺性、易变性和复原性，并具有不透水性、不透气性、耐酸碱性和电绝缘性等良好的综合物理机械性能。因此，汽车上使用很多的橡胶零件。

橡胶根据原材料来源，可分为天然橡胶和合成橡胶两大类。合成橡胶又有丁苯橡胶、氯丁橡胶、丁腈橡胶、丁基橡胶、顺丁橡胶、氟橡胶、乙丙橡胶等多种。

橡胶制品在使用和储存保管过程中，它的机械性能（如弹性、机械强度、硬度、抗溶胀性能及绝缘性能）会发生变化，出现橡胶变色、发黏、变硬、发脆及龟裂等现象，以致失去使用价值，这就是橡胶的老化。老化现象主要是橡胶由表及里的氧化过程所致。

为了防止橡胶零件的老化，提高使用寿命，一般的橡胶零件应避免与酸、碱、油类接触，也不能用开水、热水、碱水或肥皂水长期浸泡，更应避免在阳光下暴晒。

汽车车身上的橡胶零件主要是门窗密封条。密封条多采用耐老化橡胶（如氯丁橡胶、乙丙橡胶）制成，这类橡胶具有良好的耐天候老化和耐臭氧老化的性能，同时还具有优良的不透气性。

3）复合材料

复合材料是多相材料，凡是两种或两种以上不同化学性质或不同组织结构的材料，以微观或宏观的形式组合而成的材料，均可称为复合材料。复合材料在性能上的突出优点是：能克服单一材料的某些弱点，在性能上做到取长补短并保持各自的最佳特性，从而获得优良的综合性能效果。例如，玻璃纤维-树脂复合材料，既提高了树脂的强度和刚度，又改善了玻璃纤维的脆性。

汽车车身方面采用的复合材料，主要是玻璃纤维增强的复合材料。

玻璃纤维增强塑料或玻璃钢（FRP），在汽车中用作一部分结构件及车身。玻璃钢是一类具有各种特性的高强度、低密度结构材料，也是目前应用最广的高分子复合材料。

4）黏结剂

黏结剂一般又称黏结密封剂，黏结密封是车身修理中一种不可缺少的工艺，用来组装连接、填隙密封，还可以代替铆焊以减小汽车的质量、降低消耗，提高汽车和车身的耐用性和可靠性。

用于车身的黏结密封剂有合成橡胶型、合成树脂型和混合型等，现已有定型的汽车用黏结密封剂产品和标准。

用于车身的黏结密封剂有：

（1）点焊密封胶。冲压钣金件点焊前涂敷在接缝处的一种密封剂。点焊后和油漆一起烘干，形成密封层，防止水分和灰尘的侵入。它多为聚氯乙烯合成橡胶（如丁苯橡胶）类。

（2）焊缝胶。是点焊后对焊缝进行密封时用的。它主要有聚氯乙烯型塑料溶胶，还有双组分聚硫橡胶型（如 JLC—6 密封胶）、沥青型、改性环氧型和聚氨酯型胶等。

（3）折边黏结剂。用于轿车车门、发动机罩和行李箱盖拆边的黏结密封，能起防水、防锈的作用。这种黏结剂可分为单组分环氧型和聚氯乙烯塑料溶胶型，它们均随油漆烘干而固化。

（4）风窗玻璃黏结剂。将风窗玻璃直接黏结在窗框上。常用的有聚硫橡胶型黏结剂、丁基胶带、聚氨酯密封胶三类。

（5）密封条黏结剂。用于汽车车门、发动机盖和行李箱盖的涂漆钢板上黏结各种橡胶密封条，以防止雨水、尘土的侵入。

（6）内饰件黏结剂。用于汽车内饰件，如顶棚衬里、仪表板、车门护板、侧护板、遮阳板、坐垫、靠背和地毯等的黏结，以达到安全、舒适的目的。常用的有以氯丁-酚醛胶和丁腈橡胶、聚异丁烯橡胶为主体材料的各种胶型以及水基型顶棚黏结剂等。

5.3 汽车钣金修复的常用工具及设备

钣金是针对金属薄板（通常在 6 mm 以下）的一种综合冷加工工艺，包括剪、冲、切、复合、折、焊接、铆接、拼接、成型（如汽车车身）等。其显著的特征就是同一零件厚度一致。车辆被撞击受损之后，钣金维修工作也就随之开始了。从事故车进厂后的损伤分析到钣金工的诊断测量，从"手术台"上的拉伸校正到焊机镐锤下的局部整修，从钣金件的装复到车辆的调试，在各项工艺流程中，专业技术人员要用种类繁多、形式各异的设备工具对全车进行检查整修，使车辆的几何尺寸和使用性能达到原车水平。

下面将介绍在钣金维修中常用的工具与设备。

5.3.1 钣金修复的常用工具

1. 工作台与工具箱

表 5-1 所列为钣金修理中常用的工作台与工具箱的各种特性。

表 5-1 工作台与工具箱

名称	规格	作用
工作平台	台面高：650~750 mm；台面厚：30~35 mm	在其上平面进行划线、下料、板料敲平和校正等工作
平台	平面尺寸：2 m×4 m；板面厚度：30~100 mm（表面要经过磨削）	供大型钣金件测量、划线、下料等用
工具架	高：787 mm，宽：533 mm，深：406 mm，质量：14 kg	整理工具或部件
工具箱	从 400 mm×180 mm×149 mm 开始有各种规格	为了分解、维修某钣金构件时，放入所需的一组工具，可以根据需要移动作业
清洗盘	外形尺寸：550 mm×300 mm×100 mm	清洗分解后的零件。底为双层，能使污物沉积到底部
零件盘	外形尺寸约为：850 mm×500 mm×50 mm	为了不使清洗后的零件落地而脏污

2. 划线工具（表 5-2）

表 5-2 划线工具

名称	示意图	规格	作用
直尺		宽：40 mm 以上；长：1~2 m、2~4 m	检测工件的直线度、平面度、平行度及线轮廓、面轮廓等

续表

名称	示意图	规格	作用
刻度尺		折尺、圈尺、钢板尺	测量钣金构件长度尺寸
直角铁		正直角	检查车身骨架等的直角度
划针		长约 120 mm；直径为 4~6 mm；尖端角度为 15°~20°	在板料上划标记线
样冲（心冲）		长约 90~150 mm；尖端角度有 30°~40°和 60°两种	用来冲加工标记线和钻孔时冲中心孔
划规	1—不可调式；2—可调试		用于划折边线
圆规		长为 150~250 mm	用于在金属板划圆、等分线段及测量两点间距等

续表

名称	示意图	规格	作用
卡规			用于测量工件内径和外径
游标卡尺		按精密度，可分为 0.1 mm、0.05 mm、0.02 mm 等几种	用来测量工件的长度、宽度、深度以及内、外圆直径等
千分表			用来测量工件的表面平面度、圆度、圆柱度及其他零件的配合间隙等

3. 量规（表 5-3）

表 5-3 量规

名称	示意图	作用
螺距规		用于测量螺纹齿数、螺距

续表

名称	示意图	作用
线径规		用于测量金属线的直径
塞尺		用于测量总成部件间装配间隙
半径规		用于测量工件表面圆度

4. 整形工具（表5-4）

表5-4 整形工具

名称	示意图	作用
扁头锤		用于敲击平面，也可以敲击较深的凹陷和边缘拐角
捅锤		用于直捅敲击弧形构件，也可以横击，还可以当撬具和垫铁使用
拱锤		用于圆弧形工件的整形和制作，如整修或配制小型车的轴头盖等
中间锤		为了使工件避免直接锤击

续表

名称	示意图	作用
其他锤		根据锤击需要，锤头可以做成各种形状，如橡胶锤、木锤、铜锤等
平头整形锤		用于修整箱形角等部位
鹤嘴锤		用于消除工件表面的小凹面
抵铁（抵座、托铁、垫铁）		是敲击整形的衬托工具，与手锤配合使用
车身锉刀		用于修整由于锤、抵座、修平刀等钣金工具作业留下来的凸凹不平的痕迹
折缘工具		折曲或延展金属板材凸缘部分而使用的工具
修平刀		用于较难修整的钣金部位及板材的修整

续表

名称	示意图	作用
撑拉器	钩顶式 夹持式 螺旋千斤顶式 液压千斤顶式	可以将压缩了的部位撑开，也可将扩大了的部位拉回
手虎钳		夹紧工件
弓形螺旋夹		夹紧工件

续表

名称	示意图	作用
偏心夹具	弹簧支点式 固定销轴支点式	用于无振动场合的工件夹紧
薄板钳		可根据工件的厚薄来拧紧或拧松尾端的螺栓，调节钳嘴张开程度，达到夹紧的目的。主要用于薄板零件的装焊

5.3.2 钣金修复剪切工具

1. 手动剪（表5-5）

表5-5 手动剪

名称	示意图	作用
手剪刀	直剪刀 弯剪刀 直弯剪刀	常用于剪切薄钢板、紫铜皮、黄铜皮、薄铝板等。直剪刀适用于直线剪切；弯剪刀适用于曲线剪切；直弯剪刀既可沿直线剪切，又可沿曲线剪切

续表

名称	示意图	作用
固定式手剪	简易固定式手剪 手剪夹持在台虎钳上	单柄固定式手剪可剪切批量大且较厚的板料。如没有这种手剪，则可采取将手剪夹在台虎钳上的方法进行剪切。但手剪的下柄必须牢固夹紧，上柄套入一根200~300 mm长的管子，可代替固定式手剪用
杠杆剪（压剪）		用于剪切1~2 mm厚金属板

2. 剪切机器（表5-6）

表5-6 剪切机器

名称	示意图	作用
台剪	杠杆式台剪 齿轮式台剪	利用在手柄与刀刃间增添的杠杆或齿轮构件，可使较小的作用力变成较大的剪切力，剪切厚度可达10 mm。为了防止板料在剪切时移动，还配以能调节的压紧机构

续表

名称	示意图	作用
电动剪		在某些场合代替手工剪进行剪切工作
振动剪床	1—电动机；2—底座；3—滑块；4—偏心轴；5—外壳；6—皮带	振动剪床可以剪切2 mm以下厚度的直线或曲线板料，以及对成型后的零件进行切边工作

3. 其他切割工具（表5-7）

表5-7 其他切割工具

名称	示意图	作用
手工弓锯		主要用于对扁钢、型钢的下料
火焰切割		用于对形状较复杂、板材较厚的钣金件进行切割

思 考 题

1. 试述车身的分类。
2. 汽车车身结构由哪几部分组成？各有何作用？
3. 轿车车身壳体的结构有哪几种类型？
4. 大客车车身有哪几种型式？各有什么特点？
5. 货车车身的基本结构是什么？
6. 车身常用的金属材料有哪些？各有什么特点？
7. 车身常用的非金属材料有哪些？各有什么特点？
8. 什么是金属材料的性能？金属材料有哪些性能指标？如何衡量和表述？
9. 车身常用金属材料的热处理方法有哪些？
10. 钣金修复的常用工具和设备有哪几类？

第6章

汽车钣金基本工艺

● **本章重点**

了解钣金划线的基本方法和钣金件制作的基本工艺,熟悉各种切割与焊接的原理与方法,掌握车身变形的测量的方法与原理,掌握车身变形的矫正方法。

在现代化大生产中,绝大多数钣金成型工艺是在机器上完成的,手工方法只作为补充加工或修整。形状较复杂的钣金件和单件生产的钣金件仍然离不开手工操作。钣金作业在车身维修中占据重要的技术地位,也是维修中的一项基础性作业。

6.1 钣金划线的基本方法

6.1.1 钣金划线所用工具

钣金划线、下料、敲平和校正工作都需要工作平台。工作平台通常用板厚约 30 mm 的整块金属板制成,背面应加焊加强梁,台面由钢构架支承,高度为 700 mm 或是可调的,台面大小依需要而定。

除工作平台外,钣金划线所需工具还包括尺、划针、样冲、划规、圆规等。

1. 尺

常用的是钢卷尺和钢板尺。常用于检测工件的直线度、平面度、平行度及线轮廓、面轮廓等,见表 5-2。

2. 划针

用于在钣料上划出清晰的标记线,一般由中碳钢或高碳钢制成,长度约为 200 mm,直径为 4~6 mm。为了划出清晰的标记线,其尖端必须尖锐,尖角为 15°~20°,划针要耐磨,所以尖端应淬火,见表 5-2。

3. 样冲

用来冲钻孔时的中心眼,用高碳钢制成,长度为 90~150 mm,尖端可根据用途不同磨成 30°~40°和 60°两种角。30°~40°角的用于冲标记线,60°角的用于冲中心眼,两端均需淬火,见表 5-2。

4. 划规

用于划折边线,有可调式和固定式两种。划规的工作基准是板的边缘,所以板的边缘必须平整,见表 5-2。

5. 圆规

用于在钣件上划圆,或测量两点间距离及等分线段等,圆规尖脚上焊有硬质合金,并进行了淬火处理;圆规长约 150~250 mm,见表 5-2。

6.1.2 基本线型的作法

1. 垂线

目前坯料展开中多用中垂线法作垂线。如图 6-1 所示,要求过直线 l 上一点 O 作垂线,先以适当长度 R 为半径,以 O 点为圆心画弧,在直线上交两点 A、B。分别以 A、B 为圆心,以大于 R 的长 r 为半径,在直线 l 两侧画圆弧,得两交点 C、D,连接 CD,即得直线 l 的垂线。

半圆法画垂线的方法也常使用,如图 6-2 所示。要求画直线 l 上一点 O 的垂线,任选一点 B,以 B 为圆心,OB 为半径画圆,得 l 上交点 A,连接并延长 AB 与圆相交得交点 C,连接 OC 即得直线 l 过 O 点的垂线。

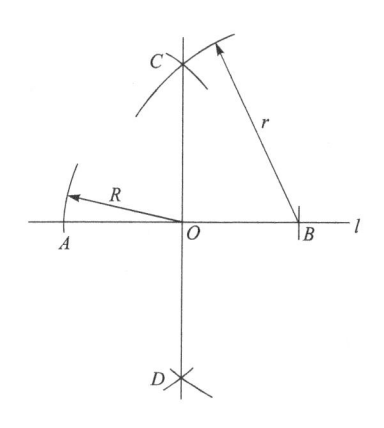

图 6-1 中垂线法

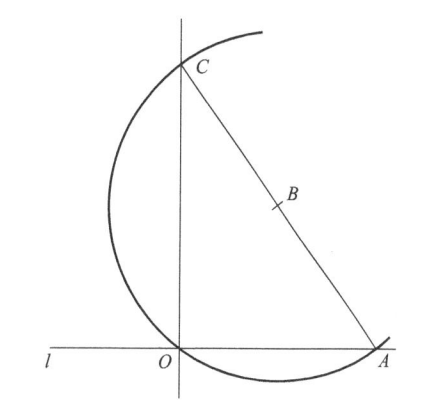

图 6-2 半圆法

要检验所画垂线是否准确,可在两直角边上选取两点 A、B,使 OA 为 3 份,OB 为 4 份,检验 AB 长度,如果正好是 5 份,证明所画图线准确,如图 6-3 所示(两直角边与斜边长度比为 3∶4∶5,具体长度可依图形大小确定)。

2. 平行线

如要求作距离为 a,且与直线 l 平行的直线,则先在直线 l 上任取两点 A、B,分别以 A、B 为圆心,以 a 为半径在 l 同侧画弧,再作两弧线的公切线即得所求直线,如图 6-4 所示。

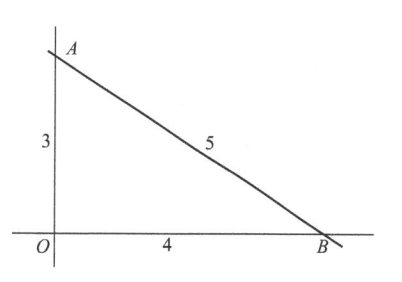

图 6-3 垂线检验方法

3. 弧线连接

如图 6-5 所示，以要求半径的圆弧，连接已知的直线和圆弧。

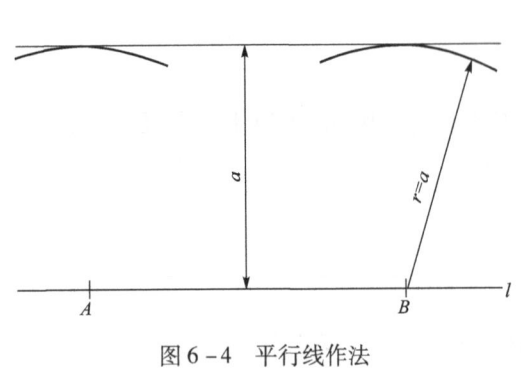

图 6-4 平行线作法

图 6-5 圆弧连接直线和圆弧

画直线 l 的平行线，并使所画直线距已知直线为要求的圆弧半径 R_0，以已知圆弧圆心为圆心，以 $R+R_0$ 为半径画弧，与所画直线交于一点 O_1。以 O_1 为圆心，R 为半径画弧，即得要求的图形。

6.1.3 几何图形的作法

1. 三角形的作法

已知三角形的三边长分别为 a、b、c，作三角形。如图 6-6 所示，在直线 l 上取线段 $AB=a$，分别以 A、B 为圆心，以已知长度 b、c 为半径画弧，得交点 C，连接 AC、BC 即得所求三角形。

2. 正方形的作法

已知正方形的边长 a，求作正方形。如图 6-7 所示，在直线 l 上取线段 $AB=a$，以 A 为圆心，分别以 a 和 $1.414a$ 为半径画弧，与以 B 为圆心，分别以 a 和 $1.414a$ 为半径所画圆弧相交，得 C、D 点，连接 AD、DC、CB 即得正方形 $ABCD$。

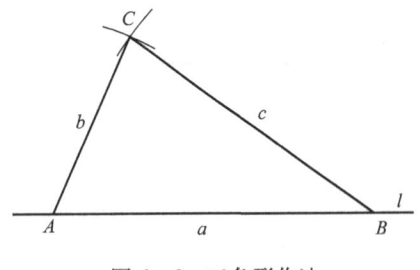

图 6-6 三角形作法

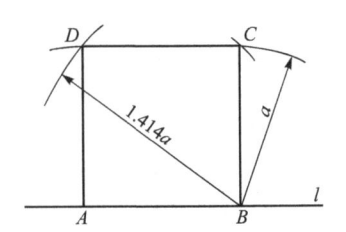

图 6-7 正方形作法

3. 正五边形作法

已知正五边形外接圆，求作正五边形。如图 6-8 所示，线段 AB、CD 为两相互垂直的直径，以 OD 中点 E 为圆心，BE 长为半径画弧，交 OC 于 F。以 B 为圆心，BF 长为半径画弧交圆上 1 点。顺次以在圆上所得交点为圆心，BF 长为半径画弧，得交点 2、3、4。从 B

开始，顺次连接各交点，即得所求正五边形。

4. 椭圆作法

如图 6-9 所示，以长轴和短轴的长为直径画两同心圆。在半圆圆周上进行 6 等分，大圆分点为 1、2、3、4、5，对应着小圆半圆周上分点为 1′、2′、3′、4′、5′。分别过对应分点作横向、纵向平行线，得对应交点 1″、2″、3″、4″、5″，顺次光滑连接各点，即得所求椭圆的上半部分。下半部分可同理作出。

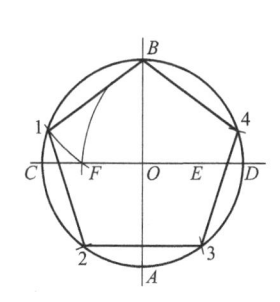

图 6-8 正五边形作法

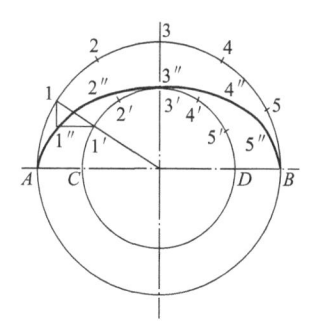

图 6-9 椭圆等分作法

6.1.4 展开图的画法

1. 圆管展开图的画法

正圆管的展开图是一个矩形，如图 6-10 所示。要画其展开图，先作出投影图，一般是反映零件主要特征的主视图，再附以断面图或俯视图。用平行线法作零件展开图，其实质就是将相互平行的柱面素线平摆在一个平面上，如图 6-11 所示。

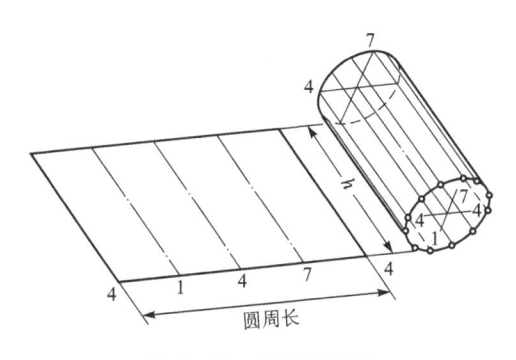

图 6-10 圆管展开图

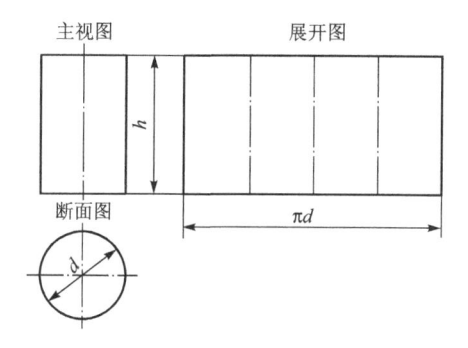

图 6-11 圆管的投影图和展开图

2. 两节圆管接头展开图

图 6-12 所示为两节等粗圆管直角弯头投影图。两圆管接合线为一直线，且平分两圆管轴线所成直角。两个圆管的接头处平面展开图形状是一致的，故只对其一节圆管进行展开即可。

图 6-13 所示为一节圆管展开图作法。按 1∶1 的比例画出圆管的主视图和断面图，圆管接头接合线投影出一条直线。将断面图上半圆周 6 等分，其等分点为 1，2，3，…，7，

由等分点向上引平行线，即得各分点对应的弯管表面素线的高度。将各素线依次对应展开，所得封闭曲线即为管接头展开图。

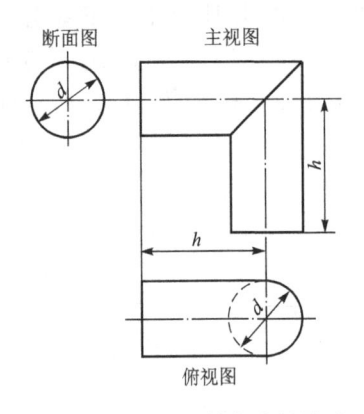

图 6-12 两节圆管弯头投影图

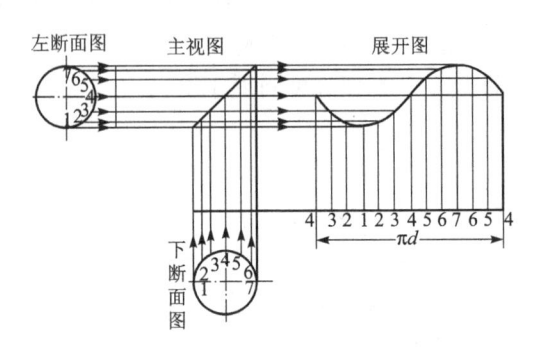

图 6-13 两节圆管弯头的主视图、断面图和展开图

6.2 钣金件制作的基本工艺

汽车钣金修理主要是手工操作。掌握最基本的手工成型工艺，是汽车钣金工必不可少的技艺。汽车钣金工经常要对有缺陷的钣金件进行整修复原或者配制各种钣金件，钣金成型工艺是钣金工最基本的技能。

常见的钣金件制作的基本技能有弯曲、收边、放边、拔缘、拱曲、卷边、咬缝及校正等。

6.2.1 弯曲

板料弯曲是钣金成型基本操作工艺，弯曲形式一般有两种，即角形弯曲和弧形弯曲。

1. 角形弯曲

角形弯曲板料角形弯折后，会出现平直的棱角。弯折前，根据零件形状对板料划线下料，并在弯折处划出折弯线，一般折弯线划在折角内侧。车身钣金中多以角形弯曲构件为主，如"└""⊏""□""╨""┘"形等。

1) "└"形的弯曲

弯曲"└"形板料的操作过程，可以对照图 6-14 和图 6-15 所示的步骤进行如下操作：

将弯曲线对正下方钢的棱角并夹牢，用木锤直接敲击使其折弯（适于厚度小于 1.5 mm 的钢板），也可将木块垫在欲弯曲处用手锤敲击折弯。当板料较厚或强度较高时，也可以直接使用手锤敲打。对于较宽的板料（即弯边较长时），可以用手将其扳弯后再由下至上（从钳口开始）捶击。也可以一边用手按住（图 6-15（a）），一边用木锤将其弯曲成型。对于过长的板料，还需要借助角钢或简易夹具来完成（图 6-15（b））。但无论如何，捶击部位均应沿棱角的边缘从一端循向另一端。需要弯角的棱线比较清楚时，可在弯曲大致完成后，用平锤沿折边轻轻敲击。

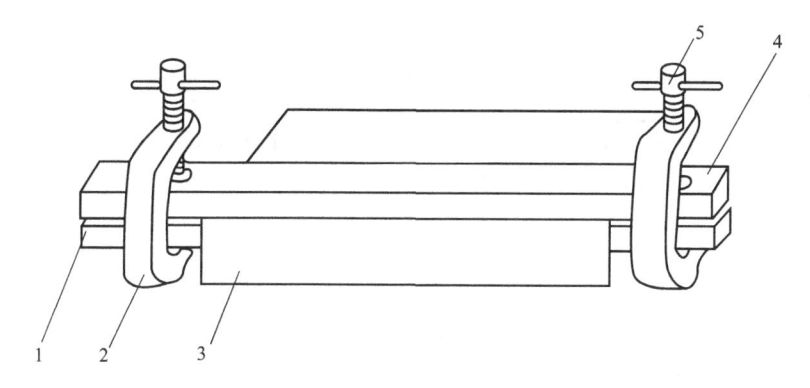

图 6-14 用专门工具加工
1—下方钢；2—弓形钢；3—板料；4—上方钢；5—加工手柄

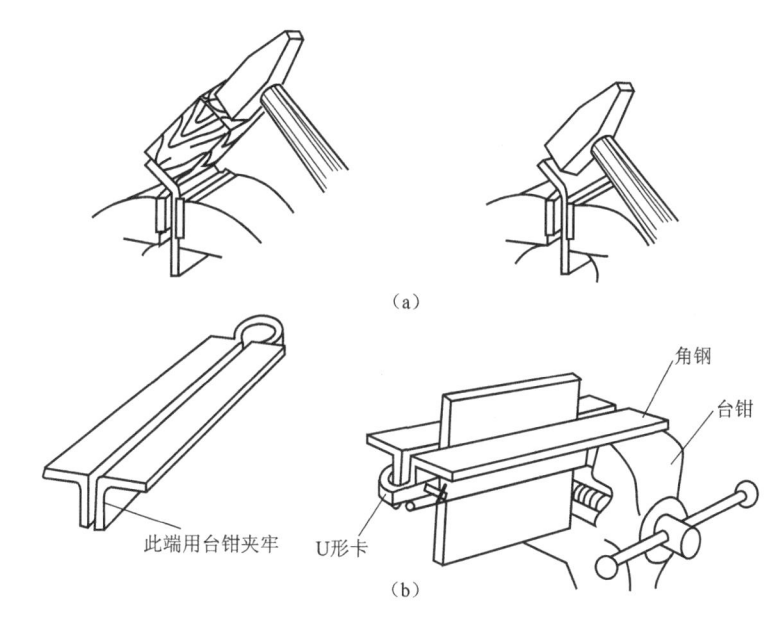

图 6-15 "⌐"形板料的弯曲
(a) 用手锤加工；(b) 借助角钢或简易夹具加工

2)"⊏"形的弯曲

"⊏"形的弯曲仍以"⌐"形的弯曲为基础，按图 6-16 (b) 所示方法先弯曲成一直角后，再按图 6-16 (c) 所示方案弯折成槽形。如果将板边扳向另一边，就形成了"⌐"形构件（图 6-16 (d)）。

"⊓⊔"形和"⊏"形的弯曲都是在"⌐"形基础上完成的。按图 6-16 (e) 所示方法将槽形件夹持在台钳上并对准弯折线，向外弯曲并敲平便成为"⊓⊔"形构件。如果改为向内弯曲并敲平，则成为"⊏"形构件（图 6-16 (f)）。

弯曲板料最好不直接使用钳口作棱线基准，以防止因经常性锤击而使钳口发生损伤。

2. 弧形弯曲

以圆柱面弯曲为例，首先在板料上划出若干与弯曲轴线平行的等分线，作为弯曲时的基

图 6-16 "⊏"形和"⊓"形的手工成型工序

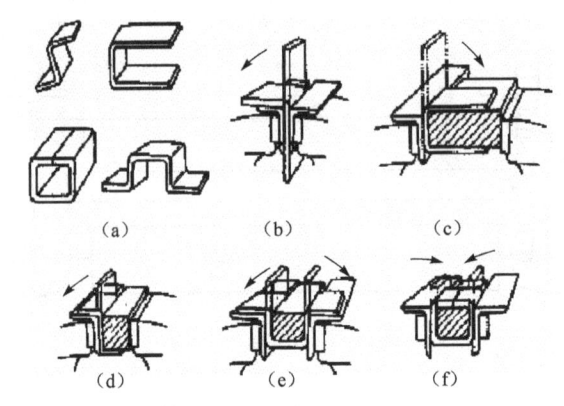

(a) 欲扳边形状；(b) 扳边形成"L"形；(c) 扳另一边形成"⊏"形；
(d) 反向扳边形成"⌐"形；(e) 向两边弯折形成"⊓"形；(f) 向内弯折形成"□"形

准线，后用槽钢作为胎具，将板料从外端向内弯折。当钢板边缘对接时，将对接缝焊接几点。将零件在圆钢管上敲打成形，再将接缝焊牢。捶击时，应尽量使用木锤，以防板料变形，如图 6-17 所示。

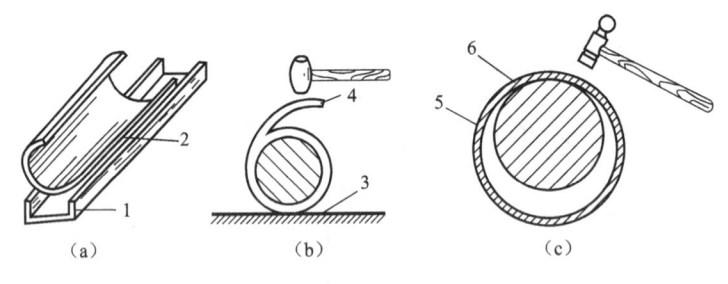

图 6-17 圆柱面的弯曲
(a) 在钢轨上弯曲；(b) 在铁砧上弯曲；(c) 在圆钢上整圆
1—钢轨；2—坯料；3—铁砧；4—坯料；5—圆钢；6—坯料

6.2.2 放边

放边是利用角形件某一边材料变薄伸长来制造曲线弯边零件的方法，如图 6-18 所示。常用的工具包括手锤、木锤、胶木锤、平台、铁砧、轨铁、顶杆、厚橡皮板和软木墩等。

1. 捶放方法

制造凹曲线弯边的零件，可用直角形材料在铁砧或平台上捶放直角料边缘，使边缘材料变薄、面积增大、弯边伸长。捶放时，注意捶放力度，使靠近内缘的材料伸长较小，靠近直角料边缘的材料伸长较大，锤痕呈放射状均匀分布，这样直角料就逐渐被捶放成曲线弯边的零件，如图 6-19 所示。

图 6-18 放边零件

捶放操作要点：
① 计算零件的展开尺寸并下料。

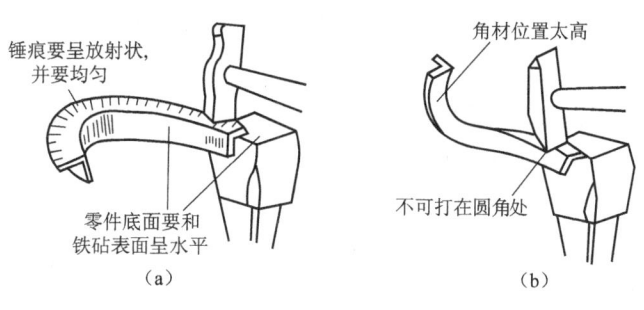

图 6-19 "打薄"捶放
(a) 正确；(b) 不正确

② 放边前要校正直角料，使之平直。
③ 放边时，直角料底面必须与铁砧表面保持水平，否则，放边时材料会产生翘曲。
④ 锤痕要均匀并呈放射状分布，捶击的面积占边宽的 3/4，绝对不能捶击直角料的过渡圆角 R 处。遇有直角形件的直线部分时，不能捶放，应跳过这部分在弯曲部分捶放。
⑤ 在放边过程中，材料会产生冷作硬化。发现材料变硬后，要退火处理，否则，继续捶放会被打裂。
⑥ 操作过程中，随时用样板检查外形，达到要求后进行修整、校正和精加工。

2. 放边零件展开尺寸的计算

以半圆形零件为例说明展开尺寸计算方法，如图 6-20 所示。
① 板料的宽度 B，由图 6-20 可知：
$$B = a + b - (r/2 + \delta)$$
式中，a、b——弯边宽度；
　　　r——弯边圆角半径；
　　　δ——板料的厚度。
图中带"//"处是弯折线。

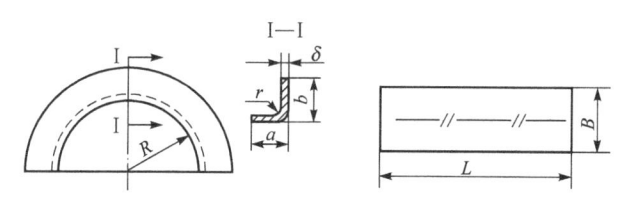

图 6-20 半圆形放边零件

② 展开长度 L 以边宽 b 的中点处的弧长计算如下：
$$L = \pi(R + b/2)$$
式中，R——零件弯曲半径；
　　　b——放边一边的宽度。
实际操作时，根据展开图下料，首先弯折成直角料，然后放边，制成半圆形零件。

6.2.3 收边

收边是利用角形材料某一边的收缩，长度减小、厚度增大来制造凸曲线弯边零件的方法，如图 6-21 所示。常用工具有手锤、木锤、胶木锤、折皱钳、起皱模、铁砧、轨铁等。

1. 收边方法

最常用的收边方法是用折皱钳将收缩边折起皱褶，使收缩边边缘长度减小，使角料呈圆弧形，然后在规铁上用木锤敲平，如图 6-22 所示。

图 6-21 收边零件　　　　　　　　图 6-22 皱缩

2. 收边零件展开计算

以半圆形零件为例说明展开尺寸计算方法，如图 6-23 所示。

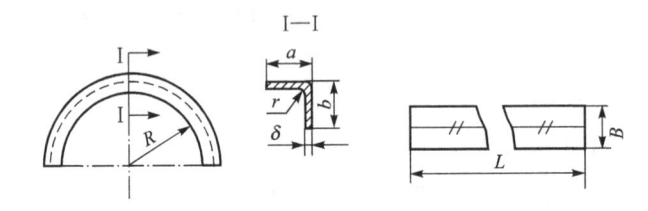

图 6-23 半圆形收边零件

① 板料宽度 B。

$$B = a + b - (r/2 + \delta)$$

式中，a、b——弯边宽度；
　　　r——圆角半径；
　　　δ——板料厚度。

② 板料长度 L。

$$L = \pi(R + b)$$

式中，R——弯曲半径。

实际操作时，根据展开尺寸下料，首先弯折成直角料，然后收边，制成半圆形零件。

6.2.4 拱曲

拱曲是将板料用手工捶击成凹凸曲面形状的钣金工艺。拱曲时，板料周边材料起皱向里收，中间材料被打薄向外拉，这样反复进行，使板料逐渐变形成所需的形状。常用工具有手锤、木锤、顶杆、顶铁、顶木、木砧、胎模、喷灯、射吸式焊炬等。

拱曲件一般底部变薄，如图 6-24 所示。

拱曲分为冷拱曲和热拱曲两种。

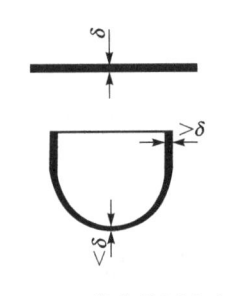

图 6-24 拱曲件厚度变化

1. 冷拱曲

1) 用顶杆手工拱曲

这种方法适用于拱曲深度较大的零件，利用顶杆和手工捶击制成圆弧形零件，如图 6-25 所示。其操作要点如下。

（1）拱曲时，先在板料的边缘制作皱褶，然后在顶杆上将边缘的皱褶打平，使边缘向内弯曲，同时，用木锤轻轻且均匀地捶击中部，使中部的坯料伸展拱曲。注意，捶击位置应稍超过承点且敲打位置要准确，以免打出凹痕。

（2）捶击力要轻且均匀，捶击点要稠密，边捶击边旋转坯料。根据目测随时调整捶击部位，使表面光滑、均匀。凸出的部位不能再捶击，否则会越打越凸。

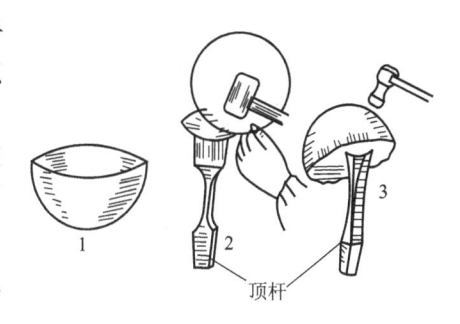

图 6-25 半球形零件的拱曲
1—零件；2—皱缩；3—伸展中部或修光

（3）捶击到坯料中心时，要不断转动工件，不能集中在一处捶击，以免坯料中心伸展过多而凸起。依次收边捶击中部，并配合中间检查，使其达到要求为止。考虑到修光时会产生弹性回弹，一般拱曲度要稍大一些。

（4）用平头锤在圆杆顶上把拱曲成形的零件修光，然后按要求划线、切割、锉光边缘。在加工过程中，如发现坯料出现冷作而硬化，应及时退火处理，防止产生裂纹。

2) 在胎模上手工拱曲

尺寸较大，拱曲深度较浅的零件可直接在胎模上拱曲，如图 6-26 所示。其操作要点如下：

（1）将坯料压紧在胎模上，用手锤从边缘开始逐渐向中心部分捶击，如图 6-26 所示。图 6-26（b）表示在橡胶板上伸展坯料。

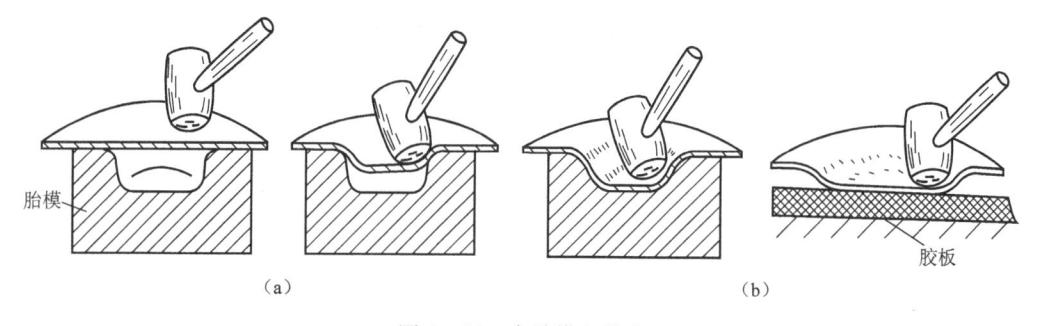

图 6-26 在胎模上拱曲
(a) 捶击；(b) 伸展坯料

（2）拱曲时，捶击应轻且均匀，保持整个加工表面均匀伸展，形成凸起形状，并可防止被拉裂。为使坯料伸展得快，在拱曲过程中可垫橡胶板、软木、沙袋进行坯料伸展，改善表面质量。

（3）在拱曲过程中，不能操之过急，应分几次使坯料逐渐下回，直到坯料全部贴合胎模为止，最后用平头锤在顶杆上打光局部凸痕。

（4）在胎模上进行较深的拱曲时，随着捶击，制件的周边将出现皱褶。此时应停止捶击中部，将制件皱缩的边缘贴紧砧座，敲平皱褶。皱褶敲平之后，再继续对中部捶击拱曲。

图 6-27 所示为捶拱成型过程。

精度要求不高、拱曲度不大的制件，也可以在木墩上挖坑代替铁砧座（图 6-28）或在潮湿的土地上捶拱成型。较小的钣金制作也可以利用废轴承圈作砧座，用小手锤进行捶拱。

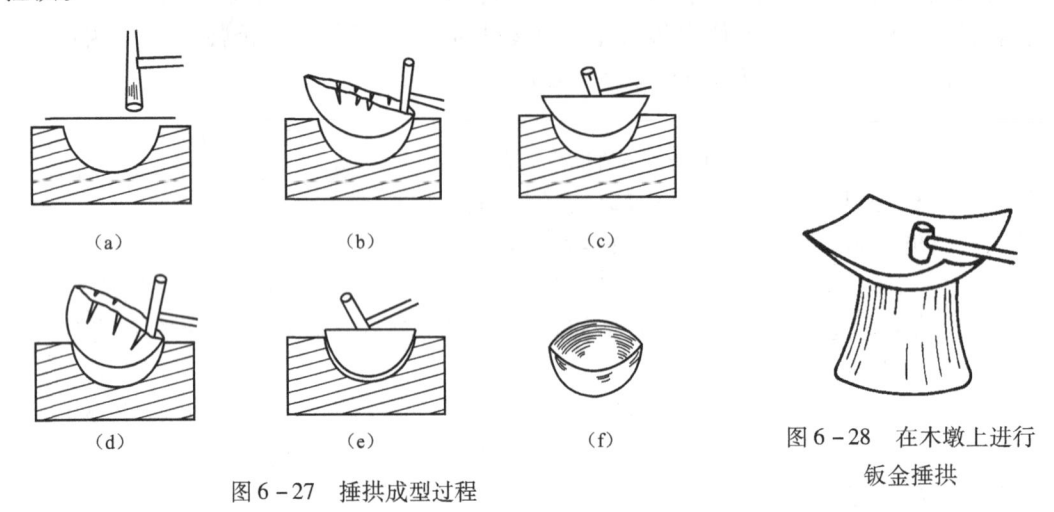

图 6-27 捶拱成型过程

图 6-28 在木墩上进行钣金捶拱

2. 热拱曲

热拱曲的基本原理是，利用金属热胀冷缩的性质，通过板料加热、冷却过程中内应力的变化，实现拱曲件的成型，如图 6-29 所示。按三角形影区加热板料，被加热部分的金属必定会因受热而膨胀。但是由于热影响，使这一部分金属的机械性能明显降低，并不断向其周围未被加热的板料方向伸展，反而因其自身的膨胀而被压缩变小；自然冷却后，本身还将往里收缩（水冷的收缩率更大），使冷却后的三角形影区 $a'bc'$ 变小到 abc，使局部产生收缩变形。

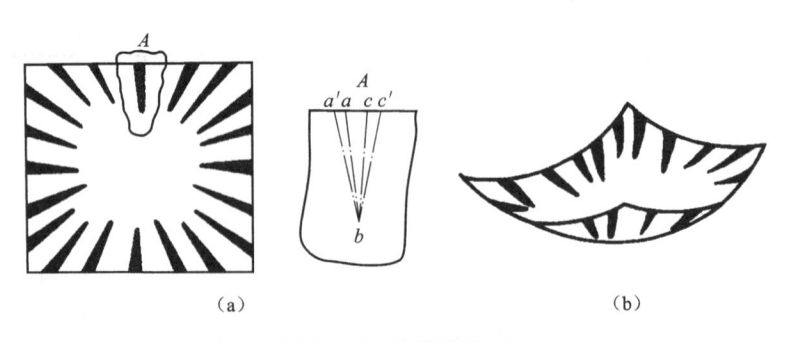

图 6-29 热拱曲原理
(a) 沿周边加热；(b) 冷却后因应力不均而形成拱曲

6.2.5 卷边与咬缝

1. 卷边

卷边常用的工具有手锤、木锤、手钳、平台、砧座等。

为了增加零件边缘的刚度和强度，使板料制件安全、美观、耐用，将零件边缘卷起来，这种方法叫卷边。卷边零件如图6-30所示。空心卷边是将板料边缘卷成圆筒形；夹丝卷边是空心卷边内嵌入一根铁丝，以增强刚性。铁丝的尺寸可根据板件的使用要求确定，一般铁丝的直径应为板料厚度的4~6倍，包卷铁丝的板料加放宽度大致相当于铁丝直径的2.5倍。

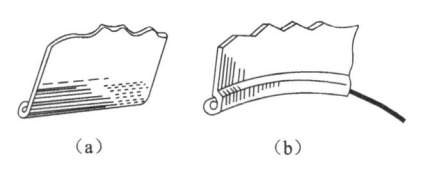

图6-30 空心卷边和夹丝卷边
(a) 空心卷边；(b) 夹丝卷边

1) 卷边零件展开尺寸计算

如图6-31所示，确定卷边展开尺寸，L为展开长度，L_1为板料未卷边部分长度，L_2为卷边部分长度，则：

$$L = L_1 + L_2$$

其中，$L_2 = 3\pi/4(d+\delta) + d/2 = 2.35(d+\delta) + d/2 \text{(mm)}$，

所以，$L = L_1 + 2.35(d+\delta) + d/2 \text{(mm)}$。

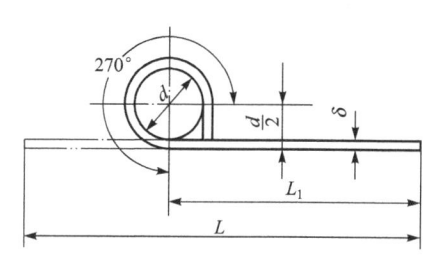

图6-31 卷边展开尺寸的计算

2) 卷边方法

(1) 先在卷边部位划出两条卷边线，如图6-32 (a) 所示。

(2) 将板料放在平台上，使卷边部分的$d/2$伸出平台，左手压住板料，右手用木锤敲击，使伸出部分向下弯曲成85°左右。

(3) 将板料慢慢向外伸，随时敲击伸出部分，但不能敲击过猛，直到伸出平台长度为L_2，此时板料边缘应敲击成图6-32 (d)所示形状。

(4) 将板料翻转，使卷边朝上，均匀敲打卷边向里扣，使卷边部分逐渐成圆弧形。放入铁丝，一边放，一边扣。

(5) 翻转板料，使接口抵住平台缘角，敲击使接口收紧。

手工空心卷边在卷合过程中应轻而均匀敲打，避免将卷边打扁。

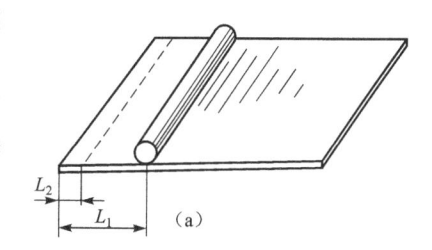

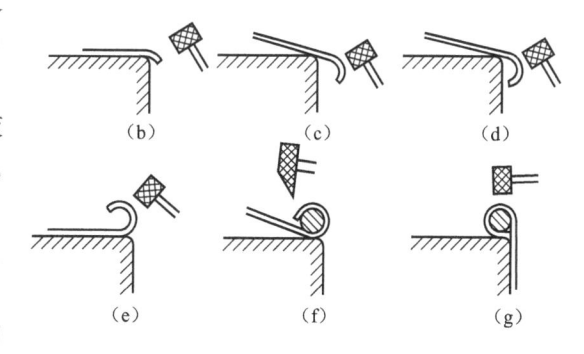

图6-32 夹丝卷边过程

2. 咬缝

将薄板的边缘相互折转扣合压紧的连接方式叫咬缝。咬缝可将板料连接牢固，可代替焊

接、铆接等工艺方法。咬缝常用的工具有手锤、木锤、拍板、轨铁、角铁、方钢、圆钢等。

常见咬缝的种类，就结构不同，可分为挂扣、单扣、双扣；以形式不同，可分为站扣和卧扣（图6-33）。

1) 咬缝余量

$$咬缝余量 = 咬缝宽 \times (咬缝层数 - 1)$$

对于较厚的板料，余量中还应加上板料厚度。

2) 咬缝的操作方法

图6-34所示为咬缝的操作顺序。

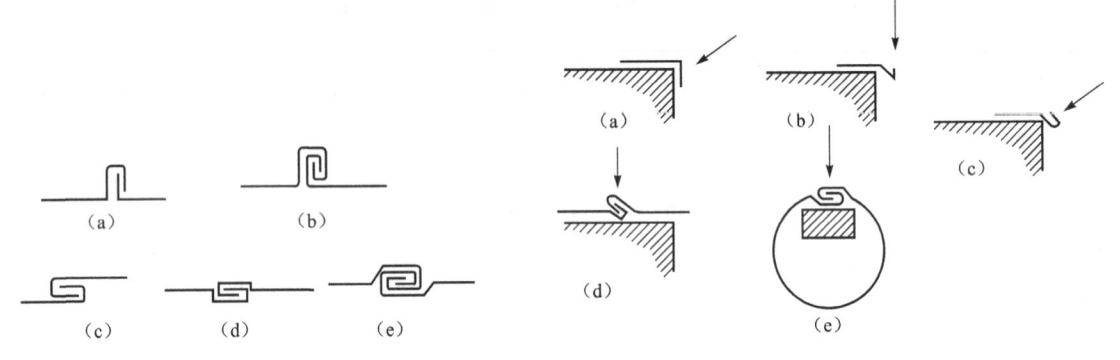

图6-33 咬缝的种类
(a) 站扣（半咬）；(b) 站扣（双扣）；
(c) 卧扣（单咬）；(d) 卧扣（咬缝）；
(e) 卧扣（双扣）

图6-34 咬接步骤示意图

（1）为咬缝余量划线，将板料按折边线折弯90°。

（2）翻转板料，使弯边朝上，并伸出台面3 mm，敲击弯边顶端，使伸出部分形成与弯边相反的弯折。

（3）将第一次弯边向里敲成钩形。

（4）与之相接的另一边按照上述方法加工后，将两弯钩扣合、敲击，即成咬缝。

手工制作咬缝构件效率较低，如果批量生产，可在咬缝机上进行操作。

6.2.6 拔缘

利用收边和放边的方法把板料的边缘弯曲成弯边的方法叫拔缘。拔缘常有两种形式：一种叫外拔缘，即把圆筒形制件的边缘向外延展折弯，其目的是增加刚性，一般在无配合要求的情况下多采用外拔缘；另一种是内拔缘，也叫孔拔缘，即将制件上孔洞的边缘延展弯折，其目的是增加刚性，减小质量，美观光滑，如大客车框板、肋骨等板件上常有拔缘孔。图6-35所示为部分板料构件的拔缘情况。

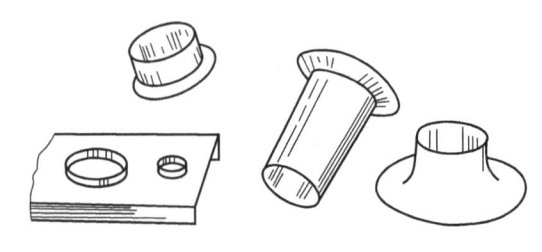

图6-35 部分拔缘加工件图例

金属板件拔缘时，部分材料被拉长形成凸缘，因此，应根据材料厚度和其延展性能确定拔缘角度和宽度。拔缘的方法可分为自由拔缘和胎型拔缘两种。

拔缘的工具除放边、收边所用的工具外，还应有不同形状的砧座和型胎等。

1. 自由拔缘

以外拔缘为例来说明自由拔缘的操作过程。

1）计算出坯料直径 D

坯料直径 D 等于零件内腔直径 d 加上两倍拔缘宽度 b。实际下料直径可略小于计算直径。在坯料上划出内圆与外环的分界线（即外缘宽度线）。

2）拔缘

在铁砧上，按照零件外缘宽度线，用木锤敲击进行拔缘。首先将坯料周边弯曲，在弯边上制出皱褶，再打平皱褶，使弯边收缩成凸边。然后再次制皱褶、打平，使弯边再次收缩。

如此反复多次（图 6-36），即可获得外拔缘件。

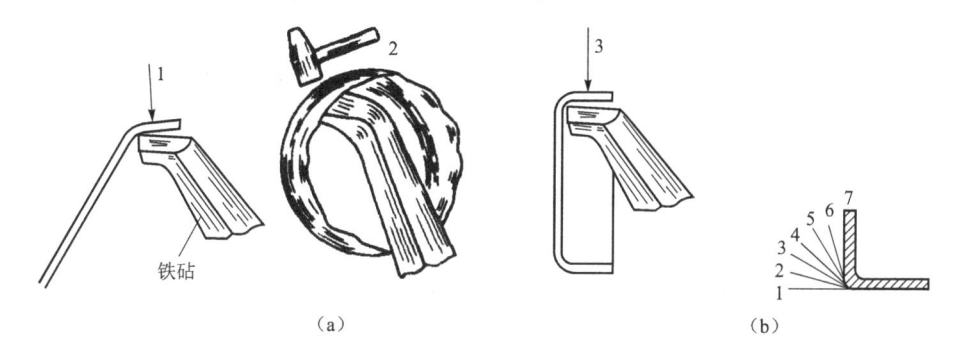

图 6-36 外拔缘操作过程
（a）拔缘；（b）薄板拔缘顺序
1—弯曲；2—制皱褶；3—打平波折

3）捶击方法

拔缘时，捶击点的分布要稠密、均匀，捶击力要保持不变，不能操之过急。捶击力不均匀，可能使弯边形成细纹皱褶或发生裂纹。

4）圆筒形零件拔缘

在圆筒形零件上拔缘可按下列步骤进行。

（1）划出拔缘标记线。

（2）将圆筒形件拔缘端靠在平台或砧座的棱边上，标记线与棱边对齐。伸出部分与砧座平面保持30°左右（图 6-37（a））。

（3）捶击伸出部分，使之向外弯曲（图 6-37（b））。敲击时用力适度，击点均匀，防止断裂。敲击完一周，将圆筒件压低一点，进行第二周敲击（图 6-37（c）），如此反复三四次，即可完成拔缘。

2. 胎型拔缘

图 6-38 所示为胎型拔缘的示意图，分为外拔缘和内拔缘两种情形。

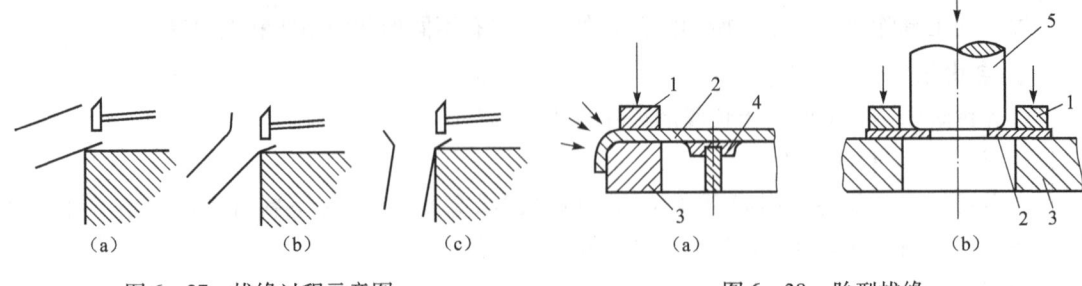

图 6-37 拔缘过程示意图

图 6-38 胎型拔缘
(a) 外拔缘；(b) 内拔缘
1—压板；2—坯料；3—胎型；4—钢套；5—凸块

1) 胎型外拔缘

利用胎型外拔缘时，一般采取加热拔缘方法。拔缘前，先在坯料的中心焊装一个钢套，以便在胎型上固定坯料拔缘的位置，如图 6-38（a）所示。坯料加热温度为 750~780 ℃。每次加热不宜过度，加热面略大于坯料边缘的宽度，依次捶击被加热部分，分段完成拔缘过程，一次即可弯边成功。

2) 胎型内拔缘

图 6-38（b）所示为胎型内拔缘示意图。内孔直径不超过 80 mm 的薄板内拔缘，可采用一个圆形木锤一次冲出弯边；较大的圆孔和椭圆孔的厚板内拔缘时，可制作相应的钢凸模进行一次冲出弯边。

图 6-39 所示为另外两种胎型拔缘的情形。

6.2.7 制筋

金属薄板由于其厚度较小，若仅以其平面形式作为钣金件使用，刚度太低，极易产生凹陷变形，影响整体的美观和承载能力。在钣金件表面上制出各种凸筋，可以提高其刚度和使用性能，增加美感。筋的横断面一般为圆弧形和角形，如图 6-40 所示。

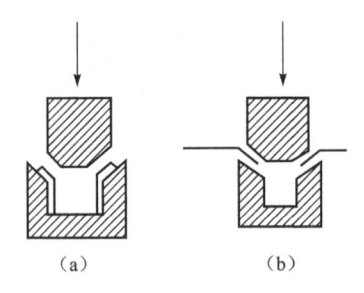

图 6-39 用模冲拔缘
(a) 外拔缘；(b) 内拔缘

图 6-40 筋的截面形状

大量生产时，制筋工艺一般由相应的机器完成。手工制筋适用于单件生产和修配。简易的手工制筋方法有两种，如图 6-41 所示。

1. 扁冲制筋

图 6-41（a）所示为用扁冲制筋的示意图，其过程如下。

（1）在坯料上划出制筋棱线的标记线。

（2）在平台上铺一块较厚（5~10 mm）的橡胶垫，将制件放在橡胶垫上，操作者手持扁冲对准标记线，捶击扁冲；每冲击一次，都要沿标记线移动一次扁冲，移动距离不可超过扁冲的宽度，以便冲痕前后相衔接。沿整个标记线冲击一次后，再重复冲击若干次，直至达到所需的筋的深度为止。最后，去掉橡胶垫，直接在平台上轻轻冲击一次，使筋棱形成整齐的线条，用木锤将非制筋部分的表面整平即可。

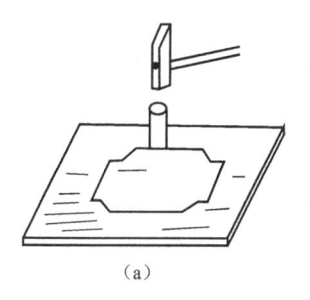

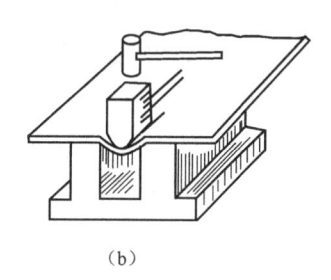

图 6-41 手工钣金制筋方法
(a) 用扁冲制筋；(b) 用简易模具制筋

2. 简易模具制筋

图 6-41（b）所示为用简易模具制筋的示意图。窄且深的条形筋最好用模具压制，通过捶击模压而成型。

模具可以自制。两块方钢平行地焊在底板上，留出一定的间隙，即形成阴模；阴模成型部分的形状和尺寸应与筋截面的形状和尺寸相符。

制筋操作时，将金属板料放在阴、阳模之间，对准制筋标记线，一人手持阳模的手柄，另一人用大锤击压阳模顶部。操作要点与前述用扁冲制筋相同，经几次冲击即可成型。

6.3 车身修复的切割与焊接

在汽车钣金修理作业中，焊接占的比重最大。因此，了解各种焊接方式的特点、设备使用性能以及其适用的范围是十分必要的。

按照焊接过程的物理特性不同，焊接方法可归纳为三大类，即熔化焊、压力焊和钎焊，如图 6-42 所示。

熔化焊是将被焊金属在焊接部位加热到熔化状态，并向焊接部位加入熔化状态的填充金属（焊条），冷凝以后，两块被焊件即形成整体的焊接方法。根据熔化方式不同，熔化焊又分成气焊、电弧焊、电渣焊、等离子焊等六种方法。其中，气焊、电弧焊在汽车修理中使用最多。

压力焊是用电极对金属焊接点加热使其熔化，并施加压力使之焊接在一起的方法。各种压力焊中，电阻焊的点焊方法因为不会使焊件产生变形，所以在汽车修理中获得广泛应用。

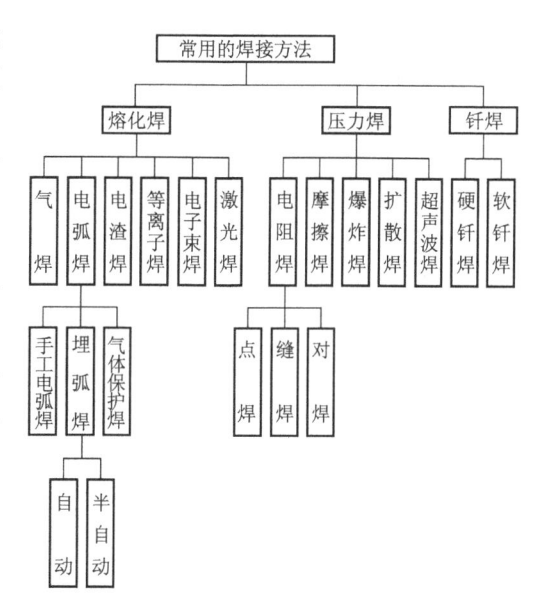

图 6-42 焊接方法分类

钎焊是采用熔点低于母材的钎料（钎焊填充材料）加热熔化滴在焊接区域，将工件焊接成一体的焊接方法，如铜焊、锡焊。由于钎焊时，工件受热的温度低于工件材料的熔点，不影响工件的整体形状，被广泛应用于对水箱、油箱等的修理作业中。

车身各部位焊接方式如图6-43所示。车身修理前，先要查阅汽车制造厂家提供的汽车维修说明书，了解各部位焊接的特点。修理时，要尽量采用点焊法或气体保护焊。

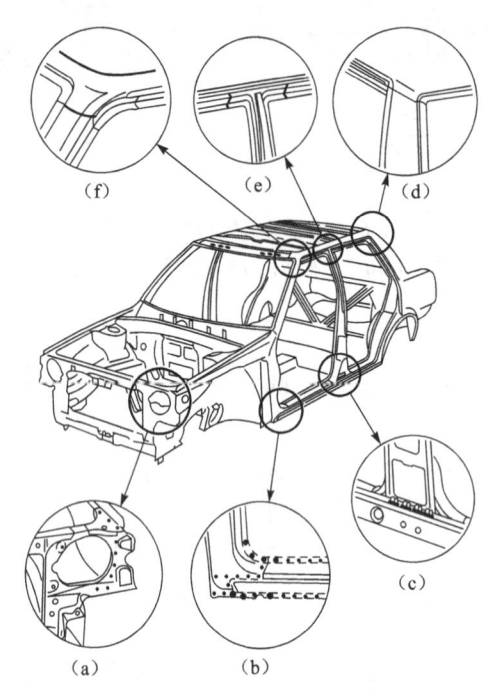

图6-43 汽车制造中使用的各种焊接方法
(a)(b) 电阻点焊；(c) CO_2 气体保护焊；(d)(e)(f) 钎焊

6.3.1 氧乙炔焊

氧乙炔焊俗称为气焊，它是熔化焊的一种形式。气焊是利用乙炔和氧气在一个腔内混合，通过焊嘴点燃产生高温，将焊条和母材金属熔化焊接在一起。

1. 气焊设备

图6-44所示为典型的气焊设备组成示意图，通常包括以下几个部分。

(1) 钢瓶，分别装有压缩的氧气和乙炔气。

(2) 各种调节减压装置，用于将氧气瓶、乙炔瓶出口压力调至规定数值，供焊接用。

(3) 各种软管，用于连通气瓶和焊炬。

(4) 焊炬，将氧气和乙炔气体输入焊炬内，以适当的比例混合，从焊嘴出口燃烧，产生加热火焰，使被焊接钢材熔化。焊炬的类型有两种，即焊炬和割炬，两者功能是不同的，不能混用。

使用焊炬之前，应根据焊件的板厚、焊接方法选择适用的焊嘴。一般薄板选用小号焊嘴，厚板选用大号焊嘴。焊嘴装在焊炬端部时应拧紧。

点燃焊炬之前，应先检查焊嘴、气阀及其管道有无漏气现象。检查方法是先打开氧气阀1/4圈，再打开乙炔阀门1圈，检查有无堵塞和漏气，确认其可靠之后再点燃火焰。点火后，焊嘴应朝下方，并远离可燃物。此时，缓慢开启氧气阀，火焰将由黄色的乙炔焰变成蓝

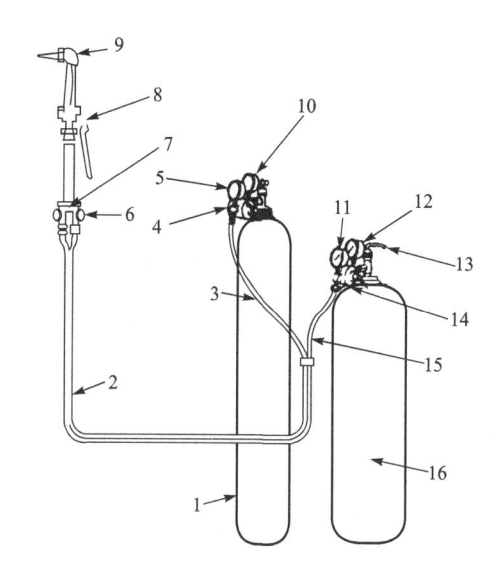

图 6-44 典型的氧乙炔焊接和切割设备
1—氧气瓶；2—双芯软管；3—氧气软管；4—氧气调节器；5，11—工作压力表；
6—氧气软管接头；7—乙炔软管接头；8—焊（割）炬；9—焊嘴；10，12—气瓶压力表；
13—乙炔阀扳手；14—乙炔调节器；15—乙炔软管；16—乙炔气瓶

色的碳化焰，如图 6-45（b）所示。碳化焰焰芯是蓝白色的，外围包着一层蓝色的火焰，轮廓不十分清楚，外焰呈橘红色。慢慢关闭乙炔阀门，直到焊嘴处呈现一个很清晰的内焰芯，这时称为中性焰，如图 6-45（a）所示。中性焰的焰芯也是蓝白色的，轮廓清晰，外焰呈淡橘红色。继续关闭乙炔阀门或打开氧气阀门，焊嘴处将出现一个更小的淡蓝色焰芯，此时称为氧化焰，如图 6-45（c）所示。氧化焰内芯看不清楚，焊接时会发出急剧的"嗖嗖"声。

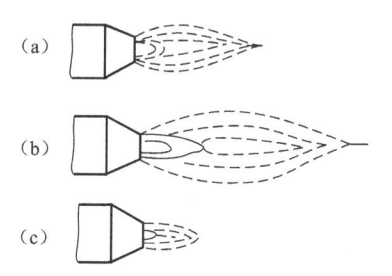

图 6-45 各种氧炔火焰示意图
(a) 中性焰；(b) 碳化焰；(c) 氧化焰

2. 气焊工艺参数的选择

1）火焰类型的选择

火焰类型取决于焊接母材的材质。碳钢类材料多采用中性焰焊接，铝合金及铝板材料多采用碳化焰焊接，金属板料切割多采用氧化焰切割。

各类火焰适用范围见表 6-1。

表 6-1 各类火焰适用范围

火焰类型	特点	适用范围
中性焰	混合气中氧气的含量正好保证乙炔完全燃烧，焊嘴处呈现很清晰的内焰态，这种火焰对炽热或熔化的金属没有明显的碳化和氧化作用，故广泛应用于金属焊接中	低碳钢件、紫铜件焊接

续表

火焰类型	特点	适用范围
碳化焰	混合气中氧气含量不足以使乙炔完全燃烧，火焰内有过剩的碳和氢，在焊嘴处呈现出两层白焰芯。碳化焰温度较低，当用于焊接碳钢材料时，会熔化金属，有渗碳作用，导致金属变脆	高碳钢、铝合金焊接、金属板料切割、镀锌钢板、一般铝板焊接
氧化焰	混合气中氧气含量大于乙炔完全燃烧所需的比例量，火焰内有过剩的氧气，焊嘴处呈现蓝白色焰芯。这种火焰对炽热的金属有氧化作用，会降低焊缝质量，大多用来切割金属	金属板料切割

2）焊嘴的选择

焊嘴的大小决定了火焰的能率。单位时间内火焰所提供的热能的大小代表火焰的能率。大号的焊嘴，火焰能率高，适于厚板的焊接。表 6-2 中给出了 H01—6 型焊炬配用各种焊嘴的适用范围。

表 6-2　焊嘴与焊件厚度的关系

焊件厚度/mm	0.5~1.5	1.5~2.5	2~3	3~5	5~7
焊炬型号	H01—6					
焊嘴号码	1~2	2	2~3	3~4	5

汽车钣金件金属板厚多在 1.5 mm 左右，因此，2 号焊嘴使用最多。

3）焊丝的选择

（1）焊丝应选用与焊件相同的材料，汽车钣金件多为低碳钢板，选用一般铁丝即可。

（2）焊丝直径与焊件厚度、坡口型式及操作方式有关。焊丝如果过细，焊接时焊件尚未熔化而焊丝已熔化下滴，焊接不良；焊丝如果过粗，则焊件熔化而焊丝尚未熔化，势必增加焊件接头区加热时间，使金相组织改变，降低了焊接质量。

对于薄板的焊接，焊丝直径与厚度相同即可。对于不同材料和性能要求的焊件，应采用不同的焊丝。表 6-3 分别列出了碳素结构钢、合金结构钢、灰铸铁、铜合金、铝合金等材料的气焊焊接用焊丝。

表 6-3　焊丝的用途

焊丝牌号	代号	用途
焊 08	H08	焊接一般低碳钢
焊 15 高	H15A	焊接中等强度工件（碳素结构钢）
焊 10 锰 2	H10Mn2	焊接重要的碳素钢及普通低合金钢
焊 10 锰硅	H10MnSi	焊接普通低合金钢
焊 0 铬 21 镍 10	H0Cr21Ni10	焊接各种型号不锈钢
丝 401A	S401A	焊接灰铸铁
丝 201	S201	焊接紫铜
丝 301	S301	焊接纯铝和要求不高的铝合金

4）焊嘴倾角与焊丝倾角的选择

（1）焊嘴的倾角一般应根据焊件厚度、施焊位置和焊件材料的热物理性质诸因素来确定。厚度大、材料熔点高、导热性良好时，焊嘴倾角可取大一些；反之，倾角应减小。低碳钢水平位置焊接时，焊嘴倾角与厚度关系如图6-46所示。

（2）气焊时，焊丝相对于焊嘴的角度一般约90°～100°，如图6-47所示。

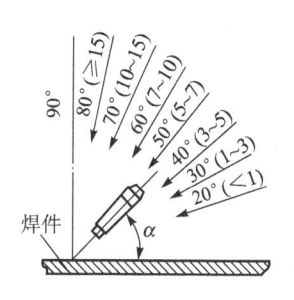

图6-46　焊嘴倾角与焊件厚度的关系

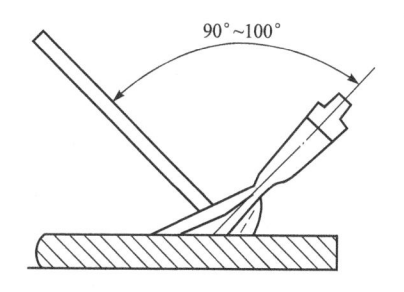

图6-47　焊丝与焊嘴的相对角度

3. 气焊的操作方法

气焊的操作方法有左焊法和右焊法两种。焊炬从右向左移动的焊接方法称为左焊法；焊炬从左向右移动的焊接方法称为右焊法，如图6-48所示。

对于较长的焊缝，应事先间隔焊上若干点，以保持整个焊缝位置相对固定，然后采取分段或逆向焊接完成整个焊缝的焊接，如图6-49所示。

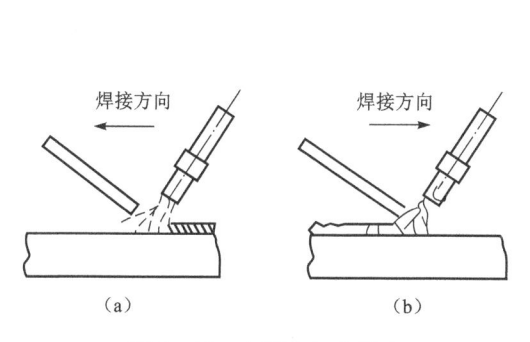

图6-48　左焊法与右焊法
(a) 左焊法；(b) 右焊法

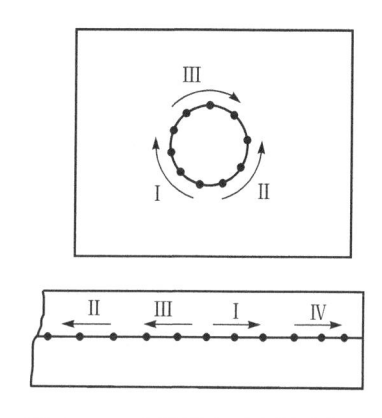

图6-49　分段焊和逆向焊示意图

1）气焊工艺要点

施焊时，应保证焊丝和金属焊接处材料同时熔化，在焊缝熔合后，焊嘴应及时离开。为提高焊接质量，防止焊接变形，施焊时应注意以下几点。

（1）对于较薄的钢板，如1mm厚的钢板，焊接时应用小号焊炬，3号焊嘴。焊丝直径为2mm左右。

（2）焊接方向以左焊为宜，这样可减少焊件受热变形或烧穿，焊接速度应迅速，焊缝一次完成，焊炬移动时应平稳。

（3）焊嘴与焊件的倾斜角应根据板料厚度确定，施焊 1 mm 厚的板料，倾角为 20°；焊接 2 mm 厚的板料，倾角应为 60°~70°；起焊预热时，应适当增大倾斜角，焊接终了时，倾斜角应略减小。

（4）焊接部件边缘的裂缝，应从裂缝尾部开始起焊，焊嘴指向焊件外面，以防止部件受热变形或焊后开裂；对较长的焊缝，可事先点焊几处，再分段焊接。

（5）根据焊接材料性质和火焰种类选择合适的火焰。对于需要尽量减少元素烧损或增碳的材料，应选用中性焰；对于母材含有沸点低的元素，如锡、锌等，需要生成氧化物薄膜覆盖在熔池表面，以保护此类元素不再蒸发，故应选用氧化焰；对于中合金钢、高合金钢、铝及其合金等材料，可适当选用碳化焰。

2）气焊的操作方法

（1）起焊。焊接时，火焰在起焊处往复移动，保证焊接处温度均匀升高。此时焊嘴倾角应大些，以使焊件尽快预热。如果两焊件厚度不同，火焰应稍偏向厚度大的一侧，保证两边材料同时熔化，并在焊缝中间形成熔池。当焊点出现明亮而清晰的熔池时，焊丝即可加入。

（2）填充焊丝的方法。当熔池形成以后，火焰稍稍后退，并同时利用火焰外层加热焊丝末端。焊丝熔滴送入熔池后，抬起焊丝，火焰稍靠近熔池，使焊缝处熔化金属均匀分布。火焰前移，又会形成新的熔池。如果火焰能量高，金属熔化速度快，焊丝可保持在火焰前端，使熔化的焊滴连续滴入熔池。焊后的焊缝宽度和形状应保持均匀。

（3）焊嘴和焊丝的摆动。正常气焊时，焊丝与焊件表面倾斜角为 35°左右；焊丝与焊嘴中心线夹角为 100°左右，保证焊缝均匀、牢固。为防止焊件过热或烧穿，焊丝与焊嘴应随时协调摆动。

（4）接头与收尾。在焊缝处重新起焊时，应将原熔池充分加热，使原熔池充分熔化后再熔入焊丝。收尾时，由于焊件温度较高，应减小焊嘴倾角，加速焊接过程，并适当多熔入焊丝，以防熔池面积扩大。

（5）焊接方向的确定。左焊法操作简便，适于焊接薄板件和熔点低的金属；右焊法焊接火焰指向焊缝已焊部位，对熔池保护效果好，不易产生气孔、夹渣，冷却速度较慢，焊缝组织得以改善，但此法不易掌握，多用于厚度较大的材料的焊接。

4. 气焊作业操作要点

由于板面的位置和焊缝的方向不同，气焊作业会有某些特殊要求。例如，同样是水平板面，焊缝在上表面，称为平焊；焊缝在下表面，称为仰焊；板面为立面，焊缝沿板的纵向称为立焊，沿横向则称为横焊等。

平焊如图 6-49 所示，立焊、横焊和仰焊如图 6-50 所示。表 6-4 给出了不同位置焊接的操作要点。

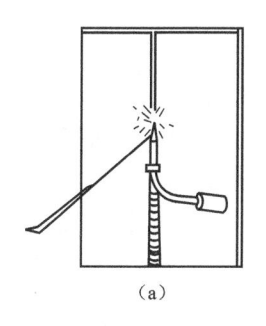

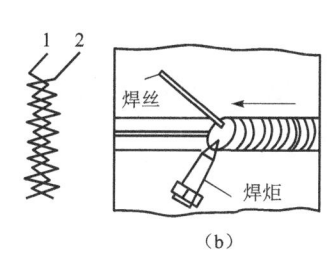

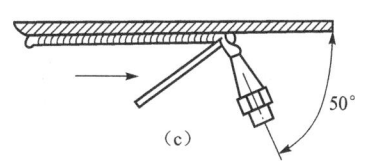

图 6-50 焊嘴、焊丝运动示意图
(a) 立焊；(b) 横焊；(c) 仰焊

表 6-4 不同位置焊接要点

焊法	焊缝位置	操作要点	焊嘴
平焊	板面水平，焊缝在上表面，任意方向	(1) 焊接切口对正、对齐，放平； (2) 间隔 40~50 mm 点焊一点，再连续焊接； (3) 保持火焰焰芯的末端距表面 2~6 mm	按表 6-2 选用焊嘴
立焊	与水平面成 45°~90° 角的倾斜板面，焊缝沿板纵向（立缝）	操作要点与平焊基本相同，但火焰能率应略低于平焊，焊接要由下至上进行，焊炬不能做纵向摆动，每次向熔池送焊丝少一些。也可做微小横向摆动	选用比平焊小一号的焊嘴
横焊	在工件立面或斜面上沿着横向焊接	操作要点与平焊基本相同，但火焰能率应高于平焊。 (1) 采用自右向左的焊接方法； (2) 火焰气流直接朝向焊缝，利用气流压力阻止金属流下； (3) 焊接时，焊丝始终浸在熔池中，并做环形运动，与熔池略带倾斜	选用比平焊小一号的焊嘴
仰焊	焊缝位于水平板面下方（或斜面下侧），焊工仰视焊接	(1) 采用较细的焊丝、小火焰能率的焊嘴； (2) 采用右焊法，利用焊丝末端和气流压力防止熔化金属流下； (3) 焊嘴与工件夹角约 50°，焊丝与工件表面保持 30°~40°； (4) 严格掌握熔池大小和温度，使液态金属始终处于较稠状态	选用比平焊小一号的焊嘴

6.3.2 金属惰性气体焊

车身多以薄钢板冲压成型,对薄钢板的焊接又很容易产生焊接应力而造成穿孔、变形,使焊接难度增大。金属惰性气体焊(MIG)也称惰性气体金属电弧焊(GMAW),最适宜焊接汽车车身所采用的薄型高强度钢板。其中最为常见的 CO_2 保护焊,就是惰性气体保护电弧焊的一种。CO_2 保护焊能够有效地限制焊缝周围的热量,不仅能够抑制上述不良状况,而且具有工作环境清洁、作业效率高和焊接质量好等优点,是汽车车身维修中普遍采用的一种焊接方法。

1. 金属惰性气体焊的工作原理

图 6-51 为惰性气体保护焊的工作原理图。惰性气体保护焊使用一根焊丝,焊丝以一定的速度自动进给,在母材和焊丝之间出现短弧,短弧产生的热量使焊丝熔化,将母材焊接起来,实现半自动电弧焊接。在焊接过程中,惰性气体对焊位实施保护,以免母材被空气氧化,所使用惰性气体的种类由需要焊接的母材而定。大多数钢材都用二氧化碳(CO_2)进行气体保护焊;对于铝材,则采用氩气或氩、氦混合气进行气体保护焊。

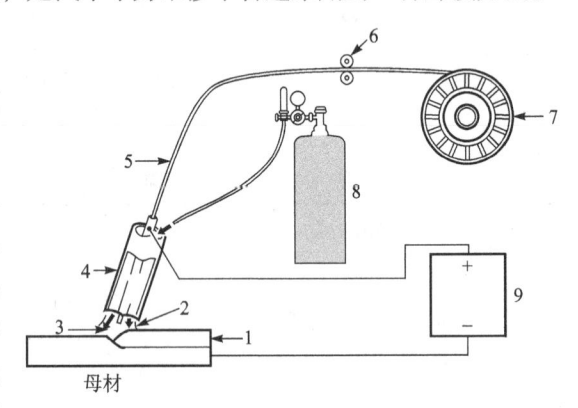

图 6-51 惰性气体保护焊的基本原理
1—焊缝金属;2—CO_2 气体;3—电弧;
4—焊枪喷嘴;5—焊丝;6—送丝滚轴;
7—焊丝卷轴;8—CO_2 气瓶;9—焊机电源

气体保护焊的工作过程可概括如下。

(1) 焊丝在焊接部位经过短路—燃弧—短路—燃弧等循环过程,每一次短路,电弧焊丝都从端部将微小的熔滴转移到母材熔池之中。

(2) 在焊丝周围有一层惰性气体保护层,以免焊缝被氧化。

(3) 焊丝采用自动进给,连续焊接。

(4) 在整个焊接过程中,母材受热量小,变形小,不致影响钣金件整体几何形状。

金属惰性气体焊与其他焊接方法相比,有如下特点。

(1) 可进行高速焊接。

(2) 焊接时工件变形小。

(3) 工件加热区可控制,热影响区较小,如图 6-52 所示。

2. 金属惰性气体保护焊的焊接

1) 焊接电流与电弧电压

根据起弧后的工作状态,可判断电压调整得是否合适。如果焊接时能听到一股连续的"咝咝"声或轻微的爆裂声,则为正常。从焊缝观察,电压提高,则弧长增加、熔深变浅、焊缝宽平,并使飞溅增加;电压降低,则弧长减小、熔深变深、焊缝窄尖,并

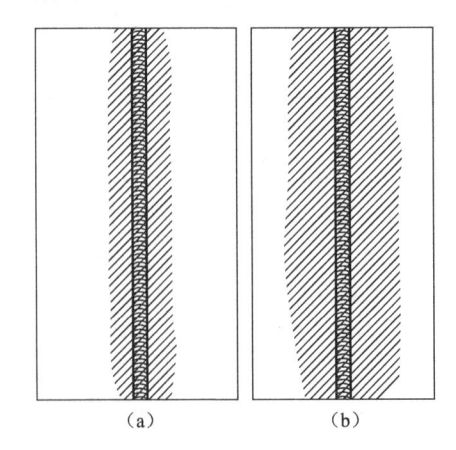

图 6-52 焊接热影响区的比较
(a) MIG 焊热影响区;(b) 氧乙炔焊热影响区

且所见电弧减小,如图 6-53 所示。

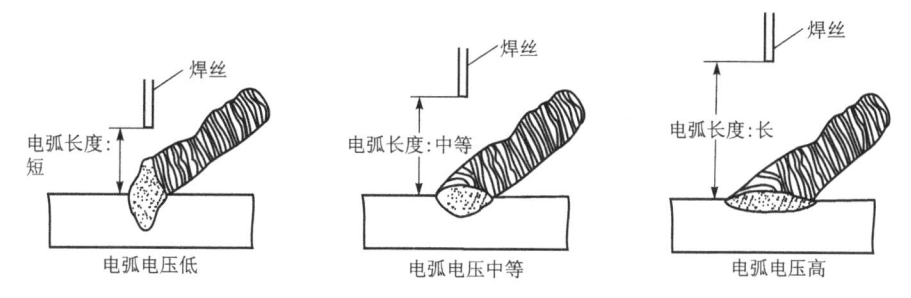

图 6-53 电弧电压和焊缝的形状

焊接电流的大小会影响母材的焊接熔深、焊丝熔化速度、电弧的稳定性、焊接溅出物的数量。随着电流增加,熔深、剩余金属的高度和焊缝宽度也会增大,如图 6-54 所示。表 6-5 推荐了焊丝直径、焊件厚度、焊接电流三者之间的正确关系,可供焊接作业中参考。

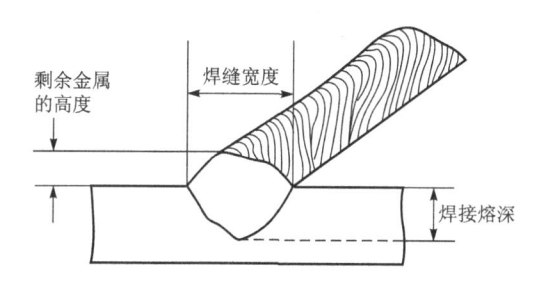

图 6-54 熔深、剩余金属和焊缝宽度

表 6-5 细丝 CO_2 半自动焊工艺参数

材料厚度/ mm	坡口形式	装配间隙 b/ mm	焊丝直径/ mm	焊接电流/ A	电弧电压/ V	气体流量/ (L·min^{-1})
≤1.2		≤0.5	0.6	30~50	18~19	6~7
1.5			0.7	60~80	19~20	
2.0		≤0.5	0.8	80~100	20~21	7~8
2.5						
3.0		≤0.5	0.8~1.0	90~115	21~23	8~10
4.0						
≤1.2		≤0.3	0.6	35~55	19~20	6~7
1.5		≤0.3	0.7	65~85	20~21	8~10
2.0		≤0.5	0.7~0.8	80~100	21~22	10~11
2.5		≤0.5	0.8	90~110	22~23	10~11
3.0		≤0.5	0.8~1.0	95~115	21~23	11~13
4.0		≤0.5	0.8~1.0	100~120	21~23	13~15

2) 导电嘴到母材的距离

焊枪导电嘴与焊接表面之间的距离,是影响焊接质量的重要参数(一般规定为 8~

15 mm），如图 6-55 所示。若此距离过大，焊丝的伸出量就长，同时，保护气体的屏蔽作用也相应减弱。距离过小也不好，焊丝端头被喷嘴挡住，使观察焊接质量和行进都有困难。

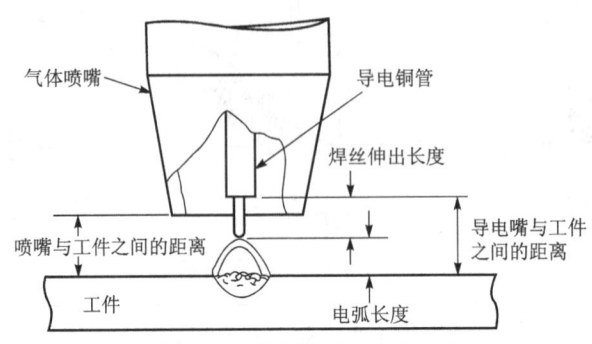

图 6-55 导电嘴到母材的距离

3）焊接速度

经验表明，速度过快将会使熔深、熔宽变小，焊缝呈尖形并且容易发生咬边现象，而焊接速度过慢则会造成焊件烧穿（图 6-56）。正确的焊接速度由焊件板厚及电压所决定，一般参照表 6-6 中所推荐的焊接速度即可。

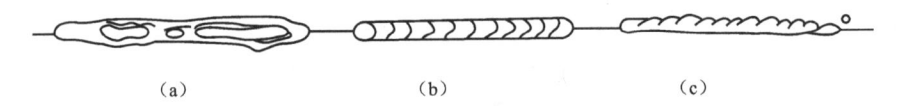

图 6-56 运枪速度对焊道形状的影响
(a) 过缓易使焊件烧穿；(b) 速度适当则熔深合适；(c) 过快易造成熔深不足

表 6-6 焊接速度的确定

钢板厚度/mm	0.8	1.0	1.2	1.6
焊接速度/(cm·min^{-1})	105~115	100	90~100	80~85

焊接过程中产生均匀而且尖锐的噪声即表示焊丝与热量比率正常。可通过观察来判断送丝速度是否合适。若随着电弧的缩短，稳定的反光亮度开始减弱，此时送丝速度合适。如果送丝太慢，随着焊丝在熔池内熔化并熔敷在焊接部位，可以听到啪哒声，此时反光亮度增强。送丝速度太快，将堵塞电弧，此时熔敷速度大于熔池吸收速度，产生飞溅现象，并伴有频闪弧光。

二氧化碳气体保护焊工艺参数的选择见表 6-5。

3. 金属惰性气体保护焊的焊接方式

1）焊枪的操纵

将焊枪前端靠近焊件，按动开关便开始送丝，保护气体也同时喷出。此时只要操纵焊枪，使焊丝端头与焊件金属表面接触即可起弧。如果焊丝顶端形成熔球，应将其剪断，否则会影响起弧。枪口处的焊接飞溅物也会影响送丝、送气，使用前应先清理干净。

施焊过程中，应注意观察板件、焊丝的熔化情况及焊道的连续性，同时注意不要让焊丝偏离接缝。如果接缝较长，最好先暂焊一下，分段的焊道应有重叠，起弧时，应在上一段焊道末端前面一点，起弧后迅速回拉至下一段焊道起点（图6-57）。焊道的高度和宽度也应力求一致，因为熔深不足将影响焊缝强度；反之，熔深过大则易将焊件烧穿，并给打磨工作造成一定困难。

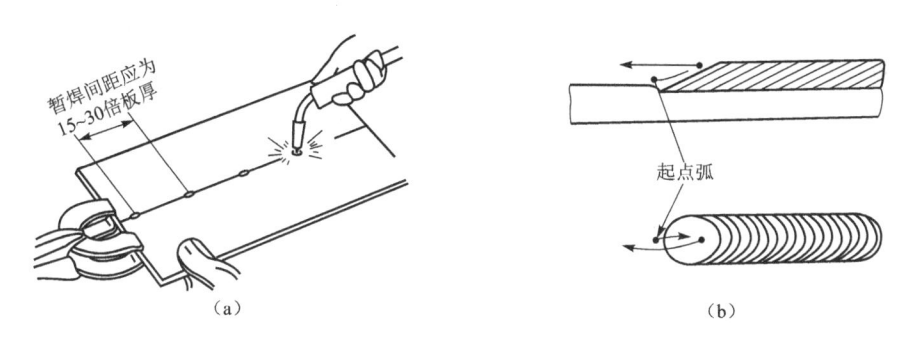

图6-57 焊枪的操纵
(a) 暂焊；(b) 焊道的重叠方法

2）焊接方式

二氧化碳气体保护焊焊接方式有6种：连续焊、塞焊、连续点焊、点焊、搭接点焊、定位焊，如图6-58所示。

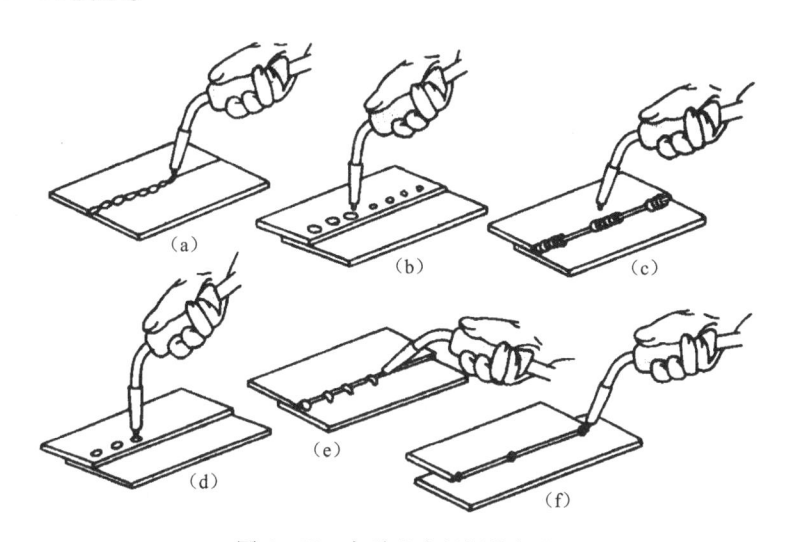

图6-58 各种基本的焊接方法
(a) 连续焊；(b) 塞焊；(c) 连续点焊；
(d) 点焊；(e) 搭接点焊；(f) 定位焊

（1）连续焊。连续焊是指一个不间断的焊缝，由一次稳定的连续焊接动作完成。连续焊一般用来焊接较厚的金属。

（2）塞焊。塞焊用于将两块金属板连接在一起。上层的金属板事先钻好或者打好孔。然后将电弧深入到孔中熔化下层的钢板。随后熔化的金属将孔封住，形成栓塞。

（3）连续点焊。连续点焊是利用气体保护焊设备的点焊功能，通过"焊—停—焊—停—焊—停"的工作过程，对搭接的钢板进行的一种间歇的缝焊，用于无须连续焊接的场合或者连续焊接能够导致热变形的焊接场合。

(4) 点焊。点焊就是焊缝是由一个一个分开的焊点连接。点焊适用于两个平整的较薄的钢板及钢筋的焊接，缝隙越小越好。

(5) 搭接点焊。搭接点焊是指用点焊的方式将两块呈错位叠加状态金属的上层板边缘与下层板熔化并连接起来的焊接。

(6) 定位焊。定位焊是指在车身维修中用来代替定位夹钳或螺钉的临时焊点，作用是保护安装的各个钣件位置的准确性。定位点焊的长度取决于焊接钢板的厚度，其长度大约是钢板厚度的15～30倍。定位点焊必须精确，因为它对于维持钢板的准确直线定位非常重要。

4. 气体保护焊的缺陷分析

表6-7给出了气体保护焊常见的缺陷及其产生的原因。

表6-7 气体保护焊常见缺陷及其产生原因

缺陷	缺陷状态	说明	主要原因
气孔和凹坑	凹坑 气孔	气体进入焊接金属中会产生气孔或凹坑	(1) 焊丝上有锈迹或水分； (2) 母材上有锈迹或污物； (3) 不适当的阻挡（喷嘴堵塞、弯曲或气体流量小）； (4) 焊接时冷却速度太快； (5) 电弧太长； (6) 焊丝规格不合适； (7) 气体被不适当地封闭； (8) 焊缝表面不干净
咬边		咬边是由于过分熔化的母材形成一个凹槽，使母材的横截面减小，严重降低了焊接部位的强度	(1) 电弧太长； (2) 焊炬角度不正确； (3) 焊接速度太快； (4) 电流太大； (5) 焊炬送进太快； (6) 焊炬角度不稳定
熔化不透		这种现象发生在母材与焊接金属之间，或发生在两种熔敷金属之间	(1) 焊炬进给不适当； (2) 电压较低； (3) 焊接部位不干净
焊瘤		角焊比对接焊更容易产生焊瘤。焊瘤会引起应力集中而导致过早腐蚀	(1) 焊接速度太慢； (2) 电弧太短； (3) 焊炬送进太慢； (4) 电流太小

续表

缺陷	缺陷状态	说明	主要原因
焊接熔深不够		此种缺陷是由于金属板熔敷不足而产生的	(1) 电流大小； (2) 电弧过长； (3) 焊丝端部没有对准两层金属板的对接位置； (4) 槽口太小
焊接溅出物过多		过多的溅出物在焊缝的两边形成许多斑点和凸起	(1) 电弧过长； (2) 母材金属生锈； (3) 焊炬角度太大
溅出物（焊缝浅）		在角焊缝处容易产生溅出物	(1) 电流太大； (2) 焊丝规格不正确
垂直裂纹		裂纹通常只发生在焊缝顶部表面	焊缝表面被脏物弄脏（油漆、油污、锈斑）
焊缝不均匀		焊缝不是均匀的流线形，而是不规则的形状	(1) 导电嘴的孔被损坏或变形，焊丝通过嘴口时发生震动； (2) 焊炬不稳
烧穿		焊缝内有许多孔	(1) 焊接电流太大； (2) 两块金属之间的坡口槽太宽； (3) 焊炬移动速度太慢； (4) 焊炬至母材之间的距离太短

6.3.3 手工电弧焊

手工电弧焊是分别以手工操作的焊条和焊接零件作为两个电极，利用焊条与焊件之间产生的电弧的热量，熔化焊条和金属使构件焊接在一起的方法。

手弧焊的特点是所用设备简单、操作方便、灵活，适用于多种条件下的焊接。特别是对于结构复杂、焊缝短小、作业狭窄及高位作业等，有其他焊接方式不可比拟的优越性，被广泛地应用于汽车车身维修行业。

1. 手工电弧焊的工作原理

手弧焊机通常分为两类：交流弧焊机和直流弧焊机。交流焊机适宜使用钛钙型焊条焊接低碳钢构件；直流焊机适宜使用低氢型焊条焊接重要构件。

交流弧焊机相当于一台可变电压与电流的变压器。对照图6-59所示的电路结构图，可大致了解漏磁式交流焊机的构造及其工作原理。相当于变压器的铁芯分为两部分，即形成固定边框的静铁芯和位于中间可移动的动铁芯。变压器初级绕组绕在静铁芯的一侧；次级绕组一部分紧绕在初级绕组的外部，另一部分绕在静铁芯的另一侧。前一部分起建立电压作用，后一部分相当于一个起降压作用的电感线圈，位于变压器中间的动铁芯起磁分路的作用。变动其与静铁芯的相对位置，以漏磁量的变化来实现对输出电流的调整。电流调节分粗、细两挡，其中，粗调可拨动跳位开关，选择次级绕组的匝数；细调可移动铁芯位置，向外调时，磁阻增大，漏磁减小，电流增大，反之，则电流减小。

以直流电作电源的焊接过程如图6-60所示。电弧呈截面锥形，上部是阴极区，可达2 400 ℃；下部是阳极区，可达2 600 ℃；中间部分是弧区，其中心温度可达6 000 ℃。由于高温作用将导致金属氧化，因而在焊条上包有药皮，以减轻对被焊金属的氧化。

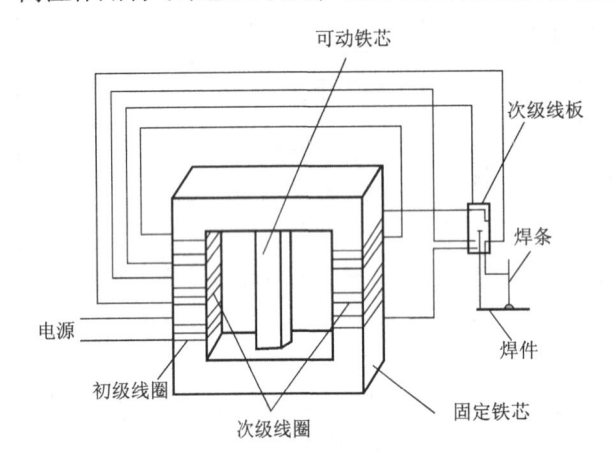

图6-59 交流电焊机的电路结构图

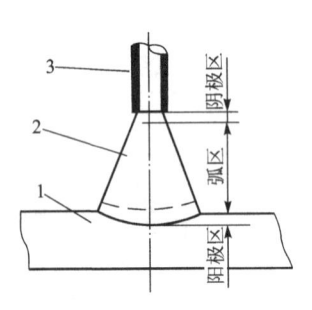

图6-60 电弧示意图
1—焊件；2—电弧；3—焊条

2. 手工电弧焊的焊接材料

焊条是手工电弧焊的主要材料，它由焊芯和药皮组成。

1) 焊芯

焊芯的作用是传导电流，产生电弧，并为焊缝填充金属。常用的焊芯材料为碳素结构钢、合金结构钢和不锈钢等。

2) 药皮

药皮由各种矿石粉、铁合金、有机物（如木粉、淀粉、纤维等）和化工产品（如钛白粉、碳酸钾、水玻璃等）组成。其主要作用是利用药皮产生的气体和熔渣隔离空气，以防熔化金属腐蚀；通过熔渣与熔化金属的冶金反应，除去氧、氢、硫、磷等有害杂质，添加有益的合金元素，保证电弧稳定，减少飞溅。

根据药皮熔化后性能不同，焊条可分为酸性焊条和碱性焊条。酸性焊条药皮的主要成分是二氧化硅、二氧化钛和三氧化二铁等酸性氧化物。这类焊条电弧稳定，可用于直流、交流电弧焊。碱性焊条药皮的主要成分是萤石和碳酸盐。此类焊条焊接强度高，可用于高强度低合金钢和特种性能合金钢的焊接，但对水、锈等产生的气孔反应敏感，多采用直流焊接。

3. 焊接操作工艺

1) 引弧

通常采用擦弧法和碰弧法引弧。

(1) 擦弧法。手持焊钳，将焊条在焊缝处轻划，引燃电弧，即刻起使焊条末端与焊接表面距离保持在 3~4 mm,以便维持电弧稳定燃烧。

(2) 碰弧法。用焊条末端轻轻碰击焊件表面,引着电弧。此法较简单。

2) 运条

随着焊条不断燃烧和焊缝的形成,焊条应在三个方向上做相应移动。

(1) 焊条被电弧熔化变短,焊条必须随时向下移动,以保证焊条末端与焊接坡口处距离不变。当焊接距离变大,电弧变长时,电弧燃烧不稳定,形成断弧。另外,还会使焊缝质量变差,表面鱼鳞形状不均匀;焊缝熔深较浅,焊接强度差;周围空气易侵入熔池,造成熔化金属飞溅和氧化。

(2) 当焊缝一点成形后,焊条应沿着焊缝方向前移。移动速度应根据电流大小、焊条直径、工件厚度及材料装配要求等情况确定。移动过快会造成熔池熔深太浅,焊接强度低;移动过慢会造成工件温度高、变形大或薄板料烧穿。

(3) 为保证形成一定宽度的焊缝,焊条必须做横向摆动。常用的几种横向摆动方法有直线往复运条、锯齿形运条、月牙形运条、三角形运条和斜环形运条等。焊接过程中,应根据焊缝坡口的大小和焊缝焊接姿势选择不同的横向运条方法。

3) 焊缝收尾

恰当的焊缝收尾将会提高熔合质量和机械强度。收尾的方法有如下几种:

(1) 划圈收尾法。如图 6-61 (a) 所示,收尾时,焊条在收尾处做圆弧运条,等弧坑填满时拉断电弧。此法多适于厚板焊接。

(2) 后移收尾法。如图 6-61 (b) 所示,收尾时,焊条改变角度,并慢慢向后拉,弧坑填满后拉断电弧。

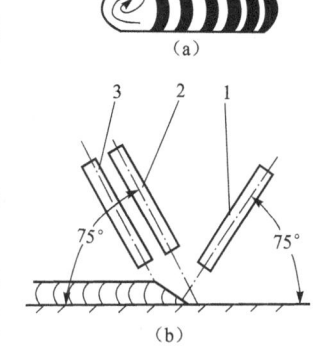

图 6-61 焊缝收尾法
(a) 划圈收尾法;
(b) 后移收尾法

4) 焊缝连接

当后焊焊缝起点与先焊焊缝终点相接时,一般在弧坑稍前未焊处引弧,电弧比正常焊接弧稍长,然后将电弧移到原弧坑处,填满弧坑后,立即沿着焊缝进行正常焊接。

4. 各种位置的焊缝焊接

金属构件的焊缝在空间所处的位置各不相同,如图 6-62 所示,常见的有平焊缝、立焊缝、横焊缝和仰焊缝等。对于不同位置的焊缝,应采取不同的焊接方法。

(1) 平焊。焊缝处在水平位置时进行的焊接。平焊时,熔滴由于自重而滴落在焊缝。操作较简单,可选用直径较大的焊条和较大的焊接电流。

(2) 立焊。焊缝处在垂直于水平面位置上的焊接。焊接时,熔滴沿焊缝下淌,因而采用小直径焊条和小电流,采用短弧法焊接,且在操作过程中由下往上焊,焊条应向下倾斜至 60°~80°。

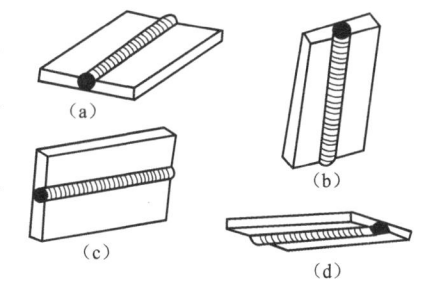

图 6-62 焊缝在空间的位置
(a) 平焊缝;(b) 立焊缝;
(c) 横焊缝;(d) 仰焊缝

(3) 横焊。工件在竖直面上而焊缝水平放置的焊接。熔化金属流向缝隙下侧的材料,造成下边材料焊接边缘熔化过度。所以，在焊接时，除小电流短弧焊外，焊条与工件表面应成70°~80°角，并在焊条末端将熔化金属向上带，然后迅速回落。如果V形坡口间隙过大，可采用两道焊法，先在下坡口上堆焊一道，然后补完全部焊缝，如图6-63所示。

图6-63 横向间隙过大时采用两道焊
1—第一道焊缝；
2—第M道焊缝

（4）仰焊。焊缝位于工件下方，需仰视焊接。仰焊最难操作。焊滴易下坠滴落，焊缝不易焊透，一般采用尽可能短的电弧，电流应比立焊时稍大些，以增加电弧的吹力，有利于熔滴过渡。

5. 焊接缺陷分析

按手工电弧焊焊接缺陷在焊缝中的位置，可将焊接缺陷分为内部缺陷和外部缺陷。其中，外部缺陷主要包括焊缝尺寸不符合要求、咬边、焊瘤、塌陷、表面气孔、裂纹和烧穿等；内部缺陷则主要包括未焊透、内部气孔、裂纹夹渣等。

1）焊缝尺寸不符合要求

焊缝成型后高低不平、宽窄不一和焊波粗劣等，均不符合要求。手工电弧焊的焊缝尺寸不符合要求时，不仅影响焊缝的美观程度，更重要的是，往往影响焊接金属与母材的结合强度，并在焊接部位形成内应力，从而影响焊件的品质和安全性能。

造成焊缝形状及尺寸不符合要求的主要原因是：坡口角度不当或装配间隙不均匀、焊接电流调整不当（过大或过小）、焊接参数选择不当等。

2）咬边

由于焊接参数或操作方法不当，使母材沿焊缝部位一边或两边产生沟槽或凹陷，称为咬边（图6-64）。

咬边不仅影响焊缝的美观，减少母材金属的有效截面，降低焊缝的结合强度，而且在咬边处引起应力集中，承载后有可能在咬边处发生裂纹。

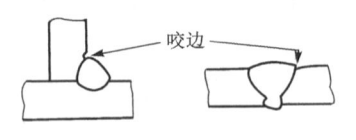

图6-64 咬边

避免咬边缺陷的主要措施是：焊接电流不宜过大、电弧焊不要拉得过长、焊条的角度及运动方向应控制得当。

3）未焊透

焊接后，接头根部有未完全熔透的现象，称为未焊透（图6-65）。未焊透常出现在单面焊的根部或双面焊的中部。此焊接缺陷不仅降低了焊缝的机械性能，而且容易在未焊透的缺口及末端处形成应力集中。对于比较重要的焊缝，如果经检查有未焊透缺陷，应铲除重焊。

造成未焊透的原因主要有：焊件接口不清洁、坡口处理不当（如坡口角度过小、接口不整齐、间隙太小或钝边过厚）、焊条运动速度过快、焊条角度不当或发生电弧偏吹、焊件散热过快、氧化物和熔渣等阻碍金属间的熔合等。

4）未熔合

焊缝与母材或焊缝与焊缝之间未完全熔化，使结合的部分形成假焊，称为未熔合（图6-66）。

图 6-65 未焊透

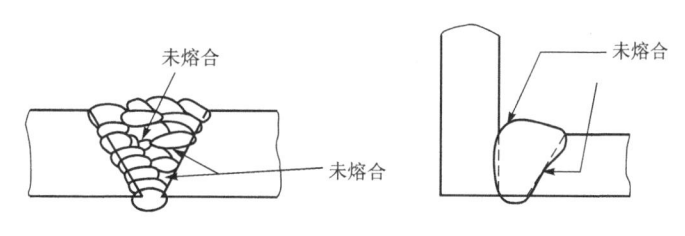

图 6-66 未熔合

未熔合所造成的危害与未焊透基本相同。造成未熔合的主要原因是：焊接能量太低、焊接电流过小、电弧发生偏吹、坡口有油污、焊层之间清渣不彻底使焊层夹渣过多。

焊接时应注意观察焊缝的熔化情况，适当加大电流和使用大号焊条，焊接速度不宜过快，这样便能够有效地避免未熔合缺陷产生。

5）烧穿

焊接时，熔化金属自坡口背面流出，形成穿孔缺陷，称为烧穿（图 6-67）。烧穿在手工电弧焊，尤其是焊接薄钢板中最容易发生。

烧穿是一种绝不允许的焊接缺陷，它使焊接完全丧失机械强度。造成焊接烧穿的主要原因是：接头处间隙过大或钝边太薄；焊接电流过大或焊条型号选择不当；焊接速度过慢或对薄板进行焊接时有停顿现象等。

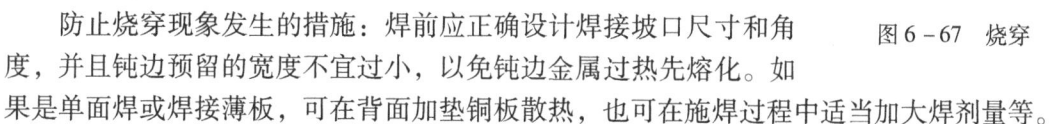

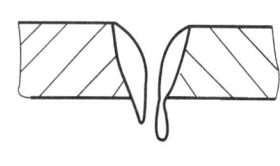

图 6-67 烧穿

防止烧穿现象发生的措施：焊前应正确设计焊接坡口尺寸和角度，并且钝边预留的宽度不宜过小，以免钝边金属过热先熔化。如果是单面焊或焊接薄板，可在背面加垫铜板散热，也可在施焊过程中适当加大焊剂量等。

6）凹坑、塌陷及未焊满

凹坑是指焊接后在焊缝正面或背面形成焊缝表面比原金属表面凹进的现象（图 6-68）。塌陷是指单面熔化焊时，因焊接工艺不当造成焊缝金属过量透过，形成如图 6-69 所示的正面下凹、背面凸起的现象。由于焊缝处的金属填充量不足，在焊缝表面形成连续或断续沟槽的现象，称为未焊满。

凹坑、塌陷及未焊满三种缺陷削减了焊缝的有效截面积，容易造成焊缝的应力集中并使其机械强度下降。

图 6-68 凹坑　　　　　　　　图 6-69 塌陷

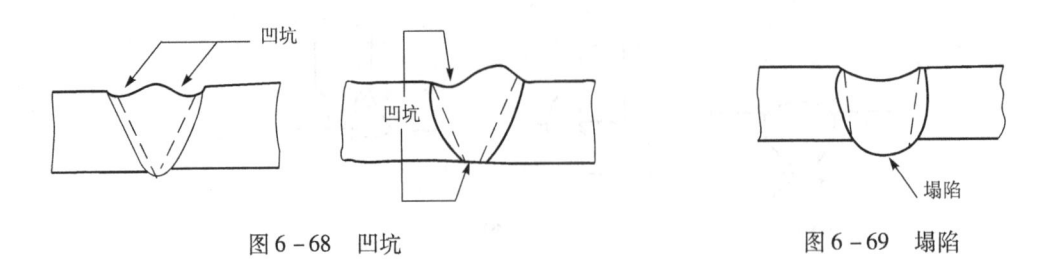

7) 焊瘤

焊接过程中熔化的金属流淌到焊缝金属之外，在未熔化的母材上形成图 6-70 所示的金属瘤。

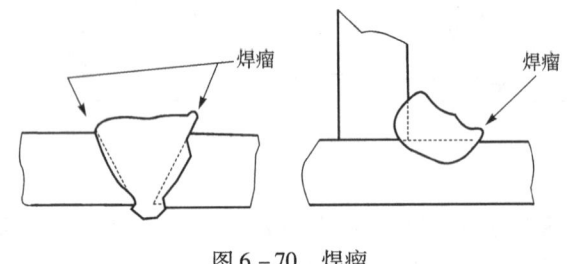

图 6-70 焊瘤

焊瘤不仅影响焊缝美观，更主要的是，焊瘤的出现往往还伴随未焊透现象。因此，凡是出现焊瘤的焊缝，均容易引起应力集中。

造成焊瘤的主要原因是：焊缝预留间隙过大、焊条位置和运动方式不当。

8) 夹渣

焊后在焊缝残留一定数量的熔渣称为夹渣（图 6-71）。焊缝夹渣与夹杂物有所不同。夹杂物是焊接时由冶金反应生成的，夹杂物尺寸很小并且呈分散状态分布于焊缝各处。气焊夹渣可在金相试磨片上直接观察到，用射线方式探伤也可检测出来。

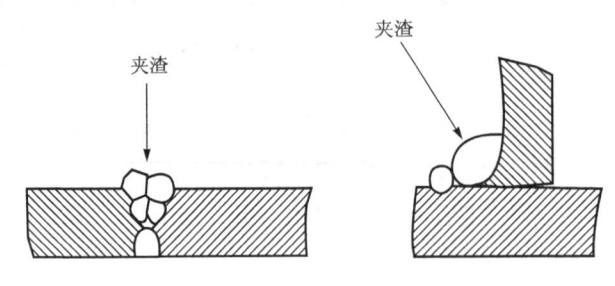

图 6-71 夹渣

产生焊缝夹渣的主要原因有：

(1) 坡口边缘有油污，焊层和焊道间的熔渣未清除干净。

(2) 焊条直径过粗而且焊接电流调节过小，使熔池金属和熔渣加热不足，造成熔池金属流动性差，使熔渣不易浮出。

(3) 金属冷却速度过快，使熔渣尚未浮出焊缝就已凝固；焊条药皮成块脱落而未熔化；焊条偏心和电弧无吹力等。

防止焊接产生夹渣的主要措施包括：

(1) 选用合适的焊接工艺参数。

(2) 焊前清理坡口并彻底清除焊条表面的油污和水分。

(3) 焊接时尽量将电流调节得大一些；为避免熔化金属冷却过快，可把电弧缩短并适当增加电弧停留时间。

(4) 焊接时注意随时调整焊条倾角和运动方式，并注意横向摆动幅度不宜过大。

(5) 确保整个焊接过程中始终保持熔池有清晰的轮廓，这样熔渣就可以比较容易地浮上焊缝金属表面。

9) 气孔

焊接过程中，熔池中的气泡在凝固前未能及时逸出，残留于焊缝中而形成的空穴，称为气孔。气孔可分为密集型气孔、长条形气孔和针状气孔。产生气孔的气体主要有氢气、一氧化碳和氮气。

焊接时形成气孔的主要原因是：焊缝接口不清洁或焊条受潮，使焊接时熔池周围气体中生成不良气体，通过溶解和化学反应进入熔池。正常情况下，这些气体在熔池结晶时，将以气泡的形式向外逸出，然而，如果气体在熔池凝固之前来不及逸出，气泡就会残留在焊缝中形成气孔。

防止造成气孔的有效措施是：

(1) 正确选用符合质量要求的焊条，如果焊条药皮受潮、变质、脱落以及焊芯生锈，都会造成焊缝有气孔。焊条烘干对抑制焊缝气孔十分有效，一般酸性焊条抗气孔性好，但要求酸性焊条的含水量不得大于4%，低氢型碱性焊条的含水量不大于10%。

(2) 彻底清除坡口两侧20~30 mm范围内的油污和其他污物；对于较大的工件，焊前应采取焊前预热措施，这样可以减慢熔池的冷却速度，从而给气体以充分由熔池中逸出的时间。

(3) 在焊接工艺方面，手工电弧焊的电流不宜调得过大，否则会使焊条发红造成药皮提前分解，失去对焊缝的保护作用。焊接速度也不宜过快，碱性焊条采用短弧焊接，以防止有害气体的侵入。当发现焊条有偏心时，要及时转动或倾斜焊条。焊接速度不要过快，焊接过程中不要断弧，保证引弧处、接头处、收弧处的焊接质量。露天焊接时，应尽量避开风雨天气。

(4) 焊接极性对产生气孔也有一定影响，直流反接时产生气孔的倾向小，直流正接时产生气孔的倾向大，交流时的气孔倾向则介于这两者之间。

10) 裂纹

根据焊缝裂纹形成的温度，可分为热裂纹和冷裂纹。

(1) 热裂纹。在焊接过程中，焊缝和热影响区金属冷却到凝固相线附近的高温区产生的焊接裂纹。

热裂纹的显著特征是断口呈蓝黑色，即金属因过热，被高温氧化后形成的颜色，有些场合下的热裂纹里有流入熔渣的迹象。

为防止焊缝产生热裂纹，应选择合适规格和型号的优质电焊条；对于较大的焊接件，因为焊接时产生的变形小，所以更会增大焊接应力，促使热裂纹现象的生成，故焊接时应选择合适的焊接工艺参数，必要时还应采取预热和缓冷措施；收弧时，焊接电流应逐渐变小，待焊接熔池的体积减少到很小时,再切断焊接电流;适当调整焊缝金属的合金成分,如焊接铬镍不锈钢时,应适当提高焊缝金属的含铬量。在焊缝金属中加入可使晶粒细化的元素,如钼、钒、钛、铌、锗、铝等,同样有利于消除集中分布的液体薄膜,可以有效地防止热裂纹的产生。

(2) 冷裂纹。焊后冷却到一定温度后产生裂纹的现象称为冷裂纹。

冷裂纹产生的原因主要有钢材的淬火倾向、残余应力、焊缝金属和向热影响区扩散氢含量等,其中氢的影响是形成冷裂纹的重要原因。

防止产生冷裂纹的主要措施为:焊前预热和焊后缓冷。这样不仅能改善焊缝的组织,降低热影响区的硬度和脆性,还有利于加速焊缝中氢的向外扩散,同时也起到了降低焊接应力的作用。除此之外,选择合适的焊接速度也是防止发生冷裂纹的关键因素。焊接速度过快容易使焊缝形成淬火组织;若焊接速度过慢,则会使热影响区的范围变宽,也会导致焊缝产生冷裂纹。

6.3.4 电阻点焊

电阻点焊是通过低压电流流过夹紧在一起的两块金属产生电阻热,局部熔化并施加压力使之焊接在一起的焊接方法。电阻点焊具有许多优点,主要是:

(1) 焊接成本低,不消耗焊丝、焊条或气体。

(2) 清洁,焊接时不产生烟或蒸汽。

(3) 焊接部位灵活,且对镀锌板的焊接有效。

(4) 焊接质量高,速度快。在 1 s 内便可焊接高强度钢、高强度低合金钢或低碳钢工件,焊接强度高、受热范围小,工件不易变形。

汽车车身构件的尺寸往往较小且形状复杂,加之电阻点焊具有上述优点,故电阻点焊在整体式车身制造或修理时是最常用的焊接方法。

1. 电阻点焊的焊接原理

电阻点焊是利用电流通过接触点加热,并在外加压力作用下使接触点附近的金属熔化,经冷凝后形成焊点的一种焊接方法。电阻点焊机如图 6 - 72 所示,图中右端有两个电极,通过上面的加压手柄即可获得所需的压力。将两块金属板夹持在电极之间,通电并加压一段时间,即可形成电阻焊点。

图 6 - 72 典型的挤压式电阻点焊机

1) 电阻点焊机的组成

挤压式点焊机是车身维修中理想的设备之一,它使焊点具有良好的接触强度而不会引起构件变形。电阻点焊机的工作原理如图 6 - 73 所示。两个电极将焊件板夹紧,以保证大电流集中通过板上被压紧的这一点;夹紧并通电后,电流经电极并流过板件接合处,因接合处的电阻比电极大得多而迅速升温;继续加热,焊件的金属被熔化,其中焊件表面上的热量很容易被铜电极带走,显然加热最强的地方不在电极与焊件之间,而是在两个焊件相接触的部位;断电后冷却,熔合处便形成固化的圆点即焊接点。

2) 电阻点焊三要素

电阻点焊的三要素是压力、电流和加压时间。

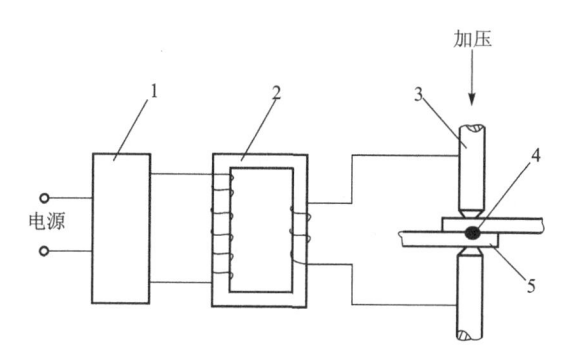

图 6-73 电阻点焊机的工作原理
1—通电时间调控器；2—变压器；3—电极（铜合金）；4—点焊熔核；5—焊件

（1）压力。电阻点焊的焊接强度与电极施加在金属件上的压力有直接的关系。压力太小，会产生焊接溅出物；压力太大，会使焊点过小，降低了焊接强度，如图 6-74 所示。具体操作时，应遵守设备使用规程规定的压力范围。

（2）电流。给金属件加压后通电，一股很强的电流流经两金属接触区，利用电阻作用发热，使金属温度上升，继而熔化并且熔合在一起，如图 6-75 所示。如果电流强度太大或压力太小，将会产生内部溅出物；减小电流强度或增加压力，可以使焊接溅出物减少到最低程度，形成良好的焊点。电阻点焊时，电流与压力之间是相互关联的，只有注意同时调节，才能保证焊接质量。

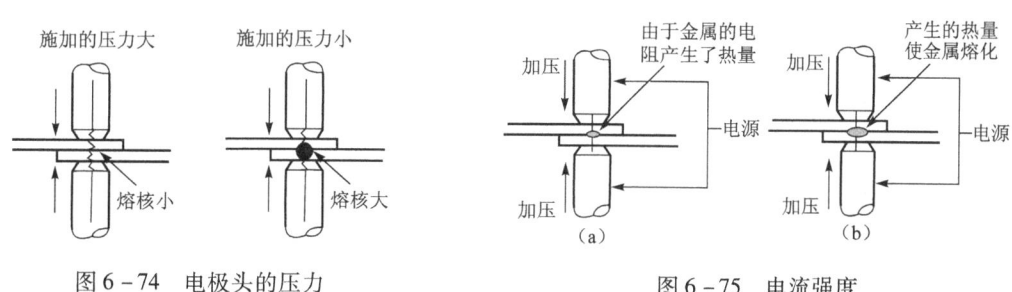

图 6-74 电极头的压力

图 6-75 电流强度

（3）加压时间。加压时间是电阻点焊极为重要的因素。如果停止加电，使熔化的金属冷却，就会在焊点位置形成一个扁平状的焊核。可见，在焊点处的金属冷却过程中，即焊核形成之前，保持焊点压力并使之维持一定时间是十分必要的。加压时间不可少于用户使用说明书上的规定值。

2. 电阻点焊的操作技术

1）焊前准备

点焊机完成一个焊点，仅需 1 s，由于整个过程进行得很快，稍不留意就可能造成不良后果，故在施焊前应做好充分的准备。

（1）清除焊接金属表面层的油漆、油污、锈斑、灰尘等杂物，保持良好的导电性能。

（2）对需要防锈处理的部位，焊接之前要涂上一层导电系数较高的防锈剂，方可进行焊接，如图 6-76 所示；整平被焊接的金属表面，并用夹紧装置夹紧，消除表面间的间隙，否则，点焊质量会明显下降。

2）焊接规范

影响点焊质量的因素有电极压紧力、焊接电流、通电时间和焊点布置。

（1）电极压紧力。焊点强度与电极压紧力密切相关。压力过小，会在接触点处造成焊接飞溅；压力过大，虽然通过的电流也大，但是由于热量的分布区域增大，使焊点直径和熔深反而变小。

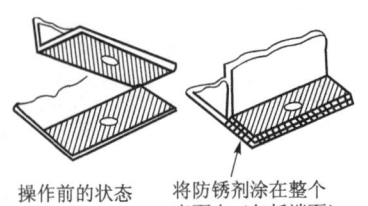

图6-76 需要用防锈剂保护的各个表面

（2）焊接电流。焊点直径和焊接强度都随焊接电流的增加而增大。但电流过大且压力较小时，会造成板间的飞溅。

（3）通电时间。通电时间长，热量生成多，焊点直径大，熔深也深。但通电时间过长也未必有利，如果电流一定，则通电时间过长不会使焊点增大，反而会出现电极压痕和热变形现象。

（4）焊点布置。焊点的间距（焊点之间的距离）对焊点强度也有决定性作用。缩小焊点间距虽然可以提高焊件的连接强度，但实际上也是有限度的。因为间距小于一定的限度，焊接电流会经由上一个焊点导走、泄漏。这时所增加的焊点不再具有增强焊件连接强度的作用，还会适得其反。因此，焊点的间距一定要跨出电流的泄漏区。

表6-8给出了与不同规格板厚相匹配的焊接电流、电极压紧力、通电时间及焊点布置要求等。

表6-8 低碳钢板点焊技术规范

板厚/mm	最佳条件			电极直径/mm		焊点布置/mm		结果
	通电时间/s	压紧力/N	电流/A	端部	杆部	间距	边距	抗剪力/N
0.6	0.11	1 471	6 600	4.0	10	11	5	2 942
0.8	0.14	1 863	7 800	4.5	10	14	5	4 315
1.0	0.17	2 206	8 800	5.0	13	18	6	5 982
1.2	0.20	2 648	9 800	5.5	13	22	7	7 649
1.6	0.27	3 530	11 500	6.3	13	29	8	10 395

3）焊接操作要领

（1）尽量采用双面点焊法施焊。对无法实施双面点焊的部位，可采用气体保护焊的塞焊法，以保证良好的焊接强度。

（2）保持电极与金属板之间夹角为90°，如图6-77(a)所示，否则，电流强度会减小，直接影响焊接质量。

（3）当三层或多层金属重叠在一起时，如图6-77(b)所示，应进行两次点焊。

（4）考虑到修理厂的点焊机功率一般都小于制造厂点焊机的功率，因此，在修理时，点焊的焊点数目应多于原

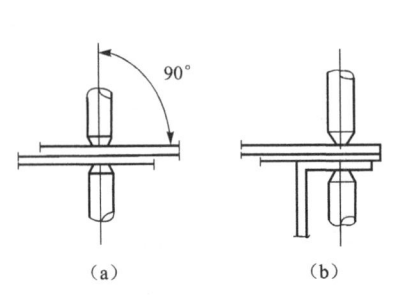

图6-77 点焊时的注意事项
(a) 90°夹角；(b) 三层或多层重叠

来的焊点数目,通常以增加30%为宜,如图6-78所示。

(5)点焊顺序如图6-79所示。当电极头发热并改变颜色时,应停止焊接,待冷却后重新施焊。

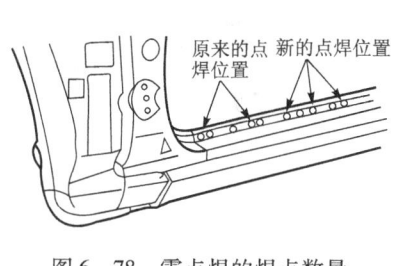

图6-78 需点焊的焊点数量

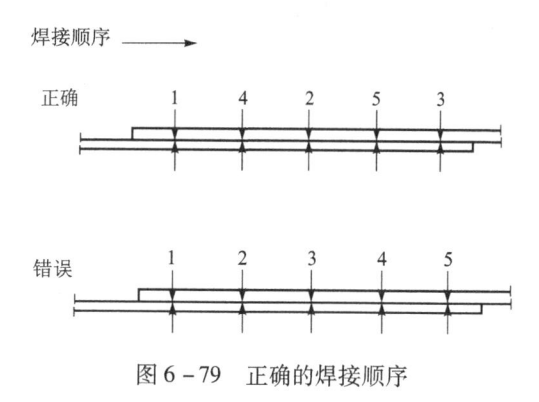

图6-79 正确的焊接顺序

(6)对于有过渡圆角的板件,一般不应在圆弧过渡区施焊,否则将导致开裂等缺陷,只有采取了专门的措施,才允许对圆角过渡区施焊。

6.3.5 钎焊

钎焊是将焊件材料(母材)加热而不熔化,利用低熔点的钎料填充在焊件衔接处,使被焊材料焊接在一起的焊接钎焊,如图6-80所示。用熔点低于427 ℃的有色金属合金为钎料的焊接称为软钎焊,如锡焊;用熔点高于427 ℃的金属钎料进行钎焊称为硬钎焊,如铜焊。汽车钣金修理中,如散热器、汽油箱、装饰钣金、车身缺陷等修理都离不开钎焊。钎焊必须借助焊剂,否则无法焊接成功。

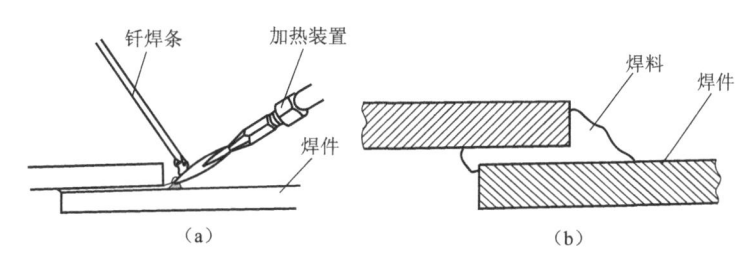

图6-80 钎焊原理与断面
(a)钎焊方法;(b)断面

1. 钎焊的特点

(1)钎焊的主要特点是:焊接温度低、母材变形小。
(2)可以将本不相熔的材料焊接在一起。
(3)焊料的流动性好,适用于车身表面溜缝和填补(图6-81(a))。
(4)无熔深,故连接强度较差,对接头形式有着不同于其他焊接方法的特殊要求(图6-81(b)、图6-81(c))。

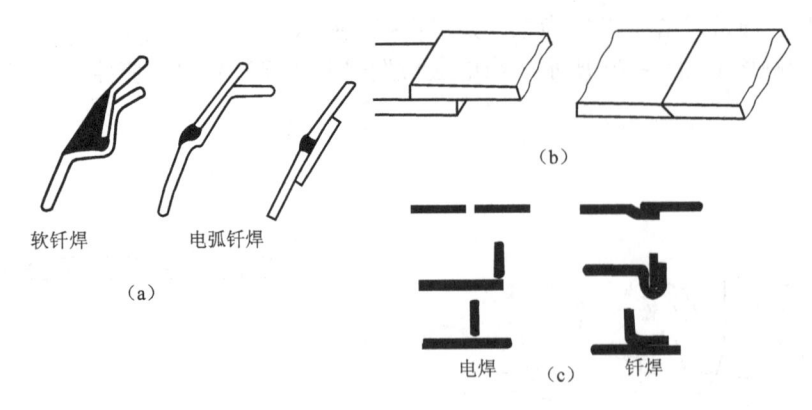

图 6-81 钎焊的搭接方式

(a) 钎焊在车身的应用实例；(b) 钎焊接头的基本形式；(c) 钎焊接头与电焊接头的对比

2. 锡钎焊

锡钎焊是利用热烙铁接触加热焊件表面，同时熔化的焊锡流向被焊接的缝隙之中，达到焊接目的。为得到良好的效果，锡焊操作必须注意以下几点：

(1) 彻底清除工件焊接部位的油污和氧化物。汽车钣金件多为低碳钢板或铜合金，对其实行钎焊之前，首先要对被焊部分用刮刀、锉刀、砂布打磨，并用盐酸除锈，直到呈现光亮，涂上氯化锌溶液，才能施焊（镀锌薄板可用盐酸作焊剂）。

(2) 选取适当的烙铁，修整其工作表面后放入加热炉加热。加热时宜将烙铁的大头加热，以免烧毁烙铁工作面。加热温度不要高于 600 ℃。

(3) 取出已加热的烙铁，用锉刀把烙铁工作端锉干净，放在氯化锌溶液中浸一下，以清除氧化物，再与焊锡反复摩擦，使工作端两面均匀镀上一层焊锡。施焊时，铬铁在工件上拉动，焊锡靠近烙铁工作部分不断熔化，流进待焊部位。

(4) 锡钎焊使用的焊剂氯化锌有助于清除烙铁工作面的氧化物。

3. 铜钎焊

铜钎焊属于硬钎焊，通常用氧乙炔焊炬加热母材，以黄铜焊条作为钎料，以钢焊粉或硼砂、硼酸、硅酸作焊药进行焊接。铜钎焊操作注意事项如下：

(1) 施焊前将焊件清理干净，如除锈。

(2) 用气焊火焰加热铜钎条，蘸上硼砂。

(3) 将焊件用气焊焰加热至樱红色，随即将蘸有焊料的铜条烧熔滴入焊件。

(4) 焊缝较长时，应一边加热，一边熔料，并随时蘸取焊药。必要时，把焊药撒在焊接处，以消除焊接过程中焊缝内的氧化物。

6.3.6　等离子弧切割

等离子弧切割正在取代氧乙炔切割，成为当今汽车行业金属切割的最先进方法。它能够迅速有效地切割受损坏的金属而不改变母材的性能。这一特点对于汽车行业有重要的意义，因为现在很多整体式车身的轿车上都装有高强度钢或高强度合金钢零部件，而原有的火焰切割法恰好又不适用于这两种钢材。等离子弧切割具有产生的热量多、运行速度快和输入的热量少等特点，再加上它可以轻易地切割生锈的、带有油漆或覆盖层的金属，因此，它在汽车车身修理领域是一种理想的切割方法。

1. **等离子弧切割的工作原理**

等离子弧切割（即等离子空气切割）的实质是在极小的范围内产生一股很强的热气流，这股热气流熔化并带走金属。采用这种方法可以很整齐地切割金属。此外，由于热量非常集中，即使在切割薄金属板时，也不会使金属板弯曲。

从图6-82（a）中可以看出，有两处有气体流过。进行等离子弧切割时，用压缩空气进行屏蔽。空气作为屏蔽气体，将割炬喷嘴的外部屏蔽起来，并对该区域进行冷却，使割炬不会过热。空气在流向喷嘴口的过程中，围绕着电极产生涡流。当设备接通时，在喷嘴和内部电极之间形成一个电弧（图6-82（b））。切割气体到达这里以后，达到过热状态。这时气体的温度很高，产生电离，所以能够传递电流（被电离的气体就是等离子体）。狭小的喷嘴口使膨胀的等离子体加速流向工件。当等离子体离工件足够近时，电弧穿过这一间隙，同时，等离子体将电流传递到这里（图6-82（c）），这就是切割电弧。

实际上，普通的空气不导电。但当电压很高时，气体分子电离后成为导电体。这时的空气达到过热状态并形成一条通道，使电流能够通过极高的温度和切割电弧的共同作用，在金属上熔化出一条狭窄的通道，使金属扩散到空气中并形成微粒。等离子体的作用力将所有金属微粒吹走，形成一条整齐的切口。

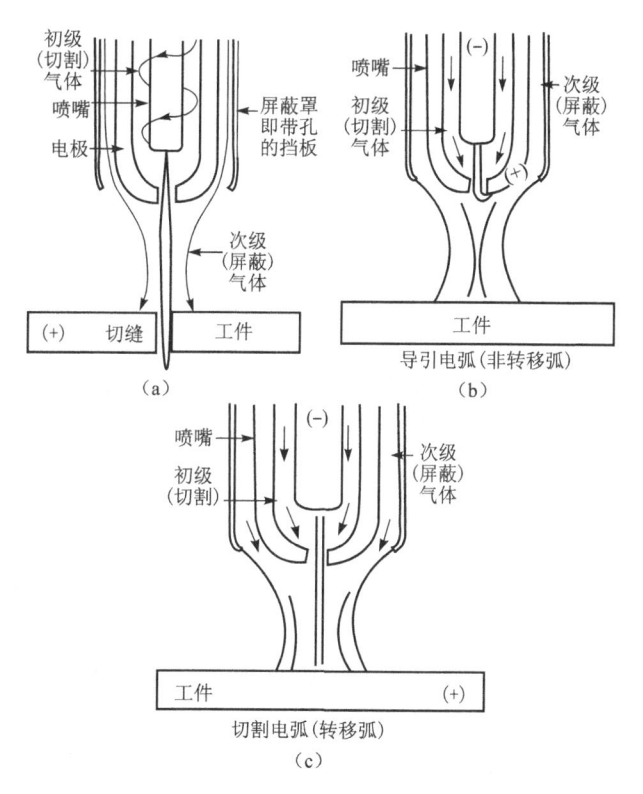

图6-82 等离子弧切割工作原理

2. 等离子弧焊的基本方法

按焊缝成形原理，等离子弧焊有三种基本方法：穿透型等离子弧焊、熔透型等离子弧焊、微束等离子弧焊。

(1) 穿透型等离子弧焊。穿透型等离子弧焊又称穿孔型焊接法，即大电流焊接法。该方法是利用等离子弧直径小、温度高、能量密度大、穿透能力强的特点，在适当的参数条件下实现的。焊接时，等离子弧把工件完全穿透并在等离子流力作用下形成一个穿透工件的小孔，熔化金属被排挤在小孔周围。随着焊枪向前移动，熔池中的液态金属在电弧吹力、表面张力作用下沿熔池壁向熔池后方移动，于是小孔也跟着焊枪向前移动，形成完全熔透的正、反两面都有波纹的焊缝，即所谓的小孔效应。

(2) 熔透型等离子弧焊。熔透型等离子弧焊又称熔入型焊接法，它是采用较小的焊接电流（15~100 A）和较小的离子气流量，等离子弧焊在焊接的过程中只熔化焊件而不产生小孔效应。焊接时可加填充金属，也可以不加填充金属。主要用于薄板（0.5~2.5 mm）的焊接、多层焊的第二层及以后各层的焊接。

(3) 微束等离子弧焊。焊接电流在 30 A 以下的熔透型等离子弧焊通常称为微束等离子弧焊。为保证小电流时等离子弧焊的稳定性，一般采用混合型等离子弧焊。小电流时，等离子弧也十分稳定，它主要用于超薄件的焊接。

3. 等离子弧切割机的操作方法

等离子弧切割机的操作方法如下：

(1) 将切割机连接到一个清洁、干燥的压缩空气源上。

(2) 将割炬和夹紧装置的电线连接到切割机上。将切割机电源插头插到符合要求的电源上，然后将地线夹连接到工件的一个清洁表面上，连接处应尽量靠近切割部位。

(3) 在等离子弧被触发以前，应先将切割喷嘴与工件上一个导电的部分相接触。一旦离子弧被触发，即使是涂有油漆的表面，切割机也很容易切入。

(4) 拿起等离子割炬，使切割喷嘴与工件表面垂直。向下推动等离子割炬，使切割喷嘴向下移动，直到与电极相接触。这时等离子弧被触发。然后立刻停止推动等离子割炬，让切割喷嘴返回到原来的位置。当等离子弧被触发后，切割喷嘴与工件可以不保持接触，不过两者保持接触会使切割更容易进行。当切割喷嘴与工件保持接触时，施加在等离子割炬上的向下的力（如果有的话）非常小，只需要将它轻轻地拉到工件的表面上即可。

(5) 在金属需要切割的部位上移动等离子割炬，切割的速度由金属的厚度决定。如果割炬移动得太快，它将不切割工件；如果割炬移动得太慢，将会有太多的热量传入工件，而且还可能熄灭等离子弧。

6.4 车身变形的测量和诊断

轿车或客车在长期使用中或遭遇碰撞事故时，其车身覆盖件或构件会发生局部变形，严重时车架或整体式车身都会发生变形，使其形状和位置关系不能符合制造厂的技术规范，这不仅影响美观，而且会影响到车身和汽车上其他总成的安装，使车辆不能正常行驶，因此必须对其进行矫正。

6.4.1 车身变形的测量

对于局部变形或损伤，可以比较直观地作出判断，而对于车身的整体变形，则必须进行正确的测量。

1. 车身测量的意义

车身整体定位参数如果发生变化，对汽车使用性能有至关重要的影响。所谓整体定位参数，是指那些对汽车发动机、底盘和车身主要构件的装配位置有着直接影响的基础数据，如汽车的前轮定位、轴距误差和各总成的装配位置精度等，而这些参数值是原厂技术文件中做了规定的重要技术数据。车身维修时，对这些参数进行测量，一方面用于对车身技术状况的诊断，另一方面用于指导车身维修。因此，车身变形的测量在车身维修中非常重要。

车身维修的测量，一般分为作业前、作业中和竣工后三个步骤。作业前的检测，目的是确认车身损伤状态和把握变形程度的大小；维修作业过程中的检测，有助于对修复过程的质量进行有效的控制；竣工后的检测，为验收和质量评估提供可靠的数据。

2. 车身测量的基本要素

车身维修中对变形的测量，实际上就是对车身及其构件的形状与位置误差的检测，而选择测量基准又是形状与位置误差检测中十分重要的内容。控制点、基准面和中心线是车身测量的基本要素。

（1）控制点原则。车身测量的控制点用于检测车身损伤与变形的程度。车身设计与制造中设有多个控制点，检测时可以按技术要求测量车身上各个控制点之间的尺寸，如果误差超过规定的极限尺寸，应设法修复，使之达到技术标准规定范围。

承载式车身的控制点如图 6-83 所示。第一个控制点通常在前保险杠或前车身水箱支撑部位 1；第二个控制点在发动机室的中部，相当于前横梁或前悬架支撑点 2；第三个控制点为中间车身，相当于后门框部位 3；第四个控制点在后车身后横梁或后悬架支撑点 4。

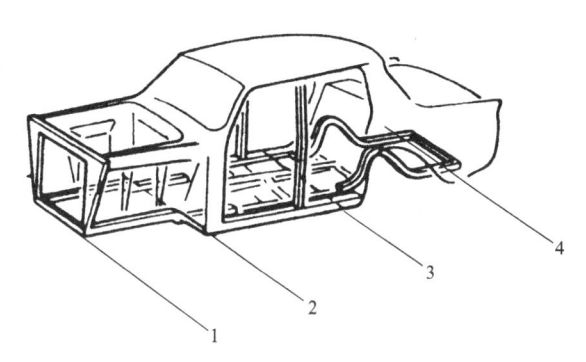

图 6-83 车身控制点的基本位置
1—前保险杠支撑部位；2—前横梁或前悬架支撑点；
3—后门框支撑部位；4—车身后横梁或后悬架支撑点

（2）基准面原则。车身测量和维修时，选择与车身设计相同的基准面来控制其误差的大小。在实际测量中，应根据上述基准面调整车身沿水平方向的高度，由此确定车身高度测量基准。如果遇到实际测量部位不便于直接使用量具的情况，可以根据数据传递方法将基准面上移或下移来获得测量结果。

（3）中心线及中心面原则。中心线及其沿垂直方向平移获得的中心面，实际上是假想的具有空间概念的直线和平面，该平面将车身沿长度方向截为对称的两半。车身的各个点通常是沿这一平面对称分布的，因此所有宽度方向的尺寸参数及测量都是以该中心线或中心面为基准的。

3. 车身测量方法的应用

对车身整体变形的测量，是依赖计量器具采集相关的技术数据，用于判定车身构件及其与基准之间的相对位置。

1) 测距法

测距法可以直接获得定向位置点与点的距离，是最简单、实用的一种测量方法，它主要通过测距来体现车身构件之间的位置状态。

测距法所使用的量具是钢卷尺、专用测距尺等。钢卷尺的使用方法简便、易行，但测量精度低、误差大，仅适用于那些要求不高的场合。尤其是当测量点之间不在同一平面或其间有障碍时，就很难用钢卷尺测量两点间的直线距离。使用专用测距尺，可以根据不同位置将端头探入测量点，应用起来显得十分灵活、方便。

图 6-84 所示的车架发生变形时，也可以运用测距法进行测量（图 6-84（a））。将车架置于平台上并按一定的高度支稳，用高度尺逐一测量各基准点与平台的垂直距离，就可以分别得出车架垂直方向上的相关参数。

有些图纸或技术文件，则是按图 6-84（b）所示的方法标定参数的。在没有专用测量架的条件下，也可使用测距法来测量，但要先利用三角函数法或勾股定理进行相应的计算。

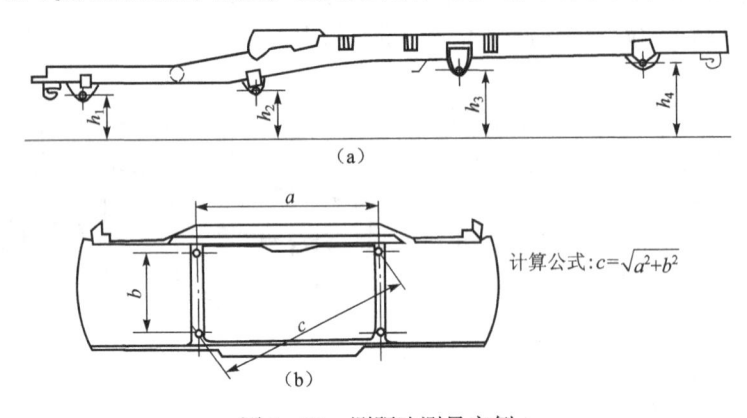

计算公式：$c=\sqrt{a^2+b^2}$

图 6-84　测距法测量实例
(a) 车架垂直方向上的测量；(b) 水箱支架的测量

2) 定中规法

车身的许多变形，尤其是综合性变形，用测距法测量往往体现得不十分明显，所反映出的问题也不够直观。如果使用定中规法，就可以比较好地解决这类测量问题。但使用中应注意区别具体情况，有针对性地做好对称性调整，否则，也会影响测量的准确性。

使用定中规诊断车身变形时，若定中销发生左右方向的偏离，则可以判断为水平方向上的弯曲；若定中规的尺面不平行，可以判断为扭曲变形；若尺面的高低位置发生错落，则可以诊断为垂直方向上的弯曲（图 6-85）。

3) 坐标法

坐标法适用于对车身壳体表面的测量。图 6-86 为桥式测量架。

桥式测量架由导轨、移动式测量柱、测量杆和测量针等组成。测量过程中，可以根据需要调整其与车身的相对位置，使测量针接触到车身表面，同时，还能够直接从导轨、立柱、测杆及测量针上读出所对应的测量值。

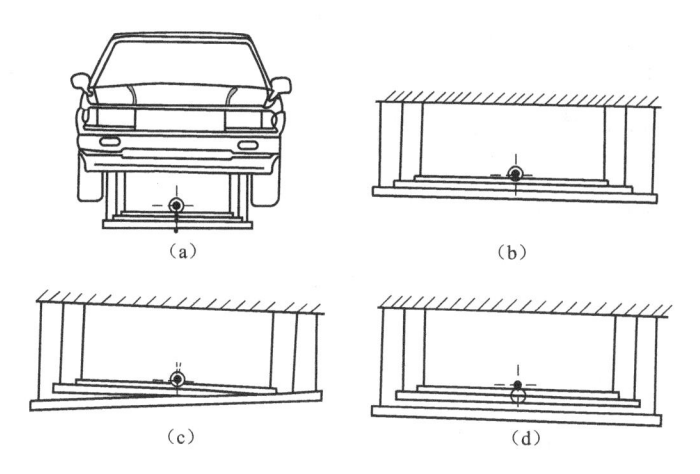

图 6-85 变形的评价方法
(a) 正常；(b) 水平方向上有弯曲；(c) 扭曲；(d) 垂直方向上有弯曲

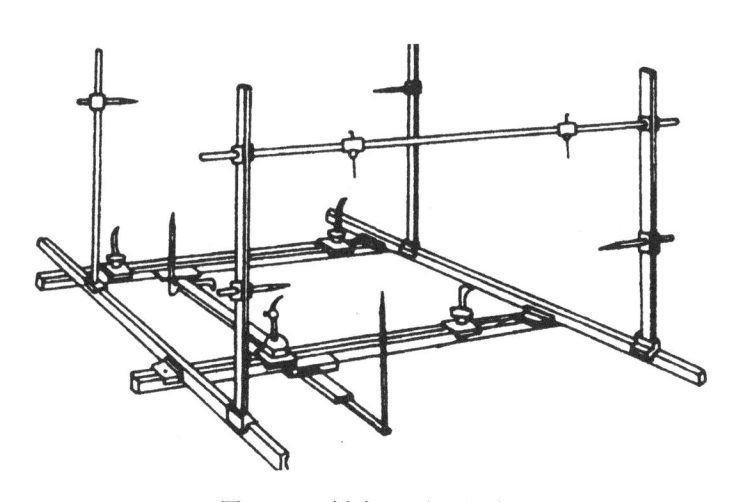

图 6-86 桥式三坐标测量架

6.4.2 车身变形的诊断

测量只是从一个侧面提供了分析、确认变形的依据。然而，矫正变形还需要提供其他一些依据，如：找出导致变形的诸因素中的主因素；确定损伤的类型及其严重程度；分析损伤倾向及其所产生的影响、波及范围等。

1. 碰撞力分析

由碰撞所造成的车身损坏程度，主要取决于碰撞力的三个基本要素，即力的大小、力的方向和力的作用点。

1) 碰撞力的大小

汽车行驶时，运动能量（W）的大小与质量（m）和速度（v）的平方成正比，即：

$$W = mv^2/(2g) \text{ (J)}$$

式中，W——运动能量（J）；

m——汽车总质量（kg）；

v——汽车行驶速度（m/s）；

g——重力加速度（9.8 m/s²）。

如果汽车与固定物体相撞，则该冲击力为：

$$P = (mv)/t \text{ (N)}$$

如果汽车与相向的汽车相撞（对撞时），则有

$$P = (m_1v_1 + m_2v_2)/t \text{ (N)}$$

式中，m_1、v_1、m_2、v_2——分别为相撞汽车各自的质量与速度；

t——力的作用时间。

同理，如果汽车与顺行汽车碰撞（追尾）时，则

$$P = (m_1v_1 - m_2v_2)/t \text{ (N)}$$

由此可见，同等条件下对撞事故所导致的伤害最大。

2）力的作用方向

碰撞时作用力的方向与汽车重心的相对位置对车身的整体变形也会产生不同的影响。其中，作用力的方向与汽车重心位置重合的，称为向心式碰撞；作用力的方向与汽车重心位置不重合的，称为偏心式碰撞。一般有图6-87所示的几种类型。

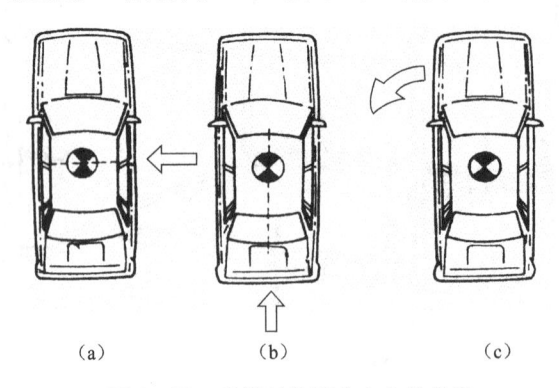

图6-87 碰撞时作用力方向的分类

(a) 侧面向心方式； (b) 向心追尾方式； (c) 侧向偏心方式

3）力的作用点

如果车身是以其一个平面与另一平面物体相撞，在其他条件等同的条件下所造成的损伤会小些，因为作用力分布在一个较大的平面上。反过来，如果车身以较小的端面与另一非平面（如柱类、角类）物体相撞，则其他条件等同的条件下所造成的损伤就大，因为作用力分布在一个较小的平面上。

如图6-88所示，力相同并且作用方向相同，但碰撞力所导致的结果却存在着很大的不同。显然，图6-88（a）的对壁损伤比图6-88（b）的对柱损伤程度轻得多。

2. 损伤的形式

车身损伤的形态是多种多样的，按其原因、性质，可以分为直接损伤、波及损伤、诱发性损伤和惯性损伤。

直接损伤是指车身与其他物体直接碰撞而导致的损坏。直接损伤的特征是，车身以外的物体直接触及车身，并在着力点上形成以擦伤、撞痕、撕裂为主要形态的损坏。

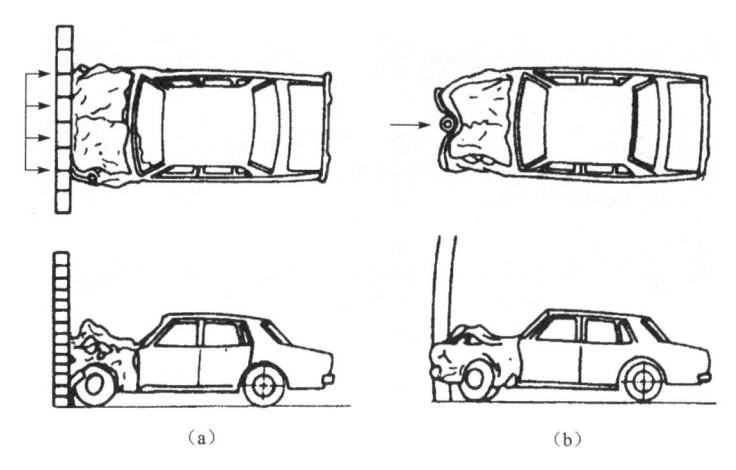

图 6-88 损伤分析
(a) 对壁碰撞；(b) 对柱碰撞

波及损伤是指冲击力作用于车身上并分解后，其分力在通过车身构件过程中所形成的损伤。根据力的可传性，碰撞力在分解、传播、转移的过程中，比较容易通过强度或刚度大的构件；但对于强度、刚度相对较小的构件，就会形成不同程度的损伤。波及损伤的特征是，在某些薄弱环节上形成以弯曲、扭曲、剪切、折叠为主要形态的损坏。

诱发性损伤是指一个或一部分车身构件发生了损坏或变形以后，同时引起与其相邻或装配在一起的其他构件的变形。与波及损伤的不同点在于，它在受碰撞过程中并不承载或很少承载，而主要是关联件的压迫、拉伸导致的诱发性损坏。其特征也以弯曲、折断、扭曲等为主。

惯性损伤是指汽车运动状态发生急剧变化，在强大惯性力作用下而导致的损伤。汽车碰撞或紧急制动时，装配于车身上的发动机、底盘各总成和载运的人员或货物等，都会不同程度地产生一定的惯性力，而且这一惯性力有时还是非常剧烈和强大的。于是，与车身装配的结合部就有可能因过大的惯性载荷而损坏；被抛起的人或货物与车身撞击而造成另一种形式的损坏。惯性损伤的主要特征是撞伤、拉断或撕裂、局部弯曲变形等。

3. 变形的倾向性分析

汽车发生碰撞会给车身带来不同程度的损伤，而且变形将以各种不同类型的形式出现。对于直接损伤的诊断似乎比较容易些，但对于波及损伤、诱发性损伤等的诊断，就需要通过车身变形的倾向性分析进行。

1) 承载式车身的变形倾向

由于承载式车身没有车架，壳体主要是用薄板类构件组焊接或装配起来的，当发生碰撞事故时，对整体变形的影响一般都比较大。碰撞冲击波作用于车身的各个构件上，使冲击能量不断地被吸收、衰减，最终以不同的变形体现出来。

(1) 前车身的变形倾向。前车身主要由翼子板、前段纵梁、前围板及发动机罩等构件组成（图 6-89）。大多数轿车的前部装有前悬架及转向装置等总成，当汽车受到正向冲击时，也靠前车身来有效地吸收冲击能量。

前车身的变形主要是由正面碰撞事故造成的，其变形倾向与冲击力的大小、方向及碰撞

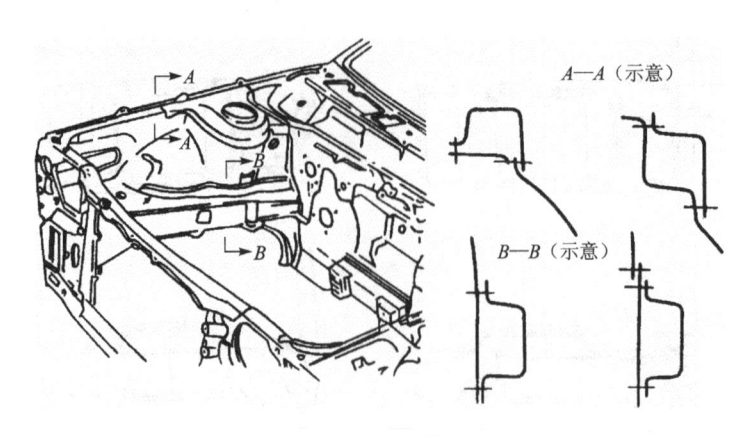

图6-89 轿车前车身

对象相关。

较为轻度的正面碰撞，一般会使车前的保险杠及其支架受到直接损伤，并首先波及散热器边框、翼子板、发动机罩锁支架等，由此还会诱发前轮定位失准等。较大一点的碰撞力，会使直接损伤的范围进一步扩大，翼子板与车门挤到一块使车门启闭困难；发动机罩的铰链翘起并触及前围板；前段纵梁发生弯曲并引起前横梁变形，使前轮定位严重失准。更严重的碰撞则会使保险杠、翼子板、散热器、纵梁等严重损坏，冲击力波及的结果是使窗柱、车门前柱弯曲，前横梁、发动机支架等错位，并诱发车门下垂、车身底板和前围板拱曲等。

(2) 后车身的变形倾向。后车身的主要载荷来自汽车后悬架，尤其是对于后轮驱动的车辆，驱动力通过车桥、悬架直接作用于后车身上（图6-90）。

后车身的变形主要是由于倒车或追尾事故造成的，其变形规律和损伤倾向与前车身大致相同。

追尾碰撞不仅会使保险杠、行李箱等发生严重损坏，还会使拱形梁弯曲、后悬架失准。当然，更大的冲击力及其波及作用，同样也会导致车身壁板、底板、后围板乃至车顶、窗柱、门柱等的变形。需要在诊断过程中对损伤的性质、严重程度等认真鉴别。

2) 车架的变形倾向

汽车的车架与骨架是整车的基础，汽车车架的变形主要由碰撞、翻车、过载而致，一般可以分为弯曲和扭曲两大类。但在实际变形中往往还伴有皱褶类的损伤，这是几种简单变形的综合体现。

(1) 车架的弯曲。车架的弯曲有两种形式：一种是水平方向上的弯曲，另一种是垂直方向上

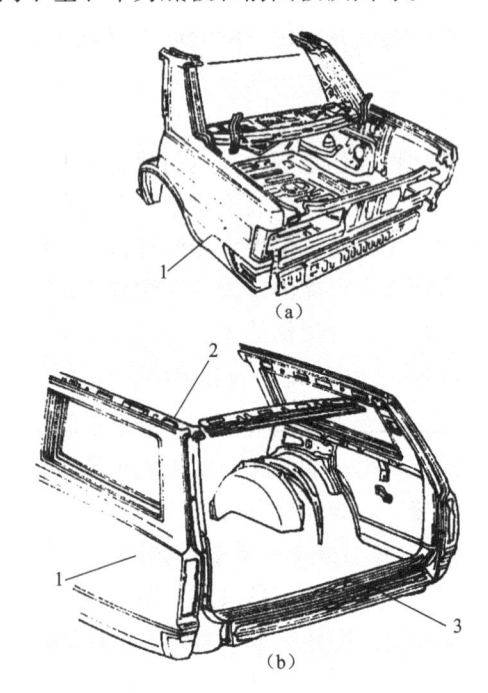

图6-90 轿车后车身
(a) 三厢式轿车后车身；(b) 两厢式轿车后车身
1—后翼子板；2—窗柱；3—后门槛

的弯曲。其中,前者多为正面的碰撞所致,而后者则是由侧面的冲击引起的。

(2) 车架的扭曲。车架的扭曲也有两种形式:一种是水平方向上的对角扭曲(也称菱形),另一种是垂直方向上的扭转。其中,前者多为偏离车架中心线的角碰撞引起的,而后者则为垂直方向上非对称性冲击载荷所致。

当车架的一角在垂直方向受到剧烈冲击时,如高速上下台阶或重载状态下的过度颠簸等,都有可能使载荷远远超过车架的扭转刚度,从而导致车架发生永久性的扭转变形,如图6-91所示。

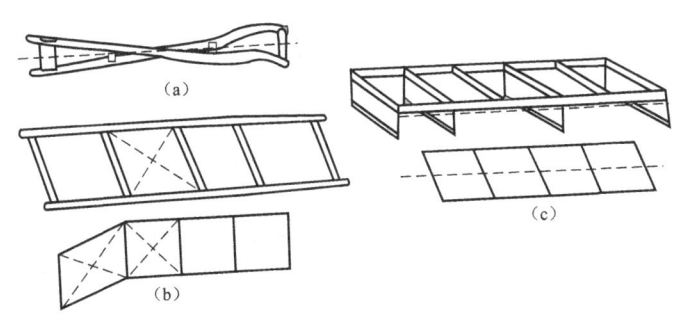

图 6-91 车架的扭曲变形与菱形变形
(a) 扭转变形;(b)(c) 菱形变形

较为严重的扭转变形,可使车身四周的离地高度发生变化。因为这时车架所形成的扭转力,已经达到了足以克服空载状态下悬架弹力的程度。所以,有时将这种现象误诊为悬架方面的故障,即使几经处理,其离地高度也很难达到均等就是这个原因。当然,也不能将悬架弹簧的弹力不均误诊断成车架的扭转变形。在检验车身的离地高度时,一定要先排除悬架弹簧的弹力不均的问题。

6.5 车身变形的固定及矫正

矫正作业必须以测量和诊断为基础,才能在修复过程中体现"有的放矢";矫正作业所遵循的基本原则是,利用力的合成、分解和位移的原理,向与变形相反的方向牵引受到碰撞的车身构件,并根据金属材料的弹性,适度"矫枉过正"。

常用的车身矫正设备主要包括以下几种:

(1) 车身固定设备。车身固定设备是用来夹持车身某一部位,且其底座又能用螺栓固定在地板导轨上,使整个车身处于固定位置的装置。

(2) 简易式车身和车架牵拉器。牵拉时,先将车身固定在工作台上,利用立柱与工作台之间的拉链系统对车身牵引。这种装置便于移动,可以安放在任何损伤部位进行牵拉,但每次只能沿一个方向拔拉。

(3) 可移动式矫正台。矫正台纵梁上有两根可以移动的横梁,横梁安装有固定器。固定器位置可以自由调节。矫正台上装有若干套可以自由选装的液压支架牵引装置。将车身固定在矫正台后,利用液压牵引即可进行所需的矫正。矫正车身侧面时,将液压牵引装置移装到纵梁上即可。可移动式矫正台的纵梁下装有轮子,便于移动到任意位置,是一种实用性很强的矫正设备。

(4) 轻便液压杆系统。利用手摇液压泵提供压力能，通过液压驱动，实现推、拉、顶、扩等运作的装置统称为轻便液压系统。在液杆两端装上适当的端头，可以满足车身内部两点间矫正尺寸的需要。

6.5.1 车身的固定

矫正将使车身构件承受很大的牵引力或压缩力，因此，对车身可靠地进行固定就成了矫正变形的前提条件，否则就不可能使修理、矫正到位。

选择车身固定位置时，应在满足矫正力作用方向的前提下，选择车身上强度较高的封闭式或半封闭式构件，作为优选固定点装配夹具，如底板梁、车架、门槛、侧梁等。这样，不仅使固定有效、可靠，还能避免因矫正所引起的固定点构件的二次损伤。

1. 插桩方式的固定

插桩方式实际上也是由传统方法演变而来的。如图 6-92 所示，将牵引用拉链的一端通过夹具或其他连接装置与车身固定，另一端则与插入地面的插桩连接。为了便于调整拉链的松紧度，其间还装有紧链器。

插桩一方面用于固定车身，另一方面还要承担对变形构件的牵引。但无论是牵引还是对车身的固定，都需要视情况选择不同的位置和方向。为此，一般将插桩沿车身矫正场地的四周布置，以供不同方向固定车身或牵引变形时选择。当固定或牵引的水平高度需要调整时，则可通过上、下移动拉链的位置来实现。

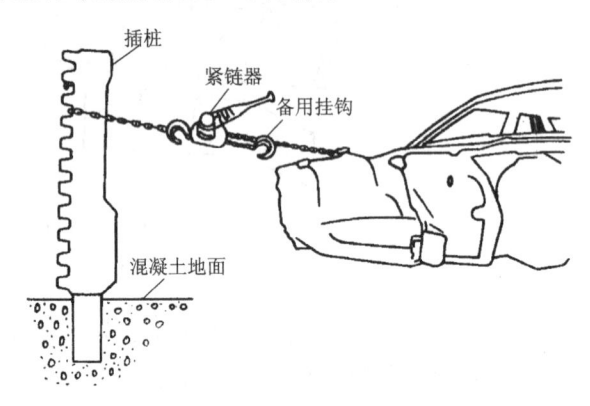

图 6-92 插桩方式

这种固定车身的方式只能解决整体水平移动问题，而且仅适合矫正车架以上部分水平方向上变形，对于垂直方向或其他方向变形的矫正，就难以选择固定点并实现可靠的固定。

2. 地锚方式的固定

固定车身时，总是要考虑选择最牢靠的构件，这是为防止因矫正而造成二次损伤。承载式车身的底板纵梁和非承载式车身的车架，是车身的重要基础构件，一般都符合固定的优选条件。采用如图 6-93 所示的地锚方式，就十分有利于在车身底部实施固定，而且对方向性的选择余地大，定位的可靠性也好。

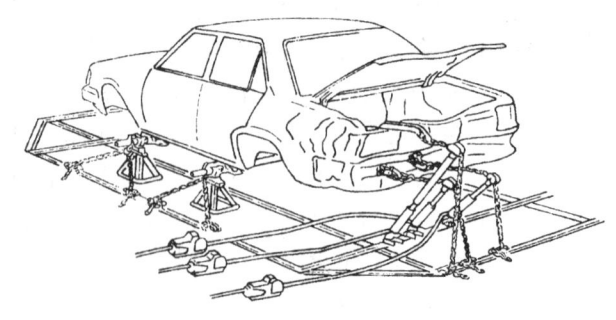

图 6-93 地锚方式

地锚与地面的固定方式有两种：一种是与地面位置相对固定的埋入式地锚；另一种是能与地面位置相对移动的滑动式地锚。前者施工简便、易行，但灵活性较差；后者虽然施工复杂些，但车身固定点的可选范围较大，使用起来比较得心应手。

地锚拉链与车身的固定方法，比起插桩方式来就显得灵活得多。其中，需要对车身进行水平方向的牵引时，仍可采用如前所述的几种牵引与连接方案。而对于垂直方向上的牵引与矫正，也可以借助液压千斤顶轻而易举地实现。

此外，以地锚方式固定车身，不仅可以满足水平方向上矫正的需要，对于垂直方向上的矫正，也能实现可靠的固定，但要求车身摆放位置与地锚挂具的分布大致对应。尤其是埋入式地锚，由于挂环的位置不可调整，更需要预先计划好车身的摆放位置。

3. 台架方式

以台架方式固定车身，是迄今为止最优秀也是最流行的方案。由于车身是通过夹紧支撑装置与台架呈多点刚性连接，故具有固定可靠、支撑稳定性好等优点。尤其是当对变形同时进行任意方向的矫正作业时，可以有效地使变形及其关联损伤一并得到矫正。

典型的连接与使用方式如图 6-94 所示。夹具的下部与台架横梁固定，上端则通过夹板、螺栓与车身门槛下边缘牢固地连接在一起。为了适应不同的车身宽度，一般固定架还可以沿车身的宽度方向水平滑动。如果车身的宽度与台架的差距较大，也可以借助贯通的中间轴和拉臂将车身固定在台架上。因此，这种台架方式可以实现多方位的牵引与矫正。这种台架方式固定的车身，还为测量工作提供了很大的方便。矫正与定位都是在同一台架上进行的，故操作过程中一般不会发生位移现象。作业前的检测、矫正过程中，参数的校核、竣工验收的质量评价等测量工作，都可以在台式固定架上依次完成。

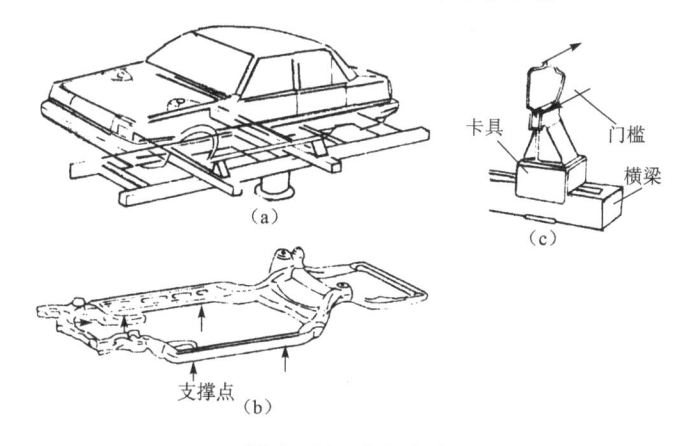

图 6-94 台架方式
(a) 整车放置；(b) 支撑点；(c) 卡装

6.5.2 车身变形的矫正

对于现代汽车车身来说，要获得精确的整体定位参数和消除构件的内应力，手工操作或传统的作业方法很难保证矫正的精度和质量，所以主要采用机械和设备。

1. 矫正的程序和注意事项

1）矫正程序

(1) 了解设备的性能及安全使用措施。

(2) 对车身损伤作出分析判断，确定牵拉方案。

(3) 初步矫正确定基准的固定点。

（4）修正定位点，检查矫正效果，按计划牵拉矫正。

2）矫正的注意事项

（1）检查、确保钩板焊接牢固，把底板的夹钳咬合紧固。

（2）牵拉之前，汽车车身要夹装牢固，检查底板夹钳和支架螺栓是否牢固。

（3）链条必须牢固地与汽车和支架连接，防止牵拉过程脱落。

（4）严禁操作人员与链条或牵拉夹钳处于同一直线上，防止因链条断裂、夹钳滑落、钢板撕断时造成伤害。

（5）牵拉矫正前，拆除车上的外部构件，尽量取出内部部件。

（6）牵拉时，切勿用千斤顶支撑汽车，要用厚棉毯包住链条，防止断裂时过度横甩伤人。

2. 矫正原理

车身变形的矫正原理是，充分利用力的性质（合成、分解、可移性和平形四边形法则等），按与车身碰撞力大致相反的方向牵引或顶压变形部位，使受损伤的构件得以修复。

对局部损伤已经基本得到修复的构件，一般可以其轴线的延长线作为牵引的施力点一次完成矫正（图6-95）。

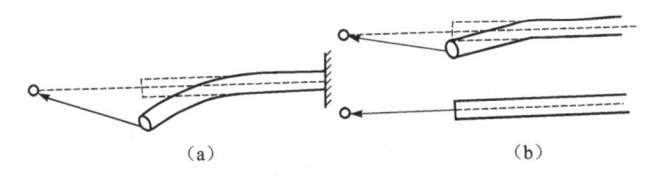

图6-95　基本牵引方向

可以对照图6-96所示的方法，对矫正力 C 的方向与大小作出更加直观的分析。当牵引力为 C 时，其垂直方向上的分力 A 和水平方向上的分力 B 大小相同，与牵引力 C 所形成的夹角也相等；当牵引的方向调整成 C' 时，则垂直方向上的分力减小，变成 A'，水平方向上的分力仍为 B；当牵引的方向调整成 C'' 时，则水平方向上的分力减小，变成 B'，而垂直方向上的分力仍为 A。对车身变形构件的矫正，就是以这种简单的平面力系分析为依据的。

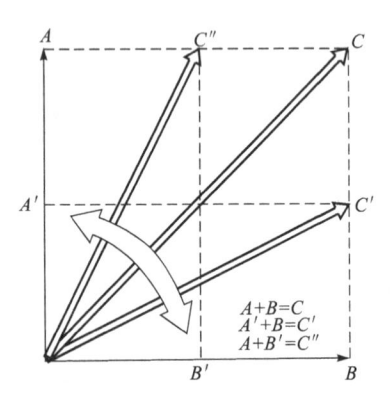

图6-96　合力方向分析

事实上，由于车身构件多属于立体刚架式结构，这就决定了其碰撞时的受力状态多为空间力系，也就是说，作用在车身构件上的冲击力由于分解的结果，使力的作用线（即分力方向）不在同一平面内。

当然，许多变形都很难通过一次矫正来完成，而是需要不断修正力的大小和方向，有时甚至还要调整矫正力的作用点。例如：矫正如图6-97所示的严重弯折，由于受牵引条件的限制，不能按理想方向施加矫正力，则可以将牵引力分解成两个或两个以上的分力，通过辅助牵引同时对弯曲进行矫正。在垂直和水平两个方向同时牵引纵梁，就比较容易使变形的纵梁恢复到正常工作位置。

3. 矫正方法

正确的矫正方法在于，选择合理的牵引方向并准确控制矫正力的大小。

1）水平方向上的牵引

当车身受到较严重的正面碰撞、追尾碰撞或侧向冲击时，都需要从水平方向上对变形构件进行牵引。

图 6-98 为轿车前车身正面碰撞损伤的实例。矫正前应先测量变形状况，记录有关数据，如对角线 A、B 和左右的垂直弯曲等。属于图 6-98（a）所示的情形时，可斜向牵引变形最大的左梁的端部，左端的变形和右梁的弯曲自然会同时得以矫正。所设定的牵引方向应视变形的实际情形而定。如果纵梁变形向外倾，应将牵引方向适当向外倾斜一定的角度；如果变形是向内倾的，只需向前牵引即可，待弯曲的构件展开后，再确定是否需要调整牵引方向（图 6-98（b））。

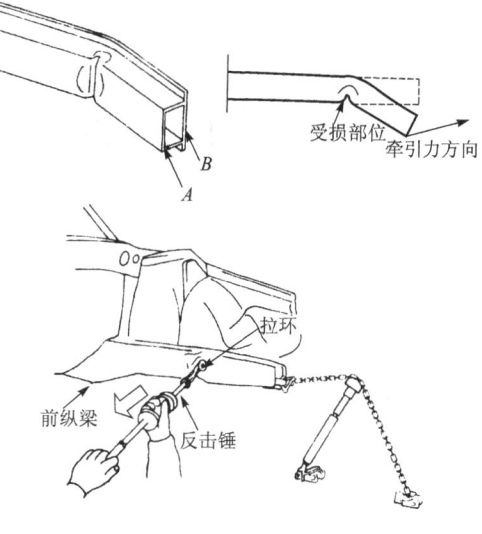

图 6-97　垂直方向和水平方向同时牵引

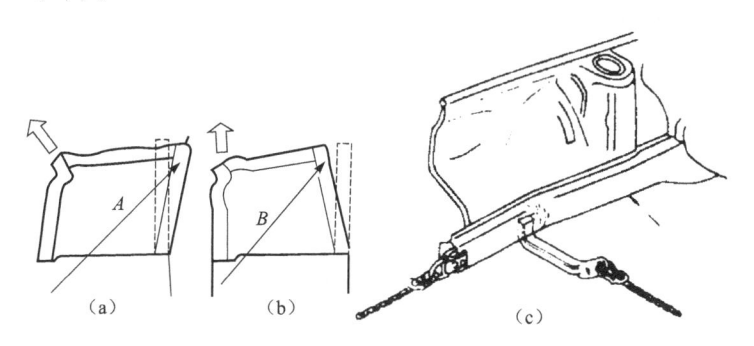

图 6-98　水平方向上的牵引
（a）斜向牵引；（b）正向牵引；（c）水平方向牵引时，可视情况附加横向矫正力

车身受到侧向冲击的危害性很大，严重时会使车身整体弯曲。矫正方法如图 6-99 所示，即像扳直一根铁条那样从三个方向进行牵引。

2）垂直方向上的牵引

当车身在垂直方向上发生变形时（其中包括扭曲），就需要进行垂直方向上的上、下牵引。

对于前翼子板上扬一类的变形，可以采取图 6-100（a）所示的牵引方法装配拉链，将向上变形的车身构件向下牵引。进行向下牵引的操作时，车身构件将于三点承受两个不同方向上的作用力，门槛处的车身固定点 C 和牵引端 A 一样，都承受着垂直向下的拉力；而位于构件中间的支撑点 B 则承受着垂直方向上的支撑力。根据力的平衡原则，中间支点 B 所承受的力的大小为拉力 A 与 C 之和，这与图 6-100（b）所示的对称牵引时的受力（A = B）存在明显不同。这一分析的意义在于，矫正过程中应十分注意 B 点的承受能力，一方面，要选择变形开始的过渡点作为支撑点外，另一方面，要兼顾构件强度的大小，必要时应加垫木块等，以减小单位面积上的压力，否则就有可能造成车身构件的损坏，而且也达不到矫正变形的目的。

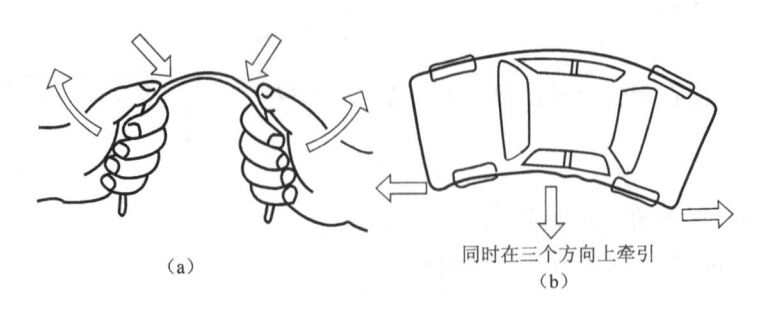

图 6-99 矫正车身侧向整体变形的基本原理
(a) 原理；(b) 加力方向

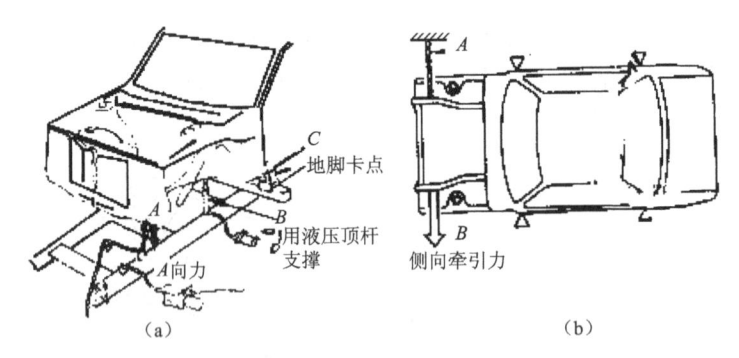

图 6-100 垂直方向上的牵引与支撑
(a) 向下牵引；(b) 水平牵引

与向下牵引的意义相同，向上牵引也存在支撑方式和支点的选择问题。所不同的是，中间部位的受力方向与前述的正好相反，应特别注意防止中间支撑部位的二次损伤。

3）车身任意方向折叠的牵引

车身发生冲撞事故后的损伤往往是十分复杂的，车身整体出现任意方向的折叠变形最为常见。

前、后车身发生严重折叠变形并伴随下垂损伤时，最好使用图 6-101 所示的台式矫正系统，利用车身底梁做整体固定后，借助拉链和挂钩分步骤牵引、矫正。牵引和矫正时，应从强度较大的构件开始，并首先修复对车身控制点影响较大的部位。

图 6-102 所示也是矫正车身多处折叠变形并伴随下垂损伤时的修复方案。矫正时，可先用拉链将变形部位拉紧，再用液压千斤顶将下垂的纵梁适当顶起至正确高度。操作时，一定要注意两个方向的牵引同时进行，并且要反复矫正，反复测量，避免发生矫正过度现象。为了防止损伤支撑或牵引部位的构件，矫正时可在受力部位垫以木块或金属衬垫。

4）车架变形的矫正

对车架变形的矫正方案有两种：一种是就车法矫正；另一种是解体法矫正。前者的车架

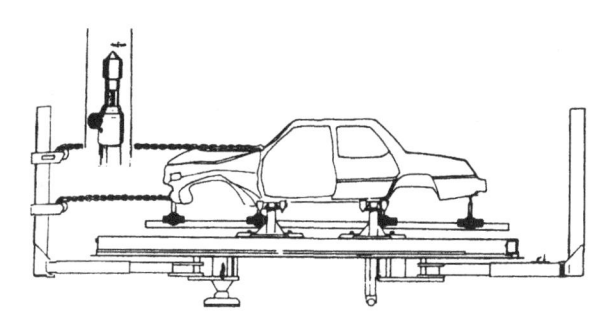

图 6-101　车身折叠的矫正

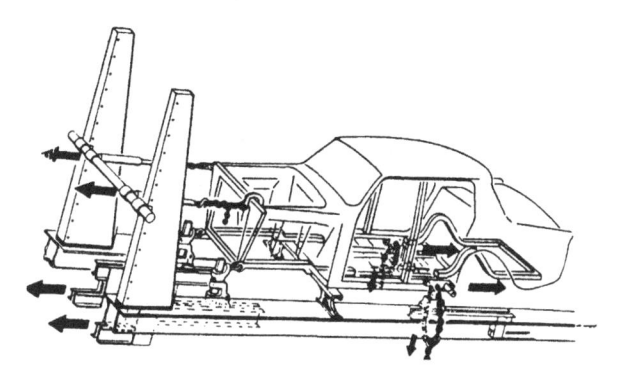

图 6-102　车身多处折叠变形的矫正

与车身及底盘的大部分总成仍然处于基本装配状态；后者则将车架由车上拆下，矫正作业是在工作台上单独进行的。

就车矫正车架的变形，完全可以参照前述垂直方向和水平方向的牵引方法。但要注意以下几个方面的问题：

（1）矫正变形前，应将与车架装配在一起的有关总成的连接螺栓松开（必要时应拆下），以免矫正过程中产生的位移将其损坏。

（2）由于车架强度较高，固定点、牵引点以及支撑点的布置应尽量合理，以防受到的应力过于集中。

（3）对不适宜就车矫正的变形，应及时改变修复工艺，不要强行牵引，以免造成不可收拾的被动局面。

（4）矫正竣工后，还应检查车架各部的铆钉有无松动，若发现铆钉松动，应予以拆除并更换。

车架变形的主要形式是弯曲和扭曲。其中，弯曲分为垂直方向和水平方向两种；扭曲则分为扭转和对角扭曲（菱形）。对于垂直方向上的弯曲变形，可参照图 6-103（a）所示的方案予以矫正；对于水平方向上的弯曲变形，可参照图 6-103（c）所示的方案予以矫正；对车架的扭曲变形，则可参照图 6-103（b）、图 6-103（d）所示的方案予以矫正。无论哪一种矫正方式，都要使力的作用点避开车架翼面的边缘或腹板的中部。对支撑点的选择也应兼顾支撑力与矫正力的合理分布。

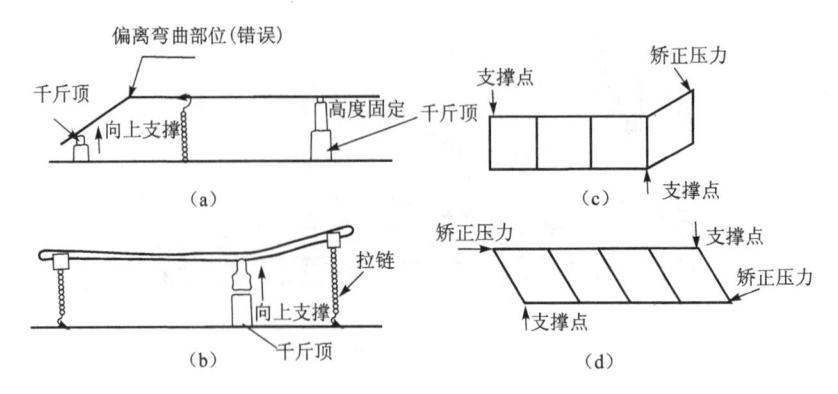

图 6-103　车架弯曲变形的矫正
(a) 垂直向下弯曲；(b) 垂直向上弯曲；(c) 水平弯曲；(d) 菱形变形

思　考　题

1. 钣金划线所用工具有哪些？
2. 如何进行基本线形和基本几何图形的划线？
3. 钣金成型的基本工艺有哪些？分别如何进行？
4. 焊接方法分为几类？各有什么特点？
5. 如何进行气焊工艺参数的选择？气焊操作时，应注意些什么？
6. 简述金属惰性气体焊的工作原理。
7. 进行手工电弧焊时，应注意些什么？
8. 手工电弧焊焊接缺陷有哪些？
9. 简述等离子弧切割的工作原理。
10. 车身测量的方法有哪几种？各有何特点？
11. 如何进行车身变形的矫正？

第 7 章

车身典型构件的修复

● **本章重点**

掌握车身检验与拆卸的步骤，熟悉车身非金属构件的修复方法，了解大客车车身的修复要求和基本方法。

7.1 车身检验及拆卸

7.1.1 客车车身骨架的检验

骨架是客车车身的基础，其损坏的方式主要是局部锈蚀、变形和整车骨架的歪扭变形等。骨架损坏常用的检验方法有目测、样板测量、量具测量等。

1. 目测

目测主要是检查骨架各构件的断裂、裂纹及锈蚀等。

车身骨架的主要损伤部位如图 7-1 所示，有车顶行李架对应的顶横梁，立柱的侧窗上、下沿及与底横梁连接处等部位。这些部位是车身受扭时的高应力点，易产生断裂或裂纹。而立柱下端因外露而经常接触雨水、灰尘等，锈蚀较严重。检查时应仔细，多注意各连接部位是否脱焊、裂损，各装置是否牢固。

2. 样板检测

样板检测适用于数量较多的单一型号车辆。检查部位一般是前、后挡风窗框，驾驶员门框及左、右侧骨架弧度。根据有关标准规定，机动车门窗必须使用安全玻璃，前风挡玻璃应采用夹胶玻璃或局部区域钢化玻璃。由于钢化玻璃安装要求较高，如果窗框变形大，超过钢化玻璃外形尺寸，则会无法安装，即使勉强装上玻璃，窗框稍有变形，玻璃就会破裂。国产大客车进行样板检测时，应按下列技术条件进行：

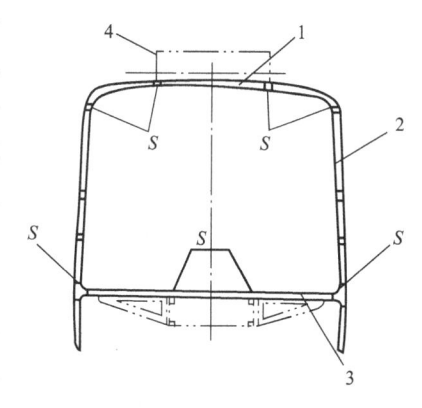

图 7-1 骨架主要损伤部位
1—顶横梁；2—立柱；3—底横梁；
4—行李架；S—主要损伤点

（1）前后挡风窗框整形后用样板检验。止口弧度的面轮廓度公差值为 4 mm，止口高度应符合原设计要求。

（2）驾驶员门框用样板检查，其线轮廓度公差值为 4 mm。

（3）顶横梁弧度分三段用样板检查，其面轮廓度公差值为 4 mm。检查用样板的重叠长度必须超过检查部位长度的 100 mm 以上。

（4）骨架整形后，外形平整，曲面衔接变化均匀，侧窗下沿及地板围衬处用样板检查，其面轮廓度公差值为 4 mm。

（5）检查前后挡风窗框时，用比名义尺寸小 4 mm 的样架检查，样架应能放入框内，且周边间隙不大于 4mm，将样架紧贴窗框止口曲面，用厚薄规检查，其曲面形状与样架不贴合间隙不大于 4 mm。

（6）检查驾驶员门框时，用比名义尺寸小 4 mm 的样架检查，样架应能放入框内，且周边间隙不大于 4 mm。

3. 量具测量

量具主要用于乘客门框、侧窗框及车身骨架横断面龙门框架对角线长度的检测。国产大客车各框架对角线允许误差分别为：

（1）侧窗框对角线长度差不大于 3 mm；

（2）车身横断面框架（龙门框架）对角线长度差不大于 8 mm；

（3）乘客门框对角线长度差不大于 6 mm。

为保证测量的准确性，应制作专门定位杆，如图 7-2 所示。测窗框对角线测量方法如图 7-3 所示。

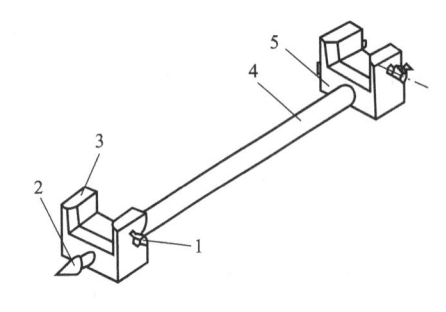

图 7-2 定位杆
1—固定螺钉；2—定位调整装置；3—上定位卡；
4—连接杆；5—下定位卡

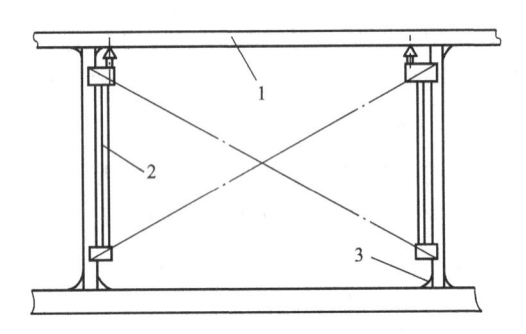

图 7-3 侧窗框对角线长度差的测量工具
1—上纵梁；2—定位杆；3—窗圆角

测量时，先将定位杆固定在两侧窗框立柱内侧，以上纵梁的下平面为定位基准，用卷尺测量对角线长度差。

龙门框架对角线长度差测量如图 7-4 所示。测量时，先将定位杆固定在左、右两侧立柱内侧上，以底横梁的上平面为定位基准，用测量杆测量对角线长度差。测量时，测量点应在车身横断面上，中心左右对称，否则应另外制作特殊定位杆将测量点校正过来。测量杆结构如图 7-5 所示。

乘客门框对角线长度差的测量方法基本与龙门框架对角线的测量相同，但在大多数车上，定位杆应固定在乘客门两立柱外侧或车内方向，定位杆也应特殊制作。

通过上述检测，如发现整车骨架、门窗等超出公差要求，则需进行修理。

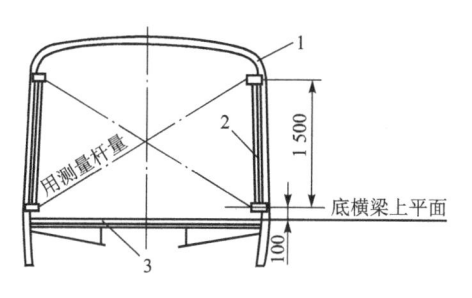

图 7-4 龙门框架对角线长度差的测量
1—龙门框架；2—定位杆；3—底横梁

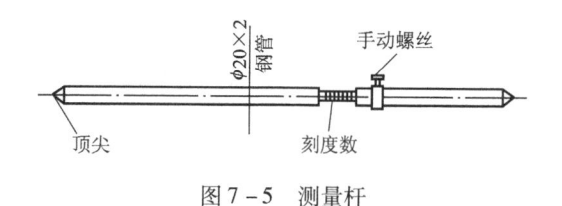

图 7-5 测量杆

7.1.2 轿车车身的检验

轿车车身检验的项目有发动机罩检验、车门检验、后行李舱检验、车架检验、车身变形检验等。

1. 发动机罩检验

合上发动机罩后，进行下述检查：

（1）是否完全锁牢。

（2）检查罩与挡泥板的间隙，同时检查高度上是否有较大误差。

（3）打开发动机罩检查，检查罩锁口是否平稳解脱，罩锁扣钢绳工作是否正常，罩铰链行程是否合适，罩支撑柱工作是否可靠。

2. 车门

（1）检查门开闭时对其他部位有无挂碰，从打开直至停下应运转自如，门铰链工作状况良好，门闭合时应能可靠地锁紧，闭合后立缝间隙应符合要求。

（2）升起、降下门玻璃时应无异响，不发卡，无过重现象。

3. 后行李舱检验

应检查后行李舱的开闭动作是否圆滑，锁紧机构是否正常，铰链是否松旷，闭合时后行李舱盖与后挡泥板的间隙及高度差是否符合要求。

4. 车架检验

车架变形检验方法如图 7-6（a）所示，把测量杆悬挂在图中示出的主要测量点（前、中、后）下，通过测量杆的中心上、下或左、右扭转变形状况来检查。

5. 车身变形检验

轿车车身对角线测量点如图 7-6（b）所示，测量时借助测量杆和卷尺进行测量，目前也有采用专用轿车测量系统的。

7.1.3 车身拆卸

待修车辆经外部清洗后，需进行车身拆卸，可根据修理的类型和车身损伤情况确定是局部拆卸还是全部拆卸。局部拆卸是只拆去必须拆下才能修理的部件，以及那些拆卸后才能保证车身损伤部分便于修理的零部件；当局部拆卸不能保证整车的技术要求，以及局部拆卸部位过多时，应进行全部拆卸。

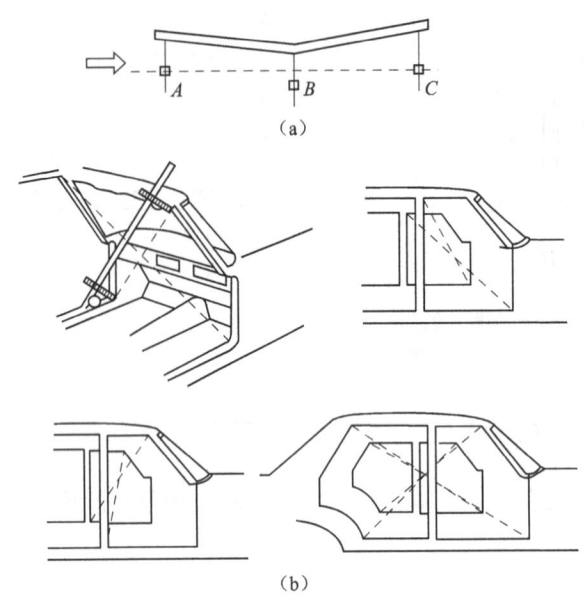

图 7-6　轿车变形检验
(a) 车架；(b) 车身

拆卸过程中，拆卸后作为废品处理的零件可以采用较快的方法拆卸，但不应损坏与它连接的有用零件。拆卸中常遇到的工作是拧动螺栓、铲除铆钉或焊点。

拆卸生锈的螺栓时，应注意如下事项：

(1) 在螺母及螺栓的螺纹上蘸些煤油或缓解剂，稍等片刻，用小锤沿四周轻敲，使螺母松动，然后拧下。

(2) 用气焊炬将螺母加热，使螺纹松动。

(3) 用手锯将螺栓连母锯断。

(4) 用錾子錾开螺母。先在螺母下放置垫铁，以小锤敲打錾子，将螺母上面（放置垫铁一面的对面）接近螺纹的地方錾开。

(5) 用手电钻在螺栓头部中心钻孔，钻头直径等于螺杆直径。

点焊连接的零件，如车身蒙皮等，多用扁而尖的錾子錾开。操作时，錾子应尽量平放，以免损伤能继续使用的骨架件。

拆卸脆而易损的零件，如玻璃、内软饰、木质材料及易变形的零件（如车窗铝框等）时，应格外小心。

从车身上拆下的有用零件，应放置在专门的零件架或零件箱内，易混淆的零件应加以标记或编号。

7.2　车身非金属构件的修复

目前汽车车身应用较广泛的非金属材料是玻璃钢和塑料板件。

7.2.1　车身玻璃钢板件的修复

现在用玻璃钢的片状模塑料制作车身外翼板、后盖及前后门，用聚碳酸酯及聚苯醚制造车身的前后保险杠、内翼板，甚至采用了全玻璃钢车身。

1. 玻璃钢材料的性能

目前使用的玻璃钢材料大多是由不饱和聚酯树脂和添加剂以及玻璃纤维构成的，玻璃钢具有以下特点：

(1) 密度小，强度高，其比强度（强度与密度的比值）超过钢材。

(2) 导热系数小，是优良的绝热材料。

(3) 是良好的热防护和耐烧蚀材料。

(4) 具有优良的耐磨蚀性。

(5) 具有良好的电绝缘性。

(6) 弹性模量低，一般只有钢的 1/20～1/10。

(7) 长期耐高温性能较差，一般不超过 200 ℃。

(8) 剪切强度及疲劳强度较低。

2. 玻璃钢板件的修复

对玻璃钢板件局部撞伤应进行挖补修复；对板件连接处裂缝应进行胶黏修复。

1) 补板制作

玻璃钢构件有各种成型方法，如手糊成型、喷射成型、缠绕成型、模压成型等。对于补板制作，一般采用手糊成型。

手糊成型即接触成型或不加压成型。在阳模或阴模上用手工将树脂及玻璃纤维织物一层层铺盖上去，经滚压后固化而成。操作过程中应注意以下问题：

(1) 使树脂均匀分布并固化完全，必须掌握树脂的合理配方及固化工艺。

(2) 使玻璃纤维层均匀地或按要求局部加强地分布各处。注意，玻璃纤维表面与树脂界面应结合牢固，除了采用表面处理剂外，有时可适当加压片刻。

(3) 手糊成型时，应注意排出气泡，防止补板中空。

(4) 制品表面应美观平整，符合修补要求。

(5) 补板厚度应根据原板厚度和挖补处结构强度要求确定。

2) 补板黏结

为提高黏结强度，一般采用环氧树脂黏结。这是一种含有环氧基的高分子化合物，应用最多的是双酚 A 型环氧树脂，由环氧氯丙烷和双酚 A 在氢氧化钠催化下缩聚而成。使用时加入固化剂。如果黏度较大，则加入适当稀释剂。修理时，为方便起见，常选用室温固化剂，如乙二胺、二乙烯三胺等；稀释剂有活性稀释剂和非活性稀释剂。活性稀释剂（如环氧丙烷丁基醚等）可参与树脂的固化反应，对固化后的树脂性能影响不大；非活性稀释剂（如丙酮、苯等）不参与树脂的固化反应，必须在树脂浸渍玻璃纤维后烘烤掉，以免残留气泡。为加速固化树脂，可在修补处用红外线灯适当加热。

修补时，应注意将修补处清洁干净，使黏结强度提高。另外，黏结面积应尽量大些。

3) 玻璃钢板件修复的基本步骤

(1) 打磨。用双旋打磨机和砂纸，将裂缝、划伤等待修补的表面及其周围磨出坡口，并注意处理好其间的过渡关系。

(2) 调和。使用成套 FRP 补料（主要包括树脂、固化剂、玻璃布、玻纤毡、隔离膜等),将合成树脂和固化剂按 100∶2 的比例掺和,在调合板上调好后分成两份,并注意严格控制固化剂的加入比例,因为过多会使其开裂,过少则不易固化。

(3) 涂敷。将玻纤毡剪碎后掺入其中的一份树脂中,拌匀后将其填充到打磨好的破损处。剪一块比损坏部位稍大一点的玻璃纤维布,用刮板将另一份调好的树脂涂抹于玻璃纤维布上,然后把这块玻璃布敷在填充了树脂的破断面上。对于强度要求较高(如用于装配其他构件)的部位,还可在贴玻璃布之前先盖上一块金属加强板;最后将剩余的树脂涂在玻璃布的表面,并贴上隔离膜。

(4) 干燥。贴上隔膜须静置 20 min 后,再用红外线烘干灯慢慢加热。烘干距离不得过近,否则树脂受热过快会发生开裂现象。待树脂完全干透固化后(需 2 h 以上),揭去隔离膜。

(5) 修整。用中砂纸将表面磨光,然后用聚酯腻子将树脂表面存在的小凹陷填平,干透后用细砂纸和极细砂纸蘸水磨光。

7.2.2 车用塑料板件的修复

1. 塑料的性质

塑料的种类很多,但就其特性而言,可分为两大类,即热固性塑料和热塑性塑料。热固性塑料在受热时,起初软化具有一定的可塑性,继续加热,塑料中树脂分子不断增大,最后可以加热到硬化。硬化后如果再加热,它就不会再软化了,因而此类材料多用于制作一次性成型不需修复的零件。热塑性塑料在受热时,随着温度的升高,可以逐渐软化,但当冷却时,即重新硬化为固体,如果再加热,它又可以软化。这类塑料可以利用它们受热软化和冷却硬化的特性制成各种形状的构件,聚氯乙烯塑料是典型的热塑性塑料。

塑料板材抗拉强度较低,大约只有钢材的 1/10,且随着温度升高,强度减弱。一般塑料板件使用温度应低于 80 ℃。但塑料板材具有较强的抗腐蚀能力,且其隔热能力良好,质量小,重塑能力强,焊修性能特别好,因而可用于制作形状复杂及易损的构件。

2. 塑料件的胶黏

车身塑料件的胶黏方法,有热熔胶黏、溶剂胶黏和胶黏剂胶黏三种。对于热塑性塑料,这三种方法都适用;而对热固性塑料,则只能用胶黏剂胶黏。胶黏法具有简单、实用、适用面广等许多优点,可以有效地胶黏断裂、填充裂缝、修补凹陷等。

1) 划痕和裂纹的修理

塑料件的划痕和裂纹通常采用黏结剂修理。修复过程如下:

(1) 用清水和塑料清洁剂擦拭修理部位,清洗接合面的油污。

(2) 将塑料件加热,将催化剂喷到裂纹一侧,然后涂上黏结剂。

(3) 将划痕或裂纹两侧迅速压合,约 1 min 即可得到理想的黏结效果,然后需经 3~8 h 的硬化处理,提高黏结强度。

2) 擦伤、撕裂和穿刺的修理

擦伤、撕裂和穿刺的修理采用化学结合方法。修理程序大致如下:

(1) 用带有石蜡、油脂和硅脂溶剂的湿布彻底清洗损伤部位,然后擦干。

(2) 用砂轮将待修孔、裂槽边削出 6~10 mm 的坡口,造出有利于黏结的结构,磨削后，应涂上黏结促进剂。

（3）将待修部位周边的油漆用精细砂轮削去，至少保证孔边 30 mm 附近表面油漆被清除干净。清洁这些表面，以待黏结。

（4）对孔边的坡口进行火焰处理，以改善黏结性。使用喷灯加热到坡口略呈棕色即可。

（5）黏结孔的背面彻底清洗后，黏上有强黏结力的铝箔和能防潮的胶带，做好修补前的准备工作。

（6）按照黏结剂使用说明书要求，将两种黏合物混合调和后，分两次堵涂到孔洞之中。第一次用刮板快速填满孔洞（1 min 内完成），然后在室温下硬化处理（约 1 h）或用加热法硬化；第二次黏结之前，用精细砂轮磨去第一次黏结时留下的凸点，并清除干净。

（7）将第二次调好的黏结剂填满待修部位，用软刮板整平。

（8）待黏结剂干后，用 80 号砂纸把周围修整出一个粗轮廓，用 180 号和 240 号细砂纸打磨。对于表面的凹坑、针孔，均应用辅助材料填平。最后用 320 号砂纸修边打磨，清洁表面后，进行塑料补漆。

图 7-7 给出了黏结修理方法的顺序。

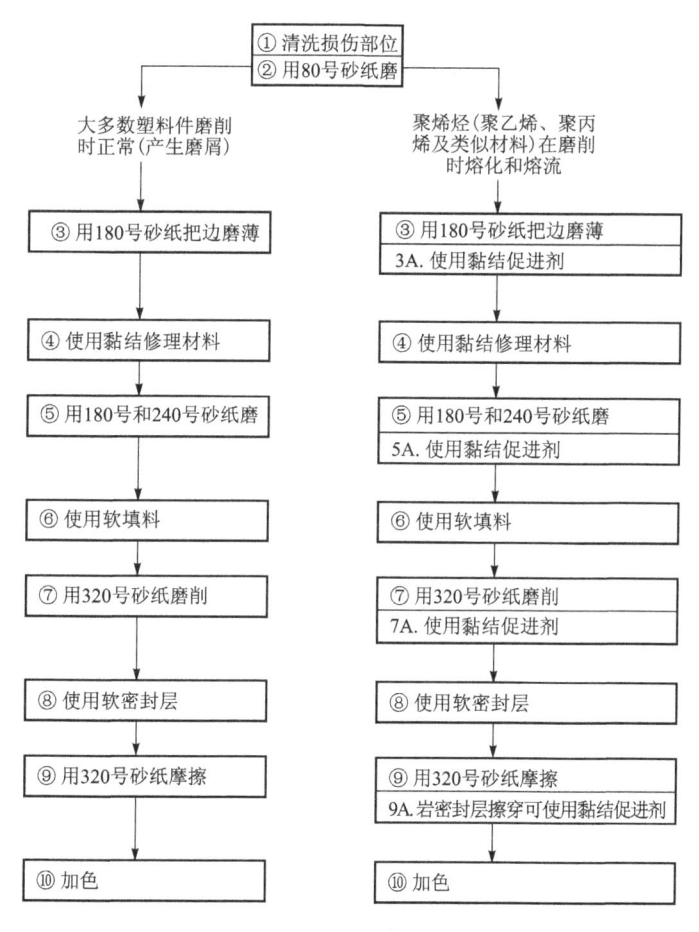

图 7-7 黏结修理方法

3. 塑料件的热矫正

由于大多数车身塑料件都具有良好的弹性和柔性，所以，受到冲击、挤压等机械损伤时，往往以弯曲、扭曲或弯扭变形共存的综合变形的形式出现。对此，可采用热矫正的方法恢复变形。

车身防擦条、前隔栅、仪表板、电器操纵箱等多用 ABS 共聚塑料制成，这种丙烯腈-丁二烯-苯乙烯共聚物具有强度高、成形性好和二次加工容易等许多特点，这也便于对其变形进行热矫正。

当车身塑料件的变形与断裂并存时，应先进行热矫正后再按前述方法黏合断裂。一般先将发生整体变形的塑料件置于50℃的烘箱内加热 30 min，然后用手将变形依原样恢复。如果是局部小范围变形，可使用热风机等对变形部位加热（图 7-8）。由于热风机存在加热不均的缺点，容易造成局部过热而烧损塑料件。操作时，最好在变形部位的背面烘烤，待塑料稍一变软，就立刻用手（戴手套）进行按压、矫正。

对于图 7-9 所示那样较大的变形，应使用红外线烘干灯来加热变形部位，当塑料件稍一变软，就应立即对变形部位加压、矫正。为了获得良好的外观，矫正较大面积的变形时，还应借助一些辅助工具如光滑的木板等，否则，仅凭手指则难以将变形矫正。

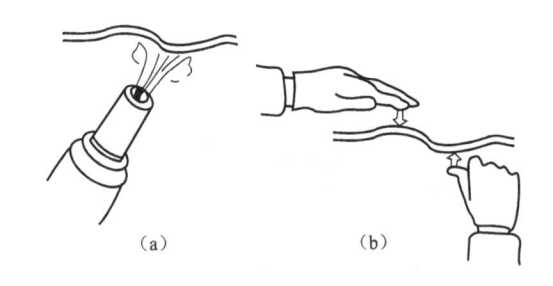

图 7-8 塑料件的热矫正
(a) 加热；(b) 矫正

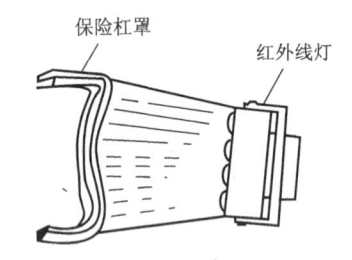

图 7-9 用红外线灯加热变形部位

由于红外线烘干灯加热效率高、温度升高快，应注意严格控制塑料件的受热温度，一般以 50~60℃为宜，最多不得超过 70℃，以免产生永久性变形。完成矫正后，应让其在原处慢慢恢复到常温状态，而不要采取其他强制性冷却措施或过早地搬动，以避免发生构件的整体变形。

4. 塑料件的焊接

1）塑料焊接原理

塑料焊接与金属焊接类似，都要使用热源和焊条。金属焊接时，焊条与基体材料熔成一体，待冷却后形成金属焊缝。塑料焊接时，塑料焊条仅有表面的软化，而芯部仍然维持原状，焊接完毕之后，焊条的形状并无多大变化。焊接时，可向焊条施加压力，使它进入焊区并形成永久结合。撤去热源后，焊条又恢复原状。塑料焊接仅是焊缝两侧有熔流带，中部与焊条原有形状一致。图 7-10 为手工焊接示意图。

一种高速焊接方式如图 7-11 所示。塑料焊条套在高速喷嘴的预热管中，在其前端具有热喷嘴。喷嘴使基体先熔化，与经预热的焊条相压合实现高速焊接。

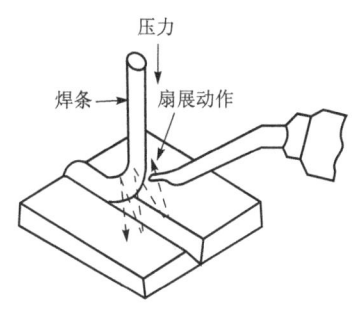

图 7-10 手工塑料焊接

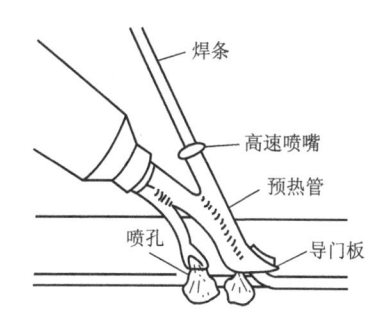

图 7-11 使用高速焊嘴的塑料焊机

2）热空气塑料焊接

图 7-12 所示为典型的热空气焊机。

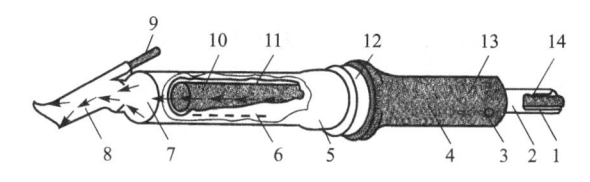

图 7-12 典型的热空气焊机

1—压缩空气或惰性气体；2—空气软管；3—螺栓；4—手柄；5—外筒体；6—内筒体；7—热空气；8—焊嘴；9—螺纹喷嘴；10—不锈钢电热元件；11—加热室；12—扳手螺母；13—冷空气；14—交流电源线

热空气焊机采用陶瓷电热元件加热产生热空气，并将其通过喷嘴喷到塑料上。空气由压缩机供给。

塑料焊炬的焊嘴有三种形式：

(1) 定位焊嘴。在焊接前，用定位焊嘴把断开部分定位黏合，然后施焊。

(2) 拐角焊嘴。拐角焊嘴主要用来填充小孔或一般焊嘴难以到达的位置上的局部焊接。

(3) 高速焊嘴。高速焊嘴与塑料焊机组合，能适用各种形式的焊接。

3）塑料焊接注意事项

使用热空气焊接机时，应注意下列事项：

(1) 焊条材料应与基体材料兼容，施焊前应首先确定焊条是否适用。

(2) 温度和压力调节到适用值。

(3) 注意焊条与零件的夹角应合适。

(4) 速度选择适当，符合要求。

4）焊接程序

热空气焊接基本程序如下：

(1) 把焊机调节到适当的温度。

(2) 用塑料清洁剂清洗零件。

(3) 在损伤区开 V 形槽。

(4) 在损伤部位外围削成宽约 6 mm 的斜坡。

(5) 把断裂线进行定位焊或用铝制车身胶带黏好。

(6) 选用合适的焊条和喷嘴。

（7）进行焊接。焊好后冷却硬化处理约 30 min。

（8）把焊缝磨光、擦光或刮出适当的轮廓。

5）焊接形式

（1）平头焊接。这种焊接要求接边对准。较长的焊缝可先进行几小段平头焊，以便定位，然后进行连续焊接，如图 7-13 所示。

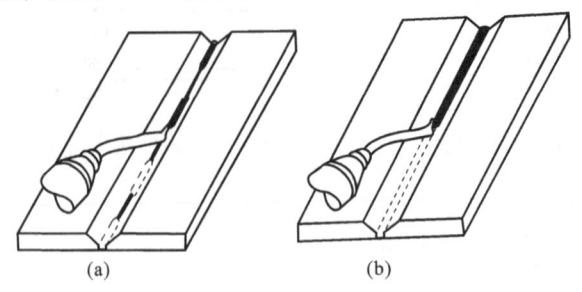

图 7-13　平头焊的两种方法

（a）断续式平头焊；（b）连续式平头焊

平头焊程序如下：

① 用夹子或夹具把损伤部位对准。

② 采用平头焊嘴把两边熔化，沿着裂纹根部形成薄的铰接焊。

③ 把焊嘴尖端沿着焊区移动进行平头焊接。把焊嘴压下去，使它与裂纹两边接触并逐步移动。

④ 焊嘴尖端使两条接边熔化成一条细线。熔化的部分使两条接边对准形成焊缝。

（2）手工焊接。手工焊接程序如下：

① 开始焊接。开始焊接时，焊嘴放在基体材料上方约 10 mm 处，并与基体平行，焊条与工件表面垂直，焊条与工件接触端应削成约 60°的楔形，投入焊接，如图 7-14 所示。使热空气交替吹向焊条和基体材料，把焊条压向焊缝时，一定要使焊条与 V 形槽配合好。一旦焊条开始黏住塑料，即移动焊炬控制焊条流动。

② 连续焊接。一旦焊接开始，焊炬应继续从焊条吹向基体，把更多热量导向基体，便于焊接顺利进行。

③ 焊条进给。在整个焊接过程中，焊条逐渐消耗。焊工需要重新握好焊条，换指时继续向焊条施加压力，如图 7-15 所示。

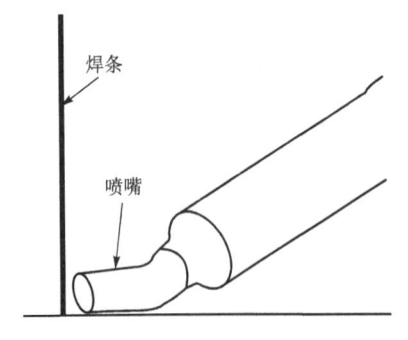

图 7-14　喷嘴与基体材料平行而焊条与表面垂直

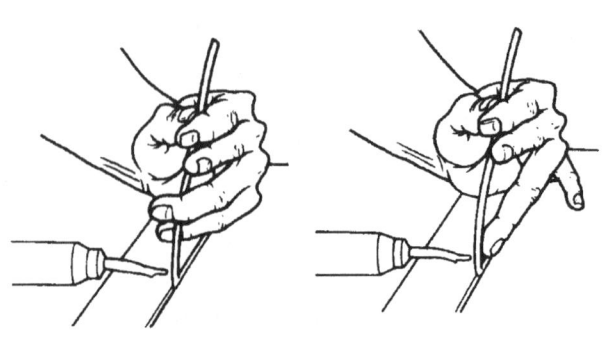

图 7-15　换指握住焊条的方法

④ 完成焊接。焊接即将完成时，去除热源后仍要保持向焊条施加压力，使焊条静止几秒钟得以充分冷却而不松动，然后用锐利的刀子小心地将焊条切割下来。

⑤ 粗磨焊缝。焊接部位可用 36 号金刚砂或砂纸磨光，大焊缝则需用电动磨光机磨光。

⑥ 检查焊缝。粗磨后，应检查焊接质量。有孔隙和裂纹者即不合格。

⑦ 精加工。焊接部位可先后用 220 号砂纸和 320 号砂纸精磨，加上必要的手工磨光或抛光，达到精加工表面光洁的要求。

7.3 轿车车身的修复

轿车车身的修复以事故性创伤修复为主，通常采用的方法是收缩整形、皱褶展开、撑拉及垫撬复位等。

7.3.1 收缩整形

车身壳体冲压件局部受到外力碰撞挤压后，便形成凹凸、翘曲等伸张变形。其中，伸张部分厚度变薄，面积增大。为了使变形的部件恢复到原来的形状，需使伸展的部分收缩，收缩整形工艺过程如下：

（1）利用焊炬火焰将伸张中心加热至缨红色，但注意不要将板料熔化或烧穿。加热范围的大小根据伸张程度确定，伸张程度大，加热范围大些，可在直径 15~30 mm 之间，伸展程度小，可使加热范围在直径 10 mm 左右。

（2）加热后急速敲击红晕区域的四周，并逐渐向加热点的中心收缩，迫使金属组织收缩。敲击时，应用合适的垫铁垫在部件敲击处背部，先用木锤敲击，冷却后再用铁锤轻轻敲击整平。敲击的力量要适度，敲击过重会使已经收缩的部分重新变得松弛。

（3）如果只收缩一处不能达到整形的目的，可采用同样的方法多点收缩，并且每次加热收缩，都进行敲平校正。

（4）轻度伸张时，加热后可不需要敲击，只用棉纱蘸凉水冷却，或者由其自然冷却。

7.3.2 皱褶展开

车身碰撞可能造成冲压板料产生不规则皱褶，修理时，若方便可行，可就车用撑拉法解开皱褶，然后敲平；若不方便或不可行，应将车身解体，在车下修理。

开褶的要领，首先是将死褶由里边设法撬开，缓解成活褶，然后加温，用锤敲击活褶的最凸脊之处，逐渐使其展开，恢复原来的形状。

例如，某轿车车身右翼正面撞伤，形成皱褶，可具体采用如下修理方法：

（1）拆下大灯圈及灯座，用一段合适的扁铁垫在大灯孔内侧，使扁铁两端卡住灯孔的弯边。把钢丝绳的一端系在扁铁上，另一端系在树桩上，然后倒行拖拉，使大的死褶得到基本修正。

（2）卸下翼板，在工作平台上进行修整。用焊炬加热死褶，用撬具撬开，使其缓解。加热一段，撬开一段。

（3）将翼板凹面向上置于平台上，从翼板一侧敲平活褶。敲击时，必须使平台起到垫铁作用。里侧皱褶基本敲平后，翻转翼板，用垫铁垫在里侧，由外面向里敲击，使皱褶得以完全展开。

（4）将翼板装在车上，用手锤和垫铁进行全面修整。修灯孔时，先整圆，后整边。

（5）大样修整出以后，对比两侧，将伸张了的部分用加热方法收缩，并进行细致加工，使整个造型达到标准。

7.3.3 垫撬

如图7-16所示，越野车后轮胎罩外缘凹陷，可以借助轮胎的支撑作用，在撬杠下放一木块衬垫，将凹陷部分初步撬起，再用手锤、垫铁将折痕和凹凸不平处敲平。

车门表面局部凹陷，可通过车门窗口下沿的夹缝（玻璃升降空隙），以内门板的窗边棱作支撑，用撬具将凹陷撬起。在垫撬的同时，用锤轻击凹陷四周，以消除内力并尽快恢复原来形状。为保证车门在撬垫处不受损伤，可在支点处和敲击部位垫一块胶皮或木板。

图7-16 撬起轮胎罩外缘的凹陷

7.4 大客车车身的修复

大客车是载客交通工具，不仅要求乘坐舒适、安全，而且还要有较高的外观质量，因而需要严格控制修理质量。

7.4.1 大客车车身修复要求

按照有关标准规定，客车车身修复后，应满足如下要求：

1. 骨架

（1）骨架各构件局部损伤、断裂或严重锈蚀时，允许加固修复或更换新件。

（2）立柱下端锈蚀面积与其总面积之比达1/3以上者，必须局部更换；有断裂者，应整件更新。

（3）顶横梁弧度分三段用样板检查，其面轮廓度公差值为4 mm。

（4）各装置支架应无脱焊、裂损，装置安装牢固。

（5）骨架整形后，外形平整，曲面衔接变化均匀，侧窗下沿及地板围衬处用样板检查，其面轮廓度公差值为4 mm。

（6）立柱间距公差及相邻两侧框架间距累积公差均应符合原设计要求。

（7）车身横断面框架（龙门框架）对角线长度差不大于8 mm。

2. 内外蒙皮

（1）外蒙皮外表平整，外形曲面过渡均匀，无裂损，所有铆钉或螺钉应平贴紧固，排列整齐，间距均匀。

(2) 内顶板、内侧板应平整，曲面过渡均匀，无凹凸变形、裂损、皱裂、刮痕，压条与各板之间应密合牢固，其面轮廓度公差值为 1.5 mm。

(3) 内围板应无锈蚀、裂损、翘曲。

3. 地板

(1) 地板应密合，不进灰尘，表面平整，排列均匀，木质地板应做干燥、防腐处理。

(2) 驾驶区地板无裂损，安装严密，与各操作件不碰擦，各种操作机构在地板穿孔处应安装防尘罩或防尘垫。

(3) 发动机罩无裂损、无凹瘪变形，安装严密，边盖板应平整。

7.4.2 大客车车身修复方法

客车车身大修一般是将蒙皮和围板全部剥落，进行全面的检查修理，然后重新装配、装饰。当车身局部损坏时，将局部蒙皮剥掉再分别修复。

1. 蒙皮的修复

有时蒙皮并非因为碰撞或腐蚀而损伤，而是由于自身或车身骨架应力作用导致中间鼓胀，此时可在不解体情况下用 CO_2 保护焊点焊修复。

多数情况下应将蒙皮拆卸。使用扁铲或其他专用工具剔掉铆钉，将蒙皮一块块揭下。

蒙皮已严重锈蚀，无法修补，则应全部更换。蒙皮材料常用 1~1.2 mm 的冷轧钢板，更换时，将旧板放在新板上面，用划针沿原板边缘划线，然后使用风动剪或手剪将板料沿线剪开。将新板料边缘整平，并进行喷砂或磷化等表面处理，以利于漆层附着。

蒙皮出现凹陷、翘曲或皱折时，应进行钣金修复。

1) 平板的手工敲平

板料中间凸起如图 7-17（a）所示，原因可能是中间部分受挤压松弛导致变形，敲平校正的方法：将板料凸面向上放在平台上，一手按住板料，一手持锤由板料四周边缘向凸面中心逐步进行敲击。敲击时，边缘处用力大，击点密度大，至凸面中心，用力逐渐减小，击点逐渐变稀。敲击后金属板从四周开始延伸，渐至鼓面中心，最后使整个金属板的组织应力达到平衡，板料因此得到矫正。

在敲击修整过程中，要随时观察板料的形状变化，有针对性地增减敲击力和调整敲击点，不可在某一处敲击次数过多或用力过重，以免产生新的凸起变形。板料基本敲平后，再用木锤进行一次调整性敲击，以使整个组织舒展均匀。

板料四周翘曲变形，即周边组织松弛，中间紧密，如图 7-17（b）所示，这种变形是由于板料边缘受到挤压而拉伸膨胀造成的。矫正时，应从中间开始敲击，逐渐向四周扩散，击点由密变疏，击力也由强变弱。

2) 曲面板的校正

曲面板中间有凹凸变形，可用垫铁和手锤配合矫正，如图 7-18 所示。首先使锤和垫铁对正，手握锤柄，通过手腕的力量敲击凸起点，敲击速度大约每分钟 100 次。当用锤敲击钢板时，由于反作用力的影响，背面的垫铁将稍微浮起，并从下部对钢板产生反作用力，因而此法修整后，钢板产生延展变形，需进行复形作业。

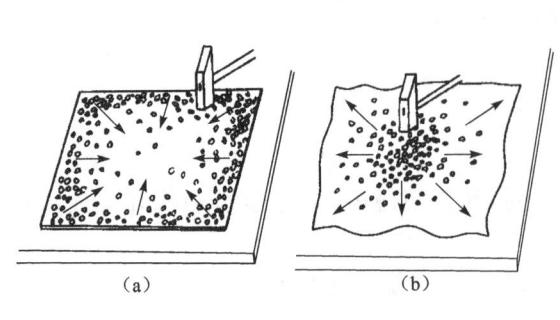

图 7-17 矫平金属板的敲击示意图
(a) 矫平凸鼓面；(b) 矫平翘曲面

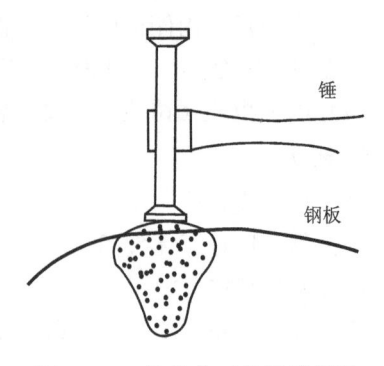

图 7-18 修整曲面凸鼓示意图

有时垫铁放在稍偏一些的地方进行修整作业，如图 7-19 所示，此时锤击点为凹凸不平表面的较高部位，因此可使钢板在垫铁与手锤中间处受到作用力，故钢板的局部变薄延展得到缓解，但这种方法较难掌握。

当板料产生较大凹面而曲率较小时，如图 7-20 所示，可先将凹面中间部位加热至缨红色，然后在中间部位下侧用垫铁顶起，从而形成较大平面，将大的凹陷面变成若干小的凹凸点，再用前述方法将凹凸点矫平。

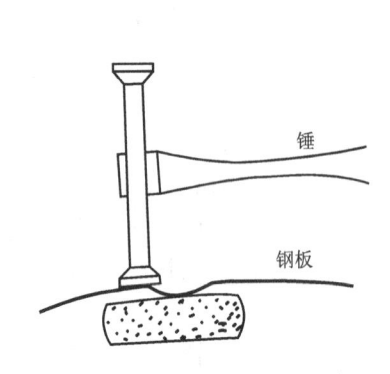

图 7-19 修整曲面凹陷的示意图

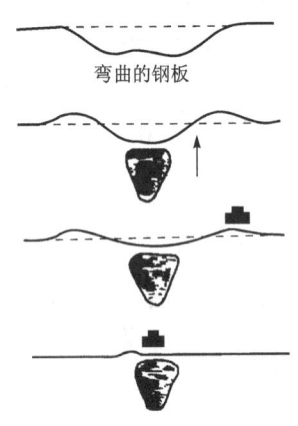

图 7-20 修整大凹面示意图

2. 地板的修复

座椅和地板革拆除后，就可对地板进行检查修理了。

客车的地板材料多为木板，长期水泥会导致腐烂，局部过载会引起木地板断裂。一般需更换木地板，更换时应采用分段方法将木条接缝选在小横梁处，如图 7-21 所示，用自攻螺钉将木条两端固定在薄钢板横梁上。比较长的木板中间也要用螺钉分段固定，以防止行车时地板的震动。在一定部位还留有活动地板口，如变速器及后桥加油孔等部位，因经常使用，在修理活动地板口时，应该用硬木类材料，以防过早磨损变薄。

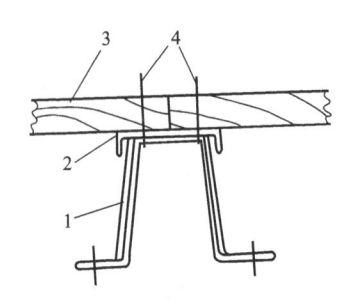

图 7-21 木地板的分段更换
1—小横梁支架；2—小横梁；
3—木地板；4—螺栓

地板革一般起装饰和保护作用。地板革的铺设应平整、光滑、无皱褶，地板革压条螺钉要和压条平行，不宜过高。

现在地板材料有的采用塑料。塑料不怕水，且防滑耐磨，可直接作为地板使用，不需要防水层和地板革，因而几乎不需要修复。

3. 内顶棚板的修复

内顶棚板材料多为薄层胶合板或纤维板，具有保温和装饰作用。内顶棚板由于浸水会产生龟裂、变形，一般在修理时将损坏的部分更换下来，用螺丝刀拧下棚板压条螺钉，取下压条，即可把棚板卸下。按原来形状和尺寸切割新板料。找正位置以后，用锥子按压条上的螺孔位置找到原孔并扎透板料，盖上压条，再顺着孔把自攻螺钉拧入。内棚板修复以后，棚板边缘不可露在压条外面，棚板不得松动，压条紧固，顶棚整体光滑，弯曲过渡自然，没有裂纹、折断等。

思 考 题

1. 客车车身骨架损坏常用的检验方法有哪些？
2. 轿车车身检验的项目有哪些？
3. 车身拆卸应注意的事项有哪些？
4. 如何进行车用塑料板件的划痕和裂纹的修理？
5. 如何进行车用塑料板件的擦伤、撕裂和穿刺的修理？
6. 车用塑料板件焊接程序有哪些？
7. 简述轿车车身收缩整形的工艺过程。
8. 简述轿车车身开褶的修理方法。
9. 简述大客车车身蒙皮出现凹陷、翘曲或皱折时的手工敲平方法。
10. 简述大客车车身蒙皮出现凹陷、翘曲或皱折时的曲面板校正方法。

第 8 章

汽车车身涂装的常用材料

● **本章重点**

了解涂料的组成与作用、涂料的分类与命名，清楚不同涂料的性能和涂层质量要求，掌握常用涂装材料的作用与要求。

汽车车身涂装材料是涂于汽车车身表面，能形成具有保护、装饰或特殊性能的固态涂膜的一类液体或固体材料的总称。涂料的选择和涂层的质量决定着汽车车身涂装的质量。

8.1 涂料的基本知识

涂料按其属性，分为两大类：有机涂料和无机涂料。有机涂料广泛用于金属、木材、塑料等材料表面的保护和装饰；无机涂料主要用在土建领域。汽车涂装用涂料为有机涂料。

8.1.1 涂料的组成与作用

1. 涂料的组成

涂料主要由五大类材料组成，见表 8-1。

表 8-1 涂料的组成

涂料组成	材料名称	类别	品种名称
主要成膜物质	油料	干性油	桐油、亚麻油、锌油等
		半干性油	豆油、葵花籽油、玉米油等
		不干性油	蓖麻油、椰子油等
	树脂	天然树脂	虫胶、松香、天然沥青等
		合成树脂	酚醛、醇酸、氨基、环氧、聚酯、丙烯酸等
次要成膜物质	颜料	着色颜料	钛白、氧化锌、氧化铁红、铬黄、炭黑等
		防锈颜料	红丹、锌铬黄、偏硼酸钡等
		体质颜料	太白粉、钛白、重晶石粉、滑石粉、云丹等

续表

涂料组成	材料名称	类别	品种名称
辅助成膜物质	溶剂	助溶剂 稀释剂	二甲苯、松节油、乙醇、丁醇等 石油溶剂、酯、酮、混合溶剂等
	辅助材料	添料	固化剂、流平剂、防老化剂、润湿剂、防潮剂、催化剂、催干剂、增塑剂、防结皮剂等

油料、树脂是涂料组成中的基础,是主要成膜物质,常称为固着剂或黏结剂,能够把颜料等其他成膜物质黏结起来形成涂层,起到保护表面和装饰的作用。涂料中如果没有这两个部分,就不能形成牢固的涂膜,而且涂料的许多特性主要取决于这两个部分的性能。

颜料使涂料具有一定的着色能力,呈现一定颜色,增加涂层厚度和遮盖力,起到调色、装饰和标志的作用,是涂料中的次要成膜物质。

溶剂包括助溶剂、稀释剂两种。溶剂能溶解并稀释涂料中的成膜物质,改善涂层性能。稀释剂的主要作用是调整涂料的黏度,以利于形成均匀光滑的涂层。

辅助材料在涂料中的作用是辅助成膜物质改善涂料性能,如催干剂用来加快涂料的干燥速度,改善涂装性能和成膜后的质量;增塑剂用来提高涂层的韧性;防潮剂用来防止因施工环境湿度太大而引起涂层泛白等问题;此外,还有固化剂、抗结皮剂、抗老化剂等。

2. 涂料的结构组分

按涂料的组成和结构类型不同,可将涂料区分为溶剂型涂料、水溶性涂料、粉末涂料、光固化涂料等。涂料的组成不同,就构成了不同的涂料品种,常用的有清漆、色漆、腻子等。

(1) 清漆。涂料组分中没有加入颜料和体质颜料,而呈清澈透明的胶质液体涂料。

(2) 色漆。涂料组分中加有颜料的不透明的涂料。

(3) 粉末涂料。涂料组分中不含有挥发性物质的无溶剂固态粉末状涂料。这类涂料有热塑性和热固性两种。

(4) 腻子。涂料组分中加有大量体质颜料的稠厚浆状体。

3. 涂料的作用

涂料是一种成膜物质,应用十分广泛。

(1) 保护作用。物体表面被涂后,涂料便可使物面与空气、水分、日光、有害气体、微生物等隔离,因而可以保护物面、防止腐蚀和老化,从而延长使用寿命。对于某些工业制品和机械设备,还可以根据其特殊的工作环境的需要涂以专门涂料,如耐酸、耐碱、耐油、耐高温等性能的涂料,起到保护作用。

(2) 装饰作用。不同民族和不同地区的人民,对颜色有着不同的喜好。涂料中的颜料能够赋予物体表面各种不同的色彩,从而使其与所处环境的色彩相协调,给人以不同质感的装饰作用。

(3) 特殊作用。各种不同颜色的涂料给人们的心理带来不同的感觉,可以用其表达各种示意,如不同颜色图案被用来指示各种交通标志,提醒驾驶员遵守有关交通规则。另外,涂在船底上的防污漆,漆中的毒剂缓慢渗出,可杀死寄生在船底上的海洋生物,从而延长船舱的使用寿命，并保证其航行速度。为使导弹、航天器等在飞行过程中不至于因与大气摩擦产生高热而烧毁，在其表面涂覆一种既耐高温又耐摩擦的涂料。此外，还有用于绝缘、防震、消声、隔热等方面的涂料。

8.1.2 涂料的分类、命名和型号

1. 涂料的分类

国外的涂料产品都是根据各国的具体情况进行分类的，没有统一的国际标准，使用不同国家和不同品种的涂料，应首先了解其涂料产品的类别，否则会导致涂装质量事故。

我国化工部制定了以涂料基料中主要成膜物质为基础的分类方法，若主要成膜物质为混合树脂时，则以在漆膜中起主要作用的树脂作为分类依据。这样，便可根据其类别、名称来了解其组成、性能及施工方法等。根据此分类方法，将涂料产品分为 18 大类，详见表 8-2。

表 8-2 涂料分类

序号	类别	代号	主要成膜物质
1	油脂	Y	天然植物油、鱼油、合成油等
2	天然树脂	T	松香及其衍生物、虫胶、乳酪等，动物胶、天然漆及衍生物等
3	酚醛树脂	F	酚醛树脂、改性酚醛树脂、二甲苯树脂
4	沥青	L	天然沥青、煤焦沥青、石油沥青
5	醇酸树脂	C	甘油醇酸树脂、改性醇酸树脂及其他醇类的醇酸树脂等
6	氨基树脂	A	三聚氰胺甲酸树脂、聚酰亚胺树脂
7	硝基纤维	Q	硝基纤维素、改性硝基纤维素
8	纤维酯 纤维醚	M	醋酸纤维、乙烯纤维、苯基纤维、乙基纤维、羟甲基纤维、乙酸丁酯纤维等
9	过氯乙烯树脂	G	过氯乙烯树脂、改性过氯乙烯树脂
10	烯类树脂	X	聚二乙烯基乙炔树脂、氯乙烯树脂、聚酯酸乙烯共聚物、聚乙烯醇类树脂、含氟树脂、氯化聚丙烯
11	丙烯酸树脂	B	丙烯酸树脂、丙烯酸共聚物及其改性丙烯酸树脂
12	聚酯树脂	Z	饱和聚酯树脂、不饱和聚酯树脂
13	环氧树脂	H	环氧树脂、改性环氧树脂
14	聚氨酯树脂	S	聚氨基甲酸酯
15	元素有机聚合物	W	有机硅、有机钛、有机铝等
16	橡胶	J	天然橡胶及其衍生物、合成橡胶及衍生物
17	其他	E	除以上成膜物质外的成膜物质，如无机高分子材料、聚酰亚胺树脂等
18	辅助材料	—	稀释剂、防潮剂、催干剂、固化剂、脱漆剂等

表 8-2 中，前 4 类基料是以植物油和天然树脂作为主要成膜物质，通常称为油漆或涂料；其后 13 类都是采用合成树脂为主要成膜物质，其中有些品种类型的组成中无油料，是以纯合成树脂为主要成膜物质的涂料，统称为合成树脂涂料；第 18 类涂料为辅助材料类，包括稀释剂、助溶剂、催干剂、防潮剂、催化剂、固化剂、脱漆剂、防老化剂等。辅助材料的代号见表 8-3。

表 8-3 辅助材料分类

序号	代号	类别
1	X	稀释剂
2	F	防潮剂
3	G	催干剂
4	H	固化剂
5	T	脱漆剂

2. 涂料的命名

除粉末涂料外，涂料均称为漆。涂料的命名规则如下：

涂料名称 = 颜色或颜料名称 + 成膜物质名称 + 基本名称

如大红醇酸磁漆、铁红酚醛防锈漆等。

涂料命名应注意以下问题：

（1）涂料的颜色位于名称的最前面。若颜料对涂层性能起显著作用，则用颜料的名称代替颜色的名称。

（2）涂料名称中的成膜物质名称均做适当简化。如聚氨基甲酸酯简化成聚氨酯。

（3）如果基料中含有多种成膜物质，选取主要的一种成膜物质命名。必要时选取两种成膜物质命名，主要的在前，次要的在后。例如红环氧硝基磁漆。

（4）必要时可在成膜物质名称和基本名称之间标明专业用途及特性等。例如醇酸导电磁漆、白硝基外用磁漆等。

（5）基本名称仍采用我国广泛使用的名称，如清漆、磁漆等。基本名称见表 8-4。

（6）凡是需要烘烤干燥的涂料，名称中都有"烘干"或"烘"等字样。如果涂料名称中未标明，则为常温干燥。

表 8-4 涂料基本名称编号

编号	基本名称	编号	基本名称	编号	基本名称
00	清漆（熟油）	06	底漆	12	裂纹漆
01	清漆	07	腻子	13	晶纹漆
02	厚漆	08	水溶性漆、乳胶漆	14	透明漆
03	调和漆	09	大漆（天然漆）	15	斑纹漆
04	磁漆	10	锤纹漆	20	铅笔漆
05	烘漆	11	皱纹漆	22	木器漆

续表

编号	基本名称	编号	基本名称	编号	基本名称
23	罐头漆	43	船壳漆	65	粉末涂料
30	（浸漆）绝缘漆	44	船底漆	66	感光涂料
31	（覆盖）绝缘漆	50	耐酸漆	67	隔热涂料
32	绝缘磁烘漆	51	耐碱漆	80	地板漆
33	（黏合）绝缘漆	52	防腐漆	81	渔网漆
34	漆包线漆	53	防锈漆	82	锅底漆
35	硅钢片漆	54	耐油漆	83	烟囱漆
36	电容器漆	55	耐水漆	84	黑板漆
37	电阻漆、电位器漆	60	防火漆	85	调色漆
38	半导体漆	61	耐热漆	86	标志漆、路线漆
40	防污漆、防蛆漆	62	变色漆（示温漆）	98	胶液
41	水线漆	63	涂布漆	99	其他
42	甲板防滑漆、甲板漆	64	可剥漆		

3. 涂料的型号

国产涂料的型号是根据化工部标准（HG—89—74）编制的，由三部分组成：第一部分是主要成膜物质代号（表8-2）；第二部分是基本名称，用两位数字表示（表8-4）；第三部分是序号，表示同类品种间的组成、配比或用途。例如C04—2，其中，C表示成膜物质为醇酸树脂；04表示磁漆（基本名称）；2表示序号。

涂料中辅助材料型号由两部分组成：第一部分为辅助材料的种类代号，见表8-3所列；第二部分是序号，用来表示同类品种间的组成、配比和用途的不同。例如F—2，其中，"F"表示防潮剂，"2"表示序号。又如X—1，其中，"X"表示稀释剂，"1"表示序号。

8.1.3 涂料的性能

由于组成的成分不同，涂料的物理、化学性能也各不相同。

1. 油脂类涂料

油脂类涂料是以各种干性油脂作为主要成膜物质，再加入催干剂和其他辅助材料混合而成的一种涂料。其特点是：具有较好的渗透能力，附着力强；与空气中的氧气作用，自行干燥成膜；干燥后涂层柔韧性好，气味和毒性小；耐候性强、防锈能力好（如红丹防锈底漆）等，可调配成为腻子。

2. 天然树脂类涂料

天然树脂类涂料是以天然树脂（如虫胶、松香、天然沥青、琥珀、珂巴树脂、安息香脂等），加上各种干性植物油混合炼制后，再加入催干剂、有机熔剂、颜料等组成的一类涂料。这类涂料成膜性好、外观光亮丰满、色泽鲜艳、装饰与保护性能好，但耐久性差，在空气中使用不长时间就会失去光泽，并发生龟裂、粉化等，而且抗水性、耐热性差。

3. 酚醛树脂类涂料

酚醛树脂类涂料是以酚醛树脂和改性酚醛树脂为主要成膜物质，加入桐油和其他干性油混合炼制后，再加入颜料、催干剂、有机溶剂和其他辅助材料混合调制而成的一类涂料。这类涂料涂层坚硬、光亮、易干燥，有良好的电绝缘性能和防腐性能。其不足之处是涂层易泛黄，且耐水性和机械性能差。

4. 醇酸树脂类涂料

醇酸树脂类涂料是以由多元醇、多元酸及脂肪酸经缩合而成的醇酸树脂和改性醇酸树脂为主要成膜物质的涂料。这类涂料中有短、中、长油度的干性、半干性、不干性三种醇酸树脂为主基料配制的多个品种，是合成树脂类涂料中最重要的一种类型。这类涂料具有优良的附着力、耐候性好、不易老化、涂层光泽好、保光保色性好、涂层坚硬耐磨、力学性能好、耐油性能好等多种优点。

5. 氨基树脂类涂料

氨基树脂类涂料是以氨基树脂与醇酸树脂混合制成的。这类涂料经烘烤成膜，所形成的涂层附着力强、色泽鲜艳、机械强度高、光泽好，有优良的保光保色性，具有耐油、耐水、耐碱、耐溶剂、耐热、抗老化等优点。其缺点是涂层必须烘烤才能成膜，且烘烤温度不能过高，否则涂层会变色、变脆，使涂层性能下降。

6. 硝基类涂料

硝基类涂料是以硝化纤维类（硝化棉）、改性醇酸树脂、增韧剂，加入各种颜料及有机溶剂混合而成的一类涂料。这类涂料在常温 25 ℃ 左右能快速自干，低温时也可烘干。干燥形成涂层后，坚硬耐磨，经抛光打蜡后，光泽发亮，能延长使用寿命。但其漆膜薄，耐水、耐温变、耐腐蚀性能较差。

7. 过氯乙烯树脂类涂料

这类涂料的主要成膜物质是过氯乙烯树脂或改性过氯乙烯树脂，有时还加入改性醇酸树脂来提高性能。这类涂料干燥迅速（可自干），涂层柔韧、光亮，具有好的耐候性和好的耐油、耐水、耐腐蚀性。但其附着力稍差，涂层较软且耐热性差，对涂装条件要求高。

8. 乙烯树脂涂料

乙烯树脂类涂料是以含双键的乙烯及其衍生物本体聚合或共聚形成的乙烯树脂为主要成膜物质，再加入其他辅助材料调制而成的。若再加入其他类树脂，可调制成各种不同性能的专用涂料。乙烯树脂类涂料的共同特点是：涂层柔韧性好、色泽艳丽、保色保光性好、耐久不变色、不泛黄、附着力强、耐磨。其缺点是涂层耐溶剂性能差、涂层薄。此类涂料可自干或烘干。

9. 聚酯树脂类涂料

这类涂料的主要成膜物质有饱和聚酯树脂与不饱和聚酯树脂两类。其中，以不饱和聚酯树脂制成的涂料品种较多，这类涂料形成的涂层能自干，也可烘干。涂料含溶剂少，涂层较厚，光亮丰满，保色保光性能好，涂层坚硬耐磨，以及能耐弱酸、弱碱等。其缺点是涂层附着力差，涂层较脆，涂料稳定性差，难以保管。

10. 环氧树脂类涂料

环氧树脂类涂料是以环氧树脂和改性环氧树脂为主要成膜物质的一类涂料。这类涂料干燥成膜后，其涂层坚硬耐磨、柔韧性好、耐水、耐热、耐腐蚀，有好的附着力，电绝缘性好。其缺点是不耐紫外线，室外使用时涂层易失光、龟裂和粉化。

11. 聚氨酯树脂类涂料

聚氨酯树脂类涂料以聚氨基甲酸酯树脂为主要成膜物质。有优良的附着力，涂层光滑平整、坚硬而柔韧，且色泽鲜艳，装饰性好，能耐油、耐酸、耐碱腐蚀，保色保光性好。其缺点是涂料必须现用现配；在潮湿的情况下进行涂装时，涂层易起泡；涂料毒性大。

8.1.4 涂层质量的技术指标

涂层质量是指涂料形成涂层后的各种机械物理性能和化学性能。熟悉和掌握涂层这些技术指标，对正确选择涂料和合理施工有一定的指导意义。反映涂层质量的技术指标主要有以下几个。

1. 涂料的黏性

液体在外力作用下流动时，液体分子间的内聚力会阻碍分子相对运动，即分子之间产生一种内摩擦力。液体这种内摩擦力抵抗流动的特性就称为液体的黏性。

采用特定的黏度计在规定的条件下测出来的液体黏度称为相对黏度。根据测量条件不同，各国采用的相对黏度单位也不同，我国采用恩氏黏度（°E）（没有单位，是一个比值），美国采用国际赛氏秒（SSU）（单位为秒）。

如果涂料的黏度不合适，会引起各种油漆面层的缺陷，所以，应正确选用涂料。

2. 涂层附着力

涂层附着力是指涂膜与被涂物体表面的结合力，表示它们之间的牢固程度。涂层附着力有7个等级，1级最佳，7级最差，一般涂层的附着力均要求在3级以内。涂膜附着力差，则对施工要求高，被涂物体表面处理要求严格，稍不注意就会导致涂膜脱皮、剥落等弊病。

各种底漆、防锈漆的附着力为1~2级，硝基底漆、过氯乙烯底漆在2级左右，硝基二道底漆为3级，醇酸底漆、环氧底漆等都达1级；各种磁漆涂层的附着力在1~2级，醇酸磁漆、酚醛磁漆、氨基磁漆、丙烯酸漆等均是1级，个别的如G04—9过氯乙烯外用磁漆为3级。

3. 涂层颜色和外观

涂层颜色和外观是反映涂料物理性能，体现装饰性的重要技术指标。

测定涂层颜色和外观，通常采用产品标准样品法或标准色板法来评定等级。普通面漆的颜色应符合国家规定的技术允差范围；外观应平整、光滑。

4. 涂层柔韧性

涂层柔韧性反映涂膜受到冲击或受力发生弯曲延伸时不发生破坏的极限程度。一般以涂膜的弯曲直径来表示，最好为1 mm，最差为15 mm，它在某种程度上也表示了涂层的附着力指标。

普通油基的各种底漆和磁漆，柔韧性都不大于1 mm；各种烘漆为1~3 mm；各类硝基漆、过氯乙烯漆，以及其他各类底漆和磁漆（除个别品种外），都小于3 mm。

5. 涂层抗冲击强度

涂层在高速负荷作用下抵抗变形的能力即为抗冲击强度。这是涂层受到机械冲击后不发生裂纹、皱纹及剥落等破坏现象的极限强度。它包含了涂料的弹性和附着力。

各种酚醛底漆、醇酸底漆和磁漆的抗冲击强度大于 490 N·m；各种烘漆的抗冲击强度大于 490 N·m；各种涂料的抗冲击强度最低不小于 294 N·m。

6. 涂层光泽

涂层光泽用涂层正反射光量之比的百分数来表示。在一定条件下，涂层光泽越高，涂层的装饰性越好。

普通油基磁漆的光泽可达 90% 以上；各类清漆可达 95%~100%；各色硝基磁漆为 70%~90%；各色过氯乙烯磁漆为 80%~90%；各类各色烘漆可达 90% 以上；各类半光磁漆的光泽在 30%±10% 之间；各类无光磁漆都小于 10%。

7. 涂层的耐水性

涂层的耐水性是指涂层在浸泡水中时，能保持原状，不发生起泡、失光、变色、生锈或者从水中取出时有变色现象，但过一定时间能恢复原状的性能。浸泡的极限时间就是涂层的耐水指标。

酚醛漆耐水性比醇酸漆好。如 F04—11 各色酚醛磁漆浸泡 24 h，不起泡、不脱落，基本保持原状；C04—2、C04—42 各色醇酸磁漆浸泡 6~8 h，可能有轻微失光、发白、起小泡现象，但可在 3 h 内恢复原状。

氨基漆和聚氨酯漆等耐水性比酚醛漆更好。如 A05—9 各色氨基磁漆，浸泡 60 h 后不起泡，即使有轻微变化，在 3 h 内就能复原；S04—1 各色聚氨酯磁漆，浸泡 48 h，涂层不发生任何变化。

8. 涂层的耐热性

涂层在高温条件下使用，会加速老化，表面发生起层、皱皮、鼓泡、开裂、变色等破坏现象。涂层在高温下，在一定时间内不发生破坏现象的性能，就是涂层的耐热性，用极限温度来表示。它关系到涂层的性能和使用寿命。

9. 涂层的耐腐蚀性

涂层的耐腐蚀性是指涂层抵抗酸、碱、盐等化学物品侵蚀的性能。这在防腐涂层中尤为重要。通常将涂层浸泡在一定浓度的酸液、碱液或盐溶液中，把不发生涂膜破坏的极限时间作为该涂层的耐腐蚀性指标。如 H52—3 各色环氧防腐漆涂层，浸泡在机油中 10 天、盐水中 15~30 天、碱液中 8 h、二氯乙烷中 8 h 或三氯乙烯中 8 h，最多只出现轻微变色。

10. 涂层的"三防"性和耐候性

在湿热地区使用的涂层，抵抗湿热、盐雾、霉菌侵蚀的能力称为涂层的"三防"性。它是反映涂层在特殊环境的使用价值，在某种程度上也反映它的防腐性。涂层的"三防"性分为优、良、中、差、劣五个等级。

涂层的耐候性是反映涂层在户外使用的寿命，对装饰性涂层尤为重要。例如中、高级轿车使用的面漆，除对色彩、外观、光泽等要求外，还需要有良好的耐候性。户外装饰要求越高，对耐候性要求也越高。涂层耐候性指标分为优、良、中、差、劣五个等级。户外中、高级装饰涂层的耐候性要求为优级、良级。

8.2 涂漆前处理的常用材料

汽车在涂漆之前，都要先将金属表面的油污、锈蚀等杂物彻底清除干净以后，方可涂头道底漆（即有防锈作用的底漆），这样才能使漆膜直接附着于金属表面，起到防锈作用，提高漆膜的附着能力，使漆膜真正起到防锈和金属保护作用。

常用的汽车涂漆前处理材料主要有脱脂材料、除锈材料、磷化剂和钝化材料等。

8.2.1 脱脂材料

常见的脱脂材料有有机溶剂、酸性脱脂剂、强碱液脱脂剂、弱碱性脱脂剂。

1. 有机溶剂

有机溶剂对油污的溶解力较强，除油效率高，但不能溶解盐和碱类。常见的有机溶剂有 200 号溶剂汽油或松香水、三氯乙烯、四氯乙烯、二氯甲烷、四氯化碳、甲基氯仿。

2. 酸性脱脂剂

酸性脱脂剂兼有除锈和除油双重功能，也称为"二合一"处理液。这种脱脂剂可能对后序的处理有不良影响。

3. 强碱液脱脂剂

强碱液除油是一种传统的有效方法。它是利用强碱对植物油的皂化反应，形成溶于水的皂化物而达到除油的目的。常见的强碱液脱脂剂有氢氧化钠、硅酸钠、磷酸钠、复合碱（碳酸钠∶氢氧化钠∶磷酸钠 = 8∶4∶3）。

4. 弱碱性脱脂剂

弱碱性脱脂剂是当前应用最广泛的一种脱脂剂，其作用是提供一定的碱度，起分散悬浮作用，可防止脱下来的油脂重新吸附在工件表面。弱碱性脱脂剂的碱度低，对设备腐蚀较小，对工件表面状态破坏小，可在低温和中温下使用，脱脂效率较高，特别在喷淋时使用，效果更佳。常见的弱碱性脱脂剂有硅酸钠、三聚磷酸钠、磷酸钠、碳酸钠。

8.2.2 除锈材料

常见的除锈材料有缓蚀剂、润湿剂、酸洗所用的酸。

1. 缓蚀剂

缓释剂的作用是在酸洗过程中吸附在金属表面形成保护膜，阻止酸与金属反应。常用的缓释剂有"KC"缓蚀剂、六次甲基四胺、沈 1—D 缓蚀剂、54 牌缓蚀剂。

2. 润湿剂

酸洗液中所用的润湿剂，大多是非离子型表面活性剂和阴离子型表面活性剂，通常不使用阳离子型活性剂。表面活性剂具有润湿、渗透、乳化、分散、增溶和去污等作用，能大大改善酸洗过程，缩短酸洗时间。常见的润湿剂有平平加、OP 乳化剂、曲通 X—10、吐温—80、601 洗涤剂。

3. 酸洗所用的酸

有机酸作用和缓，残酸无严重后患，被处理物件不易重新锈蚀，物件处理后表面干净，但价格较高、效率低。无机酸除锈效率高、速度快、原料来源广、价格低廉，缺点是残酸腐蚀很强，如酸液清洗不彻底，会影响涂料的保护性能。常见的有机酸有醋酸、乳酸、草酸、柠檬酸。无机酸包括硫酸、盐酸、硝酸、磷酸、氢氟酸。

8.2.3 磷化剂

磷化剂是金属制件经除油、除锈、水洗、表面调整（简称表调）后使用的一种材料。它能使金属表面形成一层薄而均匀的磷化膜，起到防锈和提高涂漆层或电镀层附着能力的作用，使涂层或镀层更加牢固和耐久。

常见的磷化剂有高温锰系磷化液、高温高锌磷化液、中低温低锌磷化液。

（1）高温锰系磷化液的主要成分是酸式磷酸锰与酸式磷酸铁，高温高锌磷化液的主要成分是氧化锌或磷酸二氧化锌、硝酸、磷酸等。由于它们的处理温度高，磷化残渣多，磷化膜与油漆配套不好。

（2）中低温低锌磷化液的主要成分是氧化锌、磷酸、硝酸、细化晶粒的添加剂、催化剂等。特点是：形成的磷化膜有较好的耐碱性或耐酸性，并且膜薄且致密，结晶细，呈粒状或柱状。

8.2.4 钝化材料

1. 含铬钝化剂

含铬钝化剂的主要作用是除去磷化膜表面的疏松层，并对磷化膜不完整的部分或孔隙进行封闭（这对采用阴极电泳涂装工艺的前处理非常重要），它的主要成分是三价铬和六价铬。

2. 无铬钝化剂

无铬钝化剂符合环保法规的要求，但钝化效果稍差。

8.3 汽车涂装的常用材料

汽车涂装的常用材料主要包括底漆、腻子、中间涂料以及面漆等。国外主要汽车涂料公司的底漆、中间涂料、封闭剂和腻子的资料见表 8-5。

表 8-5 国外主要汽车涂料公司底漆、中间涂料、封闭剂、腻子

配套材料名称及用途	BASF R—M	DuPont	PPG	Martin-Senour	Sherwin-Williams
1. 底漆。用于裸露的金属、热浸镀锌钢板、镀锌钢板、玻璃纤维增强塑料、铝板	834	615S + 616S	DP—40/401	8827	E2G973
2. 中间涂料	831 或 HP—100	131S 或 181S	DZ—3 或 K—200 + K—201	3254 或 5100 + 5150	P2A23 或 P6H49 + V6V79

续表

配套材料名称及用途	BASF R—M	DuPont	PPG	Martin-Senour	Sherwin-Williams
3. 封闭剂。用于改进附着力，减少溶剂的渗透	CS150+870, RS200或PS—29	1984S或1985S	DL—1970或DAS—1980	5105+5150+5110	E6H59+V6V79+R7K89
4. 增黏剂。用于改进热塑性丙烯酸清漆与原面漆之间的附着力	811	222S	DSX—1900	3061	PIC48
5. 封闭剂。用于改进丙烯酸清漆与原丙烯酸清漆之间的附着力，减少打磨痕迹	PS—19870 CS150 RS200	1984S 1985S	DL—1947 DL—1070	3060	PIA38
6. 中间涂料。用于改性丙烯酸磁漆	PS—19 CS150 PS—21 RS—200 870	1984S 1985S	DAS—1980	8823 8098	E2A52 E2A28
7. 屏蔽涂料。一种中间涂料，用于已开裂的面漆，可用来封闭自干性磁漆	HP—100或806	—	—	—	—
8. 挥发性腻子。需要用中间涂层封闭	76	2286S 2288S	DFL—1 DFL—17	6390 6394	D3R7 D3A2737

8.3.1 底漆

底漆是直接涂在经过表面处理的被涂物体表面上的第一道漆，主要作用是防腐蚀以及填平金属基材的细微缺陷和锈斑等，是整个涂层的基础。为了保证汽车修补效果，国外大部分汽车涂料公司在汽车修补涂料的说明书中都要严格地规定与面漆配套的底漆、中间涂料、封闭剂以及腻子的配比关系。

用作汽车底漆的涂料，主要是含有优质防锈颜料的环氧树脂涂料、酚醛树脂涂料及一些优质水溶性树脂涂料。常用的底漆型号、规格及其性能列于表8-6中。

表8-6 我国汽车工业常用的底漆

涂料名称	特 性	适用范围
C06—1 铁红醇酸底漆	可喷涂或刷涂，自然干燥或105℃下烘干30 min；漆膜附着力、强度、耐硝基性和耐久性均好；不宜在潮湿气候下使用	车身构件与底盘

续表

涂料名称	特　性	适用范围
C06—17 铁红醇酸底漆	性能与 C06—1 相似，但比 C06—1 的耐水性略好，自干速度也较快	汽车
F06—1 铁红酚醛底漆	喷涂和刷涂均可，比 C06—1 的耐水性好，自干速度也快，但附着力和耐候性较差；价格低廉	汽车
F06—9 铁红锌黄纯酚醛底漆	比 F06—1 的耐水性、防锈性、耐候性要好；最好涂于磷化底漆之上，可与醇酸、氨基、纯酚醛面漆配套	汽车
F11—54 铁红酚醛电泳烘漆	采用电泳方法施工，经烘干后，漆膜与 F06—9 相当，但附着力较强	汽车
H06—2 铁红锌黄环氧酯底漆	能自干，经烘干后，漆膜的附着力更好；力学性能及耐水、防潮性能优良；与磷化底漆配套使用，可提高漆膜的防潮、防盐雾和防霉能力；可与环氧、硝基、氨基、丙烯酸磁漆配套使用	汽车车身与底盘
H11—95 铁红环氧烘干电泳漆	采用电泳方法施工；涂后需要烘干，漆膜性能与 H06—2 相当	汽车车身与底盘
L06—39 沥青烘干底漆	在 200 ℃下烘干 30 min；漆膜附着力较好且有良好的防潮、耐水、耐油脂性能；流平性好，适合浸涂	冲压件和挡泥板
Q06—4 各色硝基底漆	干燥快且漆膜坚硬、易打磨；具有耐机油和油脂的能力；但附着力、耐候性差，且固体含量较低	铸造类车身构件
G06—4 锌黄铁红过氯乙烯漆	干燥快，如在 60 ~ 65 ℃下烘干 2 h，可增加附着力和改善其他性能；耐化学侵蚀、耐湿热、防霉并且能与过氯乙烯磁漆配套	铸造类车身构件

对底漆有如下要求：

（1）在工件表面附着牢固，即在工件表面有良好的附着力。

（2）适当的弹性，既能随着工件材料的膨胀和收缩而不致脆裂脱落，也不会因为面漆的固化或老化时的收缩作用而折裂卷皮，能满足面漆耐久性的要求。

（3）有一定的填充性能，即能够填充工件表面的细孔、细缝、洞眼等，是上层涂料的坚实基础。

（4）底漆涂层应成为没有光泽的细致毛糙表面，以改变底面光滑不易附着的状况，使上层涂料易于附着。

（5）要能防止金属的锈蚀，具有防锈作用。

（6）要能抵抗上层涂料中溶剂的溶蚀。

（7）要便于施工，底漆在施工中应易于流平而不易流挂，干燥迅速，干后坚硬而略松，易于打磨，打磨时不沾砂皮。施工后不致使面漆油料渗透下去，避免造成表面涂层的失光、斑点等。

(8) 与高温干燥的涂料配套使用时，底漆需具有耐热性能，烘后应不失去其弹性。

(9) 底漆应具有长期储存不变稠、不沉底结块的性能，并可随时稀释使用。

8.3.2 腻子

腻子是由大量的填充料和以各种涂料为黏结剂所组成的一种黏稠的浆状涂料。其用途是填嵌工件表面的凹陷、气孔、裂纹、擦伤等缺陷，以获得均匀平整的表面。虽然腻子可改变整个涂层的外观，但往往会在一定程度上降低涂层的机械强度和防护能力，所以尽量不用腻子或少用腻子。

腻子的主要组分是填充料，占腻子总质量的70%～80%。为使腻子在施工中易标识，在腻子中加入极少量的氧化铁红、炭黑、铬黄等颜料，使其呈浅灰色或棕红色。填充料是腻子的筋骨，对腻子的性质起很大的作用。

常用的填充料有：

(1) 滑石粉：颗粒细且滑润，能增强腻子的弹性、抗裂性以及附着力，且易于刮涂，不起卷。但由于其吸油量较高，故其用量不宜太多，以免消耗过多的黏结剂而增加成本，避免腻子干燥不彻底而出现干后发软的现象，以及涂上面漆后造成气泡等弊病。

(2) 重质碳酸钙：又名粗石粉，为 $1\sim5~\mu m$ 粒径的碳酸钙粉。其优点是吸油量小，价格低廉，缺点是不易浸润且易沉淀。

(3) 轻质碳酸钙：粒径为 $0.5\sim2~\mu m$ 的碳酸钙粉。优点是颗粒较细，使腻子在涂刮后匀整细密，减少针孔等；缺点是吸油量大，用量过大时，会降低腻子的弹性，腻子易结块。

(4) 沉淀硫酸钡：粒径为 $0.5\sim2~\mu m$，在腻子中的作用与轻质碳酸钙相似，吸油量小，与涂料混合后，黏性较小，故较易刮涂，往往与轻质碳酸钙配合使用，可增加腻子的硬度。

(5) 石膏粉：用于腻子中能使腻子涂刮较厚，使用时必须同时加入水，使之转化成生石膏，一般用于自调腻子中，或在填补较显著的凹陷时，临时调入油性腻子中。

(6) 黄丹或红丹：在腻子中加入少量，能使腻子干后增加固结度、硬度和抗水性。但若用量过多，会使腻子过早失去弹性。

一般情况下，油性腻子均采用中油度油基清漆为黏结剂，油与树脂的质量比为（1∶1）～（3∶1）。油的含量过多时，会使配制成的腻子干燥缓慢，干后发软，不易打磨。油的含量过少时，腻子的黏结性能降低且易于吸水。油基清漆中的油类应具有易干燥、抗水性好和浸润能力大，避免颜料沉淀的性能，因此，一般采用桐油和聚合亚麻籽油作油料。油基清漆中的树脂，可采用钙脂松香、酚醛树脂及醇酸树脂等。

汽车常用成品腻子的组成和性能如下：

(1) Q07—5 各色硝基腻子。用硝化棉、醇酸树脂、顺酐树脂、大量体质颜料和稀料制成。其特点是干燥快、易打磨。但因其固体含量相对较低，所以干后收缩较大。作工件表面的局部修补填嵌之用。

(2) C07—5 各色醇酸腻子。用醇酸树脂、干性油、颜料及大量体质颜料、适量的催干剂、有机溶剂等制成。其特点是腻子层坚硬，耐候性较好，附着力较强而不易脱落、龟裂，施工中易于刮涂。但每次涂刮厚度不宜超过 0.5 mm。可自干，也可烘干。适用于填嵌涂覆过铁红醇酸底漆的金属或木材表面。

(3) F07—1 各色酚醛腻子。用中油度酚醛涂料、颜料和体质颜料、适量催干剂和200

号溶剂汽油等制成。其特点是易干,刮涂性和打磨性好。适用于填平钢铁、木质表面凹坑、针孔、裂缝等。

(4) A07—1 氨基烘干腻子。用氨基树脂、醇酸树脂、颜料及体质颜料、适量催干剂、二甲苯等溶剂配制而成。其特点是附着力较好,易于打磨且不黏砂纸,需烘干。适用于填平涂有底漆的金属表面。

(5) G07—3 各色过氯乙烯腻子。用过氯乙烯树脂、醇酸树脂、增韧剂、颜料、体质颜料及少量溶剂等制成。其特点是附着力较好,干燥快,耐水耐油性较好。但不宜多次重复涂刮。适用于填平已涂有醇酸底漆或过氯乙烯底漆的钢铁及木质表面。

(6) H07—4 各色环氧酯烘干腻子。用环氧酯、颜料、体质颜料、少量催干剂及二甲苯等制成。腻子层牢固坚硬,耐潮性好,易于涂刮,对金属底漆的附着力好,打磨后表面光洁,但干后坚硬,不易打磨,需烘干。适用于填嵌涂有底漆的金属表面不平处。

(7) H07—6 各色环氧酯腻子。与 H07—4 的组成、性能和用途基本相同,不需要烘干,可自干。

8.3.3 中间涂料

中间涂料又名二道浆,也称之为底漆二道浆。它是处于底漆或腻子之上、面漆之下,用来提高其总涂层厚度,协助底漆和腻子填平细微凹陷之类欠缺,以提高面漆的鲜艳性及光泽等方面作用的一类涂层。早期汽车涂装工艺一般是二道涂层,即一道底漆,一道面漆,就是所谓的二涂二烘。稍后则发展为三道工艺,即一道底漆,一道中间涂层,一道面漆。顾名思义,二道浆即来源于此。现代又发展成了四道甚至更多的涂装工艺。有时为了提高涂层的抗石击性能,还要在中间涂层之上加涂一道抗石击的中间涂层。目前我国汽车业,特别是档次比较高级的汽车,如奥迪等,在其涂装系统中毫无例外地均采用了中间涂层。

目前,汽车上使用的中间涂料主要有:

(1) Q—06—5 灰硝基二道底漆。干燥速度快,填平性好,专用于填平腻子孔隙及砂纸打磨痕迹。

(2) H06—16 各色环氧二道底漆。附着力好,机械强度好,易打磨。

8.3.4 面漆

汽车面漆是汽车车身涂装中最后一层涂料。常用的主要有醇酸面漆、氨基醇酸面漆、硝基面漆、聚氨酯面漆、丙烯酸面漆、过氯乙烯面漆和聚酯面漆七大类。

我国用于汽车修补的涂料截至目前尚以硝基、醇酸为主,而在国外作为汽车修补主导产品的是丙烯酸聚氨酯树脂涂料、聚酯聚氨酯树脂涂料等。

目前常用的国产汽车面漆规格型号见表 8-7,进口汽车面漆见表 8-8。

表 8-7 国产汽车面漆涂料

涂料名称	特点	适用范围
Q04—2 硝基外用磁漆	干燥快,易打蜡抛光,易施工或修补;涂膜色泽鲜艳,但户外耐久性较差,需采用上光蜡维护	汽车车身与底盘

续表

涂料名称	特点	适用范围
Q04—34 和 Q04—31 硝基磁漆	改进了 Q04—2 的耐候性和保色保光性	高级轿车车身
C04—9 过氯乙烯外用磁漆	干燥快，漆膜可抛光打蜡；耐候性、耐腐蚀性、防湿性、防盐雾和防霉性等均比 Q04—2 好；耐寒性亦好；对底漆要求无水、无油污，否则易引起面漆整个脱皮；抛光后的外观、光泽及耐汽油性差	寒带运行条件下的车身和底盘
C04—9 氨基烘漆	漆膜丰满光亮、坚硬耐磨；附着力、耐水、耐皂液、耐油和耐候性优良；耐温变性也好；但漆膜不能抛光；与 F06—1 和 H06—2 配套使用，则耐湿热性更好	客车与中级轿车车身
B05—4 丙烯酸烘漆	属热固性漆，漆膜丰满，光泽、硬度良好，保光保色性极好，"三防"性能好	轿车车身
B04 热固性丙烯酸磁漆	耐候性好，漆膜丰满，能抛光，硬度显著地优于一般的面漆	高级轿车车身

表 8-8 进口汽车面漆涂料

名称及型号	性能
日本关西清漆（1000、1026、1056）	属硝基型，常用于罩光，有较好的耐候性和光泽度
英国 ICI 清漆	属硝基型，只能用于单独罩光
荷兰"式肯士"清漆	属改性丙烯酸漆，用于面漆罩光，需喷 2~3 道
日本关西磁漆（ACRICI 1000）	属丙烯酸硝基漆，性能与硝基漆相似，遮盖力、光泽、耐候性较好
英国 ICI 磁漆（P030、P031）	属丙烯酸硝基漆，光泽好，流平性好，干燥稍慢一些
硝基银底色漆（纯底色漆）	只起到着色遮盖底层，金属粒子闪光，与清漆配合形成完整涂层
美国杜邦 150S 多效用表面平整底漆	附着力强，防腐蚀，涂层平滑，干燥快，可作为二道底漆，打磨性好，但不能与硝基漆混合
英国 ICIP086—1 底漆	涂层平滑，快干，坚硬耐用，易打磨，可作二道底漆
日本关西底漆	与杜邦 150S 相似，但平滑度比 150S 差
荷兰"式肯士"680 底漆	干燥迅速，易打磨，有好的附着力和防浸蚀性能
美国杜邦 1020R 底漆	属于双组分底漆，对钢铁、铝等金属有好的附着力、防蚀性、防锈性、密封性和隔离性好，可在旧涂层上施工，不会引起脱层等问题

8.4 涂漆后处理的常用材料

抛光打蜡是在车身面漆彻底干燥后进行的修饰作业，包括磨光、抛光和打蜡三个步骤。未经磨光的漆膜表面均有不同程度的加工痕迹和尘染微粒，同时，原光也呈刺眼的"浮光"状态。经过磨光后，可消除上述现象，使漆膜呈无光的暗色，然后进行抛光，使漆膜表面重新取得"实光"，最后打蜡使漆膜更加光亮并保持持久。这样做的目的是取得类似镜面的光泽，以提高装饰效果，同时光亮的漆膜可以反射太阳光，以保护涂层。

汽车面漆用涂料不是都可以磨光和抛光的，能抛光的涂料有氨基漆、硝基漆、纤维素漆、聚酯漆和过氯乙烯漆，不能抛光的涂料有油脂漆、天然树脂漆、醇酸漆等。

8.4.1 抛光材料

在喷完面漆后，为了消除漆膜表面缺陷，如颗粒、橘皮等，要用抛光材料进行局部抛光修饰。常用的抛光材料有：

（1）抛光浆。分为粗、细两种。
（2）抛光水。用于擦净被抛光表面。
（3）抛光蜡去污增光剂。用于保护漆面，其维护漆面的性能优于抛光蜡，能增光，提高鲜艳性。

以上三种材料适用于丙烯酸树脂漆、硝基面漆、丙烯酯或聚酯改性的氨基面漆，不适用于漆膜硬度较低的油性漆及醇酸漆。

8.4.2 保护材料

在涂装修补之后，一般在汽车的焊缝及内腔涂不到漆的部位都要喷一层防锈蜡。轿车要求喷蜡防锈的部位有：

（1）前翼子板支撑板、后轮罩内壁、后翼子板内壁、板材焊缝、螺钉装配孔等。
（2）前、后纵梁空腔，底板空腔，车门下部空腔等。
（3）后厢盖内筋板空腔。

8.5 汽车涂装的辅助材料

汽车涂装常用的辅助材料有稀释剂、防潮剂、催干剂、固化剂和脱漆剂等。

8.5.1 稀释剂

在涂料施工中，稀释剂用来溶解及稀释涂料，调整涂料的黏度，使之符合施工要求，以达到涂层表面平整光滑的目的。稀释剂对涂膜性能有一定影响。稀释剂如果用错，会使涂料混浊析出，导致报废。稀释剂用量不当也会影响涂膜质量：用量过多，造成色漆遮盖力差、光泽差；用量过少，使涂料过稠，喷涂时涂膜流平性差，呈橘皮状，甚至起皱、流挂。

稀释剂最好直接使用造漆厂配制的稀释剂，并按产品使用说明操作。

常用的稀释剂品种见表 8-9。

表 8-9　常用稀释剂的名称与用途

型号名称	曾用名称	成分	用途
X—1 硝基漆稀释剂	喷漆稀料 甲级香蕉水 甲级信那水 甲级天那水	醋酸丁酯　30 醋酸乙酯　21 丁醇　8 甲苯乙苯　41	稀释能力高于 X—2，用于硝基清漆、硝基磁漆、硝基底漆，也可用于稀释各种热塑性丙烯酸漆
X—2 硝基漆稀释剂	乙级香蕉水 乙级天那水 乙级信那水	醋酸丁酯　18 醋酸乙酯　9 丙酮　3 乙醇　10 甲苯　50 丁醇　10	一般用途的硝基漆料，也可用于洗涤喷漆工具
X—3 过氯乙烯漆	甲级过氯乙烯稀释剂	醋酸丁酯　12 丙酮　26 甲苯　62	稀释各种过氯乙烯底漆、磁漆、清漆腻子等
X—4 氨基漆稀释剂	氨基稀料	丁醇　30 二甲苯　70	用于氨基漆、氨基锤纹漆、短油度醇酸漆、环氧酯类漆等
X—5 丙烯酸漆稀释剂	648 丙烯酸稀释剂	酯类、酮类、芳香烃类等混合而成	用来稀释各种丙烯涂料，也可作硝基漆稀料
X—6 醇酸漆稀释剂	醇酸漆稀料 磁漆稀料	松节油　50 二甲苯　50	用于稀释中、长油度的醇酸磁漆、底漆、清漆，也可用于酯胶漆和酚醛漆
X—7 环氧漆稀释剂	环氧稀料	由二甲苯、丁醇、酮类、醚类混合而成	稀释用环氧树脂制成的清漆、磁漆、底漆、防腐漆、腻子等
X—8 沥青酯稀释剂	—	苯　80 煤油　20	供稀释沥青漆用，不能用于常温干燥的沥青漆
X—10 聚氨酯稀释剂	聚氯甲酸酯稀释剂	无水二甲苯　70 无水环乙酮　20 无水醋酸丁酯　10	用于稀释聚氨酯涂料
X—15 硝基漆稀释剂	铅笔漆稀料	苯、丙酮、醋酸乙酯及丁酯混合而成	专供 Q20—30、Q20—80 硝基漆用，也可稀释其他铅笔漆
X—20 硝基漆稀释剂	特级香蕉水基丙烯酸稀料	醋酸丁酯、乙酯、丁酯、酮类混合而成	用于要求高的硝基漆、热塑性丙烯酸漆及环氧酚醛、罐头色装漆

8.5.2　防潮剂

防潮剂又名防白剂，是由高沸点和挥发速度较慢的酯类、醇类、酮类等有机溶剂混合而成的液体。在潮湿的条件下（相对湿度70%以上），空气中的水蒸气含量高，这时喷涂硝基漆或挥发性涂料时，空气中的水蒸气就会凝聚在漆膜表面。因水与溶剂不相溶，使漆膜变成白色雾状，明显无光，这种现象叫作泛白。加入适量的防潮剂，提高溶剂沸点，使挥发速度降低，可防止泛白现象。

8.5.3 催干剂

催干剂又称干料，是一种加速漆干燥的液体或固体材料，其作用是促进涂料干燥成膜。主要用于油性涂料和醇酸树脂涂料。

如亚麻油，不加催干剂需4~5天才可干结成膜，而且干后涂膜性能不好；加入适量催干剂后，可缩短到12 h之内即可干结成膜，涂膜光滑不黏手。

常用催干剂的种类与品种如下：

钴催干剂（环烷酸钴）；锰催干剂（环烷酸锰、植物油酸锰）；铅催干剂（环烷酸铅）；锌催干剂（环烷酸锌）；钙催干剂（环烷酸钙）；铁催干剂（环烷酸铁）。

大多数油基涂料中已加入催干剂，使用时一般不需要再加。使用催干剂时，一定要控制好用量，更要注意主催干剂不能用得太多，否则，会使涂膜出现皱纹、表干里不干等不良后果，甚至影响涂膜的耐久性，加速涂膜老化，引起涂膜变脆、变黄以及早期龟裂等。

8.5.4 固化剂

固化剂是具有催化作用的化合物。通常采用的有胺类、有机酸酐、脂肪酸类及有机过氧化物等。它们能与合成树脂发生化学反应而使其干结成涂膜。

固化剂主要用于不能自干或烘烤干结成膜的涂料中，如环氧漆、聚氨酯漆、聚酯漆、氨基漆等。常用固化剂名称、性能与用途见表8-10。

表8-10 常用固化剂名称、性能与用途

名称	主要性能	用途
H—1 环氧漆固化剂	固化快、用量小，但毒性和腐蚀性较H—2大，相对湿度大时不宜使用	胺固化环氧漆
H—2 环氧漆固化剂	毒性小，配比易掌握，相对湿度大时不宜使用	胺固化环氧漆
H—4 环氧漆固化剂	可室温下固化，黏结力强、柔韧性好、坚固耐磨，有一定绝缘性，耐化学气体腐蚀好，且湿度较大时可施工	胺固化及无溶剂环氧漆
H—3 聚氨酯漆固化剂	能与羟基以及水、酸、碱类基团反应	与S0—15、S04—7、S06—4配套使用
H—5 聚氨酯漆固化剂	固化剂中含有一定量的异氰酸	含羟基的聚酯、聚醚类漆
H—7 聚氨酯漆固化剂	能显著提升涂层的硬度和耐久性	聚氨酯漆
H—6 聚酯漆固化剂	室温下迅速固化。固化时能隔绝空气，避免涂层表面发黏	聚酯漆

固化剂用量应尽量准确，不能随意增减；如用量过大，涂膜干燥快并易产生脆性，造成施工困难，影响涂层质量。

室温固化的涂料，固化剂与涂料混合后，要充分搅拌，并在室温下静置几十分钟再使用，让固化剂有充分反应的时间。

8.5.5 脱漆剂

脱漆剂又叫去漆剂，主要是利用有机溶剂对漆层表面的溶解、溶胀作用，将旧涂层清除掉。脱漆剂一般分为两类：一类是由酮类、醇类、苯类和酯类加石蜡混合制成的，有很好的溶胀漆膜性能，主要清除油脂、酚醛、硝基等旧漆层；另一类脱漆剂是由二氯甲烷、纤维素醚、石蜡等配合而成，毒性较小，脱溶速度快，主要用于环氧漆、聚氨酯漆等。

思 考 题

1. 涂料由哪些材料组成？各种涂料材料各有什么作用？
2. 涂料有哪些作用？
3. 涂料是如何进行分类的？
4. 简述涂料的命名规则。
5. 各种涂料的物理化学性能有何不同？
6. 反映涂层质量的技术指标有哪些？
7. 涂漆前处理的常用材料有哪些？各有何作用？
8. 汽车涂装的常用材料有哪些？各有何作用？
9. 涂漆后处理的常用材料有哪些？各有何作用？
10. 汽车涂装的辅助材料有哪些？各有何作用？

第 9 章

汽车车身涂装的工具与设备

● **本章重点**

了解车身表面预处理、车身喷涂及汽车养护需要配备的工具及设备种类；熟悉各类设备的结构及工作原理；掌握各类设备的使用方法；熟悉各类设备的维护内容与要求。

9.1 车身表面预处理的工具与设备

喷漆的面层质量与喷漆前底板面的修整有密切的关系。底板面的修整包含了喷面漆之前各道工序。底板面越光洁，喷漆之后所形成的面层质量越好，因此，喷漆前对底板面的处理就成为获得良好面层的关键。

9.1.1 手工工具

1. 铲刀

铲刀（图 9-1）用于旧漆膜的剥离处或裂纹处的刮铲，以刀尖部插入剥离层间或缝隙处，可以一块一块地铲掉旧漆膜。但如果旧漆膜黏结较实，尤其是旧漆膜下层涂有腻子处，则很难除漆。

2. 其他手工工具

对于黏结较实的旧漆或凹槽、拐角等特殊部位，则可用铲刀配合使用其他手工工具（图 9-2）清除。粗锉刀及钢丝刷也常用于清除锈漆。

3. 砂纸、砂布、磨块

1）砂纸与砂布

砂纸是利用附着剂将磨粒黏结到一块柔性或半刚性的背衬上制成的。车身修理人员必须选择合适的砂纸并正确使用才能获得最佳的生产效果、材料利用效率和最好的表面涂层效果。

砂纸的形状有矩形和圆盘形两种，前者多用于手工打磨，后者则用于机械打磨。常用砂纸所采用的磨料有金刚砂和氧化铝颗粒，还有新开发的锆铝磨料。

砂纸的品种和型号较多。砂纸以磨料的粒度数码表示，数码越小，磨料越粗。磨料粒度不同，用途不同。

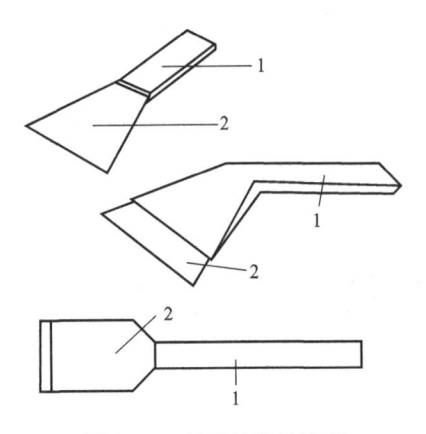

图 9-1　铲刀的常见类型
1—塑料柄；2—不锈钢刃

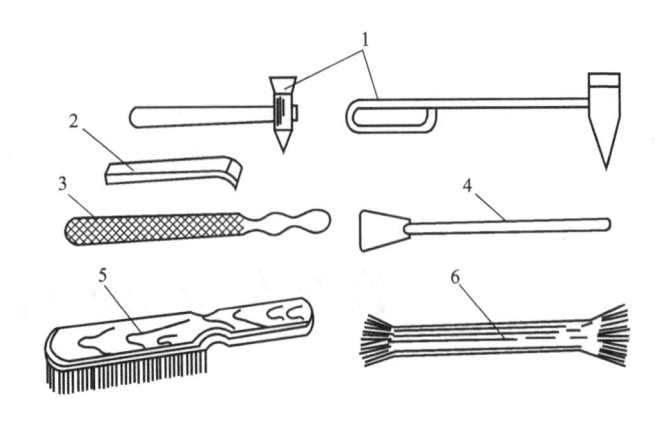

图 9-2　除旧漆常用工具
1—尖头锤；2—弯头刮刀；3—粗锉刀；4—刮铲；5—钢丝刷；6—钢丝束

砂纸有干砂纸和水砂纸之分。干砂纸不耐水，只能用于干法打磨，一般与打磨机配套的砂纸多为干砂纸。水砂纸由醇酸树脂、醇酸调和清漆等水砂纸专用漆料将一定粒度的磨料黏着在浸过桐油的纸上而成，是汽车修理行业最常用的砂纸，主要特点是耐水，打磨时通常要蘸水或溶剂进行湿打磨。由于水砂纸的磨料无尖锐的棱角，因此不会在平整金属表面留下明显的打磨痕迹。水砂纸也可作干磨使用。

砂布由骨胶等黏结剂将各种规格粒度的磨料黏着在粗布上而成。其主要特点是质地坚硬、耐磨、耐折、寿命长。

根据打磨的需要，将砂纸裁成适合打磨的大小。国内外一些汽车修理厂普遍采用以下几种方式：

（1）小面积打磨。将砂纸裁成原来的 1/3（图 9-3（a））。将这三张砂纸折成三叠，这样每一叠就有三张砂纸厚，打磨起来比较顺手。当打磨的砂纸面被磨平时，就更换新的一面继续打磨。

（2）大面积打磨。将砂纸裁成原来的 1/4（图 9-3（b）、图 9-3（c）），这是漆工普遍喜欢的尺寸，因为这种形状操作方便。

（3）标准打磨。一般情况下用 7 cm×23 cm 的砂纸固定在打磨块上进行打磨。

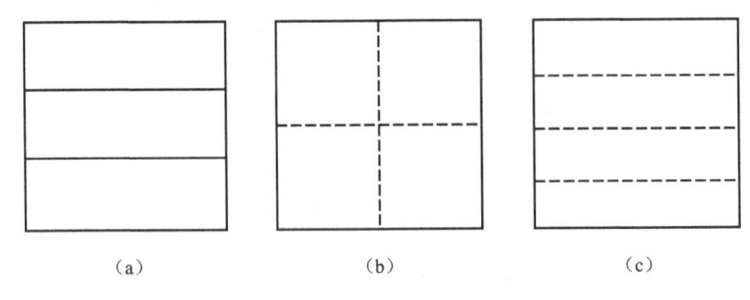

图 9-3　砂纸的剪裁

2）磨块

磨块也称为磨垫，一般用木材或橡胶制成，通常具有平坦的表面，或根据工件的形状制成特别的形状，如图9-4所示。木材和硬胶制的磨块配合适当的砂纸，用于打磨平度较高的位置，而胶制磨块则用于打磨圆拱位置及油漆表面。厂商供应的磨块一般一面为硬面，一面为软面，以满足不同的需要。

对于平整表面，应尽量采用磨块进行打磨。使用磨块时，应注意以下几点：

（1）将砂纸裁成适合磨块的尺寸。

（2）将砂纸平贴于磨块下面，两边多出的部分向上折叠，靠到磨块边缘，以便用手握住。

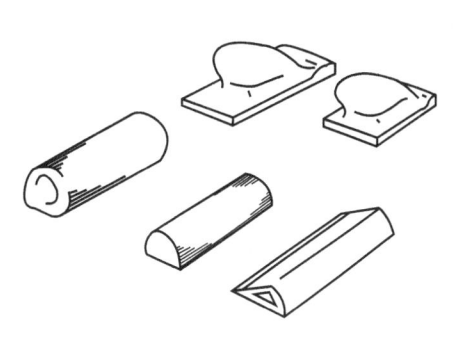

图9-4　常用的打磨块

（3）将磨块平放于打磨表面，前后及左右移动。

（4）打磨时，磨块须保持平移，用力要适当。

9.1.2　手工机械工具

打磨机是以动力驱动的工具，其上附有砂纸，用于除锈及打磨油漆表层、腻子或二道底漆。

1. 打磨机的分类

机械器打磨可以利用电力驱动，也可以利用压缩空气驱动。电动打磨机与气动打磨机外形分别如图9-5和图9-6所示。

图9-5　电动打磨机　　　　图9-6　气动打磨机

由于喷漆车间内有易燃物品，因此要尽量减少电动工具的使用，所以，在喷漆车间主要采用压缩空气驱动的气动打磨机。气动打磨机主要有单作用打磨机、轨道式打磨机、双作用打磨机和往复直线式打磨机四种类型。

1）单作用打磨机

打磨盘垫绕一个固定的点转动，砂纸只做单一圆周运动的打磨机称为单一运动圆盘打磨机或单作用打磨机，如图9-7所示。这种打磨机的扭矩大。低速打磨机主要用于刮去旧涂层及除锈；高速打磨机主要用于漆面的抛光，也就是抛光机。

2）轨道式打磨机

轨道式打磨机的砂垫外形都呈矩形，便于在工件表面上沿直线轨迹移动，整个砂垫以小圆圈振动。此类打磨机主要用于腻子的打磨，如图9-8所示。此类打磨机可以根据工件表面情况采用各种尺寸的砂垫，以提高工作效率，轨迹直径也可改变。

3）双作用打磨机（偏心振动式）

打磨盘垫本身以小圆圈振动，同时又绕其自己的中心转动，因而兼有单作用及轨道式打磨机的运动特点，如图9-9所示。其切削力比轨道式打磨机强。在确定打磨机用于表面平整或初步打磨时，要考虑轨道的直径，轨道直径大的打磨较粗糙，反之较细。

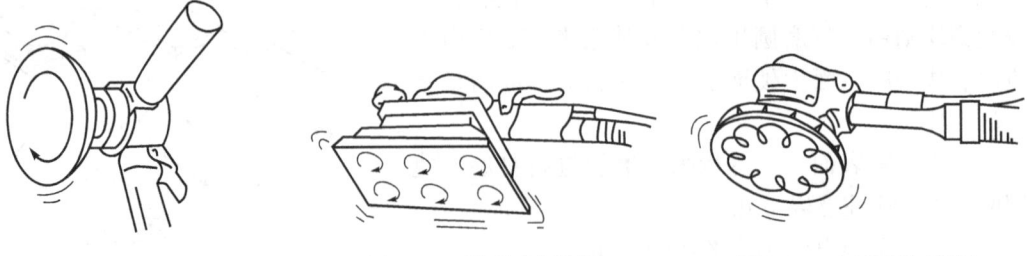

图9-7 单作用打磨机　　图9-8 轨道式打磨机　　图9-9 双作用打磨机

4）往复直线式打磨机

砂垫做往复直线运动的，称为往复直线式打磨机，往复直线式打磨机主要用于车身上的特征线和凸起部位的打磨。

2. 打磨机的选择

电动打磨机的主要优点是转速高，打磨力量大，使用方便。所谓使用方便，一是指只要有电源的地方就可以使用，不必设专门的电源；二是指使用方法简单，故障小；三是指可以通过更换打磨头，实现多用途。

选择电动式打磨机时，首先应根据操作者的体格和体力，选择大小适宜的打磨机，若打磨机太大，则操作者很快疲劳，不能持续作业，若太小，则打磨效率低。然后以选择转速稳定、输出力量大、振动小的为宜。

打磨头的形状有两种，如图9-10所示。其中有倒角的那种使用起来比较方便，对于板件的边角，均能进行很好的打磨。

打磨头尺寸的大小选择应视打磨面积来决定。如对车顶和发动机罩等大面积打磨时，可使用直径为18 cm的打磨头，以加快作业速度；小面积剥离时，可以使用直径为10～12 cm的打磨头，使用起来比较方便。

图9-10 两种形状打磨头的使用比较

注意：电动打磨机在剥离涂膜作业时，如果使用的是硬的打磨头，则要保持与涂膜表面相平行，否则会在金属表面留下划痕；如果是柔性打磨头，与涂膜表面的接触方式应采用如图9-11所示的方式。

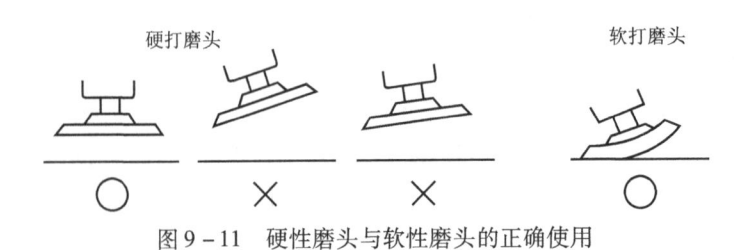

图9-11 硬性磨头与软性磨头的正确使用

3. 与打磨机配套的砂纸和砂纸磨盘

与打磨机配套的砂纸分为没有黏性的砂纸和自粘贴砂纸片。没有黏性的砂纸要用黏结剂粘贴在打磨机的砂纸磨盘上；对于自粘贴砂纸片，只要将二者中心对正压紧即可。打磨操作完成后，立即把砂纸从衬盘上取下来，以免黏结剂凝固后，砂纸与衬盘牢固地粘贴在一起。

最常用的砂纸磨盘有 5 in（12.7 cm）、6 in（15.7 cm）、8 in（20.3 cm）三种，用 80# ~ 180#砂纸干磨或用 320#砂纸湿磨。

4. 选择合适的砂纸粒度

剥离旧涂膜时所用砂纸粒度要视旧涂膜的状况选用，一般在 24# ~ 60#范围内。如果旧涂膜是膜厚较薄的烤漆，可采用粒度较细的 50# ~ 60#砂纸。如果采用 60#砂纸，剥离后的边缘部位将很整齐，不需要再进行修边处理，而且金属表面也不会留下砂轮划痕。当旧涂膜是丙烯酸硝基漆，涂膜较厚时，采用 24#砂轮片较为适宜。如果有腻子层和复合油灰（腻子的一种）层时，就需要用更粗的 16#砂纸。

砂纸粒度的选择对剥离接口表面质量及后续工序的影响如图 9 – 12 所示。由图可见，即使进行旧涂膜的剥离，也应考虑对下一道工序的影响。比如涂膜薄的烤漆，不会因打磨发热而软化，可以采用细粒度的 60#砂纸剥离旧涂膜，这可以省去边缘接口的修整工序；但对于既有腻子层又有复合油灰层，涂膜较厚的情况，若采用细粒度砂纸，打磨过程中，涂膜会因发热而软化，使打磨工作难以顺利进行，这种情况只能采用粒度较粗的砂纸。

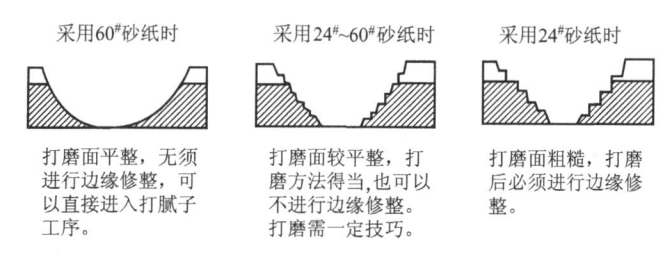

图 9 – 12 不同粒度砂纸对剥离接口表面质量及后续工序的影响

对于涂膜上的小伤痕，其打磨方法如图 9 – 13 所示，采用砂纸粒度以 80#为宜。要注意打磨面应比原划痕稍大，不能形成台阶状。若划痕较浅，打磨后不需要刮抹油灰时，打磨形成的边缘交面应更宽一些，以平缓过渡。

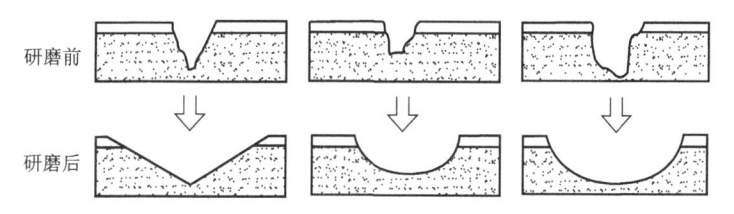

图 9 – 13 不同形式的小伤痕打磨形式

5. 手工机械打磨操作方法

（1）穿戴好安全劳保用品。

（2）戴好手套，然后轻轻地摸一遍待打磨表面，这有助于操作工人决定如何进行打磨。

（3）握紧打磨机，打开开关并将其以 5°~10°倾角移向待加工表面。

（4）使打磨机向右移动，打磨机叶轮左上方的 1/4 对准加工表面，如图 9-14 所示。

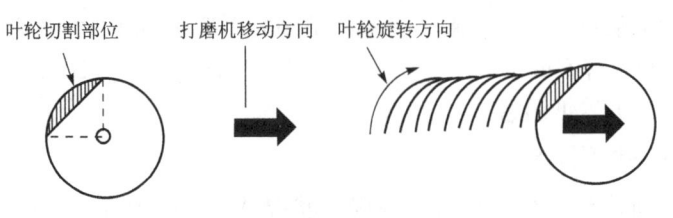

图 9-14　打磨机向右移动的操作

（5）当打磨机从右向左移动时，叶轮右上方的 1/4 对准加工表面，如图 9-15 所示。

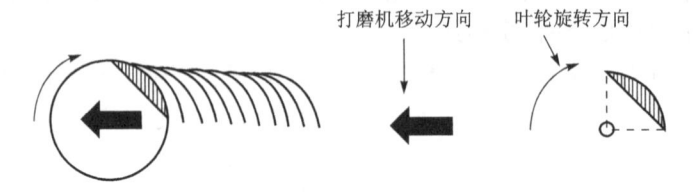

图 9-15　打磨机向左移动的操作

（6）打磨较为平整的表面时的移动方式如图 9-16 所示。

（7）对于较小的凹穴处，应采用如图 9-17 所示的方法。

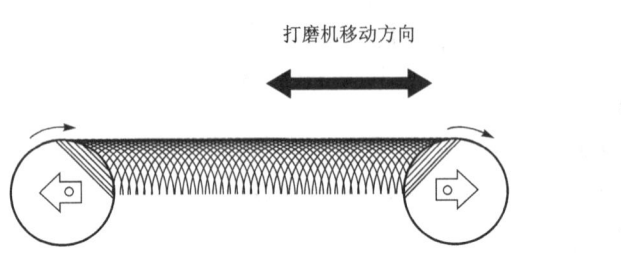

图 9-16　打磨较为平整的表面时的移动操作

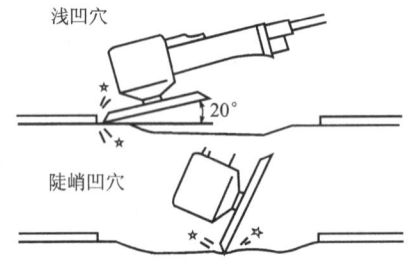

图 9-17　打磨小凹穴的操作

9.1.3　设备

除旧漆及除锈常用的设备为喷砂机。喷砂机是利用压缩空气、高压水流、机械离心力将磨料、砂子、金属弹丸喷射到旧漆面及锈蚀面上，借冲击和摩擦作用来清除旧漆及锈。由于砂粒和金属弹丸会损伤铝、塑料等基材，所以不能在上述基材的构件上使用。随着塑料砂球的出现，几乎所有类型的表面都可用喷砂工艺脱漆。图 9-18 为喷砂设备的示意图。

1. 喷砂打磨主要配备的装置

（1）砂子储罐。

（2）用来过滤砂子的筛子或过滤器。

（3）软管和空气管道配件。

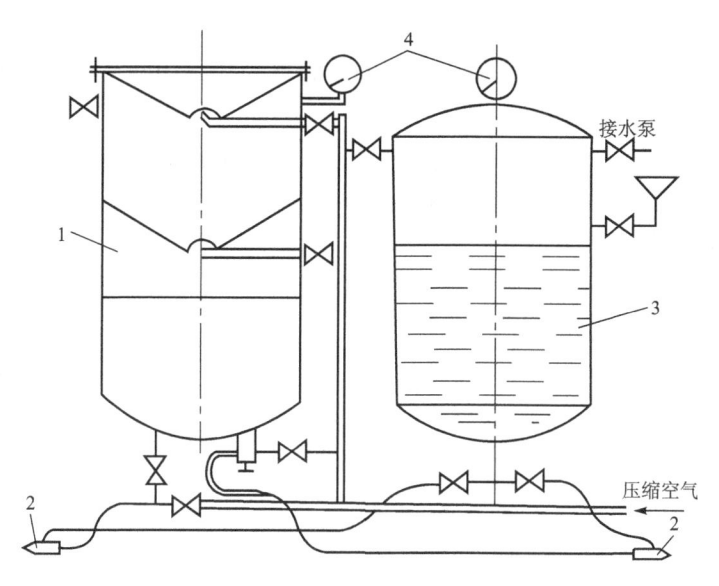

图 9-18 喷砂设备示意图
1—砂罐；2—喷头；3—水罐；4—气压表

（4）带空气控制扳机的喷砂喷枪。

2. 砂子的选择

一定粒度的二氧化硅（也叫石英砂）或河砂最适合汽车表面除旧漆及除锈操作。有些呈圆球体形状的砂子只适合砂光操作。磨料的物理性能、材质、形态、硬度、粒度、喷射速度及角度等，对表面处理后的粗糙度有很大影响，见表 9-1。

表 9-1 磨料粒度与处理后表面粗糙度的关系

粒径/mm	表面粗糙度/μm	粒径/mm	表面粗糙度/μm
0.5	20~30	1.5	80~90
0.8	30~40	1.8	90~100
1.0	50~60	2.0	100~120
1.2	60~70		

3. 喷砂操作原理

（1）扣紧扳机，压缩空气通过软管从喷砂喷枪中喷出。
（2）由于高速通过的空气的作用，在砂子供应软管里形成强大的虹吸力。
（3）在喷枪操作的过程中，由于大气压的重力的作用，砂子连续不断地落入罐中。
（4）由于虹吸作用，砂子通过软管进入喷枪。
（5）在喷枪中，压缩空气与砂子混合形成强大的湍流，湍流强度与压缩空气的压力成比例。
（6）处于湍流状态的砂子和空气一起喷向基材表面，形成极大的切削力。

4. 喷砂操作前注意事项

（1）保护好汽车敏感部位，如玻璃、塑料零件、镀铬件、汽车表面完好的涂层等，特别是与处理表面相邻的区域。

(2) 保护好操作工人。必须为操作工人配备合适的劳保用品。要求操作工人工作前必须穿戴好工作服、眼镜、手套及帽子等。

(3) 空气管道的直径为 0.8 cm。绝不能采用 0.25 cm 的管道。

(4) 在任何情况下,都不允许把喷枪对着现场的其他操作人员。

5. 喷砂的操作工艺

(1) 检查空气压缩机和储压罐,空气应该是干燥的。

(2) 采用压缩空气清洗砂子储罐。

(3) 用清洁干燥的空气吹入空气软管。

(4) 把清洁、干燥、筛过的砂子装入砂子储罐。

(5) 调节压缩空气压力。一般为 0.35~0.5 MPa。如果基材的厚度有限,为了防止将基材打穿,也可将压力降低。

(6) 在开始喷砂操作之前,仔细观察待喷砂打磨区。

(7) 检查设备是否安全可靠。

(8) 手持喷枪在一个直径为 1~3 cm 的范围内试喷一下,找到喷砂时的感觉。

(9) 根据当前配置的喷砂系统决定工作速度。

(10) 在喷砂打磨区来回多喷几次,喷砂距离为 0.5 m 左右,喷枪对基材的角度为45°~80°,一直喷到表面显露出金属原有的光泽。

(11) 根据需要对车身内外喷砂打磨区域进行清洗。

(12) 清理设备,将砂子放入密封的塑料口袋里,以保持清洁、干燥。

(13) 有关正常维护的基本程序可参阅产品说明书。

9.2 喷涂的工具与设备

典型喷枪空气喷涂的原理如图 9-19 所示。当扣动扳机时,压缩空气经接头进入喷枪,

(a)

(b)

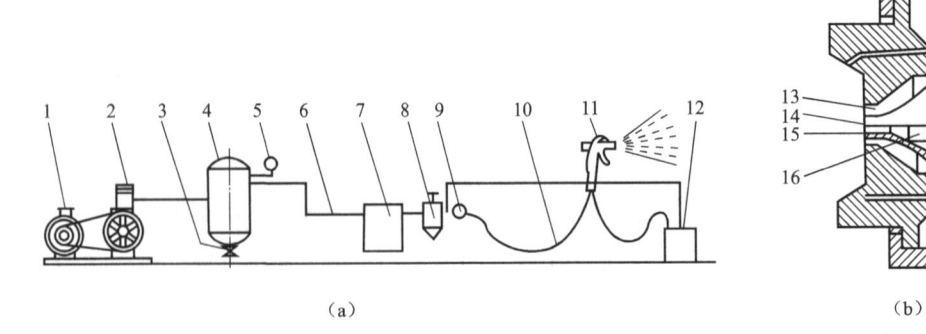

图 9-19 空气喷涂基本原理

(a) 空气喷涂系统;(b) 空气喷涂原理

1—电动机;2—空气压缩机;3—排污阀;4—储气罐;5,9—气压表;
6—输漆管路;7—空气滤清器;8—减压阀;10—软管;11—喷枪;
12—供漆装置;13—空气喷口;14—漆喷口;15—漆喷嘴;16—供漆针阀

从空气喷嘴急速喷出,在漆喷嘴的出口处形成低压区,漆壶盖上有小孔,使漆壶内与大气相通,漆壶气压始终等于大气压。这样,在压力差的作用下,使涂料从漆喷嘴喷出,并被压缩空气吹散而雾化,喷到工件上实现空气喷涂。空气喷涂是当前车身修补中应用较广的一种方法。

空气喷涂系统有喷枪、空气压缩机、油水分离器和压力调节组、输气软管等组成,此外,还需空气清洁器、分水滤气器、喷漆室等与之配套使用。

9.2.1 喷枪

1. 普通喷枪的种类

普通喷枪的种类和型号很多,如图9-20所示。最常用的分类方法是按涂料供给方式分为重力式、虹吸式和压力式喷枪三种。

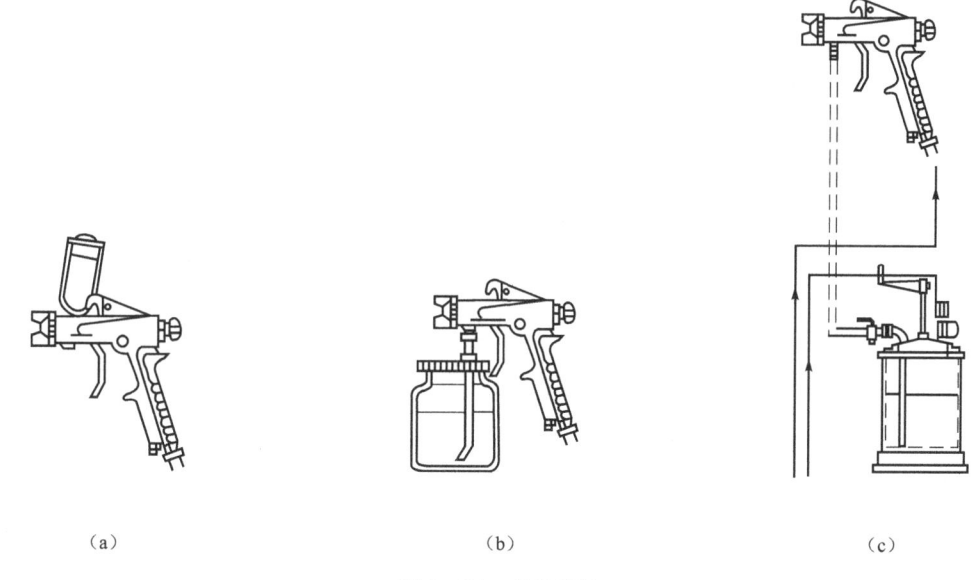

图9-20 各类喷枪
(a) 重力式喷枪;(b) 虹吸式喷枪;(c) 压力式喷枪

1) 重力式(上壶式)喷枪

涂料杯位于喷枪喷嘴的后上方,喷涂时,利用涂料自重及涂料喷嘴尖端产生的空气压力差使涂料形成漆雾。杯内涂料黏度的变化对喷出量影响小,杯的位置可由漆工任意调节,但是杯的容量较小(约0.5 L),仅适用于小物件涂装,且随着杯内涂料的减少,喷涂稳定性降低,同时不宜仰面喷涂,如图9-20(a)所示。

2) 虹吸式(下壶式)喷枪

涂料杯位于喷枪嘴的后下方,喷涂时利用气流作用,将涂料吸引上,并在喷嘴处由压力差而引起漆雾。喷涂时出漆量均匀稳定。大面积喷涂时,可换掉料杯,漆料皮管直接从容器中抽吸涂料连续工作,但当黏度变化时,易引起喷出量的变化,如图9-20(b)所示。

3) 压力式喷枪

涂料喷嘴与气帽正面平齐,不形成真空。漆料被压力压向喷枪,压力由一个独立的压力瓶(罐)提供。它适合连续喷涂,喷涂方位调整容易,涂料喷出量调整范围广。缺点是需要增添设备、清洗麻烦、稀释剂损耗大，不适合汽车修理厂修补漆时应用，如图9-20（c）所示。

2. 喷枪的组成及各部分的作用

虽然不同的喷枪有许多通用的零部件，但每种类型或型号的喷枪只适用于一定范围的作业。

典型的喷枪由枪体和喷枪嘴组成，如图9-21所示。枪体又由空气阀、漆流控制阀、雾形控制（即漆雾扇形角度调节）阀、控漆阀、压缩空气进气阀、扳机、手柄等组成，喷枪嘴由气帽、涂料喷嘴、顶针组成。

扳机为两段转换式，扣下喷枪扳机时，空气阀先开放，从空气孔以高速喷出的压缩空气在涂料喷嘴前面形成低压区，再用力扣下时，涂料喷嘴开口，吸引涂料。

气帽把压缩空气导入漆流，使漆流雾化，形成雾形。涂料喷嘴上有很多小孔，如图9-22所示，每个小孔的作用都不同。

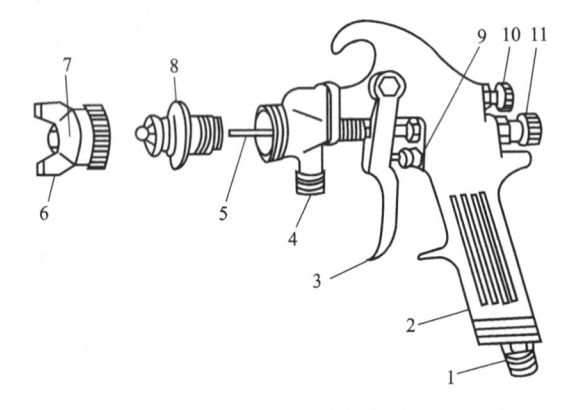

图9-21 典型喷枪构造
1—压缩空气进气阀；2—手柄；3—扳机；4—控漆阀；5—顶针；6—气帽角；
7—气帽；8—涂料喷嘴；9—空气阀；10—雾形控制阀；11—漆流控制阀

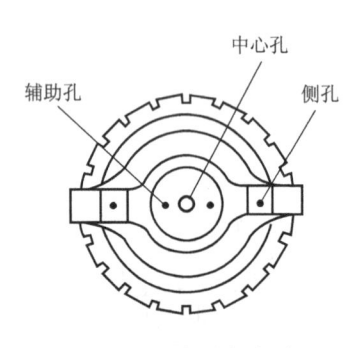

图9-22 气孔的名称

主空气孔的作用是形成真空，吸出漆液；侧面空气孔是2~4个，它借助空气压力控制雾束形状；辅助空气孔是4~10个，它促进漆液雾化。

顶针和涂料喷嘴的作用都是控制喷漆量，并把漆流从喷枪中导向气流。涂料喷嘴内有顶针内座，顶针顶到内座时，可切断漆流。从喷枪喷出的实际漆量由顶针顶到内座时涂料喷嘴开口的大小决定。控制阀可以改变扳动扳机时顶针离其内座的距离。

涂料喷嘴有各种型号，可以适应不同黏度的油漆。涂料喷嘴的口径越大，涂料喷出量越大，因此，防锈底漆等下层涂装用大口径的涂料喷嘴。

喷枪的性能取决于涂料喷出量与空气消耗量的关系，即涂料喷出量少而空气消耗量大时，涂粒较小，涂料喷出量多而空气量少时，涂粒较大、较粗，涂面的成效较差。通常，对于涂料喷出量，小型喷枪为10~200 mL/min，大型为120~600 mL/min；对于空气使用量，小型为40~290 L/min，大型为280~520 L/min。涂料喷出量大，则空气使用量越大。

3. 喷枪的使用

1）检查

（1）喷杯上的气孔无污垢堵塞。

(2) 喷杯上密封圈无渗漏等。

2) 调整

(1) 压力调整。严格按照油漆产品说明书所提供的施工参数调整喷枪的压力。对任何油漆系统而言，最适当的空气压力只有一个，就是能使涂料获得最好雾化的最低空气压力。由于有摩擦，空气从干燥器调压阀流到喷枪时，压力有损失，损失量取决于输气管的长度和直径。因此，最好在软管接头和喷枪之间接一个调压阀（阀上带有气压表），用来检查和调整喷枪压力。最佳的压力是指获得适当雾化、挥发率和喷雾扇形宽度所需的最低压力。如果压力太高，会因飞漆而浪费大量油漆，抵达构件表面前，溶剂挥发快，导致流动性差，容易产生橘皮等缺陷；如果压力太低，会因溶剂滞留增多而造成干燥性能差，漆膜容易起泡和流挂。不同涂料喷涂时所需的空气压力都有最佳值，具体使用可参阅油漆的使用说明书。

(2) 雾束大小、方向（图9-23）。把雾形控制阀全拧进去，可得到最小的圆形雾束，把旋钮全拧出来，得到的雾形最大。调整空气帽可改变雾束的方向。将空气帽的犄角调整成与地面平行，喷出的雾束呈平面且垂直于地面，叫作垂直雾束，这种方式用得最多；如果空气帽的犄角与地面垂直，喷出的雾束呈平面且平行于地面，叫作水平雾束，这种方式在施工中少见，但在大面积施工进行垂直扫枪时使用。

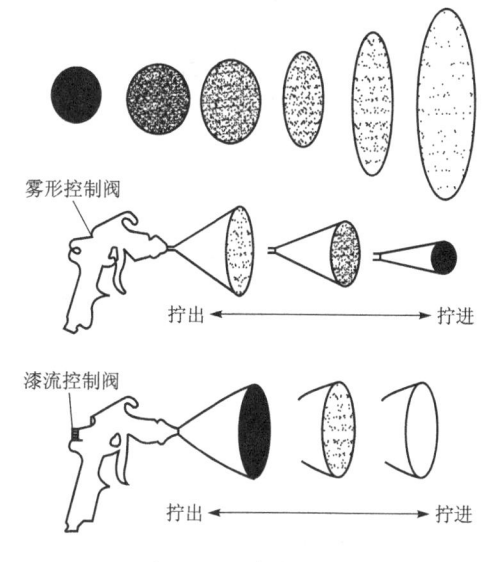

图9-23 喷枪的调整

(3) 漆流量。用漆流控制阀按选定雾形调整漆流量，将控制阀拧出时漆流量增大，控制阀拧进时漆流量减少。

4. 喷枪的日常维护

1) 喷枪的清洗

使用后，应立即清洗喷枪及其附件。不注意维护和清洗喷枪是喷枪发生故障的主要原因。

清洗吸力式喷枪时，首先应卸下涂料罐，将吸料管留在杯内。接着松开空气帽2~3圈，用一块叠好的抹布挡住空气帽，然后扣扳机，如图9-24所示。这能使喷枪内的涂料流回涂料罐内。

注意：使用的气压要低，当涂料罐还装在枪上时，不要进行上述操作，否则涂料会从罐内飞溅出来。

重新将空气帽拧紧，并把涂料罐中的涂料倒回原来的大罐中。用溶剂和稀毛刷清洗杯内和杯盖，用一块浸过溶剂的抹布擦掉残余物。然后向杯内倒入少许干净的清洁剂，扣动扳机，将清洁剂喷出，清洗输料管，如图9-25所示。

图9-24 利用压缩气使枪内的漆流回涂料罐

然后将空气帽卸下，泡在稀释剂或溶剂中，用像圆头牙刷或稻草扫帚那样的软刷子清洗堵塞的小孔，如图9-26所示。注意，绝不能用铁丝或铁钉类的东西清理这些小孔，因为这些小孔都是精加工钻出的，如果用金属类工具通孔，则易使孔径扩大。用喷枪刷和溶剂清洗喷嘴。用泡过稀释剂的抹布将枪体外部擦干净，注意擦掉所有涂料的痕迹。

图9-25 用稀释剂冲洗喷枪

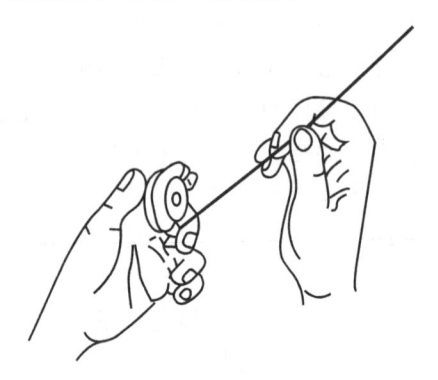

图9-26 通气帽的孔

新型超声波清洗机效果更好。只要在机器内注入清洗液，将零件放入容器中，打开开关即可，并可以人工设定清洗时间，如图9-27所示。

2）喷枪的润滑

最好每天工作完后进行润滑喷枪，用轻机油润滑图9-28所示的各部件。由于正常的磨损和老化，密封圈、弹簧、针阀和喷嘴必须定期更换。更换时，应按生产厂家的说明进行。由于机油过量就会流入涂料和机油通道，造成喷涂缺陷，因此润滑时必须非常小心，一旦机油和涂料混合，就会降低喷涂质量。

图9-27 超声波机清洗喷枪

图9-28 喷枪需要润滑的部位
1—扳机转轴；2—喷雾扇形控制钮；
3—涂料控制旋钮；4—空气阀

不要把整把喷枪长时间泡在洗液中，这样会使密封圈硬化，并破坏润滑效果。

为了获得最佳的修补效果，在不同涂层的情况下要使用不同的喷枪。建议每人配四把喷枪，一把用于底漆、中涂层喷涂；一把用于面漆、清漆层喷涂；一把用于银粉漆喷涂；还有一把小修补喷枪，用于斑点修补时使用。如果这些喷枪保持良好的清洗和工作顺序，就会节省大量的换枪时的调整和清洗时间。

5. 新型专用喷枪

1）带搅拌的虹吸式喷枪

金属闪光漆、珍珠漆在施工时黏度极易沉降，因此，想要保持喷涂面上各个部位的色相一致就变得非常困难。为了解决这一难题，国外开发了一种以带搅拌为特征的新型喷枪（图9-29），这种喷枪的主要特征是：

(1) 进入喷枪的压缩空气的一部分在喷枪的手柄部位分成两股：一股像传统喷枪一样，进入空气帽供雾化涂料用；另一股则进入喷杯，驱动喷杯内的搅拌器进行搅拌。这样，在配方中加入了云母、铝粉以及石墨等密度较大的颜料的涂料，在施工时黏度易于沉降的弊病在这类喷枪中就得到了克服。

(2) 喷杯中搅拌器的速度可以很方便地由操作工手工调整，刻度显示，操作方便。

(3) 喷枪上的压力表直接与枪体内的空气回路相通，很容易控制喷涂时压缩空气的压力。

图9-29 带搅拌的虹吸式喷枪

1—搅拌轴；2—搅拌叶片；3—搅拌进度控制阀；4—压力表；5—空气软管接头；
6—压缩空气控制阀；7—喷杯；8—喷杯盖；9—送漆管

2）含珠光颜料涂料的专用喷枪

这种喷枪的主要特征是：

(1) 高微粒化、薄膜型扇面，特别适合含珠光颜料涂料的施工。

(2) 由空气帽喷出的空气压力、由喷嘴喷出的涂料量以及漆雾的扇面大小均可预先设定。

(3) 在操作时，还可以方便地通过喷枪上的调节阀进行调整，各调节阀上均设有刻度盘。

(4) 喷嘴和控制阀均采用不锈钢制造，所以适用于几乎所有品种的涂料。

(5) 尽管喷枪设计为大供气量，但是由于枪体较轻，操作非常方便。

这种类型喷枪的最大缺点是：由于其供漆量较小，不适合大面积的涂装施工。比如大型汽车、集装箱车等的修补就不宜选用这种喷枪。

3) HVLP（High Volume Low Pressure）空气喷枪

HVLP 空气喷枪是一种大流量低压力的新型喷枪，这种喷枪的主要特征是：

(1) 上漆率高，节省涂料，污染少。HVLP 喷涂的上漆率是普通空气喷涂上漆率的 2~3 倍。普通空气喷枪喷涂上漆率为 30%，每升漆因飞漆而浪费 0.7 L 的漆，而 HVLP 的上漆率为 60%，每升漆只有不到 0.4 L 浪费掉，从而降低了涂料费用，减少了污染，改善了工作场所的环境，提高了产品的质量。

(2) 扇面均匀，在诸如高级轿车之类对装饰性要求较高的表面施工时，非常容易获得接近镜面的效果。

(3) 特别适合喷涂金属闪光漆，闪光效果明显、均匀、侧视效应良好。

(4) 压缩空气压力低，一般在喷嘴处测得的气压不超过 0.07 MPa。

(5) 采用旋转式空气帽，每一把枪都可以配置不同的空气帽、喷嘴、顶针，以适应不同场合的要求。由于 HVLP 系统的上漆率很高，通常可选用较小孔径的涂料喷嘴。

HVLP 喷枪可配用各种气源，可以为中心式的多支喷枪供气，也可为单支喷枪独立供气。向喷枪送涂料的方式也可各不相同，包括虹吸式涂料杯、重力式涂料杯、压力涂料罐、泵和其他通用供料系统。

4) 双组分涂料专用喷枪

丙烯酸聚氨酯涂料、聚酯-聚氨酯涂料是汽车修补漆中性能比较突出，所占市场份额又最大的品种。然而这一类双组分涂料为用户带来的最大不便就是其适用期有限，至多也不过 6~8 h。必须当天配漆当天用完，即使出现停电、机械故障等不可抗拒的因素也都如此，否则所配漆料就会凝胶，甚至固化。对于清洗残留在系统或枪体内已经凝胶甚至固化了的涂料，任何人谁都会感到棘手。为此，国外发展了专用于双组分涂料的喷枪，如日本旭化成公司开发的 AGW110、AGW200 型喷枪就特别适合使用期较短的双组分的产品。

这种类型的喷枪采用了甲、乙两个组分在喷枪枪体内混合的方式，无须在喷漆前将涂料预混合均匀。图 9-30 所示为国产的一种 TT—1 双组分自动式涂装设备。

9.2.2 喷涂供气系统

压缩空气供给系统用于提供充足的达到预定压力值的压缩空气，以确保喷涂车间所有的气动设备都能有效

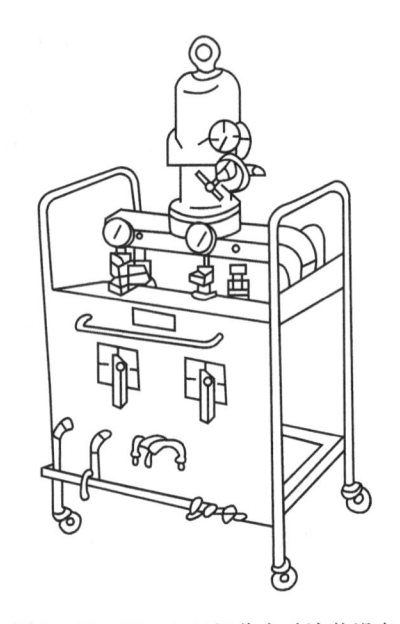

图 9-30 TT—1 双组分自动涂装设备

地工作，如图9-31所示。系统的规格从小型的便携式装置到大型的安装在车间内的设备，应有尽有。这些系统的基本配置和安装要求都有以下相同点：一台或一组空气压缩机（有时也称之为"气泵"）；动力源一般为电动机，室外工作时，可使用便携式汽油机驱动的压缩机；一只或一组用于调节压缩机和电动机工作的控制器；应使用规格合适的储气罐或容器，如果储气罐或容器过小，将导致压缩机频繁起动，从而使电动机负载过重，储气罐或容器过大则造成浪费；分配系统是指从空气容器到需要压缩空气的分配点的软管和固定管道，或者软管和固定管道的组合，包括规格合适的软管或者固定管道、接头阀、油水分离器、气压调节器、仪表和其他特定功能的气动工具，以及喷涂设备有效工作的空气与流体控制装置，是压缩空气系统连接的关键。

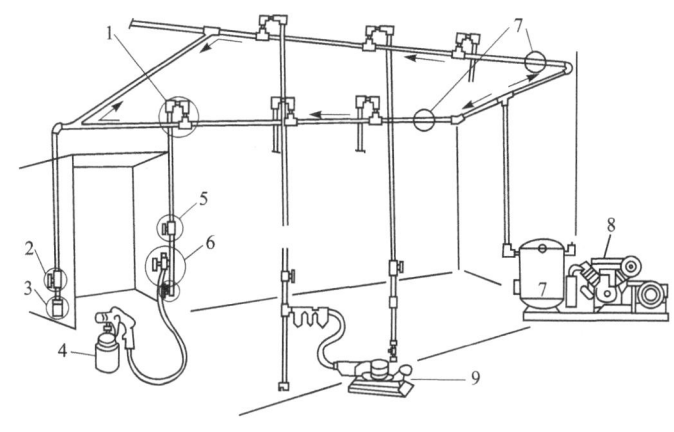

图9-31 压缩空气供给系统

1—二级管道（应从主管道的上方分出）；2，5—截止阀；3—自动排水阀；4—空气喷枪；6—气压调节器；
7—主供气管道；8—空气压缩机；9—轨道式打磨机

1. 空气压缩机

空气压缩机俗称气泵，分为固定式和移动式两种（图9-32）。固定式气泵功率较大，适合大规模范围使用，汽车维修中多使用移动式气泵，因其移动灵活，使用方便。

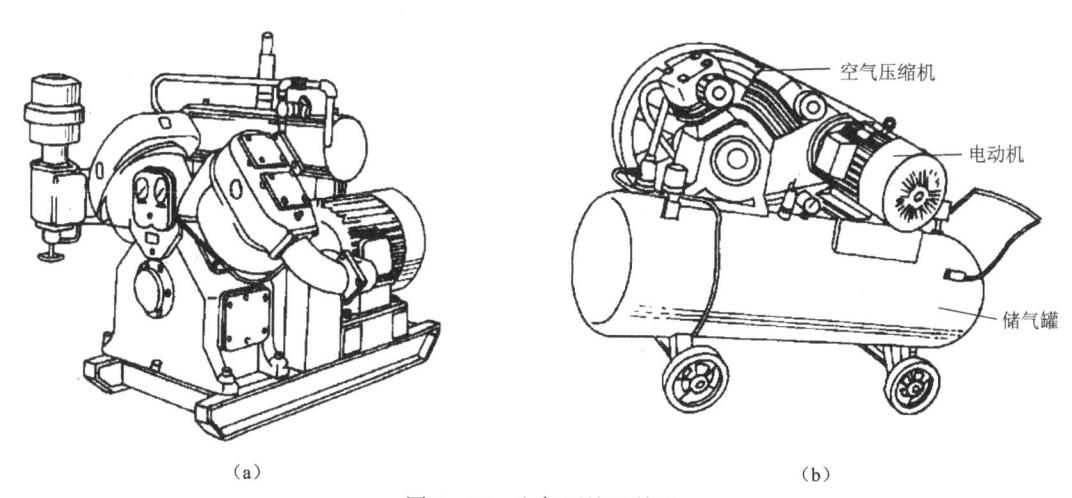

图9-32 空气压缩机外形
（a）固定式；（b）移动式

空气压缩机按工作方式，可分为一级空气压缩机和二级空气压缩机两种。一级空气压缩机和二级空气压缩机的工作原理如图 9-33 所示。

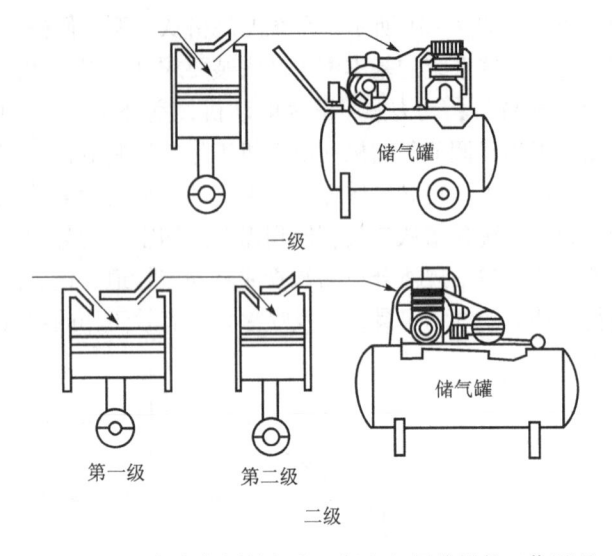

空气压缩机的工作原理如图 9-34 所示。空气压缩机以电动机带动压缩机工作，当空气压缩机曲轴回转时，带动活塞连杆组做上下往复运动；当活塞下行时，气缸内压力降低，进气阀打开，气体进入气缸，完成吸气过程；当活塞上行时，气缸内压力升高，进气阀关闭；当气缸压力增加到超过排气阀外气体压力时，排气阀开启，气体排出气缸外而进入储气罐以供使用。

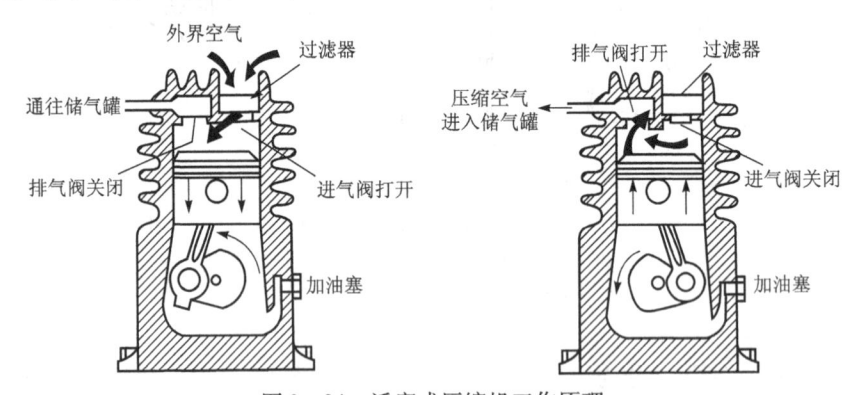

图 9-33 一级空气压缩机和二级空气压缩机的工作原理

图 9-34 活塞式压缩机工作原理

2. 储气罐

空气压缩机输出的压缩空气一般都要进入储气罐暂时储存。只有当储气罐气体的压力达到气动工具所需要的压力值时，气动工具才能正常工作。储气罐实质上是一个蓄能器，其容积越大，所能储存的压缩空气量越多。只有当气动工具使用时，压力下降到一定值，压缩机才会起动，重新向储气罐充气。可见储气罐的作用在于减少压缩机的运转时间，同时保证供给气动工具用气的需要，因此可以减少压缩机的磨损和维修工作。

储气罐通常为圆柱形，而压缩机电动机和气泵一般安装在其顶部。市场上可以购买到水平固定安装式和垂直固定安装式，以及垂直安装在轮子上的便携式。

3. 空气压缩机的控制系统

1）自动卸载器

自动卸载器又称安全阀，如图 9-35 所示。当储气罐内压力达到最大值时，自动卸载器开启，罐内压缩空气排向大气，使压缩机空转；当压力降低到一定值时，在弹簧力作用下，安全阀关闭，压缩机恢复正常工作状态。自动卸载器调节的最大压力和最小压力可以通过调节螺钉进行调整。新型空气压缩机多用电磁离合器控制储气压力,取消了自动卸载器。

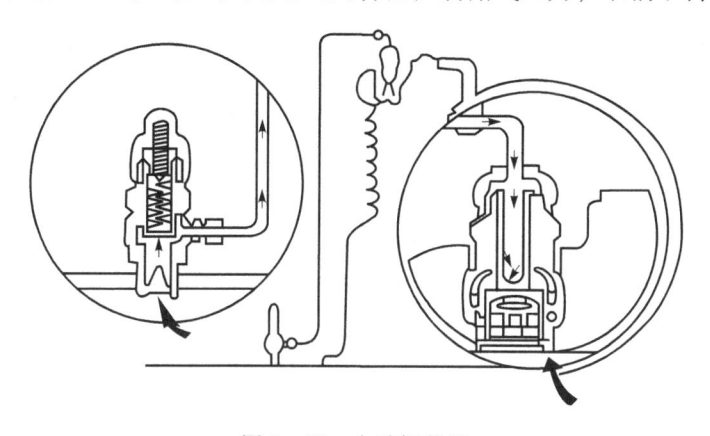

图 9-35 自动卸载器

2) 压力开关

压力开关是利用空气压力控制电源开闭的开关。一般情况下,压力达到所需的最大值时,电源断开,电动机停止运转,压缩机不工作;压力低于最小值时,电源接通,电动机重新起动,带动压缩机工作。

3) 电动机起动器

电动机直接起动时,瞬间过载电流很大,一般都要采用起动器起动,为电动机提供过载保护。电动机的型号及电流特性不同,起动器也不同。因此,必须选用与电动机相匹配的起动装置。

4) 过载保护器

在小型设备上,一般采用熔断器(俗称保险丝)进行电路过载保护;大型设备上,在起动装置上安装热继电器实施过载保护。按要求来说,所有的压缩机都应该使用过载保护装置。

4. 调压阀

调压阀的功能是调整空压机输送的空气压力并使其在规定的范围以内恒定。其构造与工作原理如图 9-36 所示,压力正常时,压缩空气经输入口、进气阀后输出;此时,由于有旁通孔而使平衡气室的压力与之相等。

当输入、输出压力增大时,平衡气室的压力也随之提高;在膜片的作用下平衡弹簧被压缩,进气阀座连同阀杆一起被底簧推至关闭位置,输出端的压力因此而降低。

同理,当输入端气压提高时,平衡气室的压力也会相应提高并使膜片上移,同时带动阀杆及进气阀上移、关闭。当超过一定压力时,溢流阀会起作用,以避免输出端压力过高并降低输出端气压的脉动幅度。

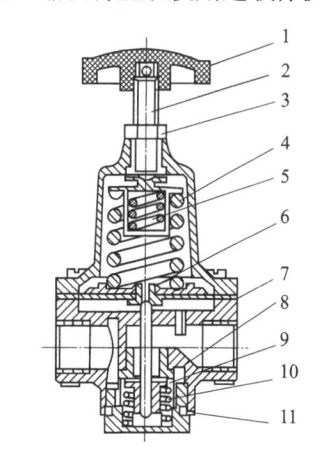

图 9-36 调压阀
1—调整手柄;2—调整杆;3—锁紧螺母;
4—工作弹簧;5—管道弹簧;6—溢流阀座;
7—膜片;8—下壳体;9—阀杆座;
10—弹簧;11—O 形圈

5. 空气清洁器

为了保证获得高品质的修补涂膜，在压缩空气系统中，还必须使用空气清洁器，又叫空气转换器、空气过滤器。

利用空气清洁器，除去压缩空气中的油污、水分等，以保证压缩空气的清洁和干燥。

1) 结构类型

常见的空气清洁器结构主要有以下两种类型。

(1) 圆柱形空气清洁器。如图 9-37 所示，在密封顶盖的圆柱形气筒内，放着薄薄的毛毡，在毛毡之间装有焦炭，气筒的底部有一个排放开关，以便排放分离出来的油和水。这种空气清洁器一般安装在排放量大的空气压缩机上。

(2) 叶片旋风式空气清洁器。这种空气清洁器有铜珠烧结的多微孔过滤杯，能将微小的油污和水滴过滤除去，确保纯洁的干燥空气通过橡胶管输送到喷枪以供喷涂使用。这种空气清洁器一般安装在 0.3 m^3 或 0.6 m^3 的小型空气压缩机上。其结构如图 9-38 所示。

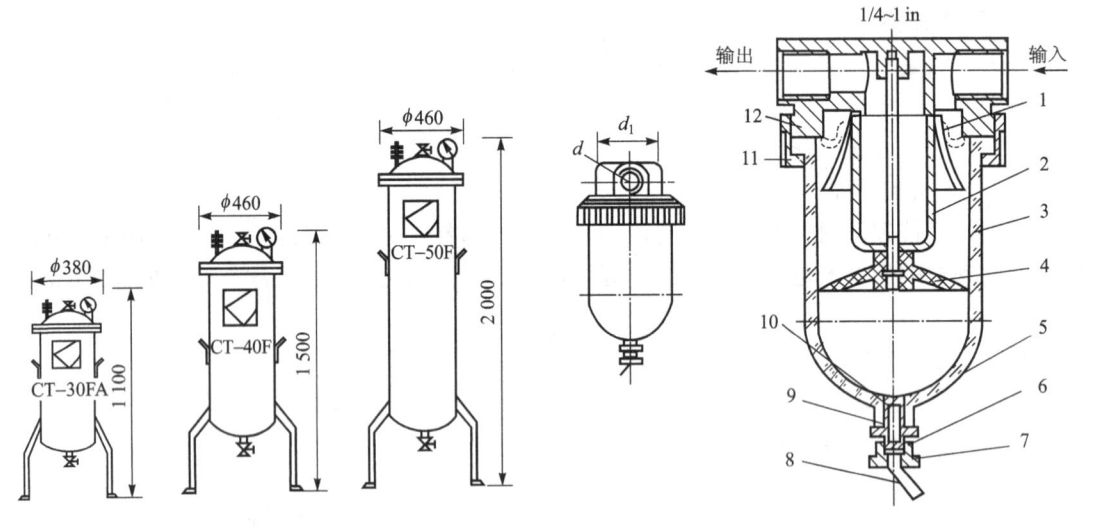

图 9-37 圆柱形空气清洁器

图 9-38 QSL 型空气清洁器
1—铝杯；2—多孔过滤杯；3—存水杯；4—挡水板；5—放水座；6—放水密封垫；7—放水接头；8—放水手柄；9—杯口密封垫；10—放水阀；11—外围螺母；12—O 形橡胶密封圈

2) 进口空气清洁器

目前常见的空气清洁器有雷曼高效干燥过滤器、二合一干燥过滤器和三合一干燥过滤器等。

主要特性：

(1) 可滤出水分 100%。

(2) 可滤出油污 99.99%。

(3) 可滤出大于或等于 5 μm 的灰尘 100%。

(4) 可滤出 1 μm 的灰尘 50%。

(5) 可间隙式或连续式操作。

（6）能自动排水。

3）空气清洁器的安装

空气清洁器安装在压缩空气系统中，在喷枪软管之前，如图9-39所示。

6. 温控净化装置

需要干燥的高压气系统布置如图9-40所示。其主要净化装置有后冷器、自动水分采集器及空气干燥器等。

后冷器主要用于降低压缩空气的温度。它既可以吸收气流的热量，又可以消除部分杂质，在气流进入储气罐前除去残余的油和水。喷漆中常见的"鱼眼"现象就是由于没有将空气中的油和水清除干净造成的。后冷器一般安装在压缩机的出口处。

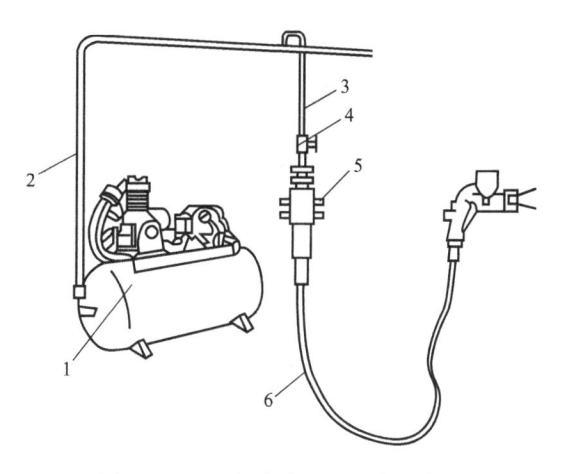

图9-39 空气清洁器的安装示意图
1—空气压缩机；2—压缩空气主管路；3—支管路；
4—控制阀；5—空气清洁器；6—软管

自动水分采集器安装在储气罐最低处，可以采集凝结水分。当采集水分达到预定的容积时，该装置可以自动排水。

后冷器可以分离掉大部分水汽，但剩下的一部分水汽还会造成不利的影响。安装空气干燥器可以解决这一遗留问题。常见的干燥有化学除湿剂式和冷凝式两种，它们安装在后冷器与储气罐之间。

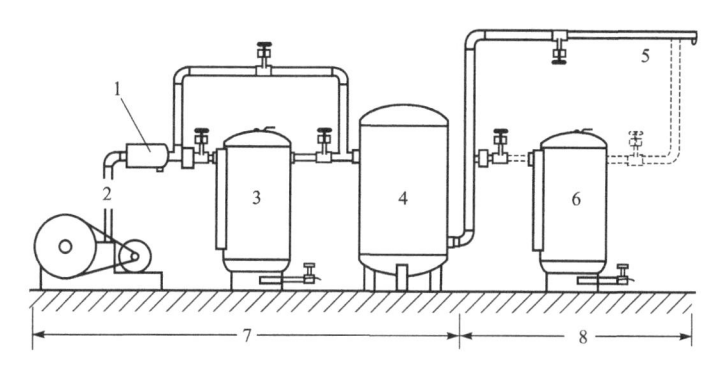

图9-40 需要干燥的高压气系统的布置
1—后冷器；2—压缩机；3—空气干燥器；4—储气罐；5—供气管；
6—空气干燥器；7—装有后冷器的正常布置；8—不装后冷器的替换方案

7. 软管

软管一般由主管、滑架和管套组成。用于喷漆系统的压缩空气软管主管为丁腈橡胶，由高强度补强黏胶纤维布做骨架，能够耐各种润滑油、燃料油的污染，软管的直径对大型喷枪而言为8 mm，修补施工中最通用的长度为7.5~15 mm。输送液体涂料的软管主管为尼龙，由高强度补强黏胶纤维布做骨架，能够耐多种涂料用溶剂，如丙烯酸漆、氨基醇酸漆以及水溶性涂料和各类油漆稀释剂等。输送液体涂料软管主要用于压送式喷漆系统，其内径一般为8~10 mm，在大型喷漆车间，其长度一般为7.5~15 m。

9.2.3 喷漆室

在喷漆过程中,大部分漆雾漂浮到空气中,污染了大气,对人体产生危害,并且当喷雾浓度达到一定值时,还会造成火灾或爆炸。当我们对尺寸小件、单件工件进行喷漆时,可以在通风的地方进行施工;当工件量多或尺寸大时,则应在喷漆室中进行施工。喷漆室的作用就是将被污染的空气限制在一定区域内,对漆雾进行处理,使之成为比较清洁的空气而排出室外,并使操作者得到符合卫生安全规范的工作环境。同时,也为喷涂工件提供理想的施工条件。

1. 对喷漆室的基本要求

(1) 进入喷漆室的空气,必须经过过滤,要保证空气中无尘。在严冬时,过滤后的空气还需适当加温,达到喷漆室施工工艺的要求。

(2) 空气在室内的流动方向,必须顺重力的方向,由天花板流向地面。

(3) 空气的流速要达到 16~40 m/s,即空气量至少要达到每分钟更换两次。

(4) 喷漆室与外面应达到有效的密封,防止在排气时外界的灰尘乘虚而入。

(5) 喷漆室内的空气,应经地下管路过滤后排到外面大气中,以防止对大气的污染。

(6) 送入喷漆室的清洁空气,应大于室内空气的排出量,应维持室内处于微正压状态,防止外界尘土进入室内,并迫使废气下行排出。

(7) 喷漆室内的噪声不允许超标,一般规定喷漆室内的噪声应小于 85 dB。

(8) 喷漆室内应有灭火装置,要符合油漆厂安全防火的要求。

2. 喷漆室的类型

(1) 按抽风形式,分为侧抽风式和底(下)抽风式。侧抽风式现在已趋于淘汰,底抽风式原理如图 9-41 所示。

(2) 按过滤装置的结构,分为干式过滤和湿式过滤。干式过滤又分为折流式和滤网式;湿式过滤又分为喷淋式过滤装置(图 9-42)、多级水帘式过滤装置(图 9-43)和水旋式喷漆室(图 9-44)。此外,还有较先进的蜗形水帘式和无泵式过滤装置。

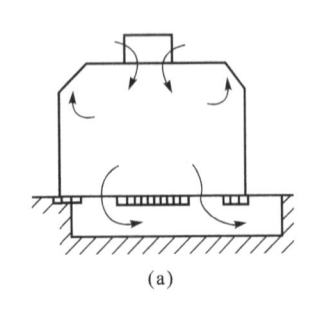

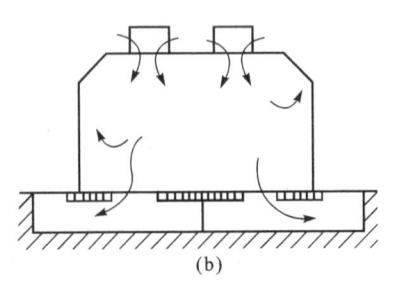

图 9-41 喷漆室的底抽风形式
(a) 单侧下抽风; (b) 双侧下抽风

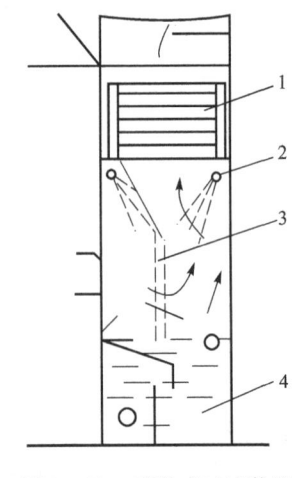

图 9-42 喷淋式过滤装置
1—折板式汽水分离器; 2—喷管; 3—挡板; 4—水槽

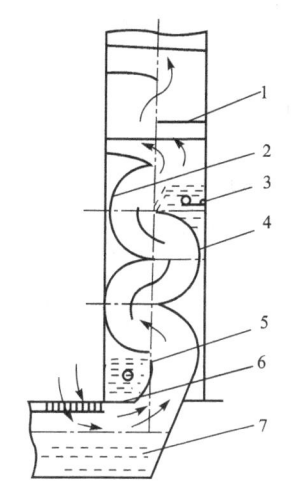

图 9-43　多级水帘式过滤装置
1—挡水板；2—活动半圆筒；3—上溢水槽；
4—固定半圆管；5—下溢水槽；6—栅板；7—水池

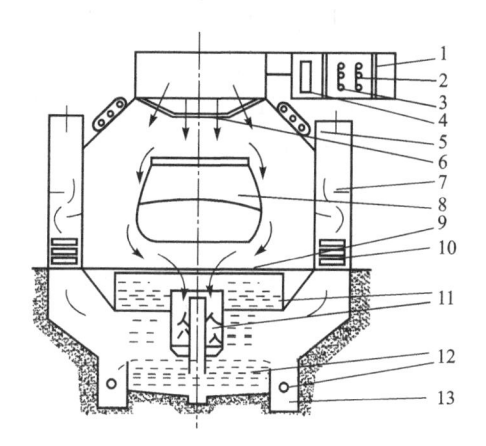

图 9-44　水旋式喷漆室
1—粗过滤；2—水过滤；3—中过滤；4—暖风；
5—灯；6—精过滤；7—挡板；8—工件；
9—栅板；10—汽水分离器；11—上水槽；
12—循环水；13—下水槽

3. 喷漆室基本结构

喷漆室结构如图 9-45 所示，其结构的基本特征如下：

（1）合理的气流分布。从空气置换器中送来的气流，运动速度逐渐增大，在接近扩散装置时，气流达到相当高的速度而喷出，屋顶中间部分的气流向下运动，与中心抽风系统结合，把汽车车身团团包围，这样可以阻止发生过度喷涂，而且把过剩的漆雾顺利带走。屋顶两侧的气流从喷漆室的照明装置及玻璃墙掠过，这样漆雾及灰尘不会沉积，如图 9-46 所示。

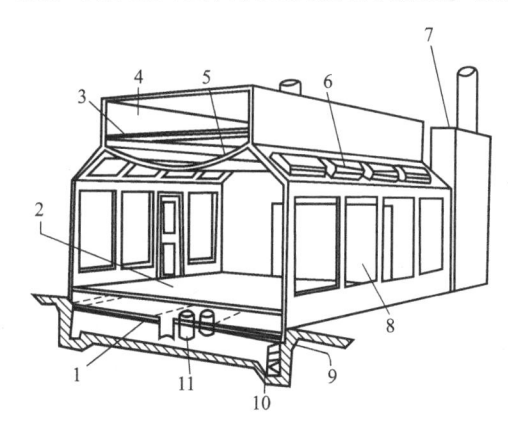

图 9-45　喷漆室结构
1—被水淹没的地面；2—采用铁桥栅的地板；
3—可调整的隔板；4—进气控制通风系统；
5—成形屋顶；6—照明；7—排气控制通风系统；
8—玻璃墙；9—淤泥清除门；
10—循环水；11—DYNATUBE 系统

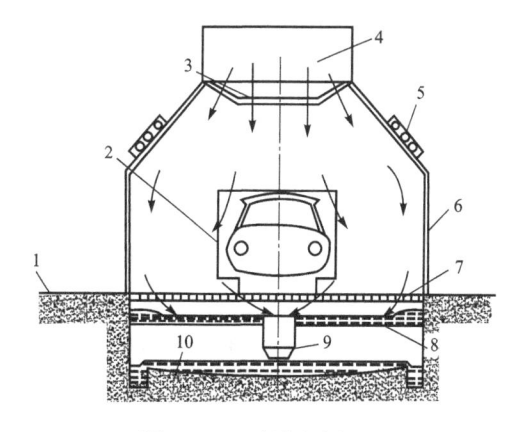

图 9-46　喷漆室剖面图
1—油漆车间地平面；2—轮廓线；
3—空气滤清器扩散装置；4—空气集流器；
5—照明装置；6—玻璃墙；7—工作面；
8—被水淹没的下层地板；9—排气管；10—隔板

(2) 底面设有中心抽气系统,排除漆雾效果好。底面设有一层铁栅,其下中心部位有一排或两排与水面持平的排气管。上口尺寸范围为 $\phi 300 \sim \phi 400$ mm,下口尺寸为 $\phi 200$ mm 左右,高为 150 mm 左右。排气管之间的距离,双排为 2 m,单排为 1 m,这就是中心抽气系统。不工作时,水面处于静止状态;当工作时,排风机工作,排气管内形成强大的涡流。此时,过剩的漆雾在排气管内与水充分混合而喷到下层。正对排气管下口处,设有带小孔的隔板,对喷下来的水流起缓冲作用。在成形屋顶和中心抽气系统的共同作用下,99.88%的漆雾都可混入水中,因此,排气系统无漆尘落入。

(3) 喷漆室两侧是玻璃墙,墙上设有小门,所以室内清洁明亮,视野清晰,进出方便。

(4) 彻底消除了一般喷漆室存在的水管喷嘴堵塞现象。

(5) 喷漆室内安装有自动喷漆机,喷涂车身的顶部和两侧。

(6) 喷漆室要求从顶部向室内输送新鲜空气,且应保持一定的风量、温度、湿度和清洁度。为此,外来空气需经过空气置换器方能进入喷漆室。空气置换器一般是由空气过滤器、增湿器、气流调节器、风扇等联合装在密闭的装置内组成的。为防止冬季气温较低给喷漆带来影响,在空气供给系统中还应增设恒温装置,以提供温度适宜的空气来满足喷漆的需要。专门为喷漆室设计的独立换气系统如图 9-47 所示,此系统能把清洁和干燥的经过过滤的空气从外面送进室内,在较冷天气还能把空气加热之后再补充到喷漆室。

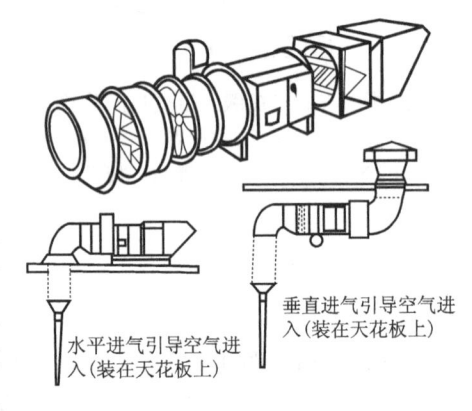

图 9-47 独立的换气系统

9.3 干燥设备

9.3.1 电热烘箱

电热烘箱就是一种最简单的热空气对流式烘干箱,其结构如图 9-48 所示。烘箱内部装有多根 1 000 W 或 1 500 W 的电热丝,分布在烘箱内部两侧及底层。外壳分内外两层,用 50 mm × 50 mm 的角钢和 25 mm × 25 mm 的角钢做支架,外用 1 mm 或 1.5 mm 厚度黑铁皮制成。在两层铁皮中间填满隔热保温材料,一般用石棉丝、玻璃丝。烘箱的顶部装有排雾管及测温用的热电偶。烘箱底面(内部)装有两根小钢轨,便于推盘出入烘箱。烘箱门上装有一个玻璃小窗,便于观察工件在烘箱内的加温情况。

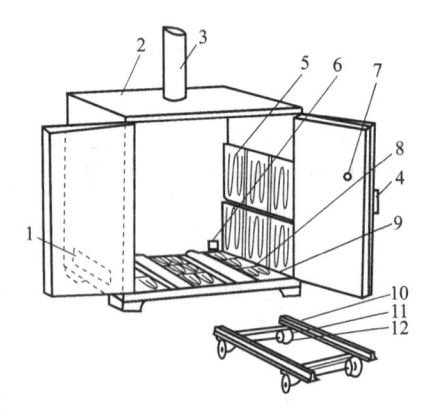

图 9-48 电热烘箱
1—绝缘胶板与三相电源接线;2—箱体;
3—排雾管;4—拉手;5—电热丝;6—进气口;
7—玻璃小窗;8—小钢轨;9—电炉板;
10—活动推架;11—滚轴;12—滚轮

9.3.2 烘漆室

烘漆室是用来固化、烘干涂膜或加快白干漆涂膜的固化设施。

目前,汽车的喷涂中,许多高质量的涂料在喷涂后都需要经过烘烤才能固化。如氨基醇酸漆、热固性丙烯酸漆、聚氨酯漆等,都需要在一定的温度下固化。为了提高生产率和保证喷涂质量,在汽车制造厂和较大的维修厂都必须采用相应性能的烘漆室。

1. 烘漆室的分类

根据干燥方式,可分为热空气对流干燥、红外线辐射干燥和紫外线干燥等。

在目前,我国的汽车维修业中,以热空气对流干燥和红外线辐射干燥应用最为广泛。

2. 红外线辐射干燥室

红外线辐射干燥室主要由室体、辐射器和燃料热力转换器等组成。红外线辐射器或远红外辐射器安装在烘室内部。从目前应用来看,远红外辐射器比红外辐射器优越得多,其节能可达30%~50%,烘干时间可缩短50%,而且温度容易控制,使用寿命长,操作简单,维修方便。因此,远红外辐射器在新建的烘干室工程中获得了广泛采用。组合式红外干燥设备如图9-49所示,移动式干燥设备在汽车的局部维修干燥中广泛使用,如灯式远红外干燥设备、板状厢式远红外干燥设备等,如图9-50所示。

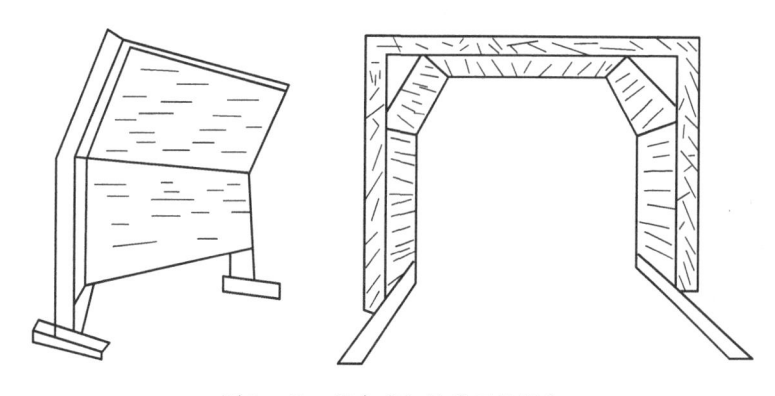

图9-49 组合式红外线干燥设备

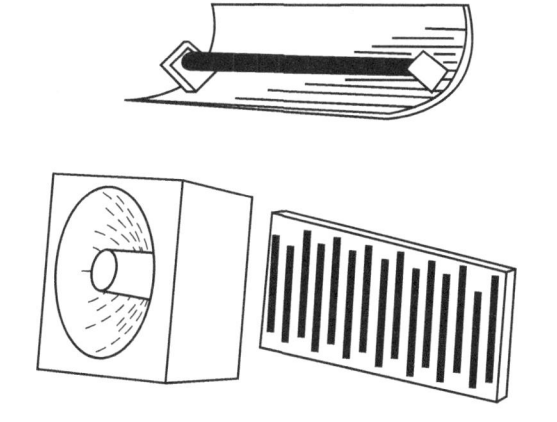

图9-50 红外线干燥单元

9.3.3 喷漆烘漆两用房

对于汽车维修喷涂而言，要使整个喷涂车间达到微正压状态和其他基本要求，不是一件容易的事，而且能源消耗均很大。根据维修喷涂的生产特点要求，采用喷漆、烘漆两用房是保证喷漆质量和生产效益的必备设施。

当喷漆烘漆两用房作为喷漆室时，外部空气吸入经过滤纯度可达99%，加热后送入室内，可使室内温度控制在20～22℃，同时，从天花板送下的暖空气（空气流速为16～40 m/min）顺重力方向至地面，并被抽出，经水旋器分离出漆雾和空气，其中，空气被净化后排出室外，以消除对大气的污染，如图9-51所示。

喷涂完毕后，工件需静置10 min左右，然后打开加热器对吸入的空气加热，此时空气的流速为3 m/min左右，空气流动为室内封闭式循环，为车体涂层干燥；室内的温度可在常温至100℃内的任一温度保持恒温，按干燥工艺进行控制。该自动程序系统操作方便，在烘漆时，空气的流入量可降低至10%～20%，当温度加热到需要的标准时，指示灯发出短暂的闪烁。在烘漆的最后阶段，加热器关闭，并逐渐冷却到室温。开门前，应将室内废气排出，把车移出室外，进行喷漆循环，如图9-52所示。

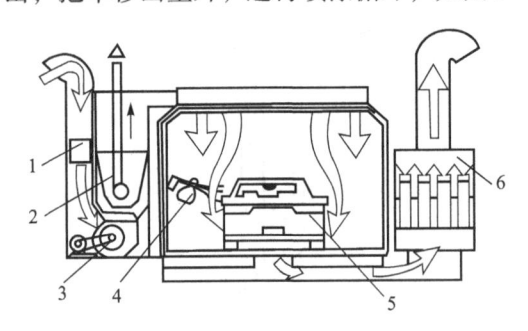

图9-51 喷漆操作施工示意图
（喷漆烘漆两用房，加热器停止）
1—合成过滤器；2—加热器；3—风机；
4—喷漆系统；5—轿车；6—漆雾过滤器及排气装置

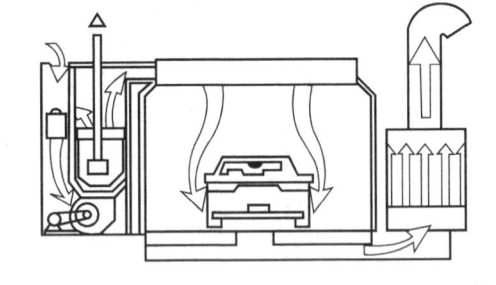

图9-52 烘漆操作示意图（加热器运行）

9.4 汽车养护工具与设备

9.4.1 汽车喷涂装饰工具

喷涂装饰是汽车外部装饰的主要内容，所使用的工具大部分为喷涂维修中的通用工具，除此之外，还要用到一种专用工具——喷漆器。

喷漆器主要分为两种，即单作用式和双作用式，如图9-53所示。

喷漆器适用于从简单到复杂的面漆喷涂。最常见用于复杂且精密的喷涂作业，在特殊喷涂装饰时大有作为。

（1）单作用式喷漆器的使用。压下手指控制杆可得到空气，转动后针调节螺钉可控制喷漆量，但工作时不能改变喷漆量。如果需要改变喷漆量，则须先停止喷涂作业，并转动后

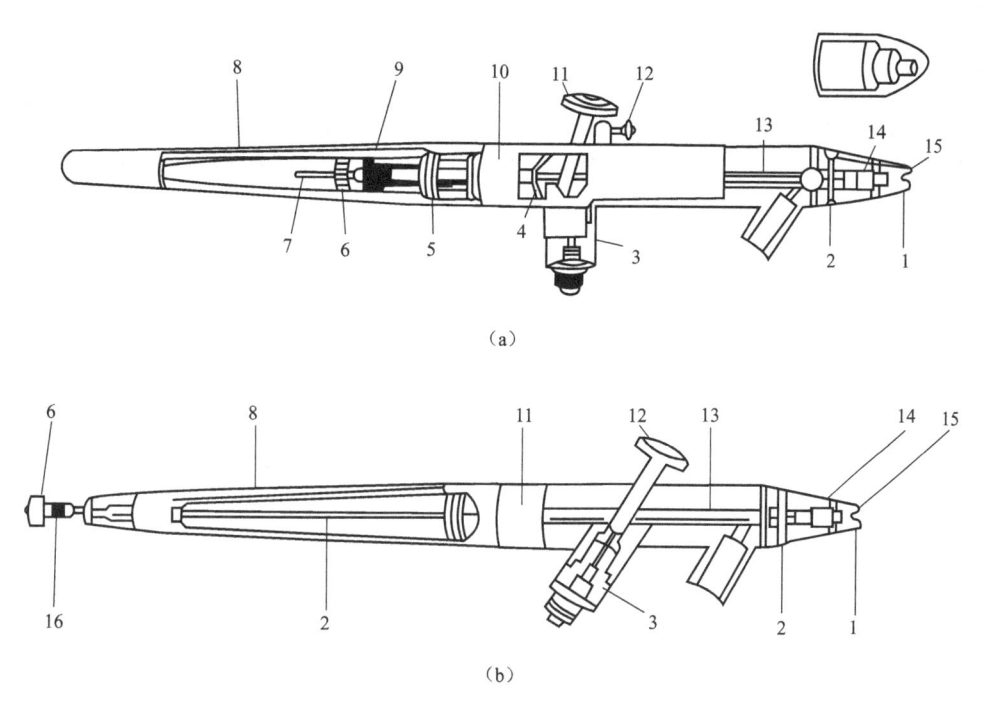

图 9-53　两种类型的喷漆器
(a) 双作用式；(b) 单作用式

1,15—喷射调节器；2—聚四氟乙烯垫圈；3—阀体；4—后杆；5—针管；6—针夹头；7—针；8—手柄；9—螺旋弹簧；10—外壳；11—扳机；12—调节螺钉；13—针支承（聚四氟乙烯）；14—喷漆器头；16—后针调节螺钉

针调节螺钉，才能改变喷漆量。

(2) 双作用式喷漆器的使用。双作用喷漆器使用广泛，有多种喷头可供选择，可进一步提高多用性。这种喷漆器一般适用于非常精密的喷涂，压下用手指控制的前杆就可以获得空气，把杆拉回就可以喷出适当的油漆量。

喷漆器的压力为 34.5~345 kPa，正常工作压力为 206 kPa 左右。大多数喷漆器的额定排气量为 0.02 m³/min。操作人员喜欢将结构紧凑的膜片式空气压缩机与之配套使用。

9.4.2　汽车清洁设备

1. 洗车工具

(1) 外用湿性海绵。这种清洗车用的海绵，应具有较好的藏土藏垢能力，能使砂粒或尘土很容易深藏于海绵的气孔之内，以免洗车时刮伤表面。使用时，让海绵吸入适量的洗车液，即可轻易地消除车身表面的污垢等异物。

(2) 半湿性大毛巾。将大毛巾用清水浸湿后拧干呈半湿性状态，可以提高擦车的速度，节省擦车时间，一般多用于麂皮擦车之前的预处理。

(3) 半湿性小毛巾。半湿性的小毛巾，可用于擦洗门边污垢和车身边沿处的泥沙。

(4) 干性小毛巾和大毛巾。用半湿性毛巾擦完车身后，为了使车身表面进一步干净，需用柔软不易脱毛的干性小毛巾再擦拭，以擦尽表面的水痕。

(5) 半湿性麂皮。将脱脂羊皮经清水浸湿后再拧干，即成半湿性麂皮，可用于擦净车身表面的水痕。

2. 汽车清洗设备

1) 电脑洗车机的分类

(1) 按设备外形分类,可分为隧道式、1+1式和龙门式,如图9-54所示。

(2) 按设备大小分类,可分为大型电脑洗车机和小型电脑洗车机。

(3) 按电脑控制的自动化程度分类,可分为全自动电脑洗车机和半自动电脑洗车机。

全自动电脑洗车机,驾驶员把待清洗的车驶入停车位置,拉手刹车,关好车门窗和侧窗,离开汽车。操作者只需按一下洗车机的起动按钮,洗车机就开始进行洗车工作,直到洗完时自动停机。

半自动电脑洗车机,驾驶员把待清洗的汽车驶入停车位置,拉手刹车,关好车窗和车门,离开汽车。操作者起动电脑洗车机,按电脑洗车机的操作规程,控制各工序按钮的开关,使洗车机完成全部洗车工作。

(a)

(b)   (c)

图9-54 电脑洗车机类型
(a) 隧道式电脑洗车机;(b) 1+1式电脑洗车机;(c) 龙门式电脑洗车机

2) 隧道式电脑洗车机简介

隧道式电脑洗车机主要结构和功能如下。

(1) 输送机系统。待清洗的汽车进入隧道时,轮胎的导正系统可使汽车停在输送机的停车轨道上,收好天线,放空挡,勿动雨刷。输送机系统可将清洗的汽车通过隧道来完成清洗的运输功能。

(2) 高压喷水系统。采用强力电动机和水泵产生高压水，对汽车表面进行冲洗，可将车身上的微小砂粒和灰尘除去，以便安全进行刷洗。

(3) 一对前小刷。前小刷可对汽车的下部外表进行刷洗，可除去部分污垢等。因为汽车下部污垢一般较中部和上部严重，所以，此部位要多洗刷一遍。

(4) 高泡沫喷洒系统。利用该系统向车身喷洒高泡沫洗车液，以增强清洗除污能力。

(5) 漆刷系统。由前大侧刷一对、前顶刷一个、后顶刷一个、轮刷一对和后小刷一对组成了隧道式洗车机的滚刷系统。

大侧刷，可依车型的斜度自动倾斜，轻柔而平稳地包裹车身，以达到良好的洗净效果。

刷洗车身前后刷毛似手臂，采用交叉式刷洗方法，洗车无死角，清洗效果最好。

独创的横卧式洗刷，能将车身下方的严重污垢彻底地清除。

(6) 亮光蜡喷洒系统。在滚刷刷洗之后，用亮光蜡喷洒系统对车身进行清洗后的护理，使车身涂膜更加鲜艳亮丽。

(7) 强力吹风系统。由前风机和后风机组成，用清洁的高压空气将车身吹干。

(8) 擦干系统。由特殊的绒毛布条组成，可将风干后所残留的水痕彻底擦拭干净。

(9) 控制操作箱。整个控制操作系统由控制箱和操作控制台组成。可实现洗车快速、安全、无刮痕；整个操作真正达到人性化，由电脑自动感测车型；一次起动，不用人员操作选择；可连续依其车型，连续清洗轿车、厢式车、家庭用车、出租车等不同车型的汽车。隧道式电脑洗车机的结构如图9-55所示。

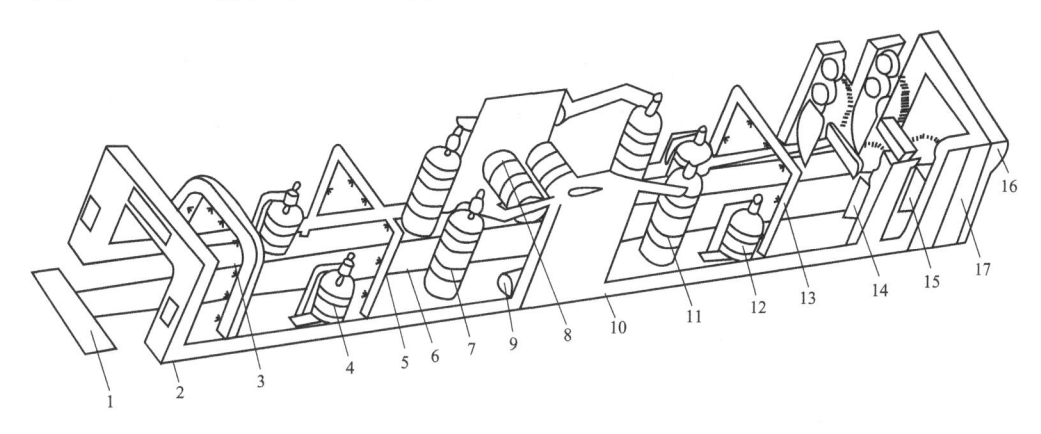

图9-55 隧道式电脑洗车机结构示意图
1—轮胎导正器；2—隧道入口；3—高压喷水系统；4—前小刷；5—高泡沫喷洒系统；6—输送机系统；
7—前大刷；8—前顶刷；9—轮刷；10—后顶刷；11—后大刷；12—后小刷；13—保护剂喷洒系统；
14—前风机；15—后风机；16—隧道出口；17—控制箱及操控台

隧道式电脑洗车机的洗车过程是全自动的，只要待清洗的车按洗车要求停放在输送机的停车位置上，然后起动洗车机，即开始进入洗车规定程序，全过程约需30 s即可将车洗完，可实现快速、亮丽、安全和无刮痕的洗车要求。

3. 冷热水高压清洗机

1) 冷热水高压清洗机的结构及性能

冷热水高压清洗机是一种小型轻便的清洗设备，操作灵活，使用效果好。这类清洗机还需有与之配套的部件，如进水软管和出水软管、各种规格的喷枪、刷洗用的毛刷等，才可以进行工作，如图9-56所示。

冷、热水高压清洗机系统一般由水泵、加热装置和传动机构等组成，安装在轻便的小车上。一般采用柱塞式水泵获取高压水流。水源一般采用自来水。采用其他水时，如水池、水塘中的水时，需要经过清洁过滤处理，以免影响清洗质量。

高压水流的压力和流量均是可调的，可根据清洗的要求进行调节。热水的温度也是可调节的。在现代的高压清洗机系统中，有各种相配套的装置，如水加热装置、洗涤剂供给、防腐剂供给等装置，备有各自控制和保护系统，同时还装备有获得各种不同形式液流的全套喷嘴，这些装置可完成冷水或热水、加洗涤剂或不加洗涤剂、低压或高压等各种不同需要的清洗作业。

图9-56 冷热水高压清洗机系统
1，3—高压清洗机；
2—水管；4—水枪

2）冷、热水高压清洗的特点

（1）设备结构紧凑。冷、热水高压清洗机结构紧凑，安装在小车上，使用操作灵活方便。

（2）清洗效率高。用热水冲洗比用蒸汽清洗效率高，成本低。

（3）有利于环境保护。用热水冲洗，可避免使用化学药品和试剂，有利于环境保护。

（4）清洗质量好。用热水冲洗，有利于将油污、泥土去除，同时，不会对涂膜表面造成损伤，清洗质量高。

（5）清洗范围广。由于这种清洗方式简便灵活，可适用于各式的车辆和零部件的清洗。如大、中、小型车辆的车外、车内清洗，部件和零件清洗，除尘、除污清洗，新车开蜡，车辆的护理美容等均可使用。

思 考 题

1. 汽车车身涂装的主要工具与设备有哪些？
2. 手工机械打磨的操作方法有哪些？
3. 如何根据旧涂膜的状况选择打磨机配套砂纸的粒度？
4. 喷砂的操作工艺有哪些？
5. 喷枪在使用前需要调整的项目有哪些？
6. 对喷漆室有哪些基本要求？
7. 干燥设备有哪几种？
8. 简述喷漆烘漆两用房的工作原理。
9. 汽车内部装饰用工具及设备主要有哪些？
10. 电脑洗车机类型有几种？
11. 冷、热水高压清洗机的组成及特点是什么？

第10章

车身涂装材料的调配与使用

● **本章重点**

了解汽车车身涂料的特性、选用原则,以及色彩的基本常识及颜色理论;熟悉原车漆膜颜色的分析方法;掌握手工调漆和电脑调漆的方法及步骤,以及涂装病态特征与防治。

10.1 汽车涂料的选用

在汽车修补喷涂作业中,涂料的选择是极其重要的一个环节,不仅关系到涂装后能否满足性能要求,还关系到涂装的经济性问题。

10.1.1 车身涂料的等级及特性

1. 汽车涂料涂层的分组和等级

根据汽车各零件的使用条件和涂漆质量要求,汽车涂料涂层共分为10个组和若干等级,见表10-1。

表10-1 汽车涂料涂层的分组和等级

涂层代号	分组名称	级别	涂料涂层名称	备注
TQ1	车身组	甲	优质装饰、保护性涂层	适用于湿热带地区
		乙	一般装饰、保护性涂层	—
		丙	低级装饰、保护性涂层	—
TQ2	轿车车身组	甲	高级装饰性涂层	适用于高级轿车
		乙	防蚀、装饰性涂层	适用于中级轿车
TQ3	车厢组	甲	防腐、装饰性涂层	适用于木车厢
		乙	防蚀、装饰性涂层	适用于金属车厢

续表

涂层代号	分组名称	级别	涂料涂层名称	备注
TQ4	车架、车轮、挡泥板组	甲	优质防蚀性涂层	适用于使用条件苛刻，耐蚀性要求高的零件
		乙	一般防蚀性涂层	
TQ5	发动机组	甲	保护性涂层（快干）	
TQ6	底盘组	甲	保护性涂层（快干）	
TQ7	毛坯、冲压件半成品组	甲	防锈底漆涂层	
		乙	防腐涂层	
TQ8	特种涂层组	甲	耐酸涂层	适用于蓄电池箱及其托架
		乙	耐汽油涂层	适用于汽油箱内表面
		丙	耐热涂层	适用于消声器、排气管
		丁	防声、绝热涂层	
TQ9	散热器（水箱）、管子、弹簧组	甲	耐水、防锈涂层	
TQ10	车内装饰件组	甲	车内高级装饰性涂层	适用于高级轿车内饰件
		乙	车内装饰性涂层	适用于中级轿车和公共汽车内饰件

2. 汽车涂料涂层的特性

由于汽车涂料涂层分组情况和等级的不同，各涂层所用涂料亦有所区别，见表 10-2。

表 10-2 汽车涂料涂层的特性和用途

涂层代号	等级	涂层特性	用途举例	推荐配套油漆材料名称牌号及标准
TQ1	甲	属于优质装饰、保护性涂层，具有优良的耐候性、耐水性、装饰性和机械强度，适用于湿热带气候地区，可作为出口载货汽车的油漆涂层	载货汽车驾驶室，公共汽车、轻型越野汽车车身，工程车车厢覆盖件及与上述总成使用条件和外观、耐候性、装饰性要求相同的中小零件（如前大、小灯外壳，风窗框，门手柄，大灯支架及护网，仪表板，各种盖板）等	H06—2 铁红环氧底漆（HG2—605—74）；H06—5 环氧电泳底漆；F06—10 酚醛电泳底漆；F06—9 铁红纯酚醛底漆（HG2—580—74）；轿车用高胺基醇酸面漆；A05—11 军用胺基无光烘漆（HG2—601—67）；C04—51 军用无光醇酸面漆

续表

涂层代号	等级	涂层特性	用途举例	推荐配套油漆材料名称牌号及标准
TQ1	乙	属于装饰、保护性涂层，它的耐候性、装饰性和机械强度与TQ1甲相仿，仅耐水性差，适用于温带和北方气候	载货汽车驾驶室，公共汽车、轻型越野汽车车身，工程车车厢覆盖件及与上述总成使用条件和外观、耐候性、装饰性要求相同的中小零件（如前大、小灯外壳，风窗框，门手柄，大灯支架及护网，仪表板，各种盖板）等	除上述底漆外，还可采用C06—1 铁红醇酸底漆（HG2—113—74）；C04—49 各色醇酸磁漆；C04—51 各色无光醇酸磁漆；胺基醇酸水性面漆
TQ1	丙	属于一般装饰、保护性涂层，除它的装饰性与上述相仿外，其耐候性、机械强度较差。本涂层适用于小批生产或无烘干条件的施工场合	载货汽车驾驶室，公共汽车、轻型越野汽车车身，工程车车厢覆盖件及与上述总成使用条件和外观、耐候性、装饰性要求相同的中小零件（如前大、小灯外壳，风窗框，门手柄，大灯支架及护网，仪表板，各种盖板）等	C06—1 铁红醇酸底漆（HG2—113—74）；F06—9 锌黄铁红纯酚醛底漆（HG2—580—74）；C06—17 铁红酚醛改性醇酸底漆；Q04—31、34 各色硝基磁漆；C04—9 各色过氯乙烯外用磁漆（HG2—621—74）；B04—11 各色丙烯酸磁漆
TQ2	甲	属于高级装饰性涂层，具有极优良的装饰性、耐候性、耐水性，适用于各种气候条件	高、中级轿车车身及覆盖件	X06—1 磷化底漆（HG2—27—64）；H06—2 铁红环氧脂底漆（HG2—605—74）；铁红铝粉环氧聚铣胺底漆；H07—环氧脂腻子（HG2—607—74）；A07—1 氨基腻子；Q04—31、Q04—34 高级轿车用特黑硝基磁漆；丙烯酸树脂磁漆
TQ2	乙	属于中级装饰性涂层，具有优良的装饰性、耐候性、耐水性和机械强度。装饰性仅次于TQ2甲，优于TQ1甲，机械强度优于TQ2甲，适用于各种气候条件	中级轿车车身覆盖件及车内门窗框	底漆及腻子同TQ2甲，轿车用高胺基醇酸树脂磁漆；B04—10 各色丙烯酸磁漆；A05 各色胺基磁漆
TQ3	甲	属于防腐、装饰性涂层，具有较好的耐候性、机械强度和防腐作用，可作为木制品涂层	木车厢各部件和铁木混合车厢的木质件	C04—50 各色醇酸树脂磁漆；C04—2 各色醇酸磁漆（HG2—590—74）；C04—51 各色无光醇漆；水性醇酸磁漆；防霉漆（即在上述漆中加1%八羟基喹啉铜盐）

续表

涂层代号	等级	涂层特性	用途举例	推荐配套油漆材料名称牌号及标准
TQ4	甲	属于优质防蚀性涂层，具有优良的耐盐雾性、耐水性和机械强度。适用于使用条件苛刻、防蚀性要求高的零部件，如经常与泥水接触的车下零件	车轮各部件，踏脚板、挡泥板、风扇、汽油箱托架及箍带、翼子板托架、车身底板上各种检查孔盖板等	L06—3 硝基清烘干底漆（HG2—586—74）；L01—12 沥青清烘漆（HG2—585—74）
TQ4	乙	属于一般的防蚀性涂层，具有较好的机械强度，其耐盐雾和耐水性次于 TQ4 甲	除 TQ4 甲所述零件外，还适用于底盘小件（如 U 形螺栓、钢板弹簧吊耳和吊环、制动系统零件等），装在车身内的小件（如压条、门玻璃夹框及滑槽等），水箱固定架，备胎托架，储气筒，车架等	L06—3 沥青烘干底漆（HG2—586—74）；L05—2 车架用沥青烘漆；F06—8 锌黄铁红灰酚醛底漆（HG2—579—74）；L04—1 沥青磁漆（HG2—111—74）
TQ5	甲	属于保护性涂层，具有较好的耐机油、汽油性和快干的特点，一般适用于常与机油、汽油接触的或不宜过高温烘干的工件	发动机总成和变速器总成	Q06—4 各色硝基底漆（HG2—614—74）；G06—4 锌黄铁红过氯乙烯底漆（HG2—623—74）；Q04—2 各色硝基面漆（HG2—610—74）；G04—9 各色过氯乙烯面漆（HG2—621—74）
TQ6	甲	属于一般防护性涂层，具有较好的耐蚀性和耐机油性	前、后、中车桥总成，传动轴，转向部件，制动系统零件，分动器绞盘，减震器，千斤顶总成等	除与 TQ5 用漆相同外，还可用：F06—8 铁红酚醛底漆；L04—1 沥青磁漆（HG2—111—74）
TQ7	甲	属于防锈底漆涂层，它对金属表面有良好的附着力，具有良好的防锈性能和机械强度，适用于工序间防锈和零件底漆	各种铸件毛坯，木车厢用的各种金属连接件，发动机、变速器、分动器、车轿总成上用的冲压件（如底壳盖板、离合器盖等）	H06—5 环氧电泳底漆；F06—10 铁红纯酚醛防腐漆；H06—2 铁红环氧脂底漆（HG2—605—74）；F06—9 铁红纯酚醛底漆（HG2—580—74）；L06—3 沥青烘干底漆（HG2—586—74）；C06—1 铁红醇酸底漆（HG2—113—74）
TQ7	乙	属于防腐涂层，对木材具有好的渗透性、防腐作用和耐酸性能	各种木制垫板	L04—11 沥青磁漆（HG2—111—74）；L50—1 沥青耐酸漆（HG2—587—74）

续表

涂层代号	等级	涂层特性	用途举例	推荐配套油漆材料名称牌号及标准
TQ8	甲	属于耐酸涂层	蓄电池托架及常与硫酸接触的工作件	L50—1 沥青耐酸漆（HG2—587—74）；L06—3 沥青底漆；G06—4 锌黄、铁红过氯乙烯底漆（HG2—623—74）；G04—9 各色过氯乙烯面漆（HG2—621—74）；H52—6 环氧酚醛防腐漆
	乙	属于耐汽油涂层	汽油箱盛油槽的内表面，与汽油经常接触的零件	五氧树脂耐汽油漆；H06—5 白色环氧电泳底漆
	丙	属于耐热涂层	消声器、排气管、气缸盖密封垫圈	W61—25 铝粉有机硅耐高温漆；有机硅耐高温清漆
	丁	属于防声、绝热、耐磨涂层，它具有抗震、防声、绝热降温、耐磨和密封的作用	驾驶室和车身的顶盖内表面和底板下表面、车身的焊接缝、门板内表面、翼子板内表面	G98—2 醇酸隔热胶；6731 阻尼涂料；L99—1 沥青石棉膏；泡沫塑料（喷或粘）
TQ9	甲	属于耐水防锈涂层，具有较好的耐水性和机械强度	水箱，机油散热器，各种钢板弹簧、螺旋弹簧、坐垫靠背弹簧及各种弹簧等	L04—1 沥青磁漆（HG2—111—74）；F04—1 各色酚醛磁漆（HG2—575—74）；黑色电泳水性漆
TQ10	甲	属于车内的高级装饰性涂层	轿车车内装饰件（如仪表板、风窗、护条等），木制件或仿木纹的金属件	B01—12 丙烯酸清漆；B2—4 丙烯酸木器漆
	乙	属于车内装饰性涂层，具有皱纹、锤纹、冰花纹等花样	轿车和公共汽车内装饰件	

注：对汽车各部件油漆的颜色，在本标准中未作统一规定，由各汽车厂根据用途和用户的要求确定。

10.1.2 车身涂料的选用原则

1. 根据使用环境条件选用涂料

根据涂料所处的外界环境条件选择合适的涂料，可以参阅表 10-3。

表 10-3 常用涂料适用的环境条件

环境条件	油性漆	脂胶漆	沥青漆	酚醛漆	醇酸漆	氨基漆	环氧漆	有机硅漆	过氯乙烯漆	丙烯酸漆	聚氨酯漆	硝基漆	乙烯漆
在一般大气条件下使用，对防腐、装饰性要求不高	▽	▽		▽									

续表

环境条件	油性漆	脂胶漆	沥青漆	酚醛漆	醇酸漆	氨基漆	环氧漆	有机硅漆	过氯乙烯漆	丙烯酸漆	聚氨酯漆	硝基漆	乙烯漆
在一般大气条件下使用,但要求耐候性、装饰性好	▽				▽							▽	
在湿热条件下使用,要求防湿热、防盐雾、防霉菌性能好				▽		▽	▽		▽	▽	▽		
在一般大气条件下使用,但要求防潮、耐水性好			▽	▽			▽				▽		
在化工大气条件下使用,或要求耐化学腐蚀性好			▽	▽			▽		▽	▽			▽
在高温条件下使用								▽					

注：有"▽"符号表示的可选用。

2. 根据被涂物面的材质和要求选择涂料

选用汽车涂料时，既要重视保护性，又要注意装饰性；既要注意钢铁金属的涂装，又要考虑锌、铝金属和塑料、木材等其他材料的涂装。由于不同的被涂物面材质的极性、吸附能力不同，被涂物品的要求和结构不同，所以选择的涂料也不同。

涂料与被涂材质的适应性列于表10-4。

表10-4 各种涂料与被涂材质的适应性

涂料品种	钢铁	轻金属	塑料	木材	皮革	玻璃	织物纤维
油脂漆	5	4	3	4	3	2	3
醇酸树脂漆	5	4	4	5	5	4	5
氨基树脂漆	5	4	4	4	2	4	4
硝基漆	5	4	4	5	5	4	5
酚醛漆	5	5	4	4	2	4	4
环氧树脂漆	5	4	4	4	3	5	—
氯化橡胶漆	5	3	3	5	4	1	4
丙烯酸漆	4	5	4	4	4	1	4
氯醋共聚漆	5	4	4	4	5	4	5
过氯乙烯漆	4	4	5	4	5	—	5
有机硅漆	5	5	4	3	3	5	5
聚氨酯漆	5	5	5	5	5	5	5

续表

涂料品种	钢铁	轻金属	塑料	木材	皮革	玻璃	织物纤维
呋喃树脂漆	5	3	5	5	3	3	3
聚醋酸乙烯漆	4	3	5	5	4	4	5
醋丁纤维漆	4	4	4	4	1	2	3
乙基纤维漆	4	4	5	3	5	3	5

注：表内数字 5 表示最好，1 表示最差。

3. 根据涂料的主要性能选择涂料

常用的溶剂型有机涂料层的主要性能（抗化学品性能、物理性能、装饰性）以及应用见表 10-5，可供选择涂料时综合参考。

表 10-5　常用溶剂型有机涂料层的主要性能

	性能	酚醛	沥青	醇酸	氨基醇酸	硝基纤维	乙基纤维	乙烯基	丙烯酸	聚酯	环氧酚醛	聚酸氢甲酯基	有机硅	氯化橡胶
抗化学品性能	盐水喷雾	5	5	5	4	5	5	5	5	5	5	5	5	5
	汽油	5	1	3	5	3	1	3	3	5	5	5	2	3
	盐类	5	3	4	5	3	3	5	4	3	5	5	3	5
	氨气	1	—	1	1	1	3	5	1	1	2	2	1	3
	油酸、硬脂酸	5	1	2	3	2	—	5	2	2	5	5	3	2
	磷酸	2	5	1	1	5	2	5	1	2	5	5	2	3
	水（盐水、淡水）	5	5	2	3	3	3	5	3	3	5	5	5	5
	柔韧性	3	5	5	4	5	5	5	5	5	5	5	5	5
	抗磨失性	4	—	3	4	2	—	4	2	3	4	5	2	4
物理性能	抗冲击性	3	5	4	5	5	5	5	5	5	5	5	2	3
	介电性	5	—	3	3	2	5	5	4	3	4	5	5	5
	毒性	无	无	无	微	无	无	无	无	无	无	无	微	无	微
	最高使用温度/℃	177	93	93	121	82	149	66	82	93	204	149	538	93
装饰性	保色性	1	—	3	4	5	5	5	5	1	5	5	5	3
	原始光泽	4	1	5	5	5	5	3	5	5	5	5	5	4
	光泽保持性	2	—	5	3	4	4	5	5	3	2	5	5	3

续表

性能		酚醛	沥青	醇酸	氨基醇酸	硝基纤维	乙基纤维	乙烯基	丙烯酸	聚酯	环氧酚醛	聚酸氢甲酯基	有机硅	氯化橡胶
应用	易用程度	5	1~4	5	烘	4	4	2	4	2	烘	5	5	3
	所用溶剂	烃类酯类	—	烃类	烃类	混合型	混合型	混合型	混合型	苯乙烯	混合型	混合型	烃类	烃类
	固化条件（烘干或气干）	均可	气干	均可	烘干	气干	气干	均可	气干	均可	烘干	均可	均可	均可
烘干	时间/min	30	—	30	20	—	—	15	—	15	30	15	60	15
	温度/℃	177	—	135	160	—	—	149	—	149	264	149	232	149

注：表中数字 5 表示最好，1 表示最差。

4. 根据施工条件选择涂料

由于涂料的性能、特点各异，因此，不同的涂料所适用的涂装方法、涂装设备、涂装技术要求也不同。例如，没有喷涂设备，就不应采用挥发性漆；没有烘干设备，就不可采用各种烘烤漆等。总之，要根据涂装方法、涂装设备条件来选择适合的涂料，选择自干或烘干等不同的涂料。

10.1.3 各种车身涂料的选用及配套

1. 汽车金属底漆的选用

汽车的金属底漆对金属表面起到防锈、防水、防蚀，保护基体的作用；对腻子和面漆，起增强涂层间附着力的作用。

（1）高级轿车的装饰性涂层的底漆。主要有 H06—2 铁红、锌黄环氧底漆，H06—33 铁红、锌黄环氧底漆，H06—43 铁红、锌黄环氧酯烘干底漆，H06—11 铁红、锌黄环氧醇酸底漆，H06—5 铁红环氧酯电泳底漆，H06—9 环氧酯烘干二道底漆，H06—12 环氧醇酸二道底漆等。铁红色宜用于黑色金属，锌黄色宜用于有色金属。

（2）中级轿车装饰性涂层底漆。主要有 F06—9 铁红、锌黄纯酚醛底漆，C06—1 铁红醇酸底漆，C06—11 铁红醇酸底漆，C06—11 醇酸二道底漆等。

（3）防锈和快干性底漆。主要有 C06—17 铁红醇酸底漆，Q06—4 各色硝基底漆，Q06—5 灰硝基二道底漆，G06—4 铁红、锌黄过氯乙烯底漆，G06—5 过氯乙烯二道底漆等。

（4）汽车底盘和车身骨架内表面保护性的底漆。主要有 H06—10 环氧酯富锌底漆，L06—33 沥青烘干底漆，L06—37 沥青烘干底漆，L44—81 铝粉沥青底漆，F06—8 铁红、锌黄灰酚醛底漆等。

（5）汽车的一般性防护底漆。主要有 T06—5 铁红脂胶底漆，T06—6 各色脂胶二道底漆，F06—1 各色酚醛底漆，F06—13 各色酚醛二道底漆，F53—39 硼钡酚醛防锈漆等。

对不同金属，可参照表 10-6 选择底漆。

表 10-6 不同金属对底漆的选择

金属种类	底漆品种
黑色金属	铁红醇酸底漆、铁红纯酚醛底漆、铁红酚醛底漆、铁红脂胶底漆、沥青底漆、铁红过氯乙烯底漆、磷化底漆、各种红丹防锈漆、铁红环氧底漆、铁红硝基底漆、富锌底漆、氨基底漆、丙烯酸底漆
铝、铝镁合金	锌黄纯酚醛底漆、环氧底漆、钙黄丙烯酸底漆、磷化底漆、锌黄醇酸底漆、锌黄酚醛底漆
锌	锌黄纯酚醛底漆、磷化底漆、钙黄丙烯酸底漆、环氧富锌底漆、环氧底漆、醇酸底漆、酚醛底漆
镉	锌黄纯酚醛底漆、环氧底漆
铜及合金	氨基底漆、磷化底漆、铁红环氧底漆、醇酸底漆、酚醛底漆
铬	铁红环氧底漆、醇酸底漆
铅	铁红环氧底漆、醇酸底漆
锡	铁红醇酸底漆、环氧底漆、磷化底漆
镉铜合金	铁红纯酚醛底漆、环氧底漆、磷化底漆、醇酸底漆、酚醛底漆、丙烯酸底漆
镁及合金	锌黄纯酚醛底漆、锌黄环氧底漆、丙烯酸底漆、锌黄醇酸底漆、锌黄酚醛底漆

2. 汽车面漆的选择

汽车面漆不但要具有装饰性,而且要具有保护性,以配合底漆提高对金属的保护作用。因此,面漆性能的好坏主要取决于本身的性能好坏,同时也和与其配套的底漆性能、配套性、施工工艺等有较大关系。同样,合理选择面漆也是一项非常重要的工作。

(1) 高级装饰性涂层的面漆。用于高级轿车车身的高级装饰性涂层的面漆,主要有 Q04—31、Q04—34 各色硝基磁漆,A04—15 各色氨基烘漆,B04—4 各色丙烯酸烘漆等。

(2) 中级装饰性涂层的面漆。用于中级轿车。这类面漆主要品种有 B04—9、B04—11 各色丙烯酸磁漆,A04—9 各色氨基烘漆,Q04—2 各色硝基磁漆等。

(3) 一般装饰性涂层的面漆。如用于公共汽车车身的面漆等。这类面漆主要有 C04—2、C04—18、C04—2、C04—8 各色醇酸磁漆。

(4) 具有一定的装饰性和保护性涂层的面漆。如湿热地区使用的汽车的面漆。常用的有 G04—9 各色过氯乙烯外用磁漆,又称为过氯乙烯汽车喷漆。根据环境条件选用面漆,可参阅表 10-3。

3. 汽车金属常用底漆与面漆的配套

在汽车涂装中,底漆与面漆的配套性对涂层质量和施工影响很大。如果配套不良或配套不当,将会影响涂层间的附着力,产生起层、脱落等。因此,在根据材质选用涂料的同时,合理选用底漆与面漆,使之具有良好的配套性,对提高产品的涂层质量起着重要作用。

常用底漆与面漆的配套可参考表 10-7。汽车维修中,原来面漆与重涂面漆的配套性详见表 10-8。

表 10-7 各种金属与常用底漆、面漆的配套性

面漆类型	黑色金属	铝及其合金	铜及其合金	锌及其合金	镁及其合金	镉铜合金
油性漆	油性底漆 酚醛底漆 醇酸底漆	锌黄酚醛底漆 锌黄醇酸底漆	酚醛底漆	酚醛底漆	锌黄酚醛底漆	酚醛底漆
醇酸漆	油性底漆 酚醛底漆 醇酸底漆 环氧底漆	锌黄酚醛底漆 锌黄醇酸底漆	磷化底漆 酚醛底漆	醇酸底漆	锌黄醇酸底漆	环氧底漆
酚醛漆	油性底漆 酚醛底漆 醇酸底漆	油性底漆 磷化底漆 锌黄酚醛底漆	酚醛底漆	锌黄环氧底漆	锌黄环氧底漆	磷化底漆
氨基漆	醇酸底漆 环氧底漆 氨基底漆	锌黄环氧底漆	环氧底漆	磷化底漆 酚醛底漆	醇酸底漆 酚醛底漆	醇酸底漆 酚醛底漆
沥青漆	沥青底漆	沥青底漆	沥青底漆	沥青底漆	沥青底漆	沥青底漆
过氯乙烯漆	醇酸底漆 酚醛底漆 丙烯酸底漆 过氯乙烯底漆 磷化底漆	锌黄酚醛底漆 锌黄醇酸底漆 丙烯酸底漆 环氧底漆 磷化底漆	酚醛底漆 磷化底漆 丙烯酸底漆 过氯乙烯底漆	酚醛底漆 醇酸底漆 磷化底漆 环氧底漆	锌黄酚醛底漆 锌黄醇酸底漆 锌黄环氧底漆 丙烯酸底漆	醇酸底漆 环氧底漆 丙烯酸底漆 磷化底漆
丙烯酸漆	醇酸底漆 磷化底漆 环氧底漆 酚醛底漆 丙烯酸底漆	锌黄酚醛底漆 丙烯酸底漆 环氧底漆	酚醛底漆 环氧底漆	酚醛底漆 环氧底漆	锌黄酚醛底漆 锌黄环氧底漆	锌黄酚醛底漆 锌黄环氧底漆
乙烯（缩醛）漆	磷化底漆	丙烯酸底漆 磷化底漆	—	—	—	—
硝基漆	硝基底漆 醇酸底漆 酚醛底漆 环氧底漆	锌黄酚醛底漆 锌黄醇酸底漆 环氧底漆	酚醛底漆 环氧底漆	酚醛底漆 醇酸底漆 环氧底漆	锌黄酚醛底漆 锌黄醇酸底漆 锌黄环氧底漆	酚醛底漆 醇酸底漆 环氧底漆
环氧漆	环氧底漆	环氧底漆	环氧底漆	环氧底漆	环氧底漆	环氧底漆
有机硅漆	醇酸底漆 酚醛底漆 或不用底漆	锌黄醇酸底漆 锌黄酚醛底漆 锌黄环氧底漆	环氧底漆	—	—	—

表 10 - 8　维修时原来面漆与重涂面漆的配套性

原来的面漆	醇酸	硅改性醇酸	醇酸酚醛	乙烯	丙烯酸酯	催化的环氧	环氧酯	环氧沥青	氯化橡胶	油酚醛	乙烯醇酸	乙烯丙烯酸酯	聚氨酯	聚酯玻璃片
醇酸	√	√	√	×	×	×	×	×	×	√	×	×	×	×
醇酸/酚醛	√	√	√	×	×	×	√	×	×	√	×	×	×	×
乙烯/醇酸	√	√	√	√	√	×	×	×	×	√	√	√	×	×
乙烯	√	×	√	√	√	√	×	×	×	√	√	√	×	×
乙烯/丙烯酸酯	√	×	×	√	√	√	×	×	×	√	√	√	×	×
丙烯酸酯	×	×		√	√								×	×
催化的环氧	×	×	×	△	△	△	△		△		△	△		△
环氧酯	√	√	√	√	×	×	√			√			×	×
环氧沥青	×	×	×	△	△	△		√					×	
氯化橡胶	√	√	√	√	√	×			√				×	×
油/酚醛	√	√	√	×	×	×	√	×	×	√	×	×	×	×
聚氨酯	×	×	×	×	△	×	×	×	×	×	×	×	△	△
聚酯/玻璃片	×	×	×	×	×	×	×	×	×	×	×	×	△	△
硅改性醇酸	√	√	√	×	×	×	√	×	×	√	×	×	×	×

注：√—正常可配套的；△—需经表面处理则可配套；×—一般情况下不推荐；空格为不配套的。

10.1.4　选择车身涂料时应注意的问题

选择车身涂料时应着重考虑以下几点：

（1）极好的耐候性和耐腐蚀性。要求适用各种环境气候条件，在风吹、日晒、雨淋情况下，保光保色性好，不开裂、不脱落、不粉化、不起泡、无锈蚀现象。

（2）极好的机械强度。适应汽车行驶中的振动和应变，漆膜坚硬耐磨，各部位涂层达到设计要求。

（3）耐汽油、机油、公路用沥青等。在上述介质中浸泡一定时间不产生变色、失光、软化或留下痕迹。在和肥皂、清洗剂、鸟和昆虫排泄物接触时，不留下斑印。

（4）极好的施工性和配套性。涂膜干燥时间短，适合烘干或自然干燥。在配套方面，底漆对底材要有优良的附着力，对中间层和面层要有良好的结合力，并且注意底漆对底材不能产生副作用。各层次之间应配套，不产生咬底、渗色、开裂等涂膜弊病。

（5）颜色外观应达到标准，满足设计要求。汽车涂料不仅应色彩多种多样，且要色泽鲜艳。

（6）货源广泛，价格低廉，低污染，毒性小。在选用涂料时要全面考虑，既要了解涂料品种来源是否充足，购买是否方便，又要考虑优质价廉以及低毒或无毒低公害。

10.2 涂料颜色的调配

为保持原车的色彩,大多数情况下,在车身修复喷漆中,要对颜料进行适当的调配后才能使用。要使所涂涂料的颜色与原车目前的颜色一样,就需要在掌握色彩的基本知识的基础上,按涂料调配程序操作。

10.2.1 色彩的基本常识

物质的颜色虽然来自光,但色光和颜色的性质却是不同的,色光是直接产生的,其三原色是红、蓝、绿,而颜色是物质在光的照射下,其一部分被吸收,而另一部分被反射而产生的,其三原色是红、黄、蓝。色光是越加越亮,而颜色是越加越暗。另外,色光的三原色相加为白色,而颜色的三原色相加为黑色,所以不能将色光和颜色混为一谈。

1. 色的三属性

形成千变万化的色彩主要有三要素,即色相、明度、纯度,人们常称其为色的三属性。

(1) 色相。指各种色彩的相貌,它是区别各种色彩的基本手段。如日光中存在红、橙、黄、绿、青、紫六种色相,再用这六种色相调和,便可产生很多种色相。色相是光谱色的本色,色相是一定的,只是照射的光源与物体反射光的波长在一定范围内变化,才会有不同色相。将外表相似的颜色按顺序排列下去,即红、橙、黄、绿、青、青紫、紫、紫红,列到最后又回到红色,这说明有关色相的感觉变化是循环的(图10-1)。

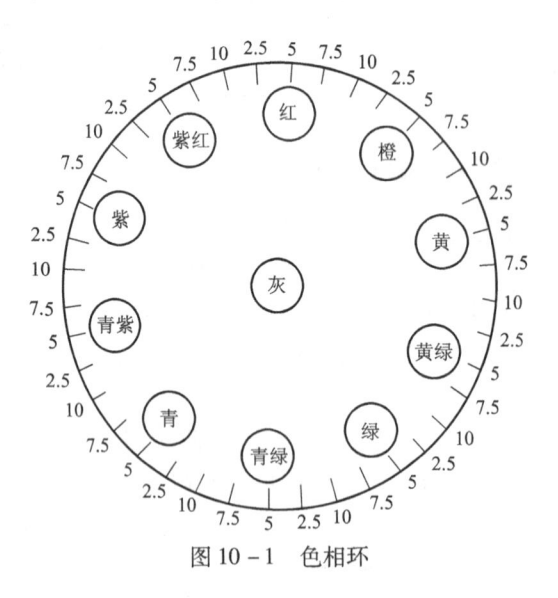

图 10-1 色相环

(2) 明度。指色的明亮程度。颜色的明暗度取决于光源的照射与物面的反射光强度。在一个表面,涂一种同样颜色,由于光照射角度不同,颜色的明暗就有很大区别。明度与光的反射也有很大关系,同一种色相的颜色由于反射率不同,而呈现出很明显的明亮度差别,大红明度最高,紫红次之,深红最暗。

明度是以白为顶点,沿浅灰、灰、深灰、黑的垂直方向延伸来表示,黑的最暗,理想的黑反射率为零。

（3）纯度。指色的饱和度，也称为色彩的鲜艳程度。明度与纯度并不完全一致。明度强的颜色，纯度不一定高，明度弱的，纯度并一定差，如蓝色中加白，蓝的明度提高了，相反，纯度减弱了。

2. 颜色的感觉

在成千上万的色彩中，由于人们年龄、性别、地位、环境和地区之间的差别，对颜色的要求也不一样。有人喜欢鲜明的，有人喜欢和谐的，也有人喜欢沉着、高雅的，等等。颜色的变化，可以对人们的生理和心理产生各种各样的反应。

（1）颜色的冷暖感。在寒冷的冬天，当一轮红日从东方大地升起，整个大地染上了一层橙红色暖调的时候，人们感到温暖，精神振奋；在炎热的夏天，当你走到海边看到一望无际的蓝色海洋，你就会感到无比凉爽。从火红的太阳到蓝色的大海，使人精神和心理上产生不同变化。色彩中的红、橙、黄色使人感到温暖、欢乐、活泼，看到红色时，会联想红旗、火与血，能够催人奋进，称之为暖色；蓝色、绿色使人感到清晰、安静，引起人们美好的回忆；蔚蓝的天空，绿色的大地和原野都会使人感到心旷神怡，所以称之为冷色。

（2）颜色的轻重感。蒸汽机车涂黑色，看上去感到很沉重。与之相比较，国际铁路上使用的集装箱采用明亮的黄绿色，给人以轻松的感觉。由此可以得出，深的颜色感觉重，浅颜色感觉轻。在涂装工业产品中，一般小型产品都涂装较浅的颜色。

（3）颜色的远近感。纯度高的红、黄、橙使人感到距离近，明显；蓝、绿、青色使人感到距离远，有后退感。因此，画家在作画的时候，巧妙地利用色彩的变化规律，把景色画得逼真，远、中、近分明，使人看到后感觉身临其境。

（4）颜色的疲劳感。在红、黄颜色环境下生活工作，人们会感到疲劳，刺激性强，又觉得时间过得慢；而浅色天蓝、浅绿、水绿等冷色布置的环境，会给人以淡雅、清静舒适的感觉，使精神舒展、愉快，时间亦显得流逝得快，使人不易疲劳。

3. 原色、间色、复色、补色、消色、调和色

（1）三原色。在千变万化的色彩中，许许多多的色彩都是由红、黄、蓝三色混合变化而来的。而红、黄、蓝三色中，任何一色都不能由另外两种原色混合产生，它是最基本的颜色，故称原色，也叫第一次色（图10-2）。

从三原色的原理来讲，任何颜色都可以由红、黄、蓝调出来。

图10-2 三原色混合

（2）间色。间色又叫第二次色，是由两种原色混合而成的。间色也只有三个，如：红+黄=橙、红+蓝=紫、蓝+黄=绿。

（3）复色。复色又叫再间色或第三次色，是间色与间色混合所产生的色，如：橙+紫=橙紫、橙+绿=橙绿、绿+紫=绿紫。

由此可见，每一种复色都包含着三原色，只不过有一种颜色成分较多，如橙紫中红的成分较多，橙绿中黄的成分较多，绿紫中蓝的成分较多。

复色的混合有四种方法：第一种是间色互相混合，第二种是相对色适量混合，第三种是原色或间色与黑色混合，第四种是原色或间色与复色混合。

（4）补色。两个原色混合配成一个间色，而另一个原色则称补色。两个间色相加调成一个复色，而与其对应的另一个间色也称为补色。

（5）消色。原色或间色、复色加入不等量的白，可以调配出许许多多的深浅不一的颜色。如果加入不同比例的黑，则可以调配出很多灰色、暗色，白和黑起到消减作用，因此称为消色。

（6）调和色。凡两种色比较接近，性质相差不大，放在一起使人们看起来较和谐的色，称为调和色。如色环中相邻近的两色为调和色，同类色和类似色都是调和色。如：红与橙红、黄与黄绿；又如：大红、浅红、粉红等。

10.2.2 原车漆膜颜色分析

一般情况下，汽车制造厂对所用涂料的颜色进行编号，其配方是不公开的，所以，在局部修补涂装时，要使修补部分完好如初，达到无痕迹修补，首先应分析原漆膜的色调、明度和彩度，调出符合要求颜色的涂料，其次才是合适的涂装工艺。

原车漆膜颜色分析的步骤如下：

（1）查知原车颜色编号。进口汽车大多在产品铭牌上标有车身颜色编号（COLOR），按汽车生产年份、生产厂和颜色编号制成色卡和颜色图册以及菲林片，利用菲林机，可查出某一编号颜色的配方。查找颜色编号时，应先找出各品牌汽车的漆码位置。查找各种汽车漆码位置可参考图10-3及表10-9。

图10-3 各种牌号汽车的漆码位置

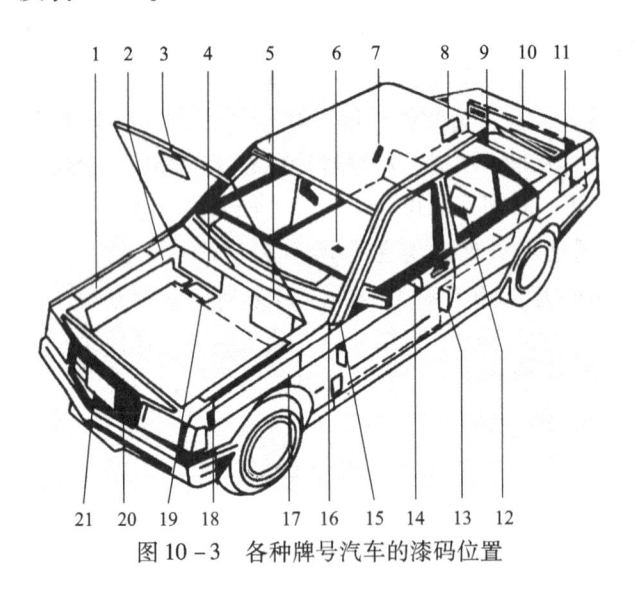

表10-9 各种牌号汽车的漆码位置

车厂（车牌）名称	漆码位置	车厂（车牌）名称	漆码位置
阿库拉	13	五十铃	4 5 13 14 20
阿尔法·罗密欧	3 8 9 10 18	依维柯	3
奥迪	8 9 10	美洲豹	2 3 13 20

续表

车厂（车牌）名称	漆码位置	车厂（车牌）名称	漆码位置
宝马	1 2 4 18 20	起亚	13
克莱斯勒	2 3 5 17 18 20	拉达	2 3 9 10 11 18
雪铁龙	1 2 4 5 18 20	朗勃基尼	10
大宇	20	兰西亚	2 3 10
达夫	15	兰德·罗孚	1 4 5 9 13 20
大发	4 5 6 20	凌志	1 4 5 13
托马斯	10 13	莲花	1 18
法拉利	3 10	马萨拉蒂	3
菲亚特	2 3 8 10	马自达	4 5 13
欧洲福特	1 2 4 9 10 13 18 20	奔驰	1 5 13 15 18 20
福特	13	三菱	1 2 3 4 5 13 18 20
波罗乃茨	4 5	莫斯科人	8
伏尔加	10	日产	2 4 5 20
通用	4 5 15 20	欧宝	1 2 4 5 18 20
本田	13	标致	1 18 20
现代	4 5 13 20	波尔舍	4 5 13 15 18 20
无限	4 5	伯罗顿	4 5 20
南斯拉夫红旗	1 3 10 20	利拉特	1 2 4 5 17
雷诺	1 4 5 13 18	斯巴鲁	4 5 13 16 18 20
劳斯莱斯	1 3	铃木	4 5 6 9 16
罗季	1 3 4 5 20	白鱼	1 2 4 17 18 20
萨伯	1 9 13 18	丰田	1 2 4 5 13 15 18
双龙	13 15	伏克斯豪尔	5 17 18 20
土星	11	大众	1 4 8 9 10 11 18 20 21
西特	1 9 10 18	伏尔伏	1 4 5 13 15 16 18 20

（2）用测量法分析原漆膜颜色。用分光计测出原车漆膜对光的折射率，初步确定出配方范围，然后制作一系列的样板，干燥后与原漆膜对比，直到完全相符为止。还可用颜色分析仪来检查漆中颜料微粒的定向，以达到与原车颜色准确地吻合。

（3）试验法分析原漆膜颜色。这种方法主要靠操作人员的经验。一般是根据原漆膜颜色，初步确定出色调范围，然后制作样板与原漆膜对比，根据比色结果调整配方再将样板与原漆膜进行对比，直到符合为止。

（4）电脑测试。使用电脑配色仪获取最为可靠的数据，经配色系统处理后，就可获得按色浆配漆的精确配方，然后由人工或与电脑配色仪配套的专用机械调制涂料。

10.2.3 颜色调配

在车身维修中,涂料调色是经常进行的作业。虽然涂料厂家生产的涂料颜色很多,但仍满足不了车身维修中涂装作业的需求,颜色品种还远远不够。尤其是当需要对车身局部补漆时,就需要依照原车身的颜色进行调配。

涂料调色主要是调色相、明度、纯度,以红、紫、黄、蓝、白、黑、绿、银色、金色等涂料颜色为主,另外,还要考虑到清漆和辅料的颜色(如催干剂等),以及底层涂料的颜色和色漆颜色上浮下沉等问题。

1. 调色前的准备

车身维修涂装一般分为全车涂漆和补漆两大类。全车涂漆又分为用原来颜色涂装和改变原来颜色涂装。全车涂漆的调配颜色较容易,而补漆则要求颜色的误差性小,越接近越好。

在调色前,要对原色漆进行观察、分析判断。首先观察色相是红色相、蓝色相还是绿色相;然后分析由哪些颜色组成,判断组成的颜色中主色、次色、再次色的大体比例。

掌握旧涂层的性能,了解旧涂层面漆是什么性质。如油基漆、挥发性漆、烘干漆、固化型漆等。

目前涂料工业使用的颜料有八大色系(表10-10),相互调配可以产生数以千计的不同颜色的复色。

表10-10 八大色系颜料

八大色系名称	各色系的颜料
红色系	大红、铁红、酞青红
紫色系	甲苯胺紫、酞青紫
黄色系	深中浅铬黄、深浅镉黄
蓝色系	铁蓝、酞青蓝
白色系	酞白、锌钡白
黑色系	色素碳黑、硬质碳黑、软质碳黑松烟
绿色系	酞青绿、氧化铬绿
橙色系	铅铬橙

2. 调色程序

(1) 手工调配色漆。手工调配色漆主要凭实际经验,根据调配色漆的样板(目标)来识别其由哪几种单色配成,以及各单色分别约占的比例,并据此将色漆调配出来。

手工调配色漆时的操作要点为:根据颜色形成的机理仔细分析样板的颜色,待基本估计出参配色漆的种类、比例、份量后,再着手试配漆色的小样,并以其实际比例作为调配大样时的参考依据;调配时,应先加入主色(指用量大、着色力小的色漆),再慢慢地、有间断性地加入副色(用量小、着色力强的色漆);分析、调配、检查均应在较好的天气下进行,"灯下不观色",强烈的阳光直射也会造成色差;参配的色漆,其基料必须一致,如:醇酸系列色漆不能与硝基系列色漆相配;此外,还要考虑到色漆干湿状态下的颜色变化,一般湿时显得浅些，干时会转深些。

具体操作方法：在做好调色准备后，可开始进行调色。先调小样，根据掌握的主色和其他副色（次色），先用干净水棒将涂料搅拌均匀，将主色倒进容器中，再按先浅后深的加入次序，将其他颜色边加入、边搅拌、边对照。如果涂料较稠，可用该涂料的稀料调整。当颜色接近样色时，可涂抹在玻璃片或白铁板上与样色比较，按颜色的三属性分析、查看。观察色相是否正确，然后检查明度、纯度，发现误差后继续调对，一直到符合样板色为止。

（2）电脑调配色漆。电脑调色系统一般由电脑、汽车颜色资料库、电子天平、阅读器、混漆机及色标卡（图10-4）组成。电脑调色系统存储调漆程序，只要将所需修补车身油漆的漆码（颜色编号）输入电脑，就可以得到所需配方。

电脑调漆资料光盘为用户提供各汽车制造商不同品牌、年款的各种颜色编码的标准配方。如果电脑调漆中心或汽车维修厂有相同颜色编码的色漆，可以直接选用；若没有相同颜色编码的色漆，则可将颜色编码输入电脑，查出各单色漆的组分及重量，按其组分和重量进行调配。

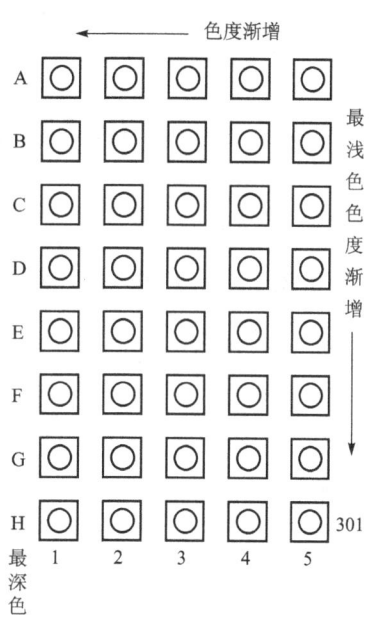

图 10-4 色标卡

电脑调漆的操作过程为：首先确认所修轿车面漆的漆色品种，一般有方法：一是直接查取车身的颜色编码，若无法查取颜色编码，则需用色标卡进行比色测定。色标卡是一种专门印制的涂料颜色卡片，按颜色的品种和同一品种的不同色度而制定。在卡片上标注其数码编号，每一个色标卡编号就是一种色漆的标志。图 10-4 所示为一种紫色漆的不同色度的色漆，301A5 色度最浅，301H1 色度最深。每一个方块色中间有一个圆孔，在认定汽车面漆时，首先目测出近似轿车面漆的色标卡，然后将色标卡扑在车身表面，从色标卡方块的圆孔中露出轿车车身面漆颜色，找出与色标卡最近似，甚至一样色的那个方块，这样测出轿车的面漆就是那个方块的数码所代表的色漆。

假若测定的轿车面漆数码为 301A5，而库存中又无现成的这种色漆，则将此编码输入电脑中，从电脑荧光屏中显示出 301A5 的配方：956 为 179.9 g；744 为 1.5 g；957 为 71.8 g；666 为 81.5 g；333 为 153.4 g。根据以上配方，用电子秤量出各组分的质量，按比例量出所需用量，放入一定的调配容器中，用手工或机械搅拌均匀，按施工要求调到所需浓度，色漆的调配就完成了。

使用电脑调漆，可使对轿车面漆调配操作简便而准确。采购的各种数码的色漆必须严格保证其质量。另外，所用色漆品种规格虽多，但是每种规格的数量较少，因为维修护理不同于批量生产。

电脑调色的操作过程是：
（1）查出该车的颜色编码。
（2）根据不同品牌油漆的颜色索引查出油漆编码及色标卡。

(3) 根据修补面积计算油漆用量。
(4) 利用阅读器或电脑调色系统找出所用配方及用量。
(5) 开动混漆机及电子天平调节所需重量的油漆。

10.3 涂料质量及涂装病态与防治

汽车涂装的品质缺陷表现为多种多样，需要根据不同的情况采取相应的措施加以避免。

10.3.1 涂料自身质量和储运中发生的病态与防治

1. 涂料质量不良而产生的病态

有涂料太稠或太薄、不干或返黏、颗粒突起、橘皮与皱纹、失光、变白、不盖底等几种。

(1) 涂料太稠或太薄。漆质过厚，使用时容易起皮，对于新开桶的涂料，一般应加稀释剂调至适当的黏度。如果新开桶的涂料过薄，色漆颜料太少，涂漆稍厚就易发生流挂现象，可用同品种同颜料的稠涂料掺兑搅拌均匀后使用。

(2) 不干或返黏。涂料中使用的油料不当，或油料热炼程度不够或溶剂选择不当以及催干剂用量不足或配制比例不当都可能引起不干或返黏。因此，若漆质不良，应该进行调换。因催干剂用量不足而干燥较慢时，可适当加催干剂调整。

(3) 颗粒突起。涂料制造控制不严，颜料过粗，容器不干净，细碎漆皮或其他杂质混入都能产生这种现象。使用时应搅拌均匀，用细筛过滤。

(4) 橘皮与皱纹。涂料中油漆聚合不当，溶剂选用不合理，涂料黏度过大都可造成这种现象。因此，如果漆质不良，应予以调换，施工前做涂膜试验，使黏度适当。

(5) 失光。涂料中溶剂质量差，或稀料、催干剂用量过多等，导致涂膜表面干燥太快而失光。为了保持涂膜光泽，可用同类涂料掺兑调至适当黏度，或加入部分清漆，以提高光泽度。

(6) 变白。天气潮湿，或硝基漆中溶剂与稀释剂配合不当，稀释剂配合不合理，造成涂料变白。使用时，可根据情况加适量防潮剂或调换稀释剂等。

(7) 不盖底。涂料中颜料含量不足，装桶时稀释剂太多，使涂膜盖不住工件的本色。为此，可用同一种颜色的稠涂料，互相搭配搅拌均匀，调整好黏度再施工。

2. 涂料在运输、储存中易出现的缺陷

有沉淀、变稠、橘皮、浑浊、胶化等5种。

1) 沉淀

沉淀主要是对色漆而言。色漆在储存中，颜料往往会与漆液分离，沉淀在容器底部结成硬块。

(1) 产生沉淀的原因。

①颜料密度大，颗粒粗或填充料多，漆液黏度小，以及研磨分散得不均匀等。

②保管不当。如储存时间过长，且储存时翻动不够，或储存温度过高，破坏了颜料的浮悬性，降低了油漆的黏度。

③调制不当。使用时加入过多的稀释剂，使油漆的黏度降低，也易发生沉淀。

(2) 防治沉淀的方法。

①定期将涂料桶横放或倒置，不时翻动；缩短储存时间。

②控制储存温度，一般不能高于 28 ℃。

③对于已成为干硬无油的硬块，必须取出碾轧成碎末，再放回原桶，充分搅拌均匀，过滤后使用。

2）变稠

(1) 产生变稠的原因。

①快干氨基漆储存中容易变稠。

②漆桶漏气、漏液，或使用后桶盖没盖紧。

③储存温度过高或过低。

(2) 防治变稠的方法。

①沥青漆不用 200 号溶剂汽油稀释，改用松节油或二甲苯。

②快干氨基漆的溶剂中至少用 25% 的丁醇来防止变稠。

③储存环境防止暴晒，室温保持在 20℃ 左右。

3) 橘皮

油漆开桶时，表面往往有一层漆皮，这种现象称为橘皮。

(1) 产生橘皮的原因。

①漆桶不满，桶中留有空气，桶盖不严，漏气。

②色漆过稠，颜料含量多，钴锰催干剂太多。

③储存时间过长，储存温度较高。

(2) 防治橘皮的方法。

①盖严桶盖。

②黏度大的漆应尽量先用。

4) 浑浊

(1) 产生浑浊的原因。

①溶剂中含有水分，或容器内的水未倒干净，或储罐内渗入雨水。

②溶剂、稀释剂选择或使用不当，溶解性差，成膜物质不能完全溶解；稀释剂用量过多，树脂被析出。

③清油和清漆中加入催干剂后，在有水分或低温的地方放置。

④性质不同的两种清漆混合。

⑤储存时间过长。

(2) 防治浑浊的方法。

①涂料和溶剂的容器要干净并盖严，防止水分、杂质侵入。

②根据成膜物质的不同，用合适的溶剂和稀释剂。

③储存温度应保持在 20 ℃ 左右。

④避免两种不同性质清漆混合。

⑤遵守规定的储存期，改善储存条件。

5) 胶化

涂料在存放时由液体状态变成固体，从而不能使用的现象称为胶化。

(1) 产生胶化的原因。

①双组分涂料,如固化剂（硬化剂）产生胶化是由于桶口封闭不严,空气中的潮气进入桶内。

②双组分涂料加入固化剂后没有完全用完,过夜后产生胶化。

(2) 防治办法。

①双组分涂料使用的硬化剂用后应将桶盖封闭严密,不让其接触潮湿空气。

②盛装硬化剂的容器应用小口嘴,带螺口盖,容易拧紧。

③使用双组分涂料时,用多少调配多少,防止一次配料过多。

10.3.2 涂料在施工和操作中发生的病态与防治

涂料在施工中由于各种原因可能使漆膜产生流挂、发白、起泡、咬底、橘皮、针孔、渗色、皱纹、失光等病态现象。

1. 流挂

垂直或倾斜的表面喷涂过量涂料,造成涂料干燥过慢而向下流挂或滴流,如附录彩图1所示。

(1) 产生原因。

①喷涂时喷枪距离物面太近,移动速度慢。

②道层之间静置时间不足,涂料没有按规定稠度调对稀释剂。

③喷涂气压过低或喷涂图样太窄（圆形）。

④使用化白水（延干稀料）过量。

(2) 预防办法。

①喷涂时,喷枪嘴与物面的距离控制在 250～300 mm,保持均匀的移动速度。

②控制道层之间的静置时间,烤漆在 20 ℃ 环境温度下静置 5～15 min。普通漆如采用喷湿方法,喷涂时应根据涂料品种和涂装时的温度,合理掌握并按规定调对稀释剂。

③按产品说明书和喷枪嘴的口径,一般喷涂气压控制在 0.45～0.5 MPa 为宜,以气压到达喷枪的压力表指示为准。

④使用化白水或慢干稀释剂时,其用量应不超过稀释剂的 25% 为宜。

2. 发白

涂料喷涂物面以后产生的白色雾状,严重无光或光亮不均,称为发白,如附录彩图2所示。

(1) 产生原因。

①空气中湿度过大。当空气相对湿度高于 70% 时,会产生发白现象,在干燥过程中由于溶剂挥发过快,涂膜表面温度急剧下降,使水汽凝聚在涂膜表面上,也会产生发白现象。这种现象常发生在挥发性涂料中。

②涂料或稀释剂中含有水分,或使用低沸点、挥发快的稀释剂。

③施工环境差,喷涂气压太高,油水分离器失效,水分进入使漆膜喷涂后变白。

(2) 防治办法。

①施工环境相对湿度不能过高。如高于 70% 时,应采取措施提高物件温度,如烘烤或

在漆中加入 10% ~20% 的防潮剂或化白水。

②使用空气压缩机前应检查放水，安装油水分离器，不让水分进入涂料中。

③合理使用稀释剂。在稀释剂中加入一些高沸点溶剂，以减慢漆膜干燥速度。

（3）处理办法。

①已发白的涂膜可待涂膜干燥后进行打蜡，消除白雾。如发白严重，可在稀料中加入 10% ~20% 的防潮剂，加入少许涂料再喷 1 ~2 道。

②用红外线喷灯边烤边喷，或将涂料隔离加热后喷涂。

3. 起泡

涂料喷涂后片刻，表面产生不规则的小泡，有水泡和气泡两种，如附录彩图 3 所示。

（1）产生原因。

①空气压缩机排出的水分太多，或供气系统中的油水分离器失效，造成喷涂中水分通过喉管及喷枪出现在物件上。

②喷涂的底材表面粗糙或有砂洞，使空气能藏于空隙中，当喷涂完成后，漆膜下的空气受温度影响产生膨胀，漆面出现气泡，情况严重时表面会出现针孔现象。

（2）解决方法。

①应于每天下班时，将空气压缩机气缸内的水分排放，空气压缩机进气口过滤器如有损坏，应立即更换。

②在空气压缩机输气口处安置油水分离器，在喷漆房内还应设置具有气压调节功能的油水分离器。

③空气压缩机应放在较干燥的地方，并经常排放油水分离器内的水分和油污。

④确保道层间有足够的静置时间，温度略低时约静置 10 min，温度稍高时可间隔 5 min。

⑤使用适当的喷涂气压，约 0.45 ~0.5 MPa。挥发性涂料应避免在温度较高、太阳直射的条件下喷涂。

（3）补救办法。

①轻微起泡可待涂膜干燥后用水砂纸轻轻打磨，然后抛光、打蜡，如轻磨后漆膜太薄不适合抛光，必须重新喷涂面漆。

②打磨后漆面如有砂洞存在，可喷涂中间漆。情况严重时，需补上填眼灰，干燥后再打磨，重新喷面漆。

4. 咬底

上层涂料把底层涂料咬起来，使表面浮胀起皱并与物体脱离，称为咬底，如附录彩图 4 所示。

（1）产生原因。

①底漆、面漆或面漆层间两种类型涂料不配套。如硝基漆喷于油性漆上，硝基漆的溶剂渗入油性漆内而分解油性漆，使其产生胀皱。

②下层涂膜未干透，就涂上层涂膜。如一般油脂涂料、醇酸涂料等油基涂料的涂膜未曾干透时，遇到含有强溶剂的涂料（尤其面漆很厚时）或一层硝基涂料（或过氯乙烯涂料）尚未干透前，再加涂同一种涂料时，则下层涂膜往往被上层涂料中的溶剂所溶解而膨胀、鼓起。

③稀释剂选用不当或加入过量高沸点溶剂，底层涂料经不起强溶剂的作用而产生咬底。

(2) 防治方法。

施工时必须注意底漆、面漆的配套性，尽量使用同一类型的涂料；喷涂环境温度低时，不能急于求成，必须使涂膜干透后再喷涂上一层，涂膜不要喷得过分湿润，可以喷得薄一点、干一点；根据环境温度，选择挥发适宜的稀释剂。

(3) 处理方法。

将起皱分离部分的涂膜铲除后重新修补，重新喷涂。

5. 橘皮

喷涂的涂膜干固后，其表面呈现许多半圆状突起，形如橘子皮，这种现象称为橘皮，如附录彩图 5 所示。

(1) 产生橘皮的原因。

①由于涂装条件控制不适当，如涂料的黏度过大、压力太高、喷嘴太小、喷枪距物面太远（或过近）、涂装环境温度太高（或太低）等，都会影响涂膜的流平性，从而产生橘皮。

②低沸点溶剂过多，在急剧挥发的情况下，漆液来不及流平，而涂膜已干，从而造成涂膜粗糙。

(2) 防治橘皮的方法。

①采用良好的喷涂技术。

②调整喷枪气压，以获得回喷粒子最少的良好喷雾。

③采用较多的稀释剂，稀释剂中最好酌加沸点高的溶剂。

④确保正确的黏度。

⑤待色漆完全干固后，视橘皮的情况，用水砂纸或粗蜡磨去橘皮，进行补涂。如果情况严重，用水砂纸整平，并重新喷涂。

6. 针孔

涂膜表面因受热太快，漆层内溶剂未能完全挥发，表面已开始干燥结膜，当溶剂强制挥发时，穿越结膜的面层，使涂膜表面出现细微小孔（针孔），如附录彩图 6 所示。

(1) 产生原因。

①涂膜黏度高，喷涂过厚，第一道喷完后，未待溶剂挥发便喷第二道。

②底漆或底灰表面有针孔未能解决。

(2) 解决办法。

①必须按技术要求调整涂料稠度。

②烘干漆加温前，应让涂层有足够的置干时间。

③底漆完全干燥后再进行下道工序。

④底层或中间层经打磨后仍有针孔时，必须填平，待干燥经打磨后，再喷涂面漆。

(3) 补救办法。

①情况较轻，可采取抛光打蜡工序。

②情况严重时，应填补腻子，重新磨光后喷涂面漆。

7. 渗色

当表面面漆喷涂后下层漆的颜色透过表面，使面漆的颜色发生被污染现象，即为渗色，如附录彩图 7 所示。

(1) 产生原因。

①面漆是强溶剂的涂料，如硝基漆、过氯乙烯漆等，当面漆与底漆颜色不相同时，容易发生渗色现象。

②在红色底色漆上涂装白色（或其他浅色）漆时，红色易渗透出来。

③喷枪或储漆罐内残余可溶解的颜料，将涂料沾污。

(2) 解决办法。

①可在底层漆上先喷涂 1~2 道底漆，待干后经打磨（不要露底）再喷涂面漆。

②如在喷涂时发生渗色现象，应立即停工。可在底漆上喷涂相适应的银粉漆或金粉漆，待干后再喷涂浅色漆。

(3) 补救办法。

①可待漆膜干后打磨，喷涂隔离底漆，待底漆干后再喷涂面漆。

②可待漆干后经打磨喷 1~2 层面漆（如醇酸漆）。

8. 皱纹

涂膜在干燥过程中会产生皱纹现象。

(1) 产生原因。

①温度较高，一次喷涂的涂层过厚，或使用大量桐油制得的涂料。

②在涂料中过多使用钴、锰催干剂，表面干燥过快。

③溶剂使用不合理，在涂料中使用易挥发的溶剂。

④烘烤温度升高过急过快，造成涂膜表面干燥过快。

(2) 解决办法。

①适量控制桐油的用量，少用钴、锰催干剂，多用铅、锌催干剂，对于烘烤型涂料，加锌催干剂，可有效防止起皱。

②控制涂层一次喷涂厚度，或避开高温时间喷涂。

③在涂料中使用配套的稀释剂或少量加一些防起皱剂。如：在醇酸磁漆中加 5% 的氨基树脂可防止起皱，一次喷涂达 40 μm 以上也不会起皱。

(3) 补救办法。

①对已起皱的涂层，待漆层干透后用水砂纸打磨平滑，重新喷涂。

②如涂层起皱较严重，应将起皱表面铲除后，刮一层腻子，干后打磨，重新喷涂。

9. 失光

有光涂料成膜干燥后无光泽或光泽不足，称为失光，如附录彩图 8 所示。

(1) 产生失光的原因。

①被涂表面多孔或相当粗糙。用有光涂料涂上仍似无光，即使再加涂一层涂料，也难以增加光泽。

②稀料用量过多或选用不当。稀料过多会冲淡光泽，用了挥发性很快的溶剂，往往使涂膜来不及流平，颜料积聚在漆面上，形成空穴，肉眼观看便呈失光。

③气候的影响。在较冷的条件下施工，或在过分潮湿的环境中施工，水汽容易凝结膜面，涂料会失光。

④环境影响。煤烟或其他化学气体会使涂料无光或光泽不好。
⑤底漆未干透或面漆将底漆咬起。
(2) 防治失光的方法。
①加强被涂表面的预处理和涂层表面的光滑处理,主要用腻子刮光滑,这样才能发挥有光漆的作用。
②稀料的加入应适量,以保持油漆正常的黏度,刷涂为30 s,喷涂为20 s。
③施工场地应排除有害气体的影响。
④依据其失光程度,选用液态磨光剂、抛光打磨蜡和粗蜡予以打磨抛光。如果不能使光泽重现,应仔细检查是否有脆裂或发泡,若有,应进行修补。

10.3.3 涂装后发生的病态与防治

涂料在施工后由于各种原因使漆膜产生粉化、裂纹、生锈、水印、脱落等病态现象。

1. 粉化

漆膜喷涂后不久,经阳光直射和风吹雨淋,涂膜表面发生分解变化,呈粉面状,经擦洗脱落掉色,如附录彩图9所示。

(1) 产生原因。
①涂料耐候性差,在大气中紫外线、水分、氧气等的作用下,涂膜提前老化,树脂失去作用,颜料被游离出来而掉面。
②涂料在喷涂时未搅拌均匀,大量清油被甩掉,剩少量清油留在桶上部,底部颜料过多,喷涂后不久,涂膜经不住大气变化。
③涂层喷涂过薄,在喷涂时涂料黏度较低,或喷涂时层次少,涂膜达不到一定的厚度,造成漆膜早期粉化。

(2) 预防办法。
①选用耐候性好的涂料,注意涂料的使用范围,如户内涂料不能用于户外。
②在涂装时将涂料搅拌均匀,如发现喷涂最后一层涂膜时颜料过多,可加入30% ~ 40%同类产品清漆。
③涂装时应增加涂装层次,按比例添加稀释剂,涂膜厚度应达50 μm以上。

(3) 处理办法。
根据粉化的等级不同而采取相应的处理办法,见表10 – 11。

表10 – 11 粉化等级及处理办法

等级	粉化程度	处理方法
优,无粉化	用手指压擦无颜色	应正常维护涂膜
良,轻微粉化	擦后手指蘸有一些颜料,擦痕处颜色无光泽或有一定差异	应根据涂膜情况进行打蜡处理;延长膜的使用寿命
差,较强粉化	擦后手指有很多颜料,擦痕处颜色无光泽或有很大差异	应用细砂纸打磨,喷涂1~2道色漆、混合清漆
劣,严重粉化	擦后手指满带颜色,涂膜颜料没有黏结力	应彻底打磨,重新涂漆

2. 裂纹

涂装不久漆膜外观产生大小不规则的裂纹，外形各有差异，像龟甲状，称为龟裂；像鳄鱼皮状，称鳄鱼皮裂纹；像松针状，称松针状裂纹；用肉眼能见到裂缝到底，而呈玻璃开裂那样，称玻璃裂纹，如附录彩图 10 所示。

（1）产生原因。

①涂层不配套。在长油度底漆或腻子上涂短油度的面漆，使面漆弹性不够，产生开裂。

②面漆品质不良，如涂料中含有过多松香或催干剂，漆膜失去弹性，也易产生裂纹。

③底层过厚，干燥不彻底又涂面漆，造成底、面层收缩不均，形成早期裂纹。

④涂料耐候性差，对热带和寒带气候变化不适应而产生裂纹。

（2）预防办法。

①涂装时应选用配套涂料，底层、中间层应配套，涂层不宜过厚，一定要待底层干燥后再涂面漆。

②不能随意使用催干剂和稀释剂。

③选用耐候性优良的涂料产品。

（3）处理办法。

根据涂层裂纹情况的不同而采用不同处理办法，见表 10 - 12。

表 10 - 12　涂层早期裂纹及处理办法

涂层损坏程度	裂纹形态	产生原因	处理办法
轻度裂纹	涂膜虽有裂纹，但裂纹细小不深，经附着力检验状况良好	底层基础很好，由面层油漆不配套所造成	用砂布或砂纸磨平磨光，喷涂二道底漆，找补细腻子，磨好后喷涂
局部裂纹	局部涂膜裂纹深，稀疏，细而长，个别裂纹翘起，用铲刀铲除时，裂纹周围附着牢固	腻子刮涂较厚或局部厚薄不均，腻子层次间使用不合理，头道腻子软，二道腻子较硬，底部不牢固，铁皮震动	用铲刀顺裂纹方向铲开，不牢固处铲掉，露底，上下大小形成斜坡，沟状底部，也可重新修整或垫平，补腻子，涂漆
严重龟裂纹	涂膜裂痕细深，有清角，涂膜底部有腻子，裂纹细深，很杂乱	涂膜老化失修，腻子调制成分不稳定，底层有油污，处理不干净	全部除掉，重新涂装

3. 生锈

涂层经一段时间使用后，表面出现不规则的锈迹和凸泡，如附录彩图 11 所示。

（1）产生原因。

①底材表面品质较差，锈未除净就涂装，或涂层过薄，不是复合涂层，如底漆、中间层、面层。

②漆前底层磷化处理不当，或底漆选择不当。

③涂料品种选择不合理，不适应湿热气候或盐碱环境。

（2）防治办法。

①涂装前底层处理和进行磷化处理时，配套施工应有较厚的复合涂层，确保涂层的完整性。

②选择耐水、耐候、耐盐碱性较好的面漆。

（3）处理办法。

根据锈蚀起泡程度分别进行处理。

①小泡面积很大，带有锈迹，这是由于涂层过薄，没有配套涂装。应全部砂磨，重新涂装。

②小泡、大泡不均，泡心锈蚀严重，这是由于底层没有彻底除锈，或直接喷涂面漆。务必全部清除，合理涂装。

③局部起泡，泡较大，连成一片，这是由于腻子中油料过小，填料里有水分，没有彻底干燥。应将所有起泡部分清除彻底，重新涂装。

4. 水印

当一滴水在漆过的表面蒸发后，水滴的外沿仍然可见，而且无法用抹布擦拭去除，此即为水印。如留下白色点状，则称为水迹点，如附录彩图 12 所示。

（1）产生水印及水迹点的原因。

①不正常的气候状况，比如遇大雨后随即出现强烈的太阳。

②在涂膜未完全硬化前即暴露于雨中。

③蜡涂得过多。

（2）防治水印及水迹点的方法。

①在重新涂蜡打光时，应将旧蜡彻底除净。抛光时，首先使用抛光水，再根据水印或水迹点的深浅，使用较粗粒的抛光剂或粗蜡。

②如重复打蜡仍无效，则应湿磨整平缺损区域，并重喷。

5. 脱落

涂层脱落是指涂层干裂而失去附着力，最后造成涂层小片脱落或整张揭皮。

（1）产生脱落的原因。

①被涂表面过分光滑，或表面预处理不彻底，存在水分、油污、氧化皮等。

②烘烤时，温度太高或时间太长，涂层太厚。

③涂层不配套，或层间有油污等，可能造成大面积脱落。

（2）防治脱落的方法。

①涂漆前对工件表面认真处理，使其表面洁净干燥并且有一定的粗糙度。过分光滑的物面要用砂纸打磨成平光。

②按涂料品种的技术要求，烘烤温度和时间应严格控制，涂层不宜太厚。

③必须考虑涂层间的配套性并增加其结合力。

④刮至裸铁板，使用磷酸清洗剂，用钢丝刷清理后，重新涂装。

思 考 题

1. 选择车身涂料应注意的问题有哪些?
2. 车身涂料的选用原则有哪些?
3. 简述色的三属性。
4. 简述颜色的四种感觉。
5. 简述原色、间色、复色、补色、消色、调和色。
6. 原车漆膜颜色分析的步骤有哪些?
7. 简述电脑调色的操作过程。
8. 涂料质量不良而产生的病态有哪些?
9. 涂料在运输、储存中易出现的缺陷有哪些?
10. 涂料在施工和操作中发生的病态有哪些?
11. 涂装后发生的病态有哪些?

第11章 车身涂装修复工艺

● **本章重点**

掌握喷漆前车身表面预处理方法；掌握汽车车身涂装方法及工艺；熟悉汽车零部件的涂装工艺；了解货车、客车和轿车车身的涂装修复工艺。

11.1 表面预处理

表面预处理是涂装工艺的第一阶段，通过表面预处理，清除被涂工件上的表面污物，消除或减轻表面缺陷，以提供适应涂装要求的良好基底。它是涂装工艺的基础，是漆膜达到平整、耐久的保证。

表面预处理的目的是使工件表面无油污及水分，无锈斑及氧化物，无黏附性杂质，无酸碱等残留物，使表面有一定的粗糙度和稳定的保护膜。因此，表面预处理是涂装工艺中的重要一环，它关系到底漆层的附着力、面漆层的装饰性和使用寿命。表面预处理包括脱脂、除锈、消除表面缺陷、化学转变等作业项目。

常见的车身表面污物及缺陷有氧化皮、铁锈、焊渣、油污、旧漆、其他污物及表面缺陷。

11.1.1 洗车

对汽车车身进行修复前，应首先洗车。汽车的清洗有户外清洗和室内清洗两种。

1. 清洗车间应该具备的基本条件

（1）可停放大型车辆的混凝土地坪，使操作、排污水方便。

（2）足够长度的水管，这种水管的手柄上应该安装有控制喷水的开关，喷出足够的水量。

（3）适度的照明。

（4）一定数量的水桶、海绵或泡沫塑料、洗涤剂、窗玻璃清洁剂、抹布以及纸巾等。

（5）压缩空气、气管、气枪、防护眼镜或面罩、橡皮手套以及围裙。

2. 清洗步骤

(1) 取出地毯（分开清洗、晾干），清理烟灰盒、沙发坐垫等物品。
(2) 关好车窗、车门。
(3) 将汽车的表面淋湿，减少划伤汽车表面的可能性。
(4) 配制清洗剂。
(5) 用软海绵蘸肥皂水擦车。擦车的顺序是：车顶、挡风玻璃、发动机盖、保险杆、灯具、车的一个侧面（包括玻璃）、车身后部（包括玻璃、尾灯）、车身的另一侧（包括玻璃）以及车轮等。
(6) 按（5）中规定的顺序冲洗整车，直到将肥皂水冲洗干净。
(7) 戴好防护眼罩，按与冲洗相同的次序用压缩空气吹干表面，再用干净的绒布擦干。

3. 车身待涂装表面的清洗

车身待涂装表面的清洗主要使用有机溶剂系列清洗剂。它的作用是溶解和去除油脂、润滑油、污垢、石蜡、硅酮抛光剂以及手印等。车身待涂装表面，清洗方法与步骤为：

1) 一般清洗
①用干净的白布蘸清洗溶剂擦洗待涂装的汽车表面。
②擦洗表面积如果超过 0.2 m²，则每次擦洗都应该重叠 5~10 cm。
③在汽车待涂装表面还是湿的时候，用清洁的白布擦干。如果表面积较大或者是整车清洗，则应该频繁地更换抹布。

2) 清洗硅酮类化合物
①用干净的白布蘸清洗溶剂擦洗待涂装的表面。
②再次用干净的白布蘸溶剂擦洗表面，然后用超细砂纸打磨表面。
③再次用干净的白布蘸溶剂擦洗表面，然后用干净白布擦干。

11.1.2 金属表面除油

工件表面存在油脂，会影响涂膜的附着力和干燥等性能，也会影响涂膜的防锈能力和使用寿命。常用的车身金属表面除油方法有碱液清洗、乳化清洗和溶剂清洗等。

1. 碱液清洗

这种方法主要借助碱的化学作用（皂化作用）来清除物质表面的油脂和轻微锈蚀，使被涂表面净化，其特点是操作简便、价格低廉，故应用较为广泛。碱液的主要成分有氢氧化钠、碳酸钠、磷酸三钠、碳酸锂、硅酸钠、肥皂等，其中，起皂化和洗涤作用的是氢氧化钠，磷酸三钠则起软化水的作用，酸碱度（pH）由碳酸钠进行调整，硅酸钠则起加强润湿和乳化作用。

常用的碱液清洗剂配方有以下几种：
①氢氧化钠 0.5%、碳酸钠 4%、三聚梭磷钠 0.5%、无水偏硅酸钠 7%、树脂酸钠醚醇 0.05%，加 87.95% 的水混合；其操作温度为 70~100 ℃，浸渍滚动时间为 10~30 min。清洗后用清水冲干净，彻底干燥后进行涂装。
②氢氧化钠 0.15%、碳酸钠 0.15%、三聚磷酸钠 14.7%、无水硅酸钠 0.25%、非离子型聚氧乙烯醚 0.01%，加水 84.75% 调解均匀；适用于喷淋法除油污，温度为 54~74 ℃ 时

③氢氧化钠30%~32%、碳酸钠60%~65%、硅酸钠3%~10%；工作温度为80~90 ℃，处理时间为15~18 min。适用于油垢严重的钢铁零件。

④磷酸三钠80%~100%；工作温度为80~90 ℃，处理时间为10~40 min。适用于铜及其合金零件。

⑤氢氧化钠15%~20%、磷酸三钠65%~50%、硅酸钠20%~30%，工作温度为60~90 ℃，处理时间为3~5 min。适用于铝及合金零件。

碱液除油法的分类：

①电解法。把被清洗物浸入碱液，然后通电，依靠电解产生的气体的物理作用而清洗脱脂。

②喷射法。将碱液喷射到被清洗物表面而进行清洗。此法适用于大量生产和流水作业。

③旋转法。将被清洗物放入碱液容器内，通过旋转实现脱脂。此法一般适用于形状小、油脂多的工件。

④浸渍法（煮沸法）。把被清洗物放在加热的清洗剂中浸渍而完成脱脂。同时，还可以通过搅拌、振动等机械作用进一步改善脱脂效果。

操作上还应注意以下事项：

①浸渍时间。根据物件表面油污的程度，一般为10~30 min。

②碱液温度。油脂只有在高温条件下才有可能被软化，且有利于脱脂作用。一般情况下，温度越高，清洗效果越好。通常碱液温度为60~100 ℃。一般认为，温度在50 ℃以上时，每增加10 ℃，清洗效果就增加一倍。

③酸碱度（pH）。pH越大，油与液之间的表面张力越低，越易形成乳浊液，对脱脂有利，但过大会对一些非铁金属产生腐蚀，过小（pH=8以下）又失去脱脂效果，故决定pH时，必须考虑金属的种类。

④水洗。碱洗后的物件一定要用流动的热水充分洗净，如果清洗不彻底，附着在被洗物上的硅酸钠会生成二氧化硅胶体，影响磷化处理。

另处，还应注意，脱脂碱液在使用一段时间后，脱脂能力逐渐减弱。为了保持良好的除油效果，应经常调整槽液。有时也可用刷子刷除油污，再用清水冲洗和手工擦洗干净。

2. 乳化清洗

此方法又叫表面活性剂清洗法。清洗剂以表面活性剂为主，它既可使油脂在乳化液中溶解除掉，又可使水溶性的污染物也溶解并被清除。其特点是：除油率强、清洗效率高、腐蚀小，既适用于有色金属清洗，又能用于黑色金属除油。

乳化洗净液是由有机溶剂和表面活性剂组成的。这种清洗液对油脂类物以及固体的粒子或其他污物等能一起除掉，对锌、铝等不适合碱脱脂的金属也能使用，脱脂工艺时间短、清除油污作用效果好，无毒、无害、对工作人员安全，洗净液对温度反应不大，在常温条件下就可以进行，且无需特殊的装置。

以下是乳化洗净液的两种配方：

①水90%、煤油9%、表面活性剂1%，混合后在每升中加20~30 g的偏硅酸钠。

②煤油67%、松节油22.5%、月桂酸5.4%、三乙醇胺3.6%、丁基溶纤剂1.5%。使用这种清洗剂时应注意，清洗后表面活性剂残留在金属表面，将会给下道工序带来影响，因

此必须先用清水冲洗，然后用热水冲洗干净。

3. 乳化清洗

有机溶剂除油法是一种常用的较为简便的除油方法，它是利用有机溶剂的溶解力除去物件表面上的油污。操作时，先把物件浸泡在溶剂中，用铲刀铲掉较厚油污，然后用棉纱或刷子将零件清洗晾干。不能浸泡的物件也可直接用有机溶剂擦洗。表面光滑的物面，如新铁板表面的油污，可先用有机溶剂擦洗干净，然后用砂纸打磨，这样才能增强涂层的附着力。

常用的有机溶剂有汽油、煤油、松香水等。这些有机溶剂在使用时应远离火源，严禁在明火操作区使用，同时要求有良好的通风条件和消防设施。

11.1.3 金属表面除锈

清除工件表面锈蚀物，是获得具有牢固附着力涂膜的保证。其主要清除方法有物理方法和化学方法两种。

1. 车身金属物理方法除锈

（1）手工除锈法。这是一种最简单也是最古老的除锈方法。用刮刀、锤子、钢刷、砂轮等工具进行手工铲、敲、砂磨等，从而达到除锈的目的。这种方法施工简单、方便，但工人操作劳动强度大，除锈质量也较差，因而只能用于物面不太复杂的情况。故目前应用较广的还是机械除锈、喷射除锈和火焰除锈。

（2）机械除锈法。用机械产生的冲击、摩擦作用，替代手工的除锈方法。常用的工具为电动砂轮、风动砂轮、电动刷、风动刷、电动除锈器和电动锤等。这种方法能减轻劳动强度、提高工作效率和除锈效果。但也仅用于外形简单、精度较低的工作表面除锈。

（3）喷射除锈法。这种方法是利用一定的介质，使其达到一定的速度后喷射到工件表面，以冲击摩擦作用，达到除锈的目的。另外，还可使金属表面形成带有微孔、粗糙不平的表面，使涂层与金属表面间的附着力和彼此间的结合力增强，从而延长了涂层的使用寿命和周期。由于所用介质的不同，处理的方法又分为以下几种：

①喷砂法。这种方法是选用直径 1~2 mm，颗粒均匀，强度足够，干燥无油，且有棱角的黄砂或石英砂等介质，利用压缩空气流将砂粒从喷砂枪的枪嘴高速喷射到工件表面，在砂粒的冲击和摩擦作用下，将氧化皮、铁锈、旧涂层、油脂等污物去除。对喷砂后的工件，应用毛刷或压缩空气清除尘屑，并在 0.5 h 内涂底漆，以防再度锈蚀。

②喷丸法。这种方法与喷砂相似，其主要区别在于它是以直径为 0.2~1 mm 的金属弹丸代替砂粒喷射到工件表面上，其除锈效果好，效率高，碎丸可回收，使用的压缩空气压为 392~488 kPa。

（4）抛丸除锈法。这种方法是利用高速旋转抛丸器的叶轮抛出的高速弹丸（铁丸或钢丸、铁渣、钢渣等）对工件的冲击、摩擦等作用达到除锈的目的，弹丸的直径为 0.5~0.9 mm，拉伸强度为 157~176 kPa，含碳量不少于 0.65%，且应保持干燥，以防工件除锈后重新生锈。它具有生产效率高、劳动条件好、成本低等优点。另外，还具有消除工件内应力、使工件表面硬化的作用。

（5）火焰除锈法。这种方法是用喷灯或氧炔焰加热锈蚀的工件表面，利用金属与锈层的热膨胀系数不同，受热后产生错位而导致锈蚀物的剥落。这种方法通常需辅以手工或机械法，才能使除锈较彻底。

2. 车身金属化学方法除锈

又称酸洗法，它利用酸溶液与金属氧化物发生化学反应，从而除掉金属表面的锈蚀物如锈垢、氧化皮等。目前应用得较为广泛的是浸渍酸洗，构件在酸液中经过浸泡除锈以后，还要经过冷热水的清洗、中和处理、再清洗等工序。故化学除锈法不适用于局部作业，车身维修中，只有当构件整体需要进行除锈时，才能使用这种方法。

酸洗常用无机酸和有机酸。无机酸有硫酸、盐酸、硝酸、磷酸、氢氟酸等。有机酸有醋酸、柠檬酸等。在除锈过程中，由于酸和金属接触产生大量氢气，并且氢原子很容易扩散至金属内部，使金属脆性和硬度提高（称作氢脆）。此外，氢气从酸液中逸出，形成很多酸雾，危害人的身体健康。

使用中为防止产生过蚀、氢脆及减少酸雾的形成，可在酸洗过程中加适量的缓蚀剂，这样可以大大减轻金属的腐蚀及氢脆现象，而对除锈并无显著影响。

常用的缓蚀剂有明胶若丁、琼脂、铬酸盐、硫脲、乌洛托品、OP缓蚀剂等，由于缓蚀剂本身带电荷，在微电池电场作用下吸附到阳极，在金属表面形成一层分子膜，以阻碍酸对金属的作用，从而达到缓蚀的目的。

1) 钢铁件表面的酸洗

由于盐酸价格低，酸腐蚀容易控制，对氧化物的溶解力大，酸洗处理简单，故酸洗中多采用盐酸。

酸洗时，为了抑制铁与酸的反应，提高酸的除锈能力，酸洗液中需要加入抑制剂。抑制剂有无机和有机两类。有机类抑制剂如苯胺、吡啶、哇林、甲醛、硫脲、明胶等，它们的抑制效果和稳定性好，用量为1%以下。

酸洗时，酸液浓度根据锈层的厚度、种类、工作温度等条件而定。温度高，易产生气体蒸发，使成分变稀，故温度根据酸的种类不同而不同，大多工作温度不超过40~70℃。当然，酸液浓度和工作温度高时，酸洗的时间可以缩短，但对钢铁的腐蚀也加速，所以必须适当选择酸液的浓度、工作温度、工作时间等参数（可参考表11-1）。

表11-1 酸洗的配方与参数

适用范围	溶液成分及含量/(g·L^{-1})	工作温度/℃	处理时间/min
厚钢板强酸蚀	硫酸：180~200 缓蚀剂：3~5	20~60	5~50
热轧钢板除油除锈	硫酸：200~250 硫脲：3~5 OP—10：6~8	60~65	40~90
轻微锈除油除锈	硫酸：68 硫脲：5 OP—10：10	60~70	10~15

续表

适用范围	溶液成分及含量/(g·L^{-1})	工作温度/℃	处理时间/min
铸铁制件或钢制件	硫酸：75~100 盐酸：110~180 食盐：200~500 缓蚀剂：3~5	20~60	5~50
不宜加温的较大工件	盐酸：5%~20%（质量分数）	常温至40	锈除尽为止

2) 有色金属件的酸洗

①铜及铜合金的酸洗。一般采用10%~40%的H_2SO_4溶液，在常温至80 ℃下进行。氧化膜无法去除干净，可在每升酸液中加20 g Na_2CrO_4，必要时，把溶液升温到80 ℃，效果较好。

②铝及铝合金的酸洗。用10% H_2SO_4水溶液在50 ℃下浸数分钟；经水洗后，在5%的NaOH溶液内常温浸数分钟，或经水洗后，在5%的HNO_3溶液中于90 ℃下浸0.5~5 min。

③锌及锌合金的酸洗。在2%~3%的HCl或HF溶液中快速进行。

3) 酸洗后的处理

从酸洗槽中取出的金属，表面附着酸液，必须用温水充分冲洗，把酸完全除去，否则又会马上生锈。

为了彻底把酸除去，往往采用碱液中和处理，最好立刻进行磷化处理或用稀H_3PO_4、CrO_3溶液浸渍（指对钢铁）后再进行冲洗。

11.1.4 金属表面磷化处理

金属表面经化学除锈后，为提高其防腐蚀能力和增强涂膜的附着力，用锰、锌、铁等金属的正磷酸盐溶液处理金属表面，使其生成一种不溶性的磷酸盐保护膜，这种方法称为磷化处理。

磷化处理形成的磷酸盐膜具有以下特点：

①具有一定的防腐性，附着性能好，适宜做涂膜的底层，使涂料性能足以充分发挥。

②磷酸盐膜呈结晶状，表面积增大，所以与涂膜的附着力增大；同时，磷酸盐膜是绝缘层。

③耐热性强，涂膜烘烤时也不受影响。

④磷酸盐膜不耐强酸、强碱，它的屈服强度比较低，磷化处理后，最好不要再进行变形加工。

⑤磷化后长期暴露时，结晶膜会损伤或破坏，耐蚀性能会减弱。

11.1.5 金属表面的旧漆处理

为保证新涂层质量，涂装前必须部分或全部清除旧涂层，除去旧涂层常用的方法有：

1. 火焰法

利用火焰的高温对金属表面的油脂、旧涂层、污垢及氧化物等进行烘烤。对油脂有机物是通过燃烧使之碳化后被清除；对于金属，利用加热后基体金属和氧化皮、铁锈等之间的热膨胀系数不同,以及吸收的水分因受热迅速蒸发所产生的压力,使氧化皮崩裂,铁锈脱落。然后用刷子扫除干净。操作时的动作应敏捷,旧涂层烧焦后应立即刮净,因冷却后不易铲刮。此法清除旧漆只需喷灯和铲刀,操作简单,能在任何条件下施工,经济实用。但其缺点是:生产率不高,清除不彻底,须用钢丝刷做补充处理。

2. 机械法

凡是除锈的机械都可用于除去旧漆。风动、电动的除锈设备喷砂、喷丸、抛丸等都是清除旧漆的良好方法。砂纸、钢丝刷、铲刀等也可除去旧漆,只是劳动强度大,工效较低,但方便简单,局部除去旧涂层也可采用。

3. 化学法

化学清除旧涂层的方法有碱液脱漆和有机溶剂脱漆两种。碱性脱漆成本低,生产安全,对人体伤害不大,但它需要一定的设备(如脱漆槽、清洗槽、蒸气加热装置等);有机溶剂脱漆法施工简单,效率高,常温条件下对金属腐蚀性小,但这种方法毒性大,易挥发、易燃烧,对人体危害性大,成本也较高。

(1) 碱液脱漆法。碱液的配制方法有:

①在 100 kg 的水内,加入 0.3 kg 亚硫酸钠、0.2 kg 碳酸钠、0.2 kg 硅酸钠和 0.2 kg 肥皂制成。脱漆时,一般要在溶液中浸泡 10～30 min。

②用苛性钠 77%、碳酸钠 10%、多羟醇 5%、甲酚钠 5%、表面活性剂(如脂肪酸皂、石油磺酸脂、磺化蓖麻油等)3%,按质量计配比混合。使用时,取上述混合物 6%～15%,用 90 ℃以上的水 85%～94% 配制成水溶液进行脱漆。此溶液脱漆质量好,尤对松香酯漆、醇酸漆效果最好,而对酚醛漆和乙烯漆效果略差。

汽车车身表面平整,采用碱性脱漆膏,可以得到良好的脱漆效果。碱性脱漆膏的配制(两种)如下:

①用冷水 0.5 kg 调和马铃薯粉 0.5 kg;另用 2 kg 热水,放入苛性钠 2 kg,待碱溶化后,将马铃薯混合液与其混合,再加入热水 5 kg,经过充分搅拌均匀即可。

②用苛性钠 16 kg,溶化在 34 kg 的热水中,再加入生石灰 18 kg,搅拌均匀后,再加入机油 10 kg 和碳酸钠 22 kg,拌合成膏状即可。

将脱漆膏涂于车身表面上 2～5 层,每平方米用量 1.5～1.6 kg。一般在 2～2.5 h 涂层破坏。对于厚层涂膜,可用铲刀刮破涂层后涂搽,以使碱液浸入内层。如旧涂层除不彻底,可以再涂 1～2 层,直至涂膜完全脱落为止。

为使脱漆膏温度升高,并保持湿度,可在涂后表面用潮湿物盖上,这样效果较好。待漆膜被破坏后,即可用高压水冲洗干净。涂碱性脱漆膏不应在强阳光下操作,以防水分蒸发,影响脱漆效果。

(2) 有机溶剂脱漆法。去除汽车驾驶室、翼子板、发动机盖及车身等处的旧漆,普遍采用有机溶剂脱漆法。

这种方法的特点是:效率高;可常温施工,操作简单,不需要增加脱漆设备;对金属的腐蚀性小。但溶剂易挥发、有毒性、易燃,施工成本高。

常用的有机溶剂脱漆剂产品有 T—1、T—2、T—3 等。

①T—1 脱漆剂。由酮、醇、苯、酯类溶剂,加适量石蜡配制而成的乳白糊状物。它有

能溶胀漆膜使之剥离的性能，主要用于清除油脂漆、酯胶漆、酚醛漆的旧漆膜。在重新涂漆前，要将工件面上的蜡清除。使用量≤150 g/m²。

②T—2脱漆剂。由酮、醇、苯、酯类溶剂混合制成。脱漆效果较T—1好，主要用于清除油基漆、醇酸漆、硝基漆的旧漆膜。使用量≤170 g/m²。

③T—3脱漆剂。由二氯甲烷、有机玻璃、乙醇、甲苯、石蜡及有机酸配制成。此剂毒性较小，脱漆速度较快，效果较T—1、T—2好，供清除各类旧漆膜。但对环氧漆、聚氨酯漆等效果较差。

有机溶剂脱漆的施工方法及注意事项：

①脱漆的施工以刷涂为主，浸涂更好。

②刷涂要掌握浸渗时间，旧涂层软化起皱后，可以用铲刮刀将涂层铲下，细小部位可以用钢丝刷搓刷，将铲下来的旧涂膜皮及时扫除干净，以防着火。

③浸涂要有密封或浸涂脱漆设备，防止挥发浪费。

④脱除旧涂层时，溶剂易挥发，而石蜡附在表面，所以必须用汽油或中和剂洗涤，以免影响以后的涂膜干燥和附着力。

⑤脱漆时，不要直接在阳光下进行，因为溶剂挥发太快，会降低脱漆效果，还会增加脱漆剂的消耗量。工作时，要正确使用防护用品，不要吸烟并防止明火。脱漆剂溅在皮肤上有些痒痛，禁止使用溶剂擦手，以免引起皮肤病和溶剂中毒，工作后应将手洗净。

11.1.6 非金属表面的处理

汽车工业使用的非金属材料较多，如塑料、玻璃钢、木材、皮革等，在涂装前都要进行合理的处理，才能获得优质的涂层。

1. 塑料件的表面处理

对于塑料制品，由于加工和成型的原因，有脱膜剂残留在表面，在运输、组装及使用过程中，也容易使表面有油污、脏物等。此外，许多塑料表面光滑、湿润性差，造成涂装后产生漆膜缩孔和附着力差等缺陷。因此，也需在涂装前进行表面处理，以提高涂膜的附着力及耐久性。常用的表面处理方法有以下几种：

（1）化学氧化处理。以聚乙烯为例，其处理工艺为：先用汽油或二甲苯擦去表面油脂、污物等，再将物件放在铬酸处理液中，在50 ℃的处理液中浸蚀10 min后，用清水彻底洗净，晾干或在50 ℃下烘干。

（2）喷砂处理。用高压空气或将细砂喷打在塑料制品表面，可除去油脂，得到粗糙的表面，但应将砂粒和高压气流控制好，以免使塑料制品损坏变形。

（3）溶剂清洗。聚丙烯塑料可用热三氯乙烯甲苯、丙酮溶液清洗，其除去油污、杂物的效果也很好。

（4）溶剂或乳液。用溶剂或乳液（煤油、皂水）清洗，清洗后用砂纸打磨，使表面粗糙，以增强涂料的附着力。

2. 玻璃钢的表面处理

由于玻璃钢制品在成形后表面常带有脱膜剂（如蜡脂、硅等），表面比较光滑坚硬，如果涂料直接涂装在表面上，将因附着力不强而影响涂膜质量。因此，需对零件进行表面处理。

最常用的方法是：用热水浸煮，去掉表面蜡质油污，然后用砂纸打磨晾干或低温烘干。也可用松香水、二甲苯混合溶液除去表面的油脂，再用热水擦洗，最后用砂纸打磨晾干或低温烘干。

3. 木材表面处理

木制品表面处理有两类：涂装清漆的底层处理和涂装色漆的底层处理。涂清漆要求表面木纹清晰，颜色一致。因此，在底层处理时，要进行一整套作业，其主要方法是：

(1) 去除尘污、胶痕、笔迹。木制品由于制作时要粘贴、划线等，常有余胶、笔迹留在木器表面，在涂漆前均要彻底清除掉。首先用铲刀把胶痕铲净并用溶剂揩洗，有笔迹的地方用橡皮擦涂，然后用砂纸打磨，打磨完后，用干净的软布将表面清理干净。

(2) 除木毛。木制品表面虽经加工，但是常有木毛出现在表面，这是由于木纤维吸潮膨胀形成的。如果这些浮毛不处理掉，将会影响木制品着色和涂装质量。去木毛时，可在木制品表面用排笔薄涂一遍酒精，在酒精未干时，立即用火点着，经火燎的木毛变脆，然后用砂纸磨掉。在刷酒精时，一定要将物面放平，一面面地进行，也可用挥发快的清漆，调稀后在物件表面刷一遍，干后用砂纸打磨去掉浮毛。

(3) 漂白法。许多木材，如樟木、菲律宾木和水曲柳木等，由于树种的不同和制造板材的选料不同，颜色差别很大。要想得到颜色一致的木制品表面，除在制作时精选板材外，还要在涂漆前进行漂白处理。漂白处理的方法很多，可根据具体情况选用。

一种方法是，使用浓度为 15% 的过氧化氢溶液。过氧化氢能放出氧气，分解木材中的色素使颜色褪掉。如果在过氧化氢中加入部分氨水涂刷在深色板面，经过 2~3 天后，即可得到均匀的白色板面。

另一种方法是，将次氯酸钠 30 g 溶于 1 L 温水（70 ℃左右）中。将这种溶液刷涂在木材板面上，然后立刻以浓度为 0.5% 的冰醋酸溶液涂刷，两种溶液交替使用，至木材变白为止。此种方法对深色木材效果较好。

4. 皮革的表面处理

汽车内装饰部分用皮革材料较多（如仪表盘、内装饰板等），在涂漆前也要进行表面处理。使用的清洁剂配方如下：

醋酸乙酯 200 mL，丙酮 250 mL，氨水 50 mL，乳酸 50 mL，水 1 000 mL。

混合后擦拭皮革表面，可去掉油脂、污物及其他物质，擦拭后应立即进行下道工序。

另外，还可用 3% 的防霉剂（五氯酚钠等）溶解于 97% 的松节油中，配制成防霉剂溶液，均匀地涂刷在皮革制品表面，晾干后可再涂刷软性硝基清漆或皮革漆。

11.2 涂装方法及工艺

11.2.1 汽车车身修复涂装常用的方法

1. 刷涂

刷涂是以刷子为工具用手工进行涂装的一种方法。其特点是：设备简单，施工方便，灵活性大，适应性强。刷涂可用于涂装各种厚漆、调和漆、沥青漆及其他慢干的干性涂料。有些底漆（如红丹防锈漆）采用刷涂则十分合适。刷涂时，必须将涂料搅拌均匀，并调整至黏度适当。一般以 40～100 s 的黏度为宜，刷涂时，刷子进入涂料的部分一般为刷子的 1/2，然后按一定方向轻轻涂刷。自里向外，先难后易，纵横涂刷。最后漆刷轻轻修饰边缘棱角，以保证涂层厚薄均匀，光亮平滑，无刷痕、流挂、斑点等。刷涂时，对垂直的表面刷最后一道时，应由上而下地涂刷；对水平表面涂最后一道时，应顺光线投射方向涂刷。涂刷厚度要适当，过厚易起皱，且附着力低；过薄则易露底，涂层保护性能差。刷涂完毕，应用稀释剂清洗漆刷，否则，涂料干结，刷子就无法再使用了。

2. 刮涂

刮涂是用手工涂装，以获得较厚涂层的一种方法。刮涂使用的工具是刮刀，有金属刮刀、牛角刮刀、木刮刀、橡皮刮刀等，不同材质和不同形状的刮刀分别用于填平、补孔隙、塞缝、抹平等作业。刮涂法主要用于腻子的涂装，也可用于黏度较大的调和漆及其他厚浆涂料的涂装。

3. 浸涂

浸涂就是将被涂物件全部浸没在涂料槽中，待全部都涂上涂料后再提起，让多余的涂料自然滴尽，经干燥后即可。这种涂装方法的效率高，操作简便，但有一定的局限性。

4. 空气喷涂

空气喷涂就是利用喷枪，以压缩空气的气流将涂料从喷枪的喷嘴中喷出形成雾状，喷涂在涂装表面。其特点是可以获得厚度均匀、光滑平整的涂层，且效率高。适用于绝大多数涂料的涂装，特别是快干性涂料和大面积形状复杂的涂装表面。在汽车车身修补涂装中大多采用这种涂装方法。但这种方法的缺点是涂料损耗大、利用率低，使用溶剂和稀释剂的量大。

5. 静电喷涂

为克服空气喷涂涂料损耗大的缺陷，在大面积喷涂时，可采用静电喷涂。静电喷涂是利用静电基本原理，使雾化时涂料带有静电，并在电场力的作用下被吸附在带异性电荷的涂装面上。其特点是生产效率高、涂料损耗少（比空气喷涂节约 10%～50%），涂料的利用率可达 80%～90% 以上。但静电喷涂的设备比较复杂，设备投资大，所以一般修理厂很少采用。

11.2.2 汽车车身修复涂装典型工艺

1. 局部修复涂装工艺

局部修复涂装的涂前表面处理步骤为：

（1）涂前表面处理。

①彻底清理需修补部位的污物、油漆、锈斑等。清理范围应比损伤范围扩大 125～325 mm。

②铲除损伤部位的旧涂层，伤口涂层边缘应打磨成斜坡。

③用粗砂纸磨掉表面铁锈，同时打磨涂层断裂边，使边缘平整，消除涂层棱边。

④吹净或擦净浮尘或污物。

⑤用汽油擦除手印和油污。

（2）涂底漆。

①按照生产厂家的提示稀释底漆,根据气候状况认真选择合适的溶剂。
②将涂料彻底搅拌均匀。
③采取刷涂法涂第一道底漆。
④按照标签指示留出闪干时间,然后涂 2～3 道中湿涂层,增加涂层厚度,每道之间都应留出闪干时间。
⑤待底涂层干透以后,用磨块打磨至平滑。如果仍有很细小的磨痕,再涂一道底漆就可填平。

(3) 刮腻子。刮腻子是将腻子刮涂在工件表面,填补工件表面的不平,为汽车涂装作业提供平整、光洁的底材。

①腻子的刮涂。涂刮腻子是为了使工件表面既平整光滑又无缺陷,涂刮层数应根据工件表面的粗糙程度和形状,以及对涂层精度要求而定,工件表面粗糙或加工要求较高时,则要刮多层腻子,反之,则涂刮层数可少些。

涂刮腻子的方法有局部填嵌和满刮两种。局部填嵌是对局部明显凹陷处填嵌腻子。这种涂刮方式,一般用于毛坯零件的初步填嵌或对整个涂层的修补。在局部填嵌时,对明显的凹陷处,应用适当的腻子填平,同时在其四周应刮得薄且光洁。满刮是对整个涂饰面的全面涂刮腻子,满刮时,应使腻子层平整光滑。

在涂刮腻子的过程中,总是包含着敷与收两种手法。敷腻子是把腻子涂于工件表面;收是把已涂于工件表面的多余腻子刮去并把腻子层涂刮平整。涂刮腻子时,往往采用边涂腻子边收平整的手法,即用刮具从腻子板上挖取腻子后,先将腻子团附着于工件表面,继而手持刮具,使刮具与工件成 30°～45°角并逐渐变化角度,同时移动刮具,使腻子在加工区域摊满摊平,分布均匀,然后沿与上一次刮具相反的方向,刮平已敷好的腻子表面,使腻子层进一步平整。注意,刮具往复次数以 1～2 次为宜,过多地往复刮压腻子往往会导致腻子中油分的挤出并封闭在腻子表面,影响腻子的干燥。边涂边收涂刮腻子的手法一般适用于工件的小平面或形状复杂的部位。

涂刮腻子所应用的刮具也应有针对性。可以利用硬刮具如钢板、嵌刀、胶木刮板等,使腻子层易于达到平整的要求,也可以利用如橡胶刮板甚至油漆刷等软刮具,使腻子容易黏敷于工件表面。采用软刮具涂刮腻子,虽然不易涂刮平整,但在加工曲面部位时是较优越的。刮具的刮口宽窄,对施工效率、涂刮的平整程度也有直接影响,一般刮口宽,工效高,易涂刮平整。

②腻子的打磨。腻子干燥后所形成的腻子层必须经打磨,以消除其不平,提高涂层间的结合力。常用的打磨腻子的材料有水磨石、砂纸等,这些材料也可应用于砂磨底漆和面漆层。

砂纸是将磨料用黏合剂黏敷在纸或布上制成,磨料粒子的粗细直接影响砂磨效果,磨料的粗细即磨料的粒度,用"目"表示。"目"是指筛内每平方英寸上的孔数,如 120 目,即为通过 120 目筛的磨料的细度。根据其应用场合不同,分为三种:木砂纸是将玻璃屑粉黏敷于纸上制成的,习惯上采用浅黄色的纸作基料,主要用于木制品表面的磨光;水砂纸是用氧化铝细粒作磨料,采用耐水的醇酸清漆作黏合剂敷黏于纸面制成的,习惯上采用黄到灰色的纸作基材,主要用于较精细的施工,蘸水(或肥皂水或 200 号溶剂汽油)砂磨腻子或其他涂料层;铁砂纸是由氧化铝粒、黏合剂和布制成,习惯上采用棕褐色的棉布或化纤织物,用于砂磨底层腻子或底漆层,也常用于清除铁锈或旧涂层。

打磨时,通常用拇指和食指拿住砂纸,拇指在砂纸之下,四个手指在砂纸上压住打磨,也可用中指将砂纸夹在无名指之间,拇指在前下侧,食指和中指在上侧,往下压住打磨。打磨边角和螺栓周围的一些细小部位时,用拇指压住砂纸,其余四指弯缩,来回往返摩擦即可。腻子表面如有干结的堆积、残余的渣块等,应先用铲刀削平,再用浮石带水进行粗磨。为了减轻劳动强度,提高工效,改善质量及劳动环境,可采用电动或风动磨腻子机。

③腻子施工注意事项。

a. 腻子刮涂前,底漆必须干透,以免产生气泡或龟裂起皮。若底漆太光滑,可先用砂纸打磨,以使腻子与底漆结合良好。

b. 腻子要在一两个来回中刮平,手法要快且稳,不可来回拖拉。拖拉刮涂次数太多,腻子易拖毛、表面不平不光,甚至将腻子里的油挤到表面,造成表干内不干,影响性能。

c. 洞眼缝隙之处,要用刮刀尖将腻子挤压填满,但一次不宜刮涂太多太厚,防止干不透。

d. 刮涂时,四周的残余腻子要及时收刮干净,否则表面留下残余腻子块粒,干燥后增加打磨的工作量。

e. 头道或二道腻子要求刮平,二道或四道腻子要求刮光。每刮完一道,都要充分干燥,每道腻子不宜过厚,一般掌握在 0.5 mm 以下,否则容易收缩开裂或干不透。

f. 腻子刮涂工具用完后,须清洗干净再保存。刮刀口及平面要平整无缺口,以保证刮涂腻子的质量。

g. 夏季天气炎热、温度较高,易使腻子干燥,成品腻子可用稀料盖在上面,自配的腻子可用湿布或湿纸盖住。冬季放在暖处,以防结冻,用时可加清漆和溶剂,但不宜久放。

h. 腻子层或底漆层未干燥时,不允许砂磨。

i. 不允许砂纸碰到非涂饰区的镀铬层等表面。

j. 不同层次的腻子应选用不同粒度的砂纸干磨或湿磨。打磨后,应用水冲干净腻子浆或粉尘,干燥后方可进行下道工序。

k. 可将砂纸包在橡胶或木块外进行打磨,以利于打磨平整。用手直接持砂纸打磨时,打磨方向应与指缝呈一定角度,以避免手指与指缝的压力不均而导致打磨不平整。

(4)喷涂中层涂料。中层涂料可用底漆代替,涂层要求不高时可省略,步骤如下。

①用胶带纸和废报纸(用润滑脂黏合)覆盖在需涂装表面的周围所有可能被喷涂到的涂层和装饰件上。

②喷涂配套的二道浆或稀一点的底漆 2~3 道。

③自干或烘干。

④如有砂眼或磨痕,可刮涂少许快干腻子将其填平。

⑤用水砂纸湿打磨,使涂装面光滑平整。

⑥洗净、擦干涂装表面。

(5)喷涂面漆。喷涂面漆前的准备工作如下。

①配制面漆。根据要求涂装的颜色,严格按前述调配规则和程序调制面漆,可先试制小样,待与原涂层颜色比较一致后,再按需要量配制。对于进口轿车,可根据原涂层代码查找油漆配方,按配方配制。

②用汽油擦净涂装面灰尘、污物。

喷涂面漆施工操作：

①持枪。以右手持喷枪时，用拇指、中指和无名指握住枪柄，用食指勾在扳机上，两肩放松自然下沉。左手拿着喷枪附近的一段输气胶管，以减轻右手拉胶管的力量；有的是靠手掌、拇指、小指和无名指握住喷枪，中指和食指用于扣动扳机。握枪方式全凭喷漆工的自我感受，在这方面没有一成不变的程式，可以根据各人的习惯来决定。

②喷枪对被喷涂表面的方位。喷枪要持平，要垂直于被喷涂表面。即使在喷涂曲面时，也要保持喷枪垂直于被喷涂表面。如果喷枪有一些歪斜，其结果必然会造成喷幅带偏向一边流淌，而另一边则显得干瘦、缺漆，极有可能产生条纹状涂层。正确的位置关系如图 11-1 所示。

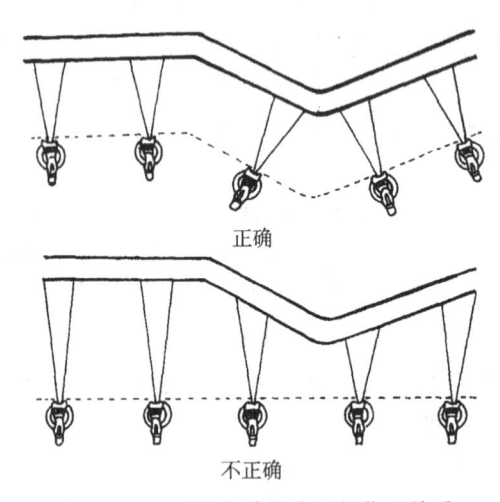

正确

不正确

图 11-1　喷枪与喷涂表面的位置关系

③喷枪至被喷涂表面的距离。喷枪距被喷涂表面的距离要合适，对于硝基漆，为 15~20 cm，磁漆为 20~25 cm。如果距离太近，会因速度太快而使湿漆膜起皱；如果距离太远，稀释剂挥发太多，会形成橘皮状或砂状表面，还会使飞漆增多。

使用慢干稀释剂时，距离变化范围可大一些，如果太近，则会产生流挂。

④喷枪的移动速度。在喷涂时，喷枪的移动速度对涂装效果的影响非常大。如果喷枪移动太快，表面显得干瘦、流平性差、粗糙；如果喷枪移动太慢，则所形成的涂层太厚，极有可能产生流挂。实际上，喷枪的移动速度也不能一概而论，不同的雾束、不同的供漆量要求不同的移动速度。最理想的喷枪移动速度应该是一旦喷涂结束后，新喷涂层看起来显得那么丰满、润湿，既不干瘦、贫瘠，也不过分堆积。

在喷涂时，沿计划好的行进路线稳定地移动喷枪，速度约为 30 cm/s，而且速度必须均匀。

⑤扳机的控制。喷枪是靠扳机来控制的。扳机扣得越深，液体流速越大。正确的扳机操作方法如下：

手握喷枪向待喷涂表面移动，当喷枪接近表面的边缘（距离待喷涂表面的边缘大约 5 cm 的地方）时，扣动扳机。当喷枪扫过所喷涂的表面（也就是在喷枪扫过已喷涂表面的边缘大约 5 cm 以外的地方）后，放开扳机。

⑥收边。进行斑点修补或者在新喷涂层与旧涂层的边缘混色加工时，都要进行"收边"操作。"收边"的意思是在走枪开始时不扣死扳机，此时的供漆量很小，随着喷枪的移动，逐渐加大供漆量，直到走枪将要结束时再将扳机放开，使供漆量大大减少，从而获得一种特殊的过渡效果。具体操作方法是：

平稳地移动喷枪，到接近被喷涂表面时，逐渐扣动扳机进行喷涂，然后突然但平稳地放开扳机，喷枪继续移动，这是从外向内喷；使喷枪置于待喷涂表面上方，扣死扳机进行喷涂，然后平稳地向外移动喷枪，一旦喷枪接近收边区域，慢慢放开扳机，然后继续移动喷枪，这是从内向外喷。

（6）抛光。面漆喷涂结束，经过干燥并拆除所有的遮盖物后，还应进行修整。修整的内容包括表面抛光（磨光）及微小缺陷的修理两部分。

①抛光。通过溶剂的挥发而干燥的漆层通常需要进行轻微的抛光，以获得理想的光泽。

a. 磨光剂类型。磨光剂是呈膏状或液态的清洁剂，它们都含有浮石一类的磨料，用来磨平漆层表面，使其光滑并显示光泽。

通常将含有较粗颗粒磨料的磨光剂称为擦亮剂，将有较细颗粒磨料的称为擦光剂。一般情况下统称磨光剂。磨光剂的主要用途是：消除修理部位周围的轻微打磨划痕；修理剥皮或有砂的表面，使面漆层光滑并产生光泽。

b. 手工磨光。用一块柔软、不起毛的布包在厚板上（或卷成球状），涂上少量磨光剂，以中等压力直线式往复擦磨需要磨光的表面，直到获得理想的平滑度。

c. 机器磨光。在磨光机的缓冲垫上涂上少量磨光剂进行磨光（抛光），一次磨光范围不要太大，因为磨光剂会很快干燥。磨光时，不能加太大的压力，而且要连续、均匀、缓慢地移动机器。磨光结束后，可再换上一个抛光套进行抛光。

②漆面微小缺陷的修理。

a. 用油石和刀修理。对于漆面上出现的凸出型缺陷，可先用油石或刀修理，然后用擦亮剂磨光，如图 11-2 所示。

若凸出部分不太明显，可用油石或砂纸磨圆其边缘和各处的拐角；油石放到漆面上的凸出处，左右移动油石打磨（可加少量油润滑），如图 11-3 所示。将凸出部分基本磨平后，吹除油石颗粒，再用很细的擦亮剂进行磨光。

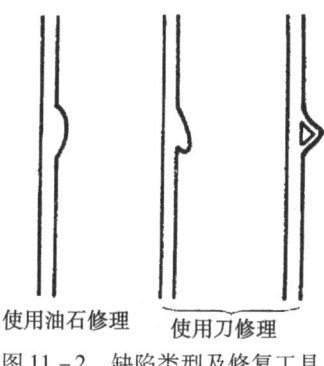

图 11-2　缺陷类型及修复工具

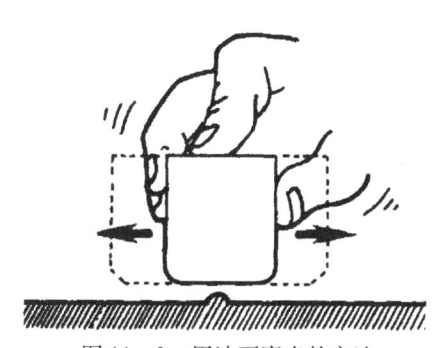

图 11-3　用油石磨光的方法

对于凸出比较明显的部位，可用单边刀片切除凸出部分，然后用砂纸磨去剩余的凸出部分，最后用极细的擦亮剂磨光，如图 11-4 所示。

b. 用刷子进行修理。对于轻微的漆面剥落和划痕，可用细毛刷蘸上修饰漆来填补，如图 11-5 所示。

图 11-4　用刀（单片刀）进行表面修理　　图 11-5　用刷子进行表面修理

用硅溶剂或类似的溶剂清除缺陷部位的油脂；用小刷子蘸取少量的修饰漆迅速滴到修理部位上；用刷子蘸少量稀释剂涂在修饰漆周围，使修饰漆能平摊铺开，遮盖住缺陷部位；干燥后视情况磨光。

c. 用锉进行修理。用锉平法可以清除表面的灰尘、划痕和下垂。用于修理漆面的锉与普通锉并无明显的区别，只是它的齿形需修整光滑平坦，同时将棱边打光滑。普通平锉用砂轮切断之后，将它们黏结在木制的垫块上就构成了车身表面专用锉。使用之前，应先在砂纸上将锉齿打磨光滑。

操作时，只能用短行程沿一个方向平锉（不能来回锉）。一般 1~2 个单行程即可消除缺陷。锉平之后，需要进行磨光。

③打蜡。为了更进一步地修饰，采用上光剂进行上光处理称为打蜡，以增强漆膜表面的光亮度，使光亮持久，并起防潮、防水、防污染的作用。

上光剂也称上光蜡，是由蜂蜡、石蜡、硬脂酸铝等组成，加热熔化后，加入 200 号溶剂汽油，冷凝成胶冻状，很像猪油。一般不需要自制。

打蜡操作类似磨光，比磨光操作更细致、更轻巧。打蜡后，表面应光亮如镜。然后清理边棱转角处，使各处清洁干净。

打蜡时，对不同的车型使用不同的车蜡，较高档的车蜡有美国的保丽一号、英国的多宝系列和日本的 99 系列。中档的车蜡有强力上光蜡、珍珠色及金属漆车蜡系列，适合普通车辆使用。

使用车蜡应注意以下几点：

a. 首先根据车辆漆膜颜色深浅选用车蜡，深色漆选用黑色、红色、绿色系列；浅色漆选用银色、白色或珍珠系列。

b. 上蜡前先用清水洗净车身并擦干，液体蜡在使用前需摇匀。

c. 确认车身不发热后在阴凉处打蜡。

2. 整车修补涂装工艺

整车重涂，可根据涂层损坏程度或涂装要求分为全涂装和翻新涂装。全涂装是指涂层损坏严重、必须用机械方法或用脱漆剂全部除去旧涂层，露出被涂材质的表面，然后进行整车重新涂装。而翻新涂装是指涂层的底层完好，仅面层出现失光、变色、粉化等现象或者要求改色涂装时，只需打磨掉面涂层即可对整车进行涂装。随着涂装技术的进步，整车涂装大多为翻新涂装。

（1）涂装表面的处理。

①用脱漆剂、打磨机或铲刀清涂旧涂层。若经补焊，应清除掉焊渣。

②打磨铁锈，并用汽油擦净表面污垢和灰尘。涂刷一薄层磷化底漆，涂层应平整均匀，涂层厚度不小于 30 μm。

（2）涂装底漆。

①刷涂或喷涂底漆，如 C06—1 型铁红醇酸底漆或 H06—2 铁红环氧底漆。

②自干或在 60 ℃ 以下烘干。

③在钣金涂装表面刮涂第一道腻子。

④自干或在 40~80 ℃ 下烘干，初步打磨腻子层。

⑤刮涂第二道腻子，自干或烘干。

⑥用粗砂纸包在木块上进行粗打磨，除去灰尘后，在腻子层上涂刷一层 H06—1 环氧底漆，并在 90 ℃ 下烘干 1 h。

⑦刮涂第三道腻子，涂层要薄且均匀平整。涂层可自干或烘干。

⑧用水砂纸湿打磨整个车身。

⑨吹净灰尘，擦干水分。

（3）涂装中层涂料。

①喷涂一道和二道浆。

②自干或在 60 ℃ 以下烘干。

③修补腻子，用快干腻子消涂砂眼、磨痕。

④待修补腻子干燥后，用水砂纸进行湿打磨，使涂层表面平整光滑。

⑤清洗表面污物并擦干水分。

（4）涂装面漆前的表面准备。

①用汽油擦净待涂表面。

②按照要求的颜色色彩调制面漆，并用配套的稀释剂调整黏度，然后用滤布进行过滤。

（5）喷涂面漆。

①喷涂面漆。对硝基磁漆或其他挥发性强的涂料，一般需喷 3~4 道，其余面漆一般为 1~2 道。

②自干或烘干。

（6）对大客车一般还需喷涂色带，其步骤如下：

①按原车色带位置弹出灰线，用胶带沿灰线粘贴，再用润滑脂将报纸遮盖，不涂装色带的表面。清洁需喷涂色带的表面。

②喷涂所需颜色的配套性面漆（色带要求的颜色）。

③待自干或低温烘干后，除掉报纸和胶带，用汽油擦净表面上的润滑脂。

（7）涂层修饰：待整个涂装表面干燥后，如需抛光打蜡，可按前述方法进行抛光打蜡。

3. 塑料件的喷涂

车身塑料件与金属构件的涂漆方法大致相同，所用涂料的选择和塑料件的漆前处理方法有所不同。

(1) 塑料件涂料的选择。由于车身塑料件的材料品种较复杂，加上合成树脂中化学成分不同所带来的影响，使塑料件的涂装对漆料有很强的选择性。但如果掌握了选择塑料件涂料的基本原则，就可以得心应手地在众多涂料中选出更能满足装饰性要求的漆料了。车身常用塑料件所适用的配套性涂料类型见表 11-2。

表 11-2 塑料表面涂料选择

塑料种类	涂料品种
玻璃纤维增强聚酯	醇酸、硝基、乙烯及缩醛涂料
酚醛塑料	醇酸、硝基及缩醛涂料
环氧塑料	大部分涂料均可使用
氨基塑料 聚氨酯塑料	醇酸氨基、乙烯、环氧聚氨酯涂料
醇酸塑料	醇酸、聚氨酯、硝基涂料
聚氯乙烯塑料	过氯乙烯、醋酸乙烯涂料
聚醋酸乙烯及其共聚塑料、丙烯酸塑料	乙烯涂料、硝基、醋酸丁酸纤维涂料
聚苯乙烯塑料	乙基纤维、缩丁醛、乙烯涂料
聚乙烯塑料	大部分涂料均可用
聚丙烯塑料	大部分涂料均可用
尼龙塑料	聚酯、聚氨酯涂料
涤纶塑料	聚酯、聚氨酯涂料
缩丁醛塑料	乙烯涂料
氯丁橡胶	聚氨酯、丙烯酸涂料
醋酸纤维	醋酸纤维、醋酸丁酸纤维涂料
乙基纤维	硝基、乙基纤维涂料
硝基纤维	硝基、其他纤维涂料

(2) 塑料件的表面处理。与车身金属构件一样，塑料件在涂漆前也要进行认真的表面处理，获得可靠的涂料附着力和满意的覆盖层。车身塑料件的表面处理应在修补或矫正作业完成之后进行。对于塑料件上存在的表面缺陷，要先修补完善，并将修补过的部位打磨平整。

表面处理旨在使车身塑料件涂漆部位清洁、无污。有些塑料件的表面相当光滑，涂漆前还要将表面打毛，以增加涂料的附着力。对于塑料件表面上存在的灰尘、油污、塑料润滑脂及上光蜡等，可用适当的溶剂或乳液（煤油、洗涤剂、清水）加以清洁；需要得到粗糙表面时，可用砂纸、砂纸打磨或用喷砂的方法解决；软质或硬质聚氯乙烯塑料，可放入三氯乙烯溶剂中浸几分钟取出擦净；聚丙烯塑料可用加温三氯乙烯或甲苯、丙酮液处理；对耐溶剂能力差的塑料件，还可以充分利用其这一弱点，于涂漆前喷施一层溶剂使其表面软化。

11.2.3 涂装施工安全防护

1. 涂装施工中的一般安全措施

涂装工作人员必须学习有关的安全技术规程，掌握安全操作方法，严格执行劳动保护条例和安全操作规程。

（1）施工场所必须通风良好，室内施工，应设置有效的通风设备，每小时至少换气两次。

（2）坚持穿戴安全防护用具，如工作服、手套、护目镜、口罩、胶鞋及安全带等。

（3）涂装作业中，电气工具、设备及照明灯具中任何一个发生故障时，应立即切断电源，由专业人员进行检修。

（4）在使用机具设备时，必须遵守有关规定，不得违章操作。

（5）按照规定，检查、维护机具设备，不得带病运行。

（6）使用高压无气喷涂前，应检查高压涂料缸、高压过滤器的螺母，高压气路接头是否旋紧。

（7）高压无气喷涂机，最高进气压力不得超过 690 kPa。

（8）使用高压无气喷涂机，在停喷时，应及时将扳机自锁挡片锁住。在任何情况下，不得将喷枪枪口朝向自己或他人。

（9）以槽体为阴极，电泳涂装时，应注意使工件与槽壁保持一定距离。

（10）电泳涂装时，如采用阳极接地方式，槽外配管应有绝缘设施，避免电流通过。

（11）手提式静电喷涂设备，电源开关接通后，严禁移动静电发生器。

（12）静电设备的高压电缆应悬空吊架，与其他电力线至少要保持 50 cm 的距离。

（13）烘箱顶部应装有通风管。每 0.042 m^3 的烘箱容积，至少应有 0.028 m^2 的防爆保险门。

（14）随时清除施工场地的火源及易燃物。涂料库房要隔绝火源，并有相应的消防用具，库房应有"严禁烟火"的醒目标志。

（15）施工完毕后，应封闭漆桶，清理工具及余料，用后的棉纱等要集中妥善保管，防护用品应放在专用柜中。

2. 涂装施工中预防中毒的措施

涂料的组分中含有对人体有害的挥发性溶剂苯类、酯类、醇类、酮类等。超过允许浓度的溶剂蒸气对人体神经有严重的刺激和破坏作用，造成抽筋、昏迷、瞳孔放大等症状，即使低浓度时，也会有轻微头痛、恶心、呕吐等现象。防止中毒的有效方法，主要是尽量减少对溶剂蒸气的吸入和对溶剂的直接接触。同时还需采用下列措施：

（1）工作场所须有良好的通风、照明、防毒、除尘设备。施工环境中，溶剂蒸气的浓度不得超过国家规定的标准。

（2）操作人员必须穿戴好各种防护用品，如工作服、手套、口罩、眼镜等。

（3）若皮肤上沾有油漆，不要用苯类溶剂擦洗，可用去污粉、肥皂水及少量 200 号溶剂油等混合物洗涤。

（4）使用某些含有红丹、铅铬黄等的涂料时，容易引起急性或慢性铅中毒。聚氨酯漆中含有游离异氰酸根，胺固化环氧漆中含有二乙烯三胺等能引起中毒，所以，在使用时要严防吸入与接触。有剧毒的涂料严禁采用喷涂。

（5）涂装工作人员如觉头痛、眩晕、恶心等，要立即停止工作，到室外呼吸新鲜空气。工作完毕后，应用温水和肥皂清洗手脸，最好进行淋浴。要定期给涂装工作的人员体检，发现有中毒迹象时，应调换工作岗位。

11.3 汽车零部件的涂装工艺

11.3.1 汽车保险杠涂漆工艺

对汽车的前后保险杠，通常可采用两种涂漆工艺，即金属保险杠涂漆工艺与玻璃钢保险杠涂漆工艺。

1. 金属保险杠涂漆工艺

其程序如下：

（1）基层处理。先用棉纱蘸汽油除净油污，而后用砂纸磨除锈蚀，压缩空气吹净或毛刷扫净，擦净浮灰。

（2）喷涂头道底漆。用 H06—2 铁红环氧酯底漆或 C06—1 铁红醇酸底漆，调稀至黏度 22~26 s。将保险杠里外全面均匀喷涂一道。喷后的漆膜干后应达到 25~30 μm 厚。

（3）干燥。常温 24 h，烘烤环氧酯底漆 120 ℃ 1 h，醇酸底漆 100 ℃ 1 h。

（4）刮腻子。用灰醇酸腻子，将不平之处刮涂平整，腻子层厚度以 0.5~1 mm 为宜。

（5）干燥。常温 24 h，烘烤 100 ℃ 1.5 h。

（6）水磨。用水砂纸，将腻子部位水磨平滑、擦净，并彻底晾干水分，或低温烘干水分。

（7）喷第一道面漆。用黑醇酸磁漆，调稀至黏度 18~22 s，过滤清洁，均匀喷涂一道。

（8）干燥。常温 24 h，烘烤 100 ℃ 1 h。

（9）水磨。用水砂纸，将正视面漆膜轻轻水磨平滑，擦净，并彻底晾干水分，或低温烘干水分。

（10）喷第二道面漆。用黑醇酸磁漆，调稀到黏度 18~22 s，将正视面和次要面都均匀喷涂一道。喷后的漆膜应平整、光亮，不得有漏喷、流淌、流挂、皱纹、杂质等缺陷。

（11）干燥。自干 24 h，烘干 80~100 ℃ 40~60 min。

对金属保险杠的涂漆，为获得丰满光亮、坚硬且附着力强的漆膜，最好涂装氨基烘干漆，以提高漆膜的质量。

2. 玻璃钢保险杆涂漆工艺

其程序如下：

（1）脱蜡。玻璃钢保险杆在制品脱模时，表面往往有一层蜡质。蜡质如不清除彻底，会严重影响涂层的附着力，使涂后的漆膜稍遇碰撞，就易脱层（掉块）。

（2）刮腻子。用过氯乙烯腻子或醇酸腻子，将不平之处满刮平整。过氯乙烯腻子由于干燥较快，可连续刮涂，直至平整。

(3) 干燥。过氯乙烯腻子干燥 4~6 h，醇酸腻子干燥 24 h。

(4) 水磨。用水砂纸，将腻子层反复水磨平滑，擦净，彻底晾干水分。

(5) 喷底漆。用 C06—10 灰醇酸二道底漆（二道浆）先彻底搅拌均匀，而后加二甲苯稀释至黏度 22~25 s，将正视面均匀喷涂一道。喷涂时，漆膜厚度以将砂痕充分填平为准。

(6) 干燥。自干 12 h，烘干 70~80 ℃ 1 h。

(7) 刮细腻子。用过氯乙烯腻子或硝基腻子，加少量的稀料调和成稀腻子，迅速将针孔等细小缺陷刮涂平整。如一次不易刮平时，可连续刮涂 2~3 次，直至缺陷处达到非常平整。

(8) 干燥。硝基腻子干燥 1~2 h，过氯乙烯腻子干燥 3~4 h。

(9) 水磨。将腻子部位用水砂纸先水磨平整。然后，改用水砂纸，将腻子部位与正视面的全部漆膜全面水磨平滑，反复擦净，并彻底晾干水分，或低温烘干水分。

(10) 喷第一道面漆。用过氯乙烯磁漆或醇酸磁漆（颜色为黑色或灰色）调稀至黏度 18~22 s，将工件的里、外面都薄而均匀地喷涂一道，但喷后的漆膜不得有漏喷、露底、咬底、流淌及明显的流挂等缺陷。

(11) 干燥。过氯乙烯磁漆干燥 4~6 h，醇酸磁漆干燥 18~24 h。

(12) 水磨。用水砂纸将正视面漆膜全面水磨平滑，擦净磨污，并彻底晾干水分。

(13) 喷第二道面漆。过氯乙烯磁漆调稀至黏度 16~18 s，醇酸磁漆调稀至黏度 26~30 s，将保险杠里、外全部均匀喷涂一道。喷涂时，应注意面漆的配套，如第一道面漆是过氯乙烯磁漆，这道面漆可喷过氯乙烯磁漆，也可喷醇酸磁漆。但第一道面漆是醇酸磁漆时，这一道只能喷醇酸磁漆，而不能喷过氯乙烯磁漆，以防将醇酸磁漆咬起造成皱纹。

(14) 干燥。过氯乙烯磁漆干燥 8~12 h，醇酸磁漆干燥 48 h。

(15) 交验。正视面漆膜应平整光滑，光泽强，附着力好，不得有气泡、流淌、流挂、光泽不均、皱纹、杂质等缺陷。次要面漆膜应平整光亮，附着力强，不得有明显的流淌、流挂、杂质等缺陷。

11.3.2 汽车车轮涂漆工艺

微型汽车和小轿车的车轮多是用不同厚度的热轧、冷轧钢板卷压焊接而成，加上车轮经常受泥水侵蚀和冲刷，需选用有一定耐腐蚀力的涂料。其工艺举例如下：

(1) 静电粉末喷涂施工。先将工件进行除油、水洗、磷化等漆前处理，完毕后，用环氧静电粉末涂料，采用静电粉末喷涂设备均匀喷涂一道，之后用 190 ℃ 烘烤 20 min。

(2) 手工喷涂施工。用手工先将工件表面油污等杂物清除干净。擦净浮灰，喷涂一道磁化铁黑酚醛或醇酸防锈底漆。自干或烘干后，再均匀喷涂一道自干或烘干型沥青磁漆。

11.3.3 仪表盘涂漆工艺

对汽车仪表盘的涂漆，通常可采用手工静电喷涂方式。

采用手工喷涂施工前，工件表面的油污、锈蚀等杂物，必须彻底清除干净，并反复擦净。之后，先喷涂一道 H06—2 铁红环氧酯底漆或 C06—1 铁红醇酸底漆，自干或烘干后，用过氯乙烯腻子、醇酸腻子或水质腻子将缺陷刮涂平整，干燥后，水磨平滑，擦净，晾干或烘干水迹后，均匀喷涂一道 C06—10 灰醇酸二道浆，干后，再喷二道氨基静电锤纹漆即可。

11.3.4 挡泥板涂漆工艺

汽车车轮的挡泥板，通常可采用喷涂、浸涂和刷涂三种方法进行。多采用烘干型沥青漆和磁化铁黑酚醛或醇酸漆。

①喷涂法。先将工件表面的油污及锈蚀清除干净，吹光擦净后，喷涂一道沥青底漆，烘干后，用旧砂纸轻轻将漆膜打磨平滑，擦净浮沫。之后，用沥青烘干面漆，先喷涂一道，间隔 15~20 min 后，再喷涂一道，然后一次进行烘干。如果采用自干型沥青面漆，底漆应采用铁红酚醛防锈漆或磁化铁黑酚醛防锈漆，以提高底漆的防锈性和耐蚀性能。

②刷涂法。在涂漆之前，先用汽油洗净工件表面上的油污，如有锈蚀，用砂纸磨除干净，擦净浮沫。之后，用磁化铁黑酚醛防锈漆，调稀至黏度 40~50 s，均匀涂刷一道，干燥 24 h，用旧砂纸轻磨平滑。再用磁化铁黑酚醛面漆，均匀涂刷一道，干燥 48 h。

11.4 货车翻新涂装工艺

汽车进入车间拆散解体之前，要进行整车清洗，用高压水枪将车厢底、车架、挡泥板、驾驶室、翼子板、前后桥等表面泥沙脏物清洗干净，待水晾干后进入车间拆散。

11.4.1 喷涂底漆

驾驶室、翼子板、铁车厢、车架和一些覆盖件拆散后最好进行喷砂处理。发动机、底盘各总成需要涂漆的基础件，应将部件拆散后用碱液清洗干净，待组装后进行涂装。

铁车厢和其他覆盖件内、外喷涂 C06—1 铁红醇酸底漆一道，要求喷涂均匀无流淌，无露底现象。车架可以喷涂 F06—8 铁红、灰酚醛底漆自然干燥 24 h，喷涂 F04—1 黑色酚醛磁漆或 C03—3 黑色醇酸调和漆。

驾驶室翼子板、发动机室盖等一些外露覆盖件，先用风管将里、外尘砂吹扫干净，用棉纱蘸点汽油擦净表面油污，用砂纸打磨表面清除残余旧漆层后，再喷涂一道 C06—1 铁红醇酸底漆。喷涂均匀、无流挂、无露底现象，自然干燥 2 h 后或 60~80 ℃烘烤 30 min 后刮涂腻子。

11.4.2 刮涂腻子

第一道腻子用 F07—5 醇酸腻子。先将较大坑凹处刮一下，也叫填腻子。由于汽车表面覆盖件破损、刮碰或其他原因造成车况不佳，虽经修复也达不到新车标准，所以涂刮腻子可能局部较厚。因此，第一道醇酸腻子须加入少量石膏和一些漆料进行调整，这样使腻子厚度可达到 5 mm，头道腻子刮填后，自然干燥或 60~80 ℃烘干。

腻子干后，用铲刀铲平表面干结的腻子块粒。再刮第二道 C07—5 醇酸腻子，这次可以满刮找平，最大厚度以 0.5 mm 为宜。经自然干燥或 60~80 ℃烘干后，用水砂纸衬木块打磨。磨完后，擦净晾干或烘干。

彻底干燥后，再刮 C07—5 腻子，也称第三道醇酸腻子，这道腻子要刮得薄一些。如果腻子过稠，可用 X—6 醇酸稀料调整。腻子刮完后，自然干燥或烘干，干后用水砂纸打磨，擦净多余浆沫晾干或烘干。

再找补第四道腻子，将 C07—5 醇酸腻子用 X—6 醇酸稀料调稀，将上道腻子表面处细小缺陷找平找细，自然干燥或烘干。用水砂纸将驾驶室的后部、前部、内部砂磨后，晾干或烘干，喷涂一道指定颜色的 C04—2 或 C04—42 醇酸磁漆；自然干燥后，移到下道工序，全车覆盖件组装。

11.4.3 整车喷漆

对组装调试好的车辆进行全车喷涂面漆，首先将刮碰处用 Q07—5 或 Q07—6 各色硝基腻子找补，自干后用水砂纸全车水磨，一定要磨光磨细，自干或低温烘干。

全车喷涂面漆前，应用塑料胶条、废报纸等将驾驶室门窗、玻璃、灯光、仪表等不该涂漆的地方粘贴严密，用风管将驾驶室内、外彻底吹干净，按指定颜色将 C04—18（或 C04—2 或 C04—42 或 C—4—48）醇酸磁漆用 X—6 醇酸稀料调到常温 25~40 s，采取湿喷涂方法。

待漆膜干燥后拆去报纸，擦净不应涂漆的部件，修补分清各色之间的界面，喷涂车号和标记。

11.5 客车车身涂装工艺

客车车身整体喷涂的顺序应本着"先内后外，先上后下"的原则进行。当车身内部也需涂漆时，应先完成内部的涂漆，而后进行车身外表面的喷涂。

11.5.1 普通客车喷涂氨基烘漆工艺

客车车身的整车喷涂，可供使用的面漆品种较多。常用的有各色醇酸磁漆、各色外用硝基漆、过氯乙烯漆、丙烯酸漆和氨基烘漆等。

客车骨架经修复除锈（指黑色金属）后，喷涂一道 F53—3 红丹酚醛防锈漆或 F53—39 硼钡酚醛防锈漆；铝制品骨架可喷涂 F53—34 锌黄酚醛防锈漆。其他覆盖件内部经除油、除锈后，根据不同金属，也可喷涂以上两种防锈漆。

客车车身整体涂漆工艺，主要指客车车身外皮和客车内部的涂装。

1. 底层处理

底层处理主要包括：用汽油去除经钣金工焊修或更换新铁板后工件上面的油污；接口的焊渣毛刺应用砂轮磨平；然后用砂纸将表面的锈迹打磨干净，吹净尘土、杂物，涂一层 X06—1 磷化底漆。

经修复的旧铁板上残留的旧涂层，可用 T—2 或 T—3 脱漆剂脱掉，或用喷灯烤软后用铲刀除净；然后用砂纸打磨，清除杂物后再涂 X06—1 磷化底漆待干。

2. 喷底漆和刮磨腻子

外部车身在干燥的磷化底漆表面喷涂 H06—2 铁红醇酸底漆，净置 10 min 后，在 60~80 ℃烘干 60 min。

刮第一道 H07—34 或 H07—5 环氧腻子，最大厚度不超过 1 mm。腻子过稠时，可用二甲苯与丁醇 1:1 混合稀料调整，在 80~100 ℃烘烤 90 min 后，用铲刀铲去腻渣、棱刺。

刮第二道 H07—34 或 H07—5 环氧腻子，最大厚度不超过 1 mm，在 80~100 ℃烘烤 90 min。干后用水砂纸垫木块打磨，磨完后擦净或吹净粉尘，80 ℃烘干 30 min；喷涂 H06—2 环氧底漆，60~80 ℃烘烤 60 min。

干后刮第三道环氧腻子，最大厚度 0.5 mm，在 80~100 ℃烘烤 45 min。干后用水砂纸全车磨光，然后用水冲净，在 60~80 ℃烘干 30 min。

3. 面漆喷涂

根据设计要求的颜色，用 A04—9 氨基烘漆湿喷湿方法连续喷涂 2~3 道，最后一道可加入适量 A01—10 清烘漆混合喷涂。喷完后，需在常温下静置 15~20 min，让漆膜充分流厚并使一部分溶剂挥发后，方能进行烘烤。先低温 60~80 ℃烘烤 30 min，逐渐升温到 100 ℃（浅色漆）烘烤 120~180 min。

4. 色带喷涂

浅色漆干后，按指定图案要求，用胶带纸标出色线并用报纸遮盖，使色带图案、颜色线分明、笔直流畅。如几种颜色色带连接过密，应在每道漆烘干后多次粘贴，喷涂后在 100~105 ℃烘干 120~180 min。

5. 全车修补喷涂标记车号

当全车覆盖件组装后，进行修补和喷涂标记符号，擦净玻璃和装饰件污物，并将车身内外清扫干净，交竣工检验人员验收。

11.5.2　旅行车喷涂丙烯酸涂料工艺

旅行（面包）车属于中型客车一类，它的涂层品质要求比大货车和普通客车更高一些，不但要有美丽的外观，而且应有良好的机械强度，底涂层和面层要有很强的附着力，并要求防腐、防锈作用和耐候性、耐久性优良。

中型面包车采用的面漆种类较多，如：Q04—31、Q04—34、Q04—2 各色硝基外用磁漆，Q04—9 各色过氯乙烯酸磁漆，A04—15、A04—9 各色氨烘漆，B04—9、B04—11 各色热塑性丙烯酸磁漆，B4—54 各色固型丙烯烘漆和以上各种类型清漆等。

（1）脱漆除锈。用喷砂方法或用 T—3 脱漆剂脱漆方法将旧涂层除掉，再用砂纸打磨干净，清除表面油污、锈迹、焊渣等。

（2）喷涂底漆刮磨腻子。在干净表面用喷涂或刷涂方法涂一道 X06—1 磷化底漆，底漆膜层较薄，厚度为 8~15 μm，可用乙醇、丁醇按 3:1 比例配制稀释剂调节稠度。

磷化底漆在常温下干燥 2 h 后，喷涂 H06—2 铁红环氧底漆 1~2 道，常温干燥 24 h 或 60 ℃烘烤 2 h。

填刮腻子时，用 H07—5 环氧腻子将全车表面大的坑凹处和焊接处填刮一次，最大厚度 1.5 mm，自然干燥 24 h 或 60~80 ℃烘烤 2 h，待腻子干燥后，用刮刀铲掉腻子表面硬漆。

刮第二道 H07—5 环氧腻子时，要求将全车大小凹坑焊缝棱角等满刮一遍，厚度控制在 1 mm 左右，自然干燥 24 h，60~80 ℃烘烤 2 h，干燥后用水砂纸垫硬胶块打磨。

打磨时，以平整为准，磨完后用水洗净腻子。如果腻子过稠，可用二甲苯调节稠度，要求刮到、刮平、刮细，厚度为 0.5~1 mm，腻子刮完后，自然干燥 24 h，烘烤 60~80 ℃干燥 1 h。

喷涂 H06—2 环氧底漆一道，要求喷涂均匀，自然干烘 24 h 或 60~80 ℃烘烤干燥 1 h。

刮第四道腻子时，应满刮一次，厚度为 0.5 mm 左右，自然干燥 24 h 或 60~80 ℃烘烤干燥 1 h。用水砂纸打磨光滑，边角处注意磨平整光滑，用水洗净晾干。

找补细腻子，用 Q07—5 硝基腻子或 G07—3 过氯乙稀腻子将砂眼细小缺陷填平，常温干燥 1~2 h。

用水砂纸水磨光滑，擦净浆迹晾干或 60 ℃烘干 30 min。

喷 G06—4 铁红过氯乙烯底漆一道作为中间层，以增加面漆和底层的配套性，自干 12 h，60 ℃环境温度下烘干 30 min。如发现细小砂眼或轻微缺陷，应局部填刮腻子予以修平。

用水砂纸将全车打磨，凡应涂漆的地方均应满磨一遍，然后用水冲洗干净，自然干燥 4 h 或 60 ℃环境温度下烘干 30 min。

（3）喷涂面漆。选择指定颜色，将 B04—11 丙稀酸磁漆用 X—5 丙烯酸稀释剂调至喷涂黏度并用 120 目滤网过滤，然后开始进行喷涂。一般每道间隔 30 min 左右（常温），需喷涂 4~6 道。

如果需喷色带，先将色带地方用水砂纸磨光，然后量好尺寸，并用胶带纸、废报纸粘贴整齐，用规定的颜色 B04—11 丙稀酸漆喷完后，去掉胶带报纸，自然干燥 24 h。

最后对涂膜表面进行抛光、打蜡。

11.6 轿车车身涂装工艺

随着汽车工业的发展，轿车的保有量在不断增加，并且轿车车身对装饰性的要求越来越高，因此，轿车车身的涂装质量显得更为重要。

轿车车身维修时，其外表涂装属于一级涂层标准，不仅有优良的底漆层、中间涂层，还要求有高品质的外观。

比较适用轿车的面漆有丙稀酸烘漆和氨基烘漆。这两种涂料优于硝基外用磁漆、过氯乙烯磁漆、醇酸磁漆，但是因其对干燥条件的要求，又不太适合维修时涂装使用。

轿车涂硝基漆在漆工工艺中是一个比较传统的工艺方法，近年来，由于中间涂层品种的增加，使涂漆工艺也有大大改进。其具体涂装工艺程序如下：

1. 旧涂层的处理

（1）脱漆。用碱液脱漆法、溶剂脱漆法、打砂除漆除锈法、火焰除漆法等，将旧漆层除掉；用砂轮钢丝刷将氧化皮、焊渣除掉；将焊口磨光、修平，用砂纸将锈斑彻底打磨干净；用溶剂汽油擦净油污并用压缩空气除净尘埃。

喷 C06—1 铁红底漆一遍，要求喷涂均匀，自然干燥 24 h。

（2）刮腻子。刮第一道腻子。将不饱合聚脂腻子加固化剂按 100∶2 或 100∶4（根据季节温度掌握）的比例调配均匀，刮涂到较大的坑凹处。

用砂纸机械打磨，将多涂腻子去掉、找平，吹干净覆盖件上的粉尘。

然后按刮涂第一道腻子的方法刮二道腻子，刮涂腻子时，应将车身表面上需喷涂的部位全部刮平、找齐。自然干燥 1 h 后，用砂纸机械打磨。

再刮第三道腻子，这次应将砂纸道迹、微小缺陷、造型线条、棱角边线全部刮细铲齐，自然干燥 1 h 后，用水砂纸垫板打磨。圆角和弧形处应用手掌垫砂纸打磨光滑、齐整，然后用水将腻子浆冲净晾干。

喷涂 Q06—5 灰硝基二道底漆，二道底漆应喷涂均匀，并自然干燥 2 h。

刮第四道不饱合聚脂腻子。按上述方法将腻子调制均匀，将全车细小腻子砂眼、棱角缺陷处刮平、找齐，干燥 1 h 后，用水砂纸将全车应涂漆的部分打磨光滑，用水擦洗干净晾干。用风管吹净全车尘渣，用胶带纸及报纸将不该涂漆部分遮严，待喷漆。

2. 喷漆

用 Q04—31 或 Q04—34 硝基磁漆和 X—1 硝基漆稀释剂按 (1:1)~(1:1.5) 比例调配均匀，用 120~180 目绸丝网过滤，喷涂 2~3 道，如环境相对湿度大于 70%，可按稀释剂比例的 15%~25% 加入 F—1 石漆防潮剂，常温干燥 4 h。

用 Q07—5 硝基腻子或用硝基漆加化石粉，自调腻子将涂膜表面的细微砂眼打平，要求刮涂很薄并常温干燥 0.5~1 h。

用水砂纸打磨全车。注意，黏糊报纸处不要用水浸坏。将涂膜表面橘皮纹等打磨光滑，擦净表面脏物，常温干燥 1 h。

用 Q04—31 或 Q04—34 硝基磁漆按上述方法调制后（硝基漆稀释剂可按 (1:1)~(1:2) 调对）喷涂 3~4 道，每喷涂一道，需在常温下间隔 10~20 min，最后两道可在磁漆中加入 20%~30% Q01—1 硝基清漆，常温干燥 24 h。

将粘贴胶带、报纸部分揭掉，用稀料擦净不该涂漆部分，以及装灯光和其他装饰零部件。如果表面品质要求较高，可进行全车抛光打蜡。

3. 刮涂不饱合聚脂腻子注意事项

（1）不饱合聚脂腻子，通称原子灰腻子，因固化干燥较快，调配时，一次不得调配过多，随用随配。

（2）调配固化剂比例时，可参照产品说明书，根据气温情况，在使用范围内酌情调整。

（3）调配腻子时，主剂与固化剂一定调配均匀，不能用不干净的铲刀或带有固化剂的工具搅拌桶内主剂。

（4）未用完的腻子不可回收再用。

思 考 题

1. 常见的车身表面污物及缺陷有哪些？
2. 常用的车身金属表面除油方法有哪些？
3. 车身金属物理方法除锈有哪些？
4. 车身金属化学方法除锈有哪些？
5. 金属表面磷化处理的特点有哪些？
6. 金属表面的旧漆处理常用的方法有哪些？
7. 塑料件的表面处理常用的方法有哪些？
8. 汽车车身修复涂装常用的方法有哪些？
9. 简述局部修复涂装的涂前表面处理步骤。
10. 简述整车修补涂装处理步骤。
11. 简述货车翻新涂装处理步骤。

参 考 文 献

[1] 薛伟,姚喜贵,马光. 汽车国际贸易 [M]. 广州:中山大学出版社,2004.
[2] 苏水. 汽车贸易理论与实务 [M]. 北京:机械工业出版社,2004.
[3] 唐秋生,刘玲丽. 交通运输商务管理 [M]. 北京:人民交通出版社,2006.
[4] 肖国普. 汽车服务贸易 [M]. 上海:同济大学出版社,2004.
[5] 赵春明. 国际贸易学 [M]. 北京:石油工业出版社,2002.
[6] 黄敬阳. 国际货物运输保险 [M]. 北京:对外经济贸易大学出版社,2005.
[7] 陈佩虹,张弼,李雪梅. 汽车贸易争端:典型案例评析与产业发展启示 [M]. 北京:机械工业出版,2005.
[8] 陈永革. 汽车服务贸易概论 [M]. 北京:机械工业出版社,2006.
[9] 吴国新,郭凤艳. 国际贸易实务 [M]. 北京:机械工业出版社,2006.
[10] 逮宇铎. 国际贸易 [M]. 北京:清华大学出版社,北京交通大学出版社,2006.
[11] 程玮. 国际贸易实务操作教程 [M]. 北京:清华大学出版社,北京交通大学出版社,2006.
[12] 李海波,方士华. 国际贸易新编 [M]. 上海:立信会计出版社,2006.
[13] 金镝,朱芸. 国际贸易实务模拟操作教程 [M]. 重庆:重庆大学出版社,2005.
[14] 董瑾. 国际贸易理论与实务 [M]. 北京:北京理工大学出版社,2005.
[15] 武康平,费淳璐. WTO框架下中国汽车经济的增长 [M]. 北京:经济科技出版社,2002.
[16] 廖超雄. 国际商务管理学 [M]. 北京:学苑出版社,2005.
[17] 韩学春. 中国汽车营销体系和汽车销售市场结构模式的探讨 [J]. 汽车工业研究,2002 (8):3.
[18] 袁志刚,宋京. 国际经济学 [M]. 北京:高等教育出版社,2000.
[19] 徐东华,马永红. 开放服务贸易市场对我国汽车贸易及相关产业影响 [J]. 经济学动态,2001 (6):3.
[20] 逮宇铎,周会斌. 电子商务将在汽车营销中得到应用 [J]. 汽车工业研究,2002 (6).
[21] 史自力,焦军普. 国际经济学 [M]. 郑州:郑州大学出版社,2002.
[22] 邓凯,常晋义. 电子商务 [M]. 北京:中国电力出版社,2003.
[23] 尹忠明. 国际贸易学 [M]. 成都:西南财经大学出版社,2005.
[24] 蔡玉彬. 国际贸易理论与实务 [M]. 北京:高等教育出版社,2004.

[25] 赵瑾. 全球化与经济摩擦：日美经济摩擦的理论与实证研究［M］. 北京：商务印书馆，2002.

[26] 海闻，P. 林德特，王新奎. 国际贸易［M］. 上海：上海人民出版社，2003.

[27] 约翰·伊特韦尔，新帕尔格雷夫. 经济学大辞典［M］. 第4卷. 北京：经济科学出版社，1992.

[28] 胡代光，高鸿业. 西方经济学大辞典［M］. 北京：经济科学出版社，2000.

[29] 刘广龙. 最新国内外汽车装饰与美容衫技术手册［M］. 北京：时间传播音像出版社，2003.

[30] 天天汽车工作室. 轿车车峰维修技能实训［M］. 北京：机械工业出版社，2004.

[31] 侯建党. 汽车钣金与涂装修补图表解［M］. 沈阳：辽宁科学技术出版社，2003.

[32] 吴兴敏. 汽车钣金与涂装修复技术［M］. 北京：国防工业出版社，2005.

[33] 吴兴敏. 汽车车身维修与美容［M］. 北京：机械工业出版社，2002.

[34] 张吉国. 汽车车身修复技术［M］. 北京：高等教育出版社，2005．

[35] Paul R Krugman, Maurice Obstfeld. International Economics：Theory and Policy［M］. 5th ed. 北京：清华大学出版社，2001.

[36] Philip Kotler. MARKETING MANAGEMENT：Analysis, Planning, Implementation, and Control, Ninth Edition［M］. 北京：清华大学出版社，1997.

附 录

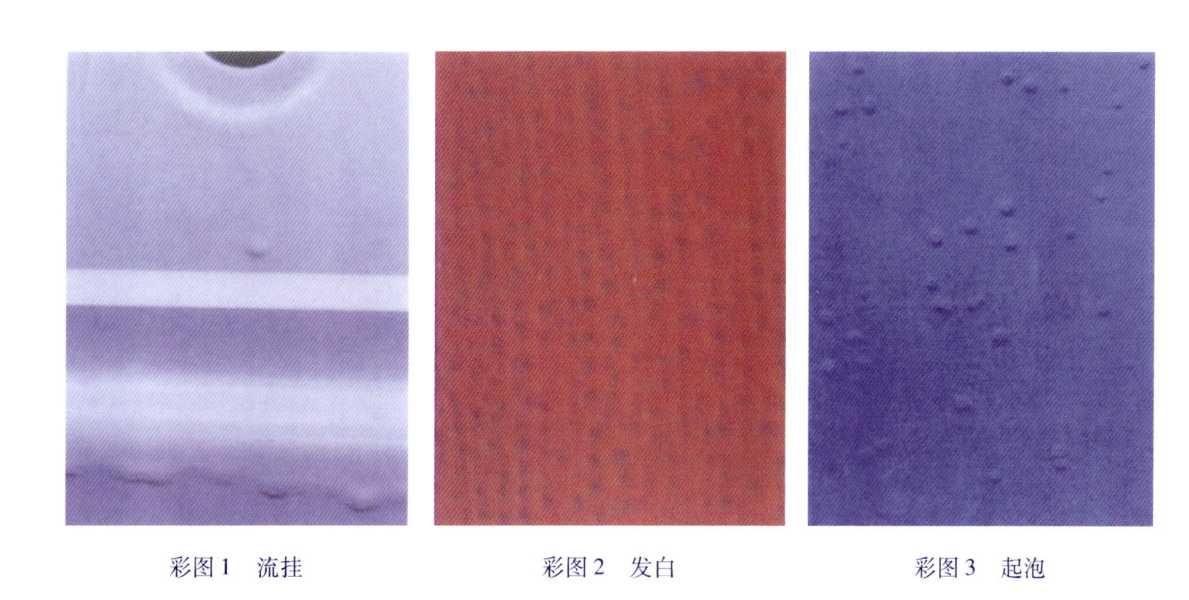

彩图 1 流挂

彩图 2 发白

彩图 3 起泡

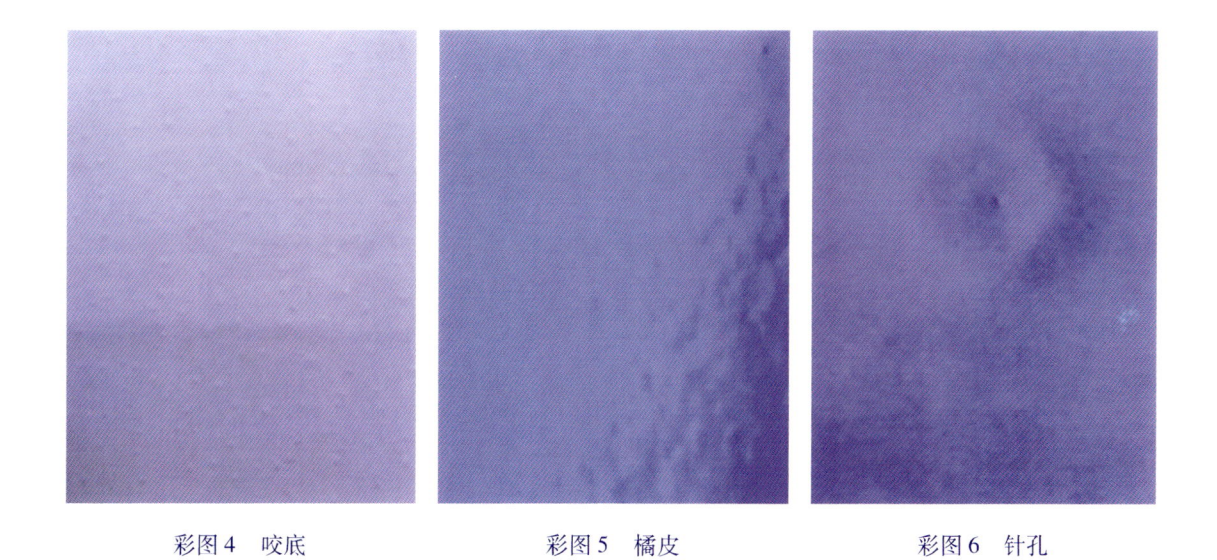

彩图 4 咬底

彩图 5 橘皮

彩图 6 针孔

彩图7　渗色 　　　　　　　　彩图8　失光　　　　　　　　彩图9　粉化

彩图10　裂纹 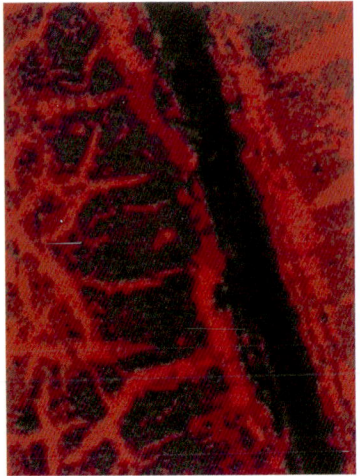　　　　　　　彩图11　生锈 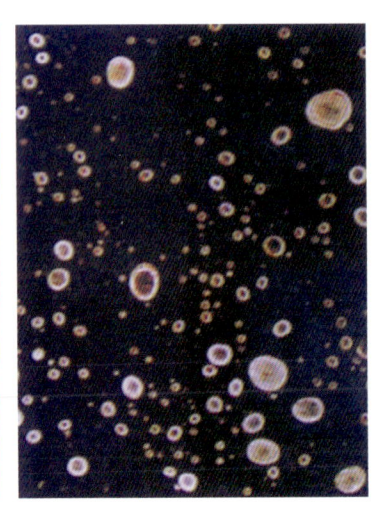　　　　　　　彩图12　水印